# 신생철학
新 生 哲 學

# 신 생 철 학

초 판 1쇄 발행 | 1989년 10월 20일
증보판 1쇄 발행 | 2003년 6월 20일
　　　3쇄 발행 | 2025년 2월 20일

지 은 이 | 윤노빈
고　　문 | 김학민
펴 낸 이 | 양기원
펴 낸 곳 | 학민사

출판등록 | 제10-142호, 1978년 3월 22일
주　　소 | 서울시 마포구 토정로 222 한국출판콘텐츠센터 314호(☎ 04091)
전　　화 | 02-3143-3326~7
팩　　스 | 02-3143-3328
홈페이지 | www.hakminsa.co.kr
이 메 일 | hakminsa@hakminsa.co.kr

ISBN 978-89-7193-151-6 (03150), Printed in Korea

· 저자와 출판사의 허락없이 내용의 일부를 인용하거나 발췌하는 것을 금합니다.
· 잘못 만들어진 책은 구입하신 서점에서 바꿔드립니다.
· 책값은 표지 뒷면에 있습니다.

# 신생철학

## 新生哲學

윤 노 빈

학민사
Hakmin Publishers

## 윤노빈을 생각한다

　내게 여러 스승들이 있었다고 했다. 친구로서 내게 스승 노릇을 한 것은 사실 두 사람이다. 그 한 사람이 지금 서울대학교에서 문학사를 가르치는 조동일 학형이다. 그리고 또 다른 한 사람은 철학자 윤노빈(尹老彬)이다.

　노빈은 나와 원주중학 동기생이고 서울대 문리대를 함께 다녔다. 대학 때는 박종홍(朴鍾鴻) 선생, 최재희(崔載喜) 선생 등이 가르치던 철학과에서 헤겔을 전공하였고 독일 유학까지 하였다. 그는 유학 후 부산대학교 철학과 주임까지 했는데, 어느날 문득 식구들을 데리고 월북(越北)해 버렸다.

　왜 갑자기 그가 월북했을까. 그는 소문에 의하면 지금 대남(對南)방송국인 만보산의 '구국의 소리' 기사 작성자로 일하고 있다고 한다. 독일에서 월북했다가 탈출, 월남한 오길남이 전하는 말이다.

　'유격훈련'이라는 저 상상을 초월하는 엄청난 고통을 마침내 졸업하고 나서야 노빈은 비로소 북한 당국에 의해 받아들여졌다고 한다. 오길남이 전하는 바로는, 안팎으로 얼마나 고초가 심했던지 그의 아내 왈 "죽어서라도 남편을 저주하겠다"는 말을 했다고 한다. 그러나 어쩌면 과장

# 나의 친구, 나의 스승 윤노빈

김지하(시인)

일 것이다.

왜 윤노빈은 월북했을까.

그는 공산주의자도 좌경도 아니었다. 독실한 가톨릭 신자였고 헤겔 철학으로 무장되었으며, 그것을 또 한 차례 뛰어넘어 동학(東學)과 스피노자의 생명철학을 밑에 깔고 제 나름의 철학, 저 유명한 신생철학(新生哲學)을 창안한 사람이다.

그의 철학은 내용에 있어서 '묵시(默示)철학'에 가깝고, 그의 형식은 최재희 교수의 빈정대는 말처럼 '풍자(諷刺)철학'에 가깝다. 그 책 마지막 장에 그려진 도형인 '브니엘(하느님의 얼굴을 보다)'은 소름이 끼치도록 무섭고 두려운 인간의 삶과 신생(新生)에 대한 깊은 묵시를 압축하고 있다.

그러한 그가 왜 난데없이 월북했을까.

부산대학교 운동권 학생 서클의 지도교수였던 것이 문제였다고 한다. 그러나 그것은 그의 학교 제자들의 짐작일 뿐일 것이다. 노빈은 그보다는 훨씬 큰 사람이다. 철학적으로 그가 내다보는 것이 있었던가. 북쪽에 가서 그의 '브니엘'(사람은 사람에게 한울이다)을 실천하여 미구(未

## 윤노빈을 생각한다

久)에 남쪽에서 올라올 민주화와 생명운동의 물결에 북한측 나름으로 '부합(符合)'하려는 통일을 위한 대응 목적이었을까.

그러나 이 또한 깨작깨작하는 이야기일 뿐이다.

그는 중국을 통해 월북하기 직전 며칠 전 밤에 내게 왔었다. 무위당 선생을 보고 오는 길이라는 한마디와 나에게 읽어 보라고 건네준 그의 철학 노트 「님에게」 이외에 우리 둘 사이에 오고간 얘기는 단 한마디도 없었다. 그때 마침 정전(停電)이 되어 약 두 시간 이상이 캄캄칠흑이었다. 기이하다 못해 기괴하기까지 한 마지막 장면이었다.

그리고 불이 들어오자 그는 떠났다. 그리고 그뒤 어디론가 없어져 버렸다. 그의 철학 노트를 세 번 네 번 읽었다. 그 자신의 철학이지 좌파의 대중철학이 아니다. 누군가 철학하는 노빈의 친구 한 사람은 그의 '신생 철학'이 좌익 대중철학의 구조와 의도로 우리 현실에 맞게 씌어졌다고 강변하는데, 아무래도 견강부회다. 물론 그의 '중심적 전체론' 등은 북한의 현 체제를 인정할 소시얼 파시즘의 개념적 정초(定礎)가 될 수 있다.

그러나 그 '중심적 전체론'의 중요한 한 기초로써 작용하는 '활동하는 무'(여러 차례 써온 나의 개념이지만 본디는 윤노빈과 내가 동학의 궁

> '활동하는 무'에 이르면 동양의 *儒*(유)·*佛*(불)·*仙*(선) 삼교(三敎)의 근원성의 통합은 보이지만 좌파 철학의 그 잡다한 구체성과 고압적 단순성의 합명제(合命題)라는 느낌은 안든다.

궁[弓弓]론, 불교 등에 관해 합의한 철학적 개념이다)에 이르면 동양의 儒(유)·佛(불)·仙(선) 삼교(三敎)의 근원성의 통합은 보이지만 좌파 철학의 그 잡다한 구체성과 고압적 단순성의 합명제(合命題)라는 느낌은 안든다.

그럼 왜일까.

그 비밀은 그의 가슴 안에만 있을 것이다. 통일이 되어야 비로소 풀릴 수수께끼다. 그런 윤노빈이 내게 헤겔의 변증법을 가르쳤다. 그곳에서 그의 월북 동기를 찾는 수밖에 없다.

헤겔에서?

변증법에서?

우리는 서울에서는 별로 자주 만나지 못했다. 그는 강의실, 도서관, 하숙집밖에 몰랐으니까. 다만 우리는 방학 때마다 원주에서 매일 아침 일찍 만나 헤겔의 『정신현상학』을 그 길고 긴 서장(序章)부터 시작하여 샅샅이 공부하였다. 내가 읽고 해석하면 그가 교정해 주거나 철학적으로 주석을 달았다.

## 윤노빈을 생각한다

지금 생각해 보면 이 몇번 방학 때의 헤겔 철학 일반과 변증법 공부가 나의 논리적 삶의 뼈대를 이룬 것 같다. 아마 그럴 것이다. 노빈은 방학 때는 아침에 나와 함께 공부하고, 낮에는 저희집 가게인 중앙시장의 피륙전에서 방석을 내다 깔고 앉아 장사를 하고, 밤에는 나와 함께 토론을 하며 술을 마시곤 했다.

네번째의 방학이 끝나갈 무렵이던가. 그와 나는 아마도 몇 년간의 헤겔 공부의 결론 비슷한 데에 도착한 것 같다.

헤겔 변증법은 결론이 아니라 시작이라는 것. 그래서 헤겔을 지양(止揚)하는 데에 포이에르바하와 마르크스가 있듯이, 이 두 사람의 변증법마저 지양(止揚)하는 그 어떤 논리나 철학이 반드시 나와야만 한다고!

그것이 노빈의 『신생철학』에서 나왔을까.

「님에게」에서 나왔을까.

「동학(東學)의 세계사상적 의미」에서 암시되었을까.

더욱이 북한 주체철학 안에 그의 의도와 맞는 게 조금이라도 있었을까?

그런 것 같기도 하고 아닌 것 같기도 하다.

> 동학에서 가장 중요한 것은 스물 한 자 주문(呪文)이고,
> 그 주문의 마지막, 즉 완성태는 '모든 것을 다 안다' 즉 '만사지(萬事知)'인데
> 이 '만사지'의 '만사(萬事)'가 바로 '수가 많음(數之多)'을 뜻하기 때문이다.

역시 '아니다, 그렇다' 이다.

최수운의 '불연기연(不然其然)'이다.

그가 변증법을 극복했다면 그것은 동학(東學)이었을까. 동학에 대한 그의 관심은 독일 유학 후 부산까지 찾아가 만난 나에 의해 촉발된 것이었지만, 만약 그 극복의 주체가 동학이었다면 유행된 동학이 아니라 수운 단계에서도 비밀스럽게 압축되거나 은유되거나 상징된 바로 그 '역(易) 사상' 때문일 것이다.

왜냐하면 동학에서 가장 중요한 것은 스물 한 자 주문(呪文)이고, 그 주문의 마지막, 즉 완성태는 '모든 것을 다 안다' 즉 '만사지(萬事知)'인데 이 '만사지'의 '만사(萬事)'가 바로 '수가 많음(數之多)'을 뜻하기 때문이다. 이때의 수는 바로 '신비수(神秘數)' 즉 '원수(原數)'이기 때문에 다른 말로 '역수(易數)'를 가리킨다. 그래서 이 원수와 역수(易數)의 '많음(多)'이란 이미 옛 역(易)인 주역(周易)이 포함하고, 거기서 시작하되 그것이 다가 아니라는 전제를 깔고 있는 것이다.

역(易)은 역(易)이로되 주역(周易)이 아니라면 그것은 김일부(金一

| 윤노빈을 생각한다 |

夫)의 '정역'일까. 아니면 또 다른 역(易)을 기다려야 할까.

동학에서는 수운(水雲)도 해월도 의암(義菴)도 '수(數)'나 '다(多)'를 말하지 않고 그것에 관한 '앎'인 '지(知)'의 그것, "내가 노력으로 공부해 알면서 동시에 앎을 계시받는 것(知其道 而受其知)"에 관해 시종 묵묵하다.

노빈은 이 영역을 예의 그 묵시적 표현으로 압축한 것일까.

동학과 기독교의 통합은 스피노자(노빈은 내가 긴 감옥에서 풀려나왔을 때 스피노자의 『윤리학』한 벌을 선물했다)에 토대를 둔 것인가. 아니면 베르그송인가.

모든 것을 확실히 알 수 없다.

그러나 분명한 것은 그의 '신생철학'이 남한에서만이라도 공개적·합법적·적극적으로 연구 검증되고, 또 필요하다면 엄밀히 분석·비판되어야 한다는 것이며, 남북통일의 철학적 접근에 있어 송두율(宋斗律)과 함께 필요한 지식으로 긴히 직·간접으로 활용되어야 한다는 것이다.

북한의 주체철학은 크게 변경되어야 한다. 남한과 북한이 함께 새로

> 그의 '신생철학'이 남한에서만이라도 공개적·합법적·적극적으로 연구 검증되고, 또 필요하다면 엄밀히 분석·비판되어야 한다는 것이며, 남북통일의 철학적 접근에 있어 송두율(宋斗律)과 함께 필요한 지식으로 긴히 직·간접으로 활용되어야 한다는 것이다.

운 철학을 찾고 발전시키는 과정에서 주체와 타자의 문제는 새롭게 더욱더 민족적이면서도 동시에 더욱더 세계적·국제적·우주적으로 깊고 넓게 해석되어야 한다는 얘기이다.

그때에 비로소 만보산 그늘에 감추어진, 그러나 '구국의 소리'를 통해 매일 들을 수도 있는 그의 얼굴과 목소리와 온갖 의문 등 속에 감추어진 묵시의 비밀을 접할 수 있게 될 것이다.

서울에서든 평양에서든 개성이나 금강산에서든, 사람은 사람에게 한울이다. 노빈은 지하에 대해 한울님이다.

언제, 그러나 그것도 가까운 세월 안에, 그러나 구체적으로 어떤 사상 문화의 창조적 과정 안에서 나와 그의 만남, 그를 그토록 못잊어 하는 그의 애틋한 부산대 제자들과 그의 만남, 남과 북의 생명철학의 만남! 그 '브니엘'은 언제 이루어질 것인가?

## 윤노빈을 생각한다

매일 아침 커피를 끓일 때마다 나는 윤노빈 선배를 만난다. 커피 잔을 꺼내려고 찻장을 열면 어김없이 한 쪽 구석에 놓여 있는 싸구려 투박한 커피 잔이 먼저 눈에 들어온다. 이 잔은 바로 윤선배가 1971년 프랑크푸르트 대학에 독일학술교류처(DAAD)의 장학생으로 1년 있다가 서울로 돌아가며 나에게 주고 떠난 커피 잔이다.

그로부터 30여 년 동안 나는 이리저리 독일에서 많이도 이사 다녔지만 이 잔만은 용케 잘 보관했다.

1991년 5월, 프랑크푸르트에서 헤어진지 꼭 20년만에 나는 그를 평양에서 만났다. 그때 나는 그 커피 잔에 대해 이야기하면서 이를 돌려주겠다고 하자 그는 나에게 기념으로 그것을 계속 가지고 있으라고 당부했다. 내가 그 커피 잔에 대하여 그에게 이야기를 꺼낸 이유는 그 자신의 프랑크푸르트 시절을 기억케 하는 어떤 것도 그가 현재 지니지 않았을 것이라는 생각 때문이었다.

프랑크푸르트 공항을 그는 책을 담은 비닐 봉투 하나 달랑 들고 떠났고, 그후 북으로 향한 긴장된 경황 속에서 프랑크푸르트의 흔적을 챙길 수도 없었을 것이라는 생각이 들어서 이야기를 꺼냈다.

## '한울님'의 외침

송두율(독일 뮌스터대 교수/철학)

　　유신의 숨막히는 상황 속에서 대학 강단에 서야만 했던 그가 독일을 떠난 후에는 소식을 자주는 듣지 못했다. 서울이 아니라 부산에서 교편을 잡았던 점도 있었겠지만, 모든 것이 숨죽였던 유신이 우리 사이의 소통을 막았다고 보는 것이 더 옳을 것 같다.
　　김지하 시인을 감옥으로까지 몰고 간 그 유명한 시 「오적」을 어렵사리 구해서 프랑크푸르트에서 같이 읽을 때 "단군 이래 가장 통쾌한 시"라고 기뻐하면서도 시인의 안위를 걱정하던 그가 바로 그러한 폭력과 야만이 지배하는 곳에서 강단에 서야만 했기에 마음 고생도 많았으리라 짐작된다. 그러나 그는 비겁한 침묵을 결코 택하지 않았다.
　　『신생철학』의 머리말을 쓴 날짜가 1974년 3월 1일로 되어 있다. 이 날이 무슨 날인가. 같은 날에 나는 베토벤의 동상이 서있는 본(Bonn) 시가지의 중심 뮌스터 광장에서 많은 동지들과 독일인 친구들과 함께 유신독재를 철폐하고 민주사회를 건설하기 위한 투쟁의 포문을 열었던 것이다. 부산과 본 사이에는 8시간의 시차가 있다. 그러나 이 시차를 넘어 우리는 같은 과제를 안고 숨막히는 현실 앞에 같이 섰다.

　　그 후로부터 긴 시간이 흘렀다. 그 동안 『신생철학』에 대한 이야기

## 윤노빈을 생각한다

를 간혹 들었지만 직접 책을 읽지는 못했다. 나는 당시에도 '빨갱이'로 몰린 상황이었으며, 서울과 직접 정보나 서신교환을 하는데 무척 힘들었을 때였다.

이러한 과정에 80년 5월의 '광주'가 온 것이다. 국내보다 해외에서 더 정확하게 '광주'의 현실을 볼 수밖에 없었던 당시의 상황이었지만 곧 국내에서도 윤곽이 드러났었을 즈음 그의 심경이 어떠했으리라는 것은 상상이 가고도 남는다. 이 때의 기록이 이러저러한 경로를 통해 일본에서 — 책 이름은 지금 기억해낼 수 없지만 — 한 권의 책으로 출판되었다는 이야기를 후에 들었다.

이를 정확히 기록할 수 있는 사람이 있었지만, 그는 지금 불행하게도 이 세상에 없다. 얼마 후 서울로부터 소문을 들었다. 대만에 연구차 가 있던 그가 가족을 대동하고 사라졌는데, 북으로 간 것이 확실하다는 소문이었다. 다른 사람도 아닌 국립대학 교수가 전 가족을 데리고 월북했기에 생길 사회적인 충격과 파장을 고려해서 중앙정보부가 발표를 하지 않았지만, 그의 가족, 친지, 학생들을 조사하고 있다는 소식도 들렸다.

이러한 그를 나는 북의 사회과학원 초청으로 91년 5월 평양을 방문

> 그의 말이나 글은 과연 남다르다. 군더더기를 너절하게 분칠하지 않고
> 간단하나 항상 묵시적인 긴장을 담고 있다. 그가 북에 뿌리를 내렸다는 간단한
> 이야기 속에도 그래서 많은 내용들이 녹아 있었다.

했을 때 만날 수 있었다. 꼭 20년만의 재회였다. 자꾸 대머리가 되는데 독일에는 좋은 약이 없는지 하는 예의 농조(弄調)의 질문으로부터 딸들이 대학 다니는 등의 가족이야기, 독일 유학중 역시 북을 택한 L형이 바빠서 한자리를 할 수 없는 점 이해해 달라는 인사도 오갔던 점심식사였다. 그는 프랑크푸르트에서 같이 유학생활을 했기에 잘 알고 있는 나의 집사람에게 보내는 칠보산(七寶山)의 경치를 담은 사진첩도 장만했었다.

나는 그 자리에서 왜 그가 북을 택했는가라는 질문을 던지지 않았다. 그러나 그는 이제 북에 튼튼하게 그의 삶의 뿌리를 내렸다고 담담한 어조로 먼저 이야기를 꺼냈다. 아마도 나의 질문을 미리 헤아려본 것 같았다. 그의 말이나 글은 과연 남다르다. 군더더기를 너절하게 분칠하지 않고 간단하나 항상 묵시적인 긴장을 담고 있다. 그가 북에 뿌리를 내렸다는 간단한 이야기 속에도 그래서 많은 내용들이 녹아 있었다.

외국 땅에서 오랜 시간을 보내고 있는 나에게는 그의 말이 특별한 의미로 다가왔다. 왜냐하면 외국에 유학 나갔다가 그곳에 주저앉거나 아니면 아예 이민을 떠나 외국에서 삶의 뿌리를 내리는 것과, 분단된 조국의 한 쪽에서 다른 쪽으로 삶의 뿌리를 이식한다는 것과는 비교될 수 없기 때문이다. 비록 말과 풍습이 다른 외국 생활도 분단의 철책을 넘어 새

### 윤노빈을 생각한다

로운 삶의 길을 택하는 결단의 그것처럼 어렵지는 않을 것이다.

어떤 사람은 그가 북쪽에 넘어가서 하는 일이 고작해야 '대남방송'에 원고를 쓰는 일이라고 이야기한다. 남쪽의 인텔리가 북쪽에 가서 할 수 있는 일이 그 일밖에 더 있겠느냐는 냉소 섞인 소리도 들린다.

내가 두 번째로 그를 다시 만난 것은 그 후로부터 몇 년 지난 초여름의 어느 날이었다. '단고기'에 소주를 곁들인 식사를 하면서 그 동안에 일어난 일들에 대해서 이야기를 나누었다. 간이 나빠 귀국한 K형의 사망, 서울에 있는 선후배들이 살아가는 소식도 전해 주었다. 식사를 끝내고 나서 우리는 인삼차 대신에 커피를 마셨다. 커피를 마시면서 다시 나는 베를린의 찻장 속에 놓여 있는 그 무거운 커피 잔을 생각했었.

이 때 그는 처음으로 자신의 저서 『신생철학』에 대해서 이야기를 꺼냈지만, 나는 그 때까지 그 책을 접하지 못했기에 더 이상 많은 이야기를 나눌 수 없었다. 나는 동석했던, 인천 출신의 수재로서 후에 유럽 유학중에 역시 월북했던 이에게 이제는 윤 선배도 강단에 다시 돌아가 후진을 양성해야 되지 않겠느냐고 이야기를 던졌다. 분단시대를 살고 있는 지식인이 통일혁명의 길에 서 있는 것처럼 더 뜻깊은 길이 있겠느냐는 그의

> 그와는 종종 만나 철학에 대해서 이야기를 나누었다. 우리 철학자들도 이제는 더 이상 외국 철학의 '소매상'이 되어서는 안 된다는 그의 목소리가 아직도 내 귓가를 맴돌고 있다.

대답에 윤 선배는 아무 말도 덧붙이지 않았다.

그때로부터 지금까지 나는 그를 다시 만나지 못했다. 비록 환갑을 뒤로 했지만 그는 그가 걸었던 길을 지금도 계속 걷고 있을 것으로 생각된다. 이번 3월 말 평양에서 열리게 될 남·북·해외학자 통일회의가 끝나면 시간을 내어 꼭 그를 만나야겠다.

내가 서울에 있을 때 그는 헤겔 철학에 심취해 있었다. 지금은 사정이 다르지만 당시는 마르크스 철학은 철저한 금기였다. 따라서 마르크스 철학의 입구였던 헤겔 철학만이 우리들에게 접근 가능한 거리에 있었다. 나 자신도 독일에 와서야 마르크스 원전을 대할 수 있었다.

그러나 가끔 '임무'를 띠고 불쑥 밀어닥친 '끄나풀'들이 책상에 놓여 있는 마르크스 책들을 보고 무슨 보고를 할까 하고 내심 불안해 할 정도로 스스로를 검열하지 않으면 안될 상황이었다.

그와는 종종 만나 철학에 대해서 이야기를 나누었다. 우리 철학자들도 이제는 더 이상 외국 철학의 '소매상'이 되어서는 안된다는 그의 목소리가 아직도 내 귓가를 맴돌고 있다. 이 때의 이야기가 그 후 그의 『신생철학』의 기둥이 되고 있다는 것을 나는 다시 확인할 수 있다.

## 윤노빈을 생각한다

이 책의 머리말에서 그는 "뜻 모르고 중얼거리는 기도는 혀의 부질 없는 무용(舞踊)이며, 뜻 모르고 중얼거린 주문은 입술의 부질없는 풀무질이다"라고까지 질타하고 있다. 특히 동학(東學)에 관한 그의 깊은 관심과 연구는 분명히 우리 민족이 짊어진 절박한 과제를 해결하려는 의지로부터 비롯되었다고 절실히 느껴진다.

특히 마지막 장 「초월과 한울님」을 읽으면서 나는 『동경대전(東經大全)』의 맥박, 이로부터 흘러나오는 해방에 대한 갈구와 이에 대한 확신을 느낀다.

"초월은 통일이다. 통일은 초월이다. 통일은 해방이다. 악마가 갈라놓은 틈과 사이를 없애버리는 것이 다름 아닌 초월이며, 다름 아닌 통일이다. 악마가 쳐놓은 얇은 장막, 담장을 찢고 헐어 버리는 것이 다름 아닌 초월이며 다름 아닌 해방이다. 해방은 바로 통일이다."

이렇게 그는 근 30년 전에 남쪽 땅에서 외쳤다. 이제 그의 몸은 북쪽에 있지만 그의 외침은 여전히 계속되고 있다. 그의 몸이 비록 지금 '또 다른 반쪽 땅'에 있지만 "그 자리에 있는 채로, 그 자리에 앉은 채로, 그

> 그의 외침은 여전히 울리고 있다. 남에서 북으로, 북에서 남으로,
> 남과 북에서 해외로, 해외에서 남과 북으로 움직이는 우리 모두 결국은
> '한울나라'의 가장 가까운 이웃일 수밖에 없기 때문이다.

자리에 선 채로 민족은 통일한다"는 그의 외침은 여전히 울리고 있다. 남에서 북으로, 북에서 남으로, 남과 북에서 해외로, 해외에서 남과 북으로 움직이는 우리 모두 결국은 '한울나라'의 가장 가까운 이웃일 수밖에 없기 때문이다.

2003년 3월

## 윤노빈을 생각한다

철학자 윤노빈은 70년대 중반에 우리들의 사상의 강물에 매우 의미 깊고 창조적인 파문을 던졌다. 아주 고요하게 그러나 깊은 파문과 울림이었다. 철학연구지 『한국사상』을 통하여 그는 그가 헤겔 철학에 정통한 서구적인 지적 연단을 거친 철학자일 뿐 아니라 근현대 한국사상사의 근본적인 맥을 동학사상과 더불어 온전히 파악하고 세계의 보편적 사상의 견지에서 그 새로운 지평을 예시하는 이 땅의 한 사상사적인 빛을 증언하였다.

『한국사상』에서 그는 논문「동학의 세계사상적 의미」를 발표하였다. 그리고 그 사상적인 핵심과 내용의 이어짐이 그의 『신생철학』이다. 신생은 새로운 생명의 부신 탄생이다. 그리고 그 신생의 빛은 필연적으로 깊은 어둠의 밤을 경과하며 새벽의 여명으로 온다. 아울러 생명은 피문은 산고의 고통과 더불어 탄생하는 것이다.

윤노빈은 위대한 정신적 혁명들과 더불어 인류사의 위대한 파토스의 혁명의 근본 에토스를 수렴한다. 어쩌면 뛰어난 신학자 폴 틸리히가 설파한 보편적 로고스(universal logos)와 특수 로고스(particular logos)를 통전적으로 심화시켜 종교의 핵심인 궁극적 관심으로 끌어낸 것에 비견할 수 있을까?

# 「동학의 세계사상적 의미」에 대한 단상

최자웅(시인 / 성공회 신부)

　윤노빈은 인류사의 밀레토스에서 비롯된 로고스적인 혁명과 예수로부터 비롯된 파토스적인 혁명의 정신성을 심화된 인간과 세계의 인식의 지평에서 조망하며, 한반도 최수운으로부터 설파된 인내천 혁명을 통하여 우리를 한 차원 높은 민족과 세계의 새로운 사상적 지평으로 인도한다.

　최수운이 선천의 칼에 의하여 참수된 1864년에 중국의 홍수전이 태평천국의 꿈으로 나라를 일으켰다가 자살하고, 또한 일본의 명치가 3년 후에 등장하였음을 윤노빈은 주목한다.

　그 홍수전의 미완성의 혁명을 훗날에 성공적으로 승계한 것이 이념으로는 모택동 사상이었으며 그 실천적 전개가 중국혁명이었다. 오늘 중국은 그들의 역사의 놀라운 변혁과 더불어 또한 바야흐로 최대의 이념적인 새로운 위기와 분수령에 처해 있다고 본다. 이른바 번영과 더불어 그들 국가와 사회주의의 정체성의 위기 말이다. 아울러 서구 자본주의의 후발 모델과 그 모방이었던 명치의 수구적인 근대화는 오늘까지 일본 자본주의의 일정한 번영과 함께 그 뚜렷한 한계인 비참한 전쟁의 역사와 제국주의의 본질을 담지하고 있다.

　윤노빈에 의하면 사람이 곧 한울님이라는 수운의 가르침은 인내천

### 윤노빈을 생각한다

혁명의 진리인데, 이것에 반하는 인내賤의 역사와 삶이 아시아와 세계사에 펼쳐지면서 이에 대한 인내天의, 즉 바닥과 나락에서의 하늘과 존엄한 존재로 인간과 세계를 개벽, 혁명시키는 새로운 정신의 등장이 이루어졌다는 것이다. 더불어 향아설위(向我說位)와 함께 밥이 하늘이다, 바닥이 하늘이다라는 새로운 혁명의 화두, 즉 바닥과 하늘의 일치와 일체의 혁명적 인식이 전개된다.

윤노빈은 인내天은 인내賤에 대한 근원적이며 철저한 혁명(革命, 革名)이라고 말한다. 인간의 삶의 이른바 운명과 이름의 철저하고도 근본적인 변혁과 바꾸는 역사와 일 말이다. 인간 삶의 집단적이며 역사적인 삶의 운명과 이름을 바꾸어내는 일이 바로 혁명이며 이것이 인내천 혁명의 숙명적이며 위대한 핵심이라는 것이다. 이것이 인간의 인내賤 상태로부터의 하늘에 이르는 사회적인 성화임을 윤노빈은 지적한다.

오랜 동안 인류는 노예제와 봉건주의의 사슬에서 신음하였다가 새로운 殺人機인 자본주의와 제국주의에 의하여 인내賤과 인내蚕, 즉 새로운 천한 노예와 벌레의 차원으로 전락하였다.

그리하여 일찍이 홍수전을 이은 마오가 중국혁명의 세 개의 큰 산을 옮기는 아시아 혁명의 테제가 바로 반봉건, 반제국주의, 그리고 반관

> 조선의 경주에서 비롯된 '사람이 한울, 하늘'이라는
> 인내천의 혁명은 윤노빈의 동학사상적인 보편적 세계사상의 관점에서의
> 창조적 해석에 의하여 이같은 보편적인 혁명의 내용과 닿게 된다.

료독점자본주의였다. 인간을 누르고 압살하는 봉건의 산, 자본과 제국주의의 커다란 산을 파 없애는 역사가 혁명이었다. 이를 우공이 산을 옮기는 『열자·탕문편』에 나오는 전설을 빌어 역사에서 실현하고자 한 것이 마오의 중국혁명이었다.

그리고 조선의 경주에서 비롯된 '사람이 한울, 하늘'이라는 인내천의 혁명은 윤노빈의 동학사상적인 보편적 세계사상의 관점에서의 창조적 해석에 의하여 이같은 보편적인 혁명의 내용과 닿게 된다. 그는 시천(侍天)과 양천(養天)과 체천(體天)의 분석과 개념을 통하여, 원래 수운이 설파한 동학사상의 핵심이 해월과 의암을 통하여, 그리고 오늘 우리의 현대적인 상황에서의 동학사상의 깊고도 보편적인 지평을 확장한다.

김지하는 윤노빈이 그의 벗이자 사상적인 스승의 하나였음을 진솔히 고백한다. 윤노빈의 이러한 창조적인 관점과 해석의 작업이 김지하의 시의 배후에 깃들인 사상적인 토대와 아우라의 하나를 형성하고 있다.

김지하는 그의 『남녘땅 뱃노래』를 비롯한 시집 말고의 그의 수많은 담론집과 철학적 글들을 통하여 일찍이 그의 벗이자 스승의 하나였던 윤노빈의 동학의 화두를 깊게 천착하여 왔다. 그것은 동시대의 벗 윤노빈과 더불어 그의 온전한 스승인 청강 장일순의 동학에의 경도와도 깊은 정신

## 윤노빈을 생각한다

적인 인연과 뿌리를 지니고 있음은 불문가지이다.

그것은 원주라는 청강 장일순과 김지하, 윤노빈의 인연의 고리이기도 하였으며, 그들보다도 오랜 세월 전에 위대한 수운의 제자와 그 사상의 담지자였던 최보따리 해월의 족적이 그들의 원주에 아주 크게 남아 있었고, 이를 일찍이 몽양의 제자로서 사회주의의 사상적인 내용과 더불어 동학의 깊고 풍요한 우리 사상의 뿌리를 역시 모심〔侍〕이라는 커다란 정신적인 화두를 크게 품어 안았던 청강 장일순의 정신적인 자리와 그 실천적 삶과도 결코 무관하지 않을 것이다.

그리고 그것은 양천·체천이라는 실천적인 추구를 역시 한국 70년대의 역사적인 상황에서 진보적인 래디칼 가톨릭의 남상과 진원지와 보루로서 작용한 지학순 주교와 한국 천주교 및 기독교와 민중·민주운동과 긴밀하게 내적으로 연결된다. 종교 사상적으로는 한국의 민중신학의 내용에도 이같은 정신의 연맥이 구조적으로 뚜렷이 자리잡고 닿아 있다고 보여진다. 그것은 모두 인내賤과 蚤의 상태에서의 인간을 인간다운 天의 상태로 회귀 복원시키는 모심과 기름과 이룩함—시와 양과 체의 가시적이고 실천적인 필연적 흐름이었다.

특히 한국의 유학사상의 핵심으로 남명 조식과 퇴계 이황에게서도

> 인내賤과 丑의 상태에서의 인간을
> 인간다운 天의 상태로 회귀 복원시키는 모심과 기름과 이룩함―시와
> 양과 체의 가시적이고 실천적인 필연적 흐름이었다.

크게 강조되고, 중국 주자학의 영향권을 벗어나 조선 유학의 빛으로 떠오른 성(誠)과 경(敬)의 사상적인 지평이 동학의 원론과 윤노빈 등의 새로운 해석에 의한 시(侍) ― 즉 모심에의 심화와 천착으로 아주 깊고 뚜렷한 세계의 보편적인 창조적 종교사상의 전개에 이름을 우리는 말할 수 있는 것이다.

김지하는 바로 "모심은 존재와 인식과 관계의 비밀이며 생명과 신의 수수께끼다"라고 말하고 있다.

윤노빈은 이 모심[侍] 안에는 인간과 우주의 자연적 통일, 인간과 인간의 사회적 통일, 인간과 사회의 혁명적 통일이 이 侍 한 글자와 깊은 개념 속에 포함되어 있다고 분석한다. 종교의 최고 지선과 핵인 누미노제와 궁극적 관심의 차원을 윤노빈은 동학의 핵심 개념인 侍라는 한 글자와 한 개념을 통하여 세 개의 통일의 차원과 혁명의 내용으로 육화시키고 있는 것이다.

오늘 우리 민족과 세계 인류는 오랫동안 '세계사는 진보의 역사'라는 헤겔의 명제처럼 노예제와 봉건주의와 자본주의와 사회주의를 거치면서 역사의 진보와 자유의 확대를 일구어 왔다. 그리고 특별히 라스키가 말한 혁명과 전쟁의 시대였던 지난 세기를 통하여 인류는 인류 최대의 생

### 윤노빈을 생각한다

산력을 증대시키며, 아울러서 인간과 인간, 그리고 인간과 사회의 관계에서 가장 커다란 혁명들을 시도하고 이룩하였다.

그 결과는 얻은 것도 많았지만 잃은 것도 많았다. 시행착오와 실패와 좌절도 많았다. 그 중에서도 자본주의를 극복한다는 이상과 고매한 가치관이 뚜렷하였던 현존 사회주의의 지구촌에서의 좌절은 매우 참담하며 가슴 아픈 일이었다.

오늘 인류는 바야흐로 사상적인 공황기를 맞이하고 있는 상황이다. 오늘 민족과 인류는 진정한 인간의 혁명과 공동체의 복원이라는 새로운 좌파와 영성의 출현을 요청받고 있다. 여기에서 좌파는 언제나 프로메테우스와 스파르타카스 이래의 인간 삶과 역사의 빛과 자유와 진보를 이룩하여온 창조집단을 지칭한다. 아울러 인류는 인간과 우주의 통일이라는, 환경과 자연의 창조질서의 회복이라는 큰 혁명적인 과제도 안고 있다.

우리 민족의 최대 과제인 민족분단을 넘어선 통일의 문제에 있어서도 최대의 핵심적이고 깊은 과제는 남북간의 이념적인 분열이며, 그 극복과 통합의 문제일 것이다. 조선적 사회주의 안에 누적된 관료성과 특권의 요소를 지양하고 본래적인 풍요한 사회주의로의 회귀와 남한 자본주의의 물신성과 천민성, 제국주의에 언제나 약한 종속성을 극복하는 것들은 우

> 우리 민족의 최대 과제인 민족분단을 넘어선
> 통일의 문제에 있어서도 최대의 핵심적이고 깊은 과제는 남북간의
> 이념적인 분열이며, 그 극복과 통합의 문제일 것이다.

리의 통일을 위한 필연적인 과제일 것이다.

그를 위하여 다시 우리의 동학사상의 세계사상적인 의미의 천착과 그 추구는 옛 사상의 먼지를 털어내는 차원이 아닌 우리들의 가장 중요한 정신적인 작업이라고 생각한다. 여기에 윤노빈은 한국 현대 사상사에서 동학사상의 현대적이며 세계사상적인 보편적 해석과 함께 창조적이며 새로운 조명을 통하여 참으로 값진 공헌을 하고 있는 것이다.

그가 던진 비범한 사상적 화두와 브니엘 묵시의 철학과 그 불꽃의 확대와 전개는 그의 몫이자 현재 사상적 공황기에 처한 우리들 모두의 몫이다. 민족의 통일의 정신적 작업과 인류의 사상적인 혼미에서의 새로운 빛을 위한 새로운 프로메테우스들이 대망되고 있다. 어둠 속에 비상하는 신생의 큰 얼, 진정한 사상을 위한 미네르바의 올빼미의 출현과 그 비상을 우리 모두가 고대하고 있는 상황이니 말이다.

## 차 례 Contents

- 나의 친구, 나의 스승 윤노빈 _ 김지하 ● 4
- '한울님'의 외침 _ 송두율 ● 12
- 「동학의 세계사상적 의미」에 대한 단상 _ 최자웅 ● 20

- 머리말 ● 30

서장 | 시각과 생존 | 35

제1장 | 요소론적 세계관과 행위적 세계관 | 63
    01 _ 요소론적 세계관 ● 63
    02 _ 진보·요소적 증대와 다공리주의 ● 68
    03 _ 행위적 세계관 ● 74

제2장 | 요소론적 분단·지배논리와 행위적 지배논리 | 77
    01 _ 요소론적 분단·지배논리 ● 77
    02 _ 모순논리 ● 83
    03 _ 진리행위 ● 93
    04 _ 진리논리 ● 98

제3장 | 고 통 | 105
    01 _ 철학과 고통 ● 105
    02 _ 분단과 고통의 전가 ● 118
    03 _ 고통의 해결 ● 139

제4장 | 악 마 | 139
    01 _ 악마의 정체 ● 151
    02 _ 분단·감금자로서의 악마 ● 156
    03 _ 살인자로서의 악마 ● 160
    04 _ 악마의 퇴치 ● 164

제5장 | 언어의 人爲性과 人僞性 | 169
    01 _ 언어철학 ● 169

02 _ 언어적 감금 ● 177
03 _ 언어적 약탈 ● 185

**제6장 | 인　식 | 215**
01 _ 인식의 人爲性과 人僞性 ● 215
02 _ 인식의 싸움 ● 229
03 _ 인식의 확장 ● 246
04 _ 인식의 해방 ● 256

**제7장 | 생　존 | 265**
01 _ 인위적 존재 ● 265
02 _ 인위적 생존 ● 272
03 _ 죽임의 人僞性 ● 277
04 _ 생존의 확장 ● 288

**제8장 | 초월과 한울님 | 299**
01 _ 초월과 단군 ● 299
02 _ 하느님 ● 310
03 _ 한울님 ● 318
04 _ 한울나라 ● 323

**덧붙인 글 | 東學의 세계사상적 의미 | 333**
01 _ 人乃天 혁명 ● 333
02 _ 侍天 ● 336
03 _ 養天 ● 340
04 _ 體天 ● 350
05 _ 人乃賤과 人乃天 ● 357

■ 펴낸이의 말 ● 364

## 머 리 말

　사람에게 가장 소중한 말이 머리말이다. 머리에서 꾸며낸 말이라고 해서 모든 말들이 머리말이 되는 것은 아니다. 사람의 목숨을 구해주는 말보다 더 소중하며 더 으뜸되는 말은 없다. 고해(苦海)의 파도 속에서 해녀가 부르짖는 가장 소중한 소리, 지옥의 갱 속에서 광부가 부르짖는 가장 으뜸되는 소리는 '사람살려!'다.
　한 소쿠리의 전복이나 한 짐의 금덩어리로써도 구할 수 없는 목숨을 이 한마디의 신호가 구해주는 것이다. 죽임을 당하는 고통 속에선 모든 민족들의 입이 외치는 구명(chin-ming!)의 절규는 '독립만세!' 또는 '호산나!'(제발 지금 구원해 주옵소서)의 고함소리다.
　민족의 생명을 구원해 달라는 부르짖음은 오래 전부터 민족의 심장들에서 솟아나오는 기도와 축문 속에 연연히 결정(結晶)되어 있다.
　기도는 온갖 거창한 선언들과 헌장들보다도 성스러운 인류언어의 정화다. 주문은 온갖 가식적 칙어(勅語)와 어록들보다도 건전한 민족적 기도의 정수다.
　우상(偶像) 앞에서의 아첨이 기도는 아니다. 허수아비 앞에서의 애걸이 주문은 아니다. 기도와 주문은 부활과 신생(新生)에의 대함성이며, 해방과 탈출에의 대기원(大祈願)이다. 예수가 로마제국의 식민지 백성들

## 새로운 삶(新生)의 기원

의 귀를 통하여 인류의 혀에다 심어준 구명의 기도는 이렇다.

"한울에 계신 우리의 아버지, 당신의 이름이 거룩히 여김을 받으시오며, 당신의 나라가 임하옵시며, 당신의 뜻이 하늘에서 이룬 것같이 땅에서도 이루어지이다. 오늘날 우리에게 일용할 양식을 주옵시고, 우리가 우리에게 빚진 자를 탕감하여 준 것같이 우리의 빚을 탕감하여 주옵시고, 우리를 유혹에 빠지게 하지 마옵시고, 다만 악한 자에게서 우리를 구원하옵소서." (마태 6:9~13)

최수운은 민족적 구명의 주문 '至氣今至 願爲大降 侍天主 造化定 永世不忘萬事知' 스물 한 자를 민족의 입술들에다 그려주고서 '降盡世間魔'라고 읊었다.(『東經大全』 呪文・降詩) 세상 틈바구니에 끼어 있는 악마들이 다 항복하여 없어지기를 바라는 인류의 간절한 소원은 이 주문을 암송하여 황토현을 넘는 배달민족의 깃발 위에 '除暴救民'이라고 새겨져 있었다.

그런데 기도(祈禱)를 기업화하려고 기도(企圖)하며, 주문을 단체로 주문받는 종교업자들에 의하여 기도와 주문은 돈(金)벌이 하는데 쓰이는

## 머 리 말

연금술적 마약으로 악용되어 왔다. 기도와 주문 그 자체의 신통력과 마력에 헛된 기대를 거는 이 포로들은 자주적 행위를 포기한 채 연금술사의 대리자인 도금우상(鍍金偶像) 앞에 종일 꿇어앉아 주술적 입방아만 찧는다. 자신의 금이빨과 금가락지를 연금술자들이 빼앗아가는 것도 모를 정도로 이 가련한 앉은뱅이들은 기도와 주문에 중독되어 있다.

때와 장소를 가리지 않고 남들이 보는 앞에서 큰소리로 기도하며 주문을 되풀이하는 입(口)은 기도와 주문의 진미에 대한 불감증이라는 복수를 당한다. 기도와 주문이 조심성없이 자주 입에 드나들면 그 참뜻이 잊혀지기 쉽다. 불성실한 기도와 주문은 시끄러운 소리를 내면서 입속에 굴러다니는 단물빠진 껌처럼 자신의 턱을 지치게 하며, 남의 고막을 따갑게 할 따름이다. 뜻모르고 중얼거린 기도는 혀의 부질없는 무용(舞踊)이며, 뜻모르고 중얼거린 주문은 입술의 부질없는 풀무질이다.

기도에 면역된 인류의 굳은 혀를 생동케 하며, 주문에 중독된 민족의 창백한 입술에 생기를 넣어주려면, 오랜 동안 기도와 주문 속에 감추어져 있었던 한울님(天主), 이름(언어), 거룩(聖), 한울나라, 땅, 빛(고통), 유혹, 악(마), 구원, 세계, 틈(間), 시(侍 : 모심, 계심), 조화(人爲性), 영세(永生), 부망(생각), 만사(존재), 지(인식)같은 개념들이 뜨겁고도 찬란한

> 기도와 주문이 조심성없이 자주 입에 드나들면 그 참뜻이 잊혀지기 쉽다. 불성실한 기도와 주문은 시끄러운 소리를 내면서 입속에 굴러다니는 단물빠진 껌처럼 자신의 턱을 지치게 하며, 남의 고막을 따갑게 할 따름이다.

불빛을 밝혀내야 할 것이다.

이 불빛을 해명하는 것이 '밝은 학문'(哲學)의 과제다. 민족들이 걷는 '새로운 삶'(新生)의 길은 이 불빛에 의하여서만 따뜻하고 밝게 비춰질 것이다.

1974년 3월 1일
국립 부산대학교
윤노빈

## 서장
## 시각과 생존

## 01

　민족들의 눈이 가장 애타게 보고 싶어하는 것은 '한울님의 얼굴'(브니엘, Peniel)이다. 감옥의 땅으로부터 살아 귀향할 박제상을 기다리는 안해보다도 더 간절하게 민족들은 해방의 귀로에로 자신을 이끌어 줄 한울님의 얼굴을 보고싶어 하였으며, 신생의 통로를 지나 지옥을 탈출하며, 등 뒤에 따라오던 안해의 얼굴을 뒤돌아 보고싶어 애태우는 오르페우스(Orpheus)보다도 절실하게 민족들은 죽음의 골짜기로부터 자신을 부활시켜 줄 한울님의 얼굴을 보고싶어하여 왔다.

　지상의 모든 민족들은 이스라엘(Israel : 한울님과 마주치는 자, Contender with God) 민족들이다. 단지 예루살렘 성전을 탈환하거나 시나이 반도를 점령하는 민족만이 한울님의 백성은 아니다. 왜냐하면 모든 민족들은 비록 고통의 어둠 속에서 방황하고 있건, 또는 수난의 강기슭에서 떨고 있건 간에 한울님과 마주쳐 밤새도록 씨름하는 야곱(창세기

32:24~32)처럼 한울님과 얼굴을 비벼가며 한울님을 꼭 껴안아 보려고 애쓰고 있기 때문이다.

여태까지 지상의 어떤 민족들도 한울님을 본적이 없으며, 그와 반대로 여태까지 지상의 모든 민족들은 한울님을 보아왔다. 이처럼 앞뒤가 맞지 않는 얘기는 매우 이상하게 들릴지 모르나 사실이 그러하다. 만일 민족들이 보아온 얼굴이 여태껏 그리워하던 한울님의 얼굴과 전연 다르다면 그들은 한울님 얼굴을 보지 못한 셈이며, 그와 반대로 만일 민족들이 보아온 얼굴이 바로 한울님 얼굴인 줄 깨닫는다면 그들은 한울님 얼굴을 본 셈이다.

그런데 어째서 한울님은 자신을 간절히 보고싶어 하는 사람들에게 자기 얼굴을 보면 죽는다고 경고하였을까?(엑소도스 32:20) 한울님은 우리들에게 여러 가지를 명령한다. "거짓말하지 말라", "도둑질하지 말라", "살인하지 말라", "부모에게 효도하라", "일주일에 하루는 꼭 휴식하라"고. 그러나 이와 같은 명령들에 앞서있는 가장 긴급한 명령이 있다. 그것은 "눈을 경계하라. 함부로 보지 말라"는 명령이다.

> 그러므로 호랩산의 불 가운데로부터 야훼께서 너희에게 말씀하시던 날 너희가 아무런 형상도 본 바 없으니, 너희는 정신을 바짝 차려라. 염려컨대 너희가 부패하여 너희 자신을 위하여 남자의 형상이거나 여자의 형상이거나간에 어떤 형상대로든지 우상을 새겨 만들지 말라. 땅 위에 있는 짐승의 형상도, 하늘에 날아다니는 어떤 날짐승의 형상도, 땅 위에 기어다니는 어떤 것의 형상도, 땅 아래 물 속에 있는 어떤 물고기의 형상도 만들지 말라. 또 염려컨대 너의 두 손을 하늘로 쳐들어 해와 달과 별들과 같은 하늘의 모든 무리를 보고서 너의 한울님 야훼께서 천하 만민을 위하여 나누어주신 그런 것들에 현혹되어 그런 것들을 숭배하며 섬기지 말라. (신명기 4:15~19)

한울님의 백성이 한울님으로부터 받는 제1계명은 눈을 조심하라는 것이다. 마음의 등불, 영혼의 창문, 정신의 길잡이인 눈을 어째서 조심하라는 말일까? 자기 혼자만 가장 아름답고, 가장 위대하며, 가장 훌륭하게 보이려는 질투심에 불타서 배타적 유일신은 의처증 환자처럼 사람에게 다른 것들을 함부로 곁눈질하거나 훔쳐보지 말라고 위협한 것일까?

아니다. 한울님의 특별명령 제1호는 결코 사람들이 장님으로 돌아가라는 뜻을 지닌 것도 아니다. 그것은 한울님 안색이 백조보다 희거나, 한울님 살결이 상어보다 매끄럽거나, 한울님 이빨이 사자보다 튼튼하거나, 한울님 발가락이 지네보다 많기 때문도 아니다. 그것은 사람들이 눈의 포로가 되지 말며, 눈의 그물(Retina) 속에 사로잡히지 말며, 눈이 만든 우상(eidolon)의 노예가 되지 말라는 특별 당부다.

## 02

'눈'이란 무엇인가? 그것은 산 사람의 눈이다. 우리가 문제삼는 것은 소쩍새의 눈이나 장님의 눈이 아니다. 산 사람의 살아있는 눈이 문제다. 그것은 안경도 아니며 현미경이나 망원경도 아니다.

눈은 카메라가 아니다. (박종홍, 「새날의 지성」)

그렇다. 눈은 카메라가 아니다. 눈은 카메라보다 훨씬 고귀하다. 눈은 사실 이상의 것으로 정신을 안내한다는 점에서 카메라보다 탁월한 것이다. 그러나 눈은 카메라보다 정확하지 못할 수도 있다. 사실 이하의 것, 또는 사실보다 작은 것을 본다는 점에서 눈은 카메라보다 못한 것이기도

하다.

눈은 '본다'(idein). 본다는 점에서 정상적인 사람의 눈은 평등하다. 왼쪽 눈이 보는 것을 바른쪽 눈이 보지 못하지 않으며, 바른쪽 눈이 보는 것을 왼쪽 눈으로 볼 수 없는 것처럼 사람들의 눈은 평등하다. 종교업자의 눈은 높고, 거지의 눈은 낮은 것이 아니다. 종교업자의 눈에는 신선만 보이고, 거지의 눈에는 똥만 보이는 것이 아니다. 종교업자의 눈동자나 거지의 눈동자나 가릴것없이 사람의 눈동자에는 금덩어리는 금덩어리로, 똥덩어리는 똥덩어리로 보이는 것이다. 종교업자의 눈에나 거지의 눈에나 신선의 수염은 보이지 않으며 염소의 똥은 보인다.

눈은 본다. 그것도 보이는 것만을 볼 뿐이다. 보이지 않는 것을 못 본다는 것이 시각의 평등성이며, 또 시각의 일반적 특징들 가운데서 첫째로 꼽힌다. 눈이 볼 수 있는 것, 눈에 보이는 것은 색있는 것뿐이다. 눈은 냄새를 볼 수 없으며, 맛을 볼 수 없으며, 소리를 볼 수 없다. 시각적 대상들의 색깔과 크기, 수량을 볼 수 있다. 눈은 시각적 대상 이외의 감각대상들뿐만 아니라 비감각적인 것, 예컨대 생존, 정신, 의도 등을 볼 수 없다.

눈은 '앞'과 '겉'만 본다. 시각적인 것이라 할지라도 눈 앞에 없는 것을 볼 수는 없다. 눈은 앞에 있는 것만을 본다. 시각의 영역은 눈과 눈 앞의 대상을 포함한 시야로서 제한되어 있다. 시각적 대상은 시야 속에 일부분만을 노출시킨다. 이것이 눈 앞에 보이며 눈 앞에 있는 것이다. 눈은 뒤에 있는 것을 볼 수 없다. 대상의 편에서 본다면 자신의 일부분만을 사람의 눈 앞에 빼앗긴다고 하겠다. 눈은 대상을 부분화시키며, 대상을 분단시키며, 대상을 분리시킨다. 이런 뜻에서 눈은 대상을 감각적으로 '쪼개는 칼'이다. 시야의 제한성은 눈의 분단작용에서 비롯되는 것이다. 그런데 시야의 제한성은 시각적 대상을 표면적으로 분단시키는데 그치는 것이 아니라 대상을 표면적으로밖에 포착하지 못한다. 시야는 전면적인 동시에 표면적이다. 겉에 보이는 것만을 본다. 속에 감추어 있는 것은 보지 않는다.

눈은 '잘못' 본다. 자기 앞에 놓여있는 대상이라고 해서 눈은 항상 정확히 보는 것은 아니다. 시야의 제한성은 시각적 대상을 제한하며, 이로 말미암아 시각의 착오가 발생한다. 착시(錯視)란 시야의 제한성에서 비롯된 것이다. 눈은 보이는 것을 정확히 보지 않는 수가 많다. 눈은 좋은 증인이며, 동시에 나쁜 안내자다. 눈을 속이기란 어려운 일인 것 같지만 눈처럼 속이기 쉬운 것도 없다. 시각의 제한성, 시야의 제한성에 비추어 볼 때 눈은 언제나 속임을 당할 위험성에 봉착하여 있다. 색에 관계된 다채로운 대상들 가운데서 하나의 대상만을 지각하는 경우에 그것은 주변의 대상들에 의하여 간섭받기 때문에 본래의 색과 모양과 크기가 잘못 지각되기 쉽다.

그러나 시각의 제한성에서 비롯된 착각보다도 훨씬 본질적인 과오가 있다. 그것은 시야의 제한성에서 비롯된 것이다. 눈은 대상의 국부만을 보면서 그것을 전부로서 지각되게끔 유인한다. 그뿐만 아니라 대상의 표면만을 보면서 그것을 이면까지 포괄한 전면이라고 오해하도록 유인한다. 부분을 보고서도 전체라고 착각하는 과오, 겉을 보고서 속을 판단하는 과오는 모든 감각을 선도하는 시각의 독재에서 비롯된 것이다. 시각적 착오는 눈의 현재집착성과도 관련되어 있다. 눈은 '지금' 보이는 것만을 보고 과거에 있었던 것이나 장차 올 것에 관해서는 보지 못한다.

'눈 앞에' 있다는 것은 '지금' 보인다는 말이나 마찬가지다. 눈의 현재집착성에 호소하여 중요하지 않은 국면들, 중요하지 않는 표면들을 계속 보여주면 정신은 그런 것들이 대상의 전부인 줄 착각하기 안성맞춤이다. 현실적으로 시각의 과오를 인위적(人僞的)으로 유도하고자 할 때, 다시 말해서 사람이 사람의 눈을 일부러 속이려 할 때 이와 같은 눈의 약점이 가장 적합한 공격목표가 되는 것이다. 이런 경우에 눈이 잘못 보는 것은 잘못 보게끔 다른 사람이 수작을 부린 탓이다.

눈은 '가두어' 본다. 눈은 우상숭배의 예술가다. 볼 수 있는 것, 보이는 것만을 보는 눈이 볼 수 없는 것, 보이지 않는 것에까지 감히 욕심을 뻗쳐 그것을 시각화하였을 때 우상(偶像, eidolon, idola)이 날조된다. 결코 보이지 않는 것인데도 그것을 억지로 보이는 것으로 위조해 냈을 때 우상이 탄생된다. 눈은 우상적 세계관의 날조범이다. 눈은 인간의 정신을 존재에 집착시키며, 정신을 존재의 감옥에다 감금시킨다. 존재의 감옥이란 바로 눈의 감옥이다. 우물 안에 갇혀 있는 개구리는 눈에 갇혀 있는 개구리다.

우상숭배는 존재숭배이며 시각숭배다. 우상숭배자란 눈의 포로다. 눈은 존재의 전체가 아닌 부분에 집착되어 고체적(固體的) 국부를 섬기려 하며, 여기에서 잡다와 양적 단위로서의 고체적 일자(One), 수학적 하나, 연금술적 일자라는 요소론적·우상적 단위를 만들어 낸다. 이것이 신비화되면 만물을 잉태하는 마술적 능산성(能産性)을 지닌 하나의 연금술적 자궁으로 둔갑한다. 이리하여 우주에 대한 형이상학적 눈치인 바 "도(道)는 하나를 낳고, 하나는 둘을 낳고, 둘은 셋을 낳고, 셋은 만물을 낳는다." (노자) 그리고 나서 눈은 전가의 보도를 빼어 만물을 보이는 것과 보이지 않는 것, 또는 고운 놈과 미운 놈으로 쪼개서 거기다 '양'과 '음', 또는 '정립'(Thesis)과 '반립'(Anti-thesis)과 같은 산뜻한 유니폼을 입혀 편을 갈라놓고, 재미있는 형이상학적 유니버살 리그(universal league)를 벌이면 눈요기(Theoria)도 실컷 하며 돈(金)도 많이 번다.

눈은 두개이면서도 '단 하나'를 본다. 눈은 질적 통일(unification)이라는 초시각적 현상을 양적 단일(monos)과 혼동함으로써 시각적 대상화의 전형인 배타적 유일신의 개념을 날조해낸 것이다. '하나'는 두가지다.

두가지의 '하나'를 혼동하며, 그것을 구별하지 못한 데서 많은 불화가 초래되어 왔다. 이 불화의 씨는 눈에서 비롯된 것이며, 그 불화의 앙갚음으로 민족들의 눈에서는 숱한 '눈물'이 흘러내려 왔다.

수량적 '하나'는 많은 것들, 여러개들과 구별되어서 하나다. 예컨대 아흔 아홉 마리의 검은 염소들 가운데 눈총을 받고 있는 '한' 마리의 흰 염소가 섞여있을 때의 흰 염소와 같다. 이에 반하여 질적 '하나'는 분단되어 있지 않음, 구분되어 있지 않음, 이간되어 있지 않음을 뜻한다. 예컨대 아흔 아홉 마리의 염소들은 '하나'의 검은 염소이며, 백 마리의 염소들은 늑대와는 다른 '하나'의 염소인 경우와 같다.

눈은 이와 같은 질적 통일성을 양적 단일성에다 환원시키려는 나쁜 버릇이 있다. 대상을 쪼개서 보기 때문에 눈은 오히려 질적 통일성을 양적 단위로 쪼개서 와해시키는 것이다. 여기에서 '유일'이라는 개념이 도출된다. 우상적 유일신은 탐욕적 이기심에 치우친 배타적 로빈슨 크루소의 우화에 지나지 않는 것이다. 한 마리의 흰 염소를 적극적으로 우상화하였을 때 그것이 유일신이 되고, 아흔 아홉 마리의 검은 염소는 소극적으로 우상화되어 악마들로 전락하고 만다. '한울님'은 그처럼 옹색한 외톨박이 이기주의자가 아니기 때문에 처음부터 우리들의 눈을 경계하면서 우상을 제발 멀리 하라고 당부한 것이다. 그 경고는 바로 '우리들' 인간 스스로 각성한 고백이며, 그 당부는 우리 스스로에 대한 다짐 이외의 것이 아니다.

눈은 '마주쳐' 본다. 눈(目)은 반목의 원천이다. 눈의 감각은 눈(自我)과 대상을 분리·격리시킨다. 피부적인 감각인 바 촉각·미각·후각 등이 동화적 감각, 주객합리적 감각이며, 청각이 전체적·전면적 감각인 것과는 달리 시각은 '대립적'이다. 눈은 앞에 있는 것과 눈을 분단, 대립시킨다. 이런 뜻에서도 눈은 '쪼개는 칼'이다. 시각이란 대립적 감각으로서 대면이며, 대치(Anti-thesis, Gegen-Satz)이며, 대립(Gegen-Stand)이다. 사람을 마주볼 때 사람은 적대자(Gegner)가 되는 것이다. 눈은 마주쳐서 보기 때문에 벌써 보이는 것과 보는 자를 이간시키며 양분(Dicho-tomia)한다. 보는 자(主觀)와 보이는 것(客觀)의 이간에서 보는 자는 주인의 입장이 되고, 보이는 것은 손님(客) 내지 종의 신세로 된다.

한 걸음 더 나아가 보여지는 것들마저 이간되어 그 가운데 주·객 순위가 성립한다. 이른바 목적은 보여진 것들 가운데서의 주인이요, 수단이란 보여진 종이다. 시각적 관계란 이처럼 시야의 제한성과 결탁한 사회적 제약성이다. 시각적 체험은 시각적 인간관계에 있어서는 주종관계, 주인과 노예의 관계로 타락하기 쉽다. 본래부터 대립관계는 수평적 반목이 아니라 수직적·불평등적 대립관계라는 데서 시각적 인간관계의 비극이 싹터 있다. 시각적 대립은 평등한 대좌가 아니라, 보는 자는 '위에' 높이 앉아 있고 보이는 것은 '아래에' 엎드려 있는 관계다. 주관은 객관을 자신과 같은 수준에 놓고서 보지 않는다. 상전과 하인은 같은 마루에 앉아서 마주보지 않는 법이다. 목적과 수단은 같은 높이에서 보여지는 것이 아니다.

눈은 '내려다'(蔑視) 본다. 눈은 대상을 깔아서 또는 밟아서 보려고 한다. 눈은 깔본다. 이런 뜻에서 눈은 살인적·살생적 흉기로서의 '찌르는 칼'이다. 사물을 내려다 보는 경우거나 사람을 내려다 보는 경우거나 모두 일방적 시각이다. 사람은 사물을 내려다 보지만 사물이 사람을 볼 수는 없다. 사람이 짐승을 내려다 보지만 짐승은 자기를 붙잡으려는 사람의 눈에 뜨이자마자 눈알이 빠지도록 도망간다.

사람이 사람을 내려다 보는 경우도 마찬가지다. 높은 사람(상전)은 낮은 사람(하인)을 내려다 볼 수 있지만, 아랫사람은 윗사람을 감히 쳐다 볼 수 없다. 대개의 경우에 있어서 하인이나 노예는 부분적인 의미에서 장님이 되어야 하며, 또 눈 없는 물건이 될 수밖에 없다. 노예는 주인의 얼굴은 물론 주인이 가지고 있는 물건을 함부로 들여다 볼 수 없을 뿐만 아니라, 바로 자신이 하나의 물건으로 취급되는 신세다. 주인에 비하여 종의 시야는 훨씬 좁으며, 주인에 비하여 종의 눈은 훨씬 장님에 가깝다. 모이를 던져주는 사람처럼 주인은 넓은 시야를 내려다 보며, 모이를 쪼아 먹는 병아리처럼 종의 시야는 좁다. 대체로 시야의 폭이 넓고 좁게 되는 것은 시각의 선적 특징과 고통의 영향에서 비롯된 것이다.

눈은 '시선'을 따라 본다. 시각적으로 격리된 주관과 객관 사이에는 일정한 거리가 있다. 이 거리는 대상과 자아 사이를 쪼개는 칼로서의 눈이 만들어 놓은 것이다. 눈과 눈 앞에 보이는 목표, 또는 눈 아래에 보이는 대상 사이의 가장 가까운 거리는 직선이다. 이것이 시선이다. 시각은 선적 감각이다. 선적 지각으로서의 시각으로부터 신분적 인생관, 기하학적 세계관, 직선적 내세관이 비롯되었다. 직선이란 일정한 거리 또는 선분으로서의 부분적 선을 무한정으로 연장시킨 것이다. 선은 시각적 표상에서 비롯된 것이며, 직선은 기하학적으로 해석된 시선이다.

그런데 본래의 시선은 대상에로 향한 대립거리다. 시야의 위상이 상·하관계로 구체화되는 것처럼 시선도 수직화된다. 시야의 대립이 불평등한 대립인 것처럼 시선도 상·하의 수직성을 띠게 된다. 주관과 객관, 상전과 하인, 목적과 수단과 같은 시야의 대립은 수직선 또는 수직적 시선, 그것도 끝에는 낚시바늘이나 쇠갈쿠리가 달린 시선으로 되어 있다. 이 바늘이나 갈쿠리는 두말할 필요도 없이 아래에 있는 것들의 입을 향하여 도사리고 있는 것이다.

시선은 '낚시줄'과 비슷하다. 인위적(人僞的) 고해, 또는 부자유의 눈물 위에 드리운 낚시줄처럼 수직적 시선이 위에서 아래로 내려다 보고 있다. 이때 상전은 억압적 시선으로써 물고기로서의 하인을 내려다 보고 있다. 이것이 한가한 낚시꾼의 여유있는 관상(觀相, Theoria)이다. 형이상학적 낚시터에서 대어가 물리면 낚시꾼의 입에서는 저절로 우주가 시끄러울 정도로 놀라움(Thaumazein)의 탄성이 터져나온다. 관상 또는 관조는 무관심적 관찰이 아니라 지배적 멸시 또는 업신여겨봄이다. 관조는 수평적 · 평등적 관상이 아니라 불평등적 감시(super-vision)다.

이에 반하여 물고기들보다도 바보들인 피해적 인간들의 시선은 조그만 미끼를 바라본다. 한가롭지 못한 물고기의 여유없는 미망처럼 이들의 시선은 매우 짧으며 이들의 시야는 매우 협소하다. 이들의 시선은 위에서 억누르는 낚시꾼의 길고도 넓은 시선과 시야에 눌려 동료들 사이에서는 '반목' 한다. 이들은 서로 눈치를 보며, 눈총을 던지며, 눈을 흘기며, 눈싸움을 하게 된다. 이들의 동족상쟁적 반목은 지배적 · 수직적 시선의 압력에 의한 심한 분열, 이간에서 비롯된 것이다. 하나의 미끼를 놓고 물고기 형제들끼리 서로 다투는 격이 되는 것이다. 자신의 목숨을 빼앗아가는 갈쿠리칼이 미끼 속에 있음을 모른 채, 형제들의 얼굴도 모른 채 부분적으로만 보이며 겉만 보이는 미끼를 전부라고 전체라고 착시하는 물고기의 눈보다도 사람의 눈이 맹추일 때가 많다.

눈 속에는 '그물' (Retina)이 있다. 독특한 어부는 한 두 마리만 낚는 조그만 낚시보다는 대규모적으로 잡아올리는 대형낚시, 즉 그물(綱, rete)을 사용한다. 사람을 대규모로 낚는 데는 낚시보다는 그물이 수월하다. 사람을 잡는 그물은 바로 눈 속에 있는 그물 즉 망막이다. 사람은 자기가 갇힐 감옥을 자신 속에 간직하고 있다. 사람을 잡아가두는 사람 어부의 어로작전은 말하자면 사람마다 눈 속에 장치된 그물고문 조끼에다 자신의 생명초점을 감금시키는 망막초점(Focus Retina) 작전이라고 하겠다. 고통스런 상황 아래서 인간의 시선과 인간의 시야는 그물 속에서 와글거리는 물고기들의 시선과 물고기들의 시야처럼 짧으며 좁다. 그물에 갇힌 물고기처럼 고통을 겪는 인간들은 자신의 눈에 갇히어 동기간의 얼굴도 제대로 알아보지 못하고 서로 망신하며, 서로 싸우며, 서로 째려보며, 서로 노려보는 반목의 불화살을 쏘아댄다.

눈은 인위적(人僞的) 고해 속에서 충혈되어 '뒤집힌다.' 고통은 시선을 단축시켜 근시를 만들며, 시야를 편협하게 만든다. 멀쩡한 눈일지라도 피로하거나 심한 고통을 받게 되면 부분적 맹목이 되고 만다. 고통은 눈뜬 장님을 만든다. 부자유 또는 고통의 원인이 단축된 시선 또는 협소화된 시야라고도 볼 수 있다. 부자유스럽기 때문에 시선이 단축되며 시야가 좁아질 뿐만 아니라, 시선이 짧고 시야가 좁아서 사람은 부자유와 고통의 그물에 갇히게 된다. 피로에 지친 눈은 색깔이나 크기를 예리하게 구별하지 못한다. 흔히 눈이 아물거린다는 경우처럼 대상이 '무관심적'으로 또는 무차별적으로 혼동된다.

이러한 시선과 이러한 시야를 무관심적 시선 무관심적 시야라고 하겠다. 눈은 이 때 큰 것과 작은 것을 분간하지 않으며, 형태의 차이, 색채의 구별에 대하여 무관심하게 된다. 피로가 지나쳐 고통스럽게 되면 '신경질적'으로 시야가 단축되며 시선이 좁아진다. 이 때에 대상은 작은 것이 큰 것처럼 보이며, 큰 것이 작은 것처럼 보이게 된다. 배고픈 물고기 눈에 커다란 낚시와 줄과 사람이 보이지 않고 작은 미끼만 크게 보이는 것과 같은 격이다.

고통이 극단적으로 강화되면 마침내 눈이 뒤집힌다. 치명적 고통을 당하거나 처참한 부자유 상태에서 극단적 착각현상이 나타난다. 이것은 시선이 극단적으로 단축되어 방향이 뒤집힌 상태, 시야가 극단적으로 좁아져서 속과 겉이 뒤집힌 상태라고 하겠다. 시선의 단축, 시야의 협소화가 극단적으로 약화되면 도착된 눈, 즉 '미친' 눈이 되고 만다. 이것이 뒤집힌 눈, 새빨갛게 충혈된 눈이다. 이것은 눈 속의 피가 겉으로 튀어나온 눈이다. 미친 눈은 자신과 가장 가깝던 주인에 덤벼드는 미친개처럼 자신의 형제와 자신의 가족과 자신의 이웃과 자신의 민족을 몰라보며, 반대로 자신에게 가장 멀던 자신의 원수를 어처구니없게도 형제로 가족으로 벗으로 동족으로 착각한다.

눈은 '있는 것' 만을 본다. 눈은 '살아 있는 것'을 못본다. 도대체 눈으로써 살아 있는 사람을 본다는 것은 인간을 구속하는 결과를 초래한다. 이것은 어부가 그물로써 물고기를 잡는 것보다도 더 철저한 감금이다. 눈 속에 있는 그물(Retina)에 잡힌 사람의 상은 살아 있는 사람은 아니다. 그물이 물고기를 잡는 것보다 더 치명적으로 인간의 눈은 살아 있는 것을 잡아들인다. 망막은 밧줄이나 쇠갈쿠리나 물고기나 사람을 구별하지 않는다. 눈동자 위에 비친 상은 광물, 식물, 동물, 인간을 구별하지 않는다. 그것은 단지 상일 뿐이다.

눈에 대하여 모든 것은 '우상' 이다. 망막은 광물과 인간에 대하여 차별대우를 하지 않는다. 돌덩어리와 금덩어리에 대하여 눈동자가 평등한 상의 배치를 허락하는 것처럼, 눈동자 앞에서 석고상과 인간의 상은 똑같은 대접을 받는다. 눈으로써 인간을 보려는 경우에 인간은 벌써 살아 있는 생존이 아니라 죽어 있는 우상이 되고 만다.

인간을 시각화함은 생존을 존재화함, 인간을 개체화함이다. 진열장에 서 있는 마네킹처럼 주인이나 손님이 '있는' 것은 아니다. 눈에 보이는 한에서 주인이나 손님은 마네킹처럼 공간적으로 존재하며, 그 상이 눈동자에 비친다. 선생은 눈 앞에 책상들이 있는 것처럼 학생들이 있는 것으로 보기 쉽다. 학생은 눈 앞에 교탁이나 칠판이 있는 것처럼 선생이 있는 것으로 보기 쉽다. 정치가는 회의실 밖에 승용차가 있는 것처럼 회의실 밖에 국민들이 있는 것으로 보기 쉽다. 이처럼 있는 것(存在)과 살아 있는 것을 똑같이 보려는 데서 이른바 인간의 비인간화라는 근원적 범죄가 싹트게 된다.

'눈 아래에는 사람 없다'(眼下無人). 눈으로써 사람을 산채로 볼 수 없다. 눈에 보인 사람은 벌써 살아있는 인간이 아니라 눈총을 맞아 죽어 있는 것이나 다름없다. 그것은 썩어가고 있는 송장이 아니면 살아있는 것처럼 보이나 죽어있는 것과 다름없는 산송장이다. 사람을 보려는 것은 사람을 산송장으로 취급하려는 것이다. 산송장은 종, 하인 또는 노예다. 주인은 금고열쇠를 보듯 개를 보며, 개를 보듯 하인을 본다. 하인은 단순히 '아래에' 있는 사람일 뿐만 아니라, 보여진 인간 다시 말해서 물화된 인간이다. 두말할 필요없이 수단으로 사람을 취급한다는 것은 매우 경계되어야 할 노릇이다.

그렇다고 해서 '인류성을 눈의 과녁(目的, Zweck)으로서 사용하도록' 사람이 행동하라는 명령(칸트)이 정당화되는 것은 아니다. 우리 사람들, 한울님이 내리는 무상명령은 "사람은 결코 보아서는 안된다"로 시작한다. 본래 눈은 깔보는 것이기 때문이다. 만일 사람이 사람을 보게 된다면 벌써 사람은 '깔보인다.' 이런 뜻에서 '눈 아래에는 사람 없다.' 눈 아래에서는 홍색인도 갈색인도 흑색인도 백색인도 다 깔보이며 서로 업신여겨 보인다. 이 때 사람은 하나의 물건 또는 차가운 우상(Idola)이 되어 다른 사람의 그물(망막) 속에 갇히게 된다.

그물 속과 같은 고통의 상황, 부자유의 환경, 감금된 상태에 있을 때 사람들은 서로 사물처럼 째려본다. 이 때 망막 속에 붙잡혀온 인간은 벌써 하나의 상품, 하나의 인질, 하나의 용병, 하나의 무기, 하나의 소모품, 하나의 담보물, 하나의 교환물이 되는 것이다. 사람을 눈으로 보았을 때 사람은 물건처럼 무게와 크기와 번호로써 표기되는 것이다. 화물에 붙은 꼬리표처럼.

눈뜬 소경들이 구경꾼(Theoros)이 되며, 눈뜬 소경 선수들이 참전하는 눈싸움은 5색 민족들 사이의 치열한 오륜대회장에서 미인대회장에서 살인무술대회장에서 벌어져 왔다. 사람을 보려고 한다면 벌써 다방에 동포를 가두어두고 과녁을 맞추듯 형제의 얼굴에다 총질하는 인질극이 시작된 것이나 다름없다. 사람을 보려고 한다면 벌써 짝사랑에 눈이 뒤집혀 명태 배를 가르듯 누이동생의 뺨에다 칼을 그어대는 것이나 다름없다. 사람을 보려고 한다면 벌써 시멘트가 조금 섞인 기와장들을 부수듯 스승의 턱에다 중량급 태권도의 주먹을 들이댄 것이나 다름 없다.

## 03

그렇다면 사람의 눈알을 빼어 개 주라는 말이냐? 아니다. 사람의 눈은 비록 그물과 같은 감옥에 갇혀 부자유의 노예가 되는 것일지라도 물고기의 눈과는 다른 살아 있는 눈이다. 사람의 눈은 눈알로써만 보지 않는다. 눈알 뒤에는 눈알을 '자유로이' 굴리는 정신적 힘줄이 있다. 물고기는 그물에 갇히고 나면 어쩔 수 없이 사람의 밥상 위에 얹히게 되지만, 사람은 그물을 째고 나올 수 있는 힘 즉 자유의 불빛을 지니고 있다. 사람에 대한 그물은 사람이며, 사람은 이 그물을 만든 장본인이며, 동시에 이 그물을 태워버리는 주인공이다. 시각에 대한 우리들의 경고는 시각의 '제한성'에 대한 경고이지 시각 그 자체를 제거하라는 철거명령은 아니다. 시각의 제한성에 대한 경고는 제한성의 극복을 고취하는 격려 말씀이다.

시각의 제한성을 극복하기 위해서는 어떻게 하여야 할까? 시각은 먼저 시각 이외의 감각기능들과 협동함으로써 그의 한계를 극복한다. 이것은 사람이 노력해서 되는 것이라기보다는 자연적으로 이루어지고 있는 감각들의 협동이다. 이보다 주목해야 할 것은 시각 자체의 협동이다. 시야의 제한성과 시선의 제한성을 극복하기 위해서는 개별적 시각들이 협동해야 한다. '시각의 협동'은 "혼자서 보지 말고 함께 보아라!"는 명령을 준수해야 한다.

개별적 시야의 국면성, 표면성은 여러 시야들의 협동에 의해서 지양될 수 있다. 개별적 시선의 선적 특성은 여러 시선들의 협동에 의해서 지양될 수 있다. 시야들의 협동과 시선들의 협동은 바로 시각의 기하학적 성격을 지양해준다. 사람의 눈은 한개가 아니다. 왼쪽 눈과 바른쪽 눈이 협동하듯 사람들의 눈은 협동한다. 그 뿐만 아니라 사람들의 두 눈은 나란하다. 왼쪽 눈이 바른쪽 눈 위에 있지 않다. 그것처럼 사람들의 사회적 시야들이 상하에 있어서 수직적으로 대립하지 않고 평등한 위치에 되돌아옴으로써 입각견지가 통일될 수 있다.

시각의 협동은 바로 '시각의 통일'이다. 시각이 통일됨으로써 수평적 시야와 수평적 시선이 전개될 수 있다. 평등한 시야와 평등한 시선이 성립하는 조건은 자유로운 협동과 통일이며, 자유와 통일이 성립하는 조건도 시각의 평등이다. 시각의 협동은 자유로운 환경에서만 가능하며, 시각이 협동함으로써 자유가 확보될 수 있다. 부자유와 시선의 반목은 동일한 상황에서의 같은 현상이다. 시선들이 수직방향으로부터 수평화되며, 상호충돌의 시선으로부터 협동적 시선이 점으로써 왼쪽 눈과 오른쪽 눈이 서로 노려보지 않는 것처럼 사람들의 반목은 극복되어 '화목'(和目, 睦)하게 된다.

여러 시각들의 화목에서 사물에 관한 협동적 관찰로서의 과학(Wissenschaft)이 성립한다. 과학은 사회적으로 통일된 시각의 체계다. 과학이란 실재론적 관찰, 또는 사회적 관찰의 결과다. 협동적으로 보여진 것(Wissen, visum ← video)이 과학이다. 과학의 성립조건은 사회적 화목이며 과학적 화목의 조건은 자유다. 자유없이 평등한 시각 없으며, 평등한 시각없이 자유로운 시각 없으며, 자유로운 시각없이 자유로운 관찰 없으며, 자유로운 관찰없이 과학 없다.

눈은 '스랑' 즉 '생각'에 의하여 조명된다. 시각의 제한성은 감각으로서의 시각과는 근본적으로 다른 것에 의하여 근본적으로 극복된다. 반목하는 시선들이 화목하는 시선에로 통일되어 협동함으로써 시각은 생각 즉 사랑의 차원에로 옮겨간다. 생각함으로써 즉 사랑함으로써 시선들은 화목해질 수 있다고 말해도 마찬가지다. 볼 수 있는 것 즉 존재에 관한 협동적 시각은 시각들의 사랑과 화목을 전제로 한 것이며, 시각들의 사랑과 화목도 존재에 관한 협동적 시각을 전제로 한 것이다.

사물을 함께 볼 줄 앎으로써 사람들은 서로 생각(사랑)할 줄 알며, 서로 사랑(생각)함으로써 사물을 함께 볼 줄 안다. 협동적 시각은 개별적·국부적·표면적·직선적 시각의 한계를 극복할 뿐만 아니라 시각 자체를 극복하여 인간으로 하여금 사랑(생각)의 단계로 옮겨가도록 한다. 사랑 또는 생각은 벌써 가시적 대상에 대한 인식방법이 아니다. 사랑하는 생각은 있는 것(存在)에 대한 인식이 아니라 살아 있는 것(生存)에 대한 체험이다.

사랑은 시선 뒤에 있는 생존과의 만남이다. 살아 있는 사람은 보여지는 존재가 아니라 상봉함으로써, 사귐으로써 이해된다. 사람을 안다는 것은 사람을 본다(wissen, visum)는 것이 아니라 가까이서 사람과 친하다(knennen-lernen)는 뜻이다. 참다운 친교는 '섬김'과 '모심'으로써만 가능하다. 사람을 한울처럼 섬기며(事人如天), 한울님을 사람처럼 모실(侍天主) 때에만 친할 수 있다.

눈은 '빛' 속에서만 본다. 아무리 거대한 대상이 눈 앞에 있어도 아무리 총명한 눈이 있어도 빛 없이는 보이지 않으며 빛 없이는 볼 수 없다. 자연적 빛없이 볼 수 없는 것처럼, 인위적 빛없이 제대로 알아 볼 수 없다. 자유와 사랑은 사람이 켜는 불빛이다. 이런 뜻에서 사랑은 횃불과 비슷하다. 자유와 사랑의 불빛없이 사람은 사람답게 살아 있지도 않으며, 자유와 사랑의 불빛없이 사람은 사람을 제대로 알아 볼 수도 없다.

자연적 빛 속에서 눈은 있음, 죽어 있음, 떨어져 있음을 본다. 눈은 존재를 떼어서 본다. 시각은 살아 있는 것, 통일되어 있는 것에 대해서는 장님이다. 그러나 개별적 시각들이 협동함으로써 선적 체험, 부분적 체험, 이간적 체험은 생존적 체험, 통일적 체험, 사랑의 체험에로 발전한다. 통일적 시각, 화목한 시선들은 함께 봄인 동시에 함께 생각함이다.

사랑은 살아 있는 것, 통일되어 있는 것에 관한 생각이다. 생각은 살아 있는 것, 통일되어 있는 것에 관한 사랑이다. 살아있음은 죽어있음이 아니다. 생존은 사존이 아니다. 생존은 송장이나 물건이 아니다. 사람은 산송장 또는 노예가 아니다. 사람은 물건처럼 존재하는 사람이 아니다. 사람은 살아 있다(生存). 사람은 있는 것(存在)이 아니다. 달리 표현하자면 사람은 살아 '계신다.'

여기서 '계신다'는 말은 단순히 '있다'의 높임말을 뜻하지 않는다. 결코 '있음'에다 경어를 하사할 수 없다. 비록 '존재'를 추켜세워서 말할지라도 그것은 어디까지나 존재다. "시아버님 대갈님 위에 검불님이 계시다"는 식으로 존재를 높여서 '계시다'고 말하는 것은 근본적으로 잘못이다. 어린 손자의 머리에 얹힌 검불이나 며느리 머리에 얹힌 검불은 '있는 것'이고, 시아버님 머리에 얹힌 검불은 '계시는 것'이라는 식으로 검불의 존재가 높여졌다 낮춰졌다 바뀌는 것은 아니다. 계시는 것은 사람뿐이다. 그렇다고 시아버님만 계시는 것은 아니다. 며느리도 계시며 손자도 계신다. 사람의 계심은 검불의 있음과는 전연 다른 것이다. 검불을 볼 수는 있으나 손자와 며느리와 시아버님의 계심을 볼 수는 없기 때문이다.

여기서 사람의 살아계심은 사람답게 살아 있음을 뜻한다. 머리털 위에 검불이 계신다고 말할 수 없는 것과 마찬가지로 송장이 계신다고 말할 수 없다. 송장이 계신다고 말할 수 없는 것과 마찬가지로 산송장이 계신다고 말할 수 없다. 원숭이가 계신다고 말할 수 없는 것과 마찬가지로 노예가 계신다고 말할 수 없다. 노예는 살아계심이 아니다. 그것은 사람답게 살아 있지 않기 때문이다. 계시는 것은 사람뿐, 그것도 한울님뿐이다. 한울님으로서의 사람만이 사람답게 살아 계신다. 계시는 것을 '섬긴다'고 말하며, 살아 있는 것을 '모신다'고 말한다. 있는 것을 섬기며 죽어있는 것을 모심은 우상숭배다.

내가 청주 서타순의 집을 지나다가 그 며느리의 베짜는 소리를 듣고 서군에게 물어보았다.
"저것은 누가 베짜는 소리입니까?"
서생이 대답하기를 "저의 며느리가 베를 짭니다."
나는 다시 물어보았다.
"그대의 며느리 베짜는 것이 참으로 그대의 며느리가 베를 짜는 것입니까?"
서생은 나의 말뜻을 분간하지 못하였다. 그러나 이 말뜻을 알아차리지 못하는 사람이 어제 서생 뿐이겠는가?

어린이를 때리는 것은 곧 한울님을 때리는 것이니라. 한울님의 길을 닦은 아낙네라면 함부로 어린이를 때리지 말라.(「道宗法經」六, 事人如天)

생존은 양적 개념이 아니다. 살아 있음은 양적 개체성, 수적 일자성, 배타적 유일성, 자기적 단일성으로써 규정될 수 없다. 살아 있음은 시각적·양적 개념이 아니기 때문이다. 본래 생존은 떨어져 있음, 이간되어 있음이 아니기 때문이다. 살아 있음은 '함께 있음'이며 '통일되어 있음'이다. 이것은 다(多)에 대립된 배타적 수량적 일자성이 아니라 불가분자라는 뜻에서의 통일성이며, 분단과 이간에 대립된 생존적 통일성이다. 살아있음은 '고독한' 삶이 아니다. 분열되어 있음은 살아 있음이 아니다. 생존을 시각적으로 또는 수량적으로 파악한다면 생존성은 배제되어 버린다.

예컨대 '다섯 사람'이라고 한다면 시각적으로는 ㅣ, ㅣ, ㅣ, ㅣ, ㅣ로써 표현되며, 계량적으로는 '5'로써 표현될 것이다. 그런데 만일 이 다섯 사람이 '무관심적'으로 각자의 길을 간다면 생존의 차원에서 생각할 때 단 한 사람이 있는 것이나 마찬가지 결과를 초래할 것이다. 이 현상은 '1×1×1×1×1=1'로써 계량화될 수 있다. 만일 이 다섯 사람이 '신경질적'으로 마주 대한다면 각자 얻은 것은 아무 것도 없으며, 다섯 전부 얻는 것 역시 아무 것도 없게 되며, 단지 신경질적 상처만 남을 것이다. 이 현상은 '1×0×1×0×1×0×1×0×1=0'으로써 계량화될 수 있다.

만일 이 다섯 사람이 눈이 뒤집혀 '미쳐서' 서로 잡아 먹는다면 각자의 멸망, 그리고 다섯 전체의 멸망이 초래될 뿐이다. 이 현상은 '−1−1−1−1−1=−5'로써 계량화될 것이다. 그러나 다섯 사람이 화목하며 협동하며 통일적 시야를 갖고 통일적 시선으로써 동호(同好)하며 공동의 적에 대하여 동오(同惡)한다면 실로 엄청난 결과를 초래할 것이다. 이것은 수량화될 수 없다. 그러나 억지로 이것을 정식화한다면 '다섯×ㅊ'이라는 식으로 표현될 수 있을 것이다. 여기서 ㅊ은 무한한 생존의 영역, 생존의 힘, 생존의 가능성을 뜻하는 무한대의 변수이다. '다섯×ㅊ'은 5보다 큰 것임은 물론이거니와 백보다도 클 수 있으며, 경우에 따라서는 천, 만, 백만보다도 큰 것이다. ㅊ이 양적인 개념이 아니기 때문이다.

ㅊ은 생존의 창조요인 또는 초월요인을 뜻한다. 다섯 사람의 화목과 다섯 사람의 단결이 엉성한 천명의 '무관심한' 집합보다 훨씬 강력한 것이다. 그것은 분열된 만명의 '신경질적' 오합지졸보다 훨씬 위대하다. 그

것은 상쟁하는 백만명의 '미친' 떼거리보다 훨씬 확고하다. 화목한 전체는 총계(Summe)보다 훨씬 큰 것이며, 반목한 전체는 총계보다 훨씬 작은 것이다.

양적 일자성과 구별되는 생존의 통일성은 위대한 단결력을 내포하고 있다. 그것은 무한한 질을 창조하며 무한한 양을 극복하는 힘이다. 생존의 통일성은 양의 질화를 유도할 뿐만 아니라 질의 양화도 주도한다. 비록 수적으로는 약세에 있을지라도 그 협동성, 통일성, 단결성에 있어서 강력한 생존이라면 외견상 양적으로 우세에 있는 집합체를 물리치고 승리할 수 있다. 양의 자연적 축적이 필연적으로 '비약'에 도달하며, 질적 변화가 양적 변화를 필연적으로 결정한다는 사고방식은 존재에 대한 우상숭배에서 비롯된 것이다. '유물주의'는 배물주의며, 배물주의는 배금주의며, 배금주의는 우상숭배며, 시각적 다(多)와 양의 축적과 금전에 대한 숭배다. 그러므로 모든 유물주의는 물량의 확장에다 진보의 척도를 맞추려고 하는 것이다.

생존이 공중에 살아 있는 것이 아닌 한(限)에서 사물의 '토대'를 존경해야 할 것임은 두말할 필요도 없지만, 사물은 어디까지나 생존에 의하여 조종되는 위치에 있을 뿐이지 그 반대는 아니다. 경물사상(敬物思想)은 경천사상과 경인사상 아래서만 참뜻이 있는 것이다. 생존은 사물의 질을 인위적(人爲的)으로 날조하는 위험성에 대항하여 사물의 질을 인위적(人爲的)으로 창조하는 것이기 때문이다.

생존은 배타적 유일신을 거부한다. 수적 의미에서의 유일신이란 여러 우상들 가운데 끼어 있는 하나의 우상이기 때문이다. 생존은 분열되어 있는 것이 아니라 통일되어 있는 하나, 즉 '한울님'의 울 속에 있다. 생존 그 자체가 한울님이다. '우리'가 한울님이다. 나와 당신이 하나가 되어 한울님이다. 나 혼자만이 또는 훌륭하신 당신 한 분이 따로따로 한울님이 아니라 나와 당신이 하나로 통일되었을 때 비로소 우리 즉 한울님이다.

우리는 인형과 같은 정물적 신, 질투하는 신, 배타적 신과 같은 우상에 대한 신앙을 '악마숭배'라고 단죄한다. 악마란 바로 가분성 또는 분단자, 이간자를 두고 하는 말이다. 우리의 신앙은 이간의 마술사, 삐쳐 토라지는 유일신과 같은 허수아비에 대한 우러러봄(仰)이 아니라, 함께 살아 있는 통일된 우리 즉 한울님에 대한 신뢰다. 우리의 신앙은 우리에 대한 신앙이며, 우리에 대한 신앙은 우리에 대한 신뢰며, 우리에 대한 신뢰는 우리에 대한 사랑(생각)이다.

한울님의 신앙은 한울님에 대한 신뢰며, 한울님에 대한 신뢰는 한울님에 대한 신앙이다. 우리에 대한 신뢰는 배타적 개인, 이기적 단독자에 대한 맹종이 아니다. 그런 개인에 대한 숭배는 우상숭배다. 신앙은 단수적 현상이 아니다. 신 앞에 무릎꿇고 있는 고독한 '실존'이란 우스꽝스런 한 폭의 만화다. 신앙은 우상에 대한 감상이 아니라 인간 상호간의 신뢰에 기초한 협동이다. 신앙은 신뢰며, 신뢰는 신앙이다. 신앙의 반대는 무신앙이 아니다. 불신이 신앙의 반대다.

살아 있음은 함께 살아 있음이다. 한울님은 '하는님'이다. 생존은 행위적 공존이다. 생존적 공존은 공동묘지의 공존, 또는 감방들의 공존, 또는 그물 속에서의 공존이 아니다. 생존적 공존은 분산된 개체들의 무관심적 공존, 이간된 이웃들의 신경질적 공존, 상쟁하는 형제들의 미친 공존이 아니다. 그런 공존들은 모두 무덤의 공존이며 감옥의 공존이며 부자유의 공존, 한마디로 죽어 있는 공존 즉 생존이 아니다. 그것은 존재다.

살아있음은 함께 '통일'되어 살아있음이다. 생존적 공존은 협동적(協同的) 공존이며 협동적(協動的) 공존이다. 생존은 분리되어 있지 않기 때문에 생존이다. 생존은 통일되어 있기 때문에 생존이다. 생존은 명사십리의 모래알들처럼 모여 있기 때문에 공존하는 것이 아니라 함께 살아서 있기 때문에 공존한다.

## 04

생존은 '밖에 나와 있음'(Ek-stasis)이다. 생존은 밖에 나오는 행위다. 살아있음은 나와있음이다. 살아 있음은 갇혀 있음이 아니다. 감금되어 있는 것은 살아 있는 것이 아니다. 함께 살아 있다는 것은 밖에 나와 있다는 것이다. 갇혀 있다는 것은 함께 살아 있다는 것이 아니다. 그것은 헤어져 있다는 것이다. 통일되어 있다는 것은 '밝은' 밖에 나와 있다는 것이다. 통일되어 있다는 것은 이간의 벽을 뚫고 '밖에로!' 나와 있다는 것이다. 살아있는 것은 밖에 나와서 함께 본다. 살아 있는 것은 함께 생각하며 함께 사랑한다.

사랑한다는 것은 밖에 나와 있음이다. 사랑하기 위해서는 밖에 나와 있어야 한다. 사람을 만나기 위해서, 사람과 친하기 위해서는 밖에로 나옴이 바로 사랑이다. 사랑은 대상을 그저 멀거니 바라보는 식의 감상이 아니다. 생각(사랑)은 시각적 체험이 아니다. 사랑은 감상이 아니라 행위다. 사랑이라는 행위는 대립이라는 행위를 거부하는 체험이다. 합일되는 체험, 통일하는 행위가 사랑이다. 사랑은 탈아(Ekstasis)이며 주객합일이며 해방이다. 이제야 우리는 '무상명령'의 종지부를 찍을 수 있다.

밖에 나와 사람을 사랑하며 통일되어 해방하라!

생존(Ek-stasis)은 '해방'(Ex-odos)이다. 사랑은 자유(해방)다. 자유(해방)는 바로 사랑이다. 사랑의 조건은 자유이며 자유의 조건도 사랑이다. 자유없이 우정없다. 부자유는 배신, 불신, 이간으로써 충만되어 있기 때문에 사랑과 우정 그 자체를 파괴한다. 노예들의 우정, 하인들의 사랑은 바위돌 위의 유리잔처럼 깨지기 쉬운 것이며, 칼날 위의 두부처럼 분단되어 이별하기 쉬운 것이다. 이와 마찬가지로 우정이나 사랑없이 해방 없다. 해방이란 우정과 사랑의 불길로써만 불탈 수 있는 것이다. 우정과 사랑이란 바로 우정을 파괴하는 것, 사랑을 교란시키는 것에 대한 증오다. 우정과 사랑은 배신과 이간에 대한 공동적 증오다. 이간(악마)에 대한 협동적 증오가 바로 사랑이다. 사랑은 바로 악마에 대한 배신이며 악마로부터의 해방이다.

그러므로 우정과 사랑은 그 자체가 해방이며 자유라고 하겠다. 사랑은 미움(이간)에 대한 미움이다. 사랑은 이간적 구속, 부자유에 대한 증오이며 화목, 자유에 대한 동경이다. 사랑은 화목적 동호이며 공동적 증오다. 통일적 시선이란 함께 자유를 사랑하며 함께 부자유를 증오함이다. 사랑은 함께 해방과 통일을 생각함이며, 감금과 분열을 저주함이다. 악마에 대한 증오없는 사랑, 부자유에 대한 증오없는 사랑은 악마통치 하에서의 사랑, 감옥 속에서의 사랑, 한마디로 소꿉장난과 같은 가짜사랑이다.

생존은 '사회적 탈출' 이다. 함께 살아 있는 것은 한울님이며, 한울님은 사회(교)적(gesellig) 생존이다. 우리는 사랑하는 생존이며, 우리는 사랑하는 탈아경(Ekstasis)이다. 흔히 사랑을 무아의 신비적 체험이라고 표현한다. 그렇다. 사랑은 본래 탈아적 행위이며 신비적 합일이다. 그러나 여기서 무아란 자아의 소멸이 아니라 자아의 확장임을 잊어서는 안된다. 엑시타시스라 하면 얼핏 높이 솟는 초월자, 또는 일자에로 신비로운 사다리를 타고 올라가는 것을 연상하기 쉽다. 그런 것은 헛된 꿈이다. 생존은 수직적 공중그네를 타는 것이 아니다.

생존은 사회적 신비다. 생존으로서의 엑스타시스는 위로 올라감이 아니라 '밖으로' 나감이다. 생존은 초자연적 존재, 초인간적 존재에로의 초월, 또는 범신론적 '존재의 빛'에로의 탈존(脫存, Ek-sistenz)도 아니다. 생존은 사회적 해방이며 사회에로의 탈출이다. 진정한 엑스타시스는 인화(人和)를 뜻한다. 그것은 사회적 탈아다. 그것은 양고기를 안주삼아 포도주를 실컷 퍼마시고, 달밤에 뒤범벅이 되어 춤추는 식의 광란적 도취가 아니다. 그것은 화목한 시선들과 협동적 발의 움직임에 의해서 밝은 대낮에 성취되는 사회적 생산, 사회적 창조행위다. 그것은 신체를 버리고 혼만 빼내려는 박카스적 정화(Katharsis)가 아니다. 그것은 신체를 떠나는 영혼의 망령이 아니라, 손을 펴서 서로 잡아주며 서로의 신체가 지팡이가 되어 서로를 끌어주는 사랑의 협동이다.

그것은 낚시꾼의 감시도 아니며, 구경꾼의 관람도 아니며, 더구나 직업적 사색가의 명상도 아니다. 그것은 눈을 감고서 질서를 명상함으로써 영혼을 깨끗하게 세탁하려는 피타고라스적 정화도 아니다. 그것은 개별적 시야의 협동과 개별적 시선의 화목을 매개로 한 생존이다. 진정한 엑스타시스는 신체를 탈출함이 아니라, 언어적·정신적·현실적 감옥을 탈출함이며 소아를 탈출함이다. 엑스타시스는 수평적 의미에서의 초월(Transzendenz)이며, 사교적 의미에서 외출(Ex-odos)이다.

생존은 '통일'이다. 통일은 엑스타시스다. 생존은 자아의 확장이다. 확장하는 자아가 생존이다. 자아는 점도 아니며 선도 아니다. 살아있는 자아는 '무궁히' 팽창되어 가는 공(球)과 비슷하다. 사랑은 확장이다. 탈출은 일탈이 아니라 확장이다. 엑스타시스는 자아의 상실이 아니라 배타적 개별성의 소멸이다. 엑스타시스는 신비주의적 체험이 아니라 사회적 행위로서의 협동적 인간합일이다. 엑스타시스는 인간과 인간의 합일 즉 '통일'이다. 엑스타시스의 반대는 분열 또는 이간이다.

이른바 '신인합일'(神人合一)이란 사회적 '인인합일'(人人合一)이다. 인간통일이 신인합일의 비밀이다. 이른바 신선이란 통일된 인간이다. 통일된 인간이 바로 신이며 신선이다. 통일된 인간은 개인으로서의 한(一)사람이 아니라, 이간되어 있지 않으며, 분단되어 있지 않으며, 반목하여 있지 않는 '사람들'로서의 한(大) 사람이다. 엑스타시스는 '이기적 승천'이 아니며 꿈 속에서의 우주여행도 아니다. 엑스타시스는 사회적 행진(Exodos)이며 공동적 장정(長征, Exodos)이다. 엑스타시스는 개인적 구원도 아니며 개인적 해방도 아니다. 엑스타시스는 공통적 해방이며 사회적 구원이다.

 엑스타시스의 반대는 무표정 또는 권태가 아니라 감시이다. 엑스타시스는 개인적 해방이 아니라 민족적 해방이며 인류의 해방이다. 엑스타시스는 새로운 생명(新生)의 탄생 곧 부활이다. 그것은 한울님의 각성이며, 한울님의 통일이며, 한울님의 탄생이며, 한울님의 부활이다. 한민족의 엑스타시스는 한민족의 통일이며, 한민족의 통일은 한민족의 신생이며, 한민족의 신생은 한민족의 부활이다.

 생존은 '진리행위'(A-letheia)다. 진리는 엑스타시스다. 생존은 사랑이며 사랑은 생각함이다. 생각은 '참'에 대한 생각이다. 참은 거짓과 속임에 대한 반항이다. 그러므로 생각은 진리행위로서의 엑스타시스일 뿐이다. 이런 뜻에서 엑스타시스의 반대는 속임, '거짓말'이다. 진리행위는 바로 거짓으로부터의 해방, 감금과 부자유로루터의 해방, 분열로부터의 해방이다. 참된 행위는 나 혼자만의 행동이 아니라 한울님으로서의 우리들의 행위다.

 '나'는 '우리'의 '아들'이다. '우리'는 '나'의 '아버지'다. 큰 우리(한울) 속에서는 나와 네가 하나로 된다. 큰 우리 속에서의 행위는 이기적인 행위도 또 이타적인 행위도 아니다. 그것은 한울님의 행위다. 한울님의 행위란 한울 속에로의 탈출이며, 한울 속에로의 원정(Ex-odos)이다.

한울님의 행위란 바로 참된 엑스타시스다. 한울님의 행위에 있어서는 이기주의와 이타주의의 구별이 해소되어 있다.

이기주의와 이타주의와의 논쟁은 문제의 초점을 잃었던 것도 같다. 남을 사랑함은 결국 '더 큰 나'를 사랑함이 아니더냐. "사람은 본래 자기를 사랑하도록 마련이다"라고 주장했을 때, 이기주의자들은 "그러나 그 '나'는 무한히 큰 범위를 가질 수도 있다"고 덧붙여야 했을 것이다.(김태길, 『빛이 그리운 생각들』, 1965, 삼중당, p.215)

생존은 '악마'에 대한 부정이다. 구속과 분열과 속임에 대한 부정이 생존이다. 악마란 사람을 구속하며 사람을 이간시키며 사람을 속이는 존재다. 그러므로 생존은 악마에 대한 부정이다. 악마를 퇴치함이 바로 엑스타시스다. 악마는 푸닥거리로써 퇴치하는 것이 아니다. 악마의 주문은 소지로써 소멸되는 것이 아니다. 생존적 협동과 생존적 해방과 생존적 사랑과 생존적 생각과 생존적 통일로써만 악마가 퇴치된다. 엑스타시스란 바로 악마퇴치다. 본래 '디아볼로스'의 훼살로 말미암아 탈출과 해방은 저지당하고 있다. 그러므로 엑스타시스란 이 방해물을 없애버리는 것이나 마찬가지다. 악마퇴치가 바로 생존이다. 모든 엑스타시스는 '저절로' 되는 것이 아니라 '인위적으로' 감행된다.

사람이 살아있는 한 청산도 절로절로 푸르지 못하며, 녹수도 절로절로 푸르지 못하며, 산수간에 사람도 절로절로 태어나 절로절로 늙어 죽는 것이 아니다. 푸른 산에 일부러 불지르며, 맑은 물에 일부러 썩은 물감을 흘려 보내며, 산 사람의 목숨을 일부러 약탈하는 악마가 있기 때문이다. 모든 엑스타시스는 디아볼로스의 인위적(人僞的) 마희에 대한 승리다. 저절로 되는 해방, 저절로 되는 협동, 저절로 되는 통일, 저절로 되는 진리행위는 없다. 모든 행위(行爲)는 행위(行僞)에 대한 용감한 승리로써만 행위일 수 있다.

행위(行爲)의 길로 가는 '길'(Ex-hodos)이 살아 있는 것에로 '가는 길'(meta-hodos)이며, 행위(行僞)의 길로 가는 길이 죽임을 당하는 길로 가는 길이다. 도살장에로 끌려가는 길은 속아서 가는 길, 갈라져 가는 길, 묶여서 가는 길이다. 속아서 가지 않고 갈라져 가지 않고, 묶여서 가지 않는다는 것이 신선의 길, 엑스타시스의 길, '신성한' 엑소도스다. 신성한 길은 '건전한' 길, 사는 길이다. 이 길이 우리들의 길이다. 이 길은 '한울님에로 가는 길'(천도)이다. 우리는 이 길로 가야 한다. 우리는 한울로 가야 한다.

한울님에로 가는 길은 먼 길이 아니다. 바로 곁에 살아 있는 '이웃'에로 가는 길이 한울로 가는 길이다. 가장 가까운 이웃, 우리의 형제 곁에로 가는 길이 한울로 가는 길이다. 우리의 형제, 우리의 이웃이 우리의 한울님이다. 우리의 형제, 우리의 이웃이 우리의 '고향'이다. 본래 사람에 대하여 '형제'는 눈동자 속에 흐르는 피보다도 더 가까운 고향임에도 불구하고, 정신적으로는 빨간 바다(Red Sea)보다도 더 멀리 떨어져 있는 것처럼 보인다. 본래 사람에 대하여 '이웃'은 망막 위의 초점(Focus Retina)보다도 더 가까운 한울님임에도 불구하고 정신적으로는 그물속처럼 평화스럽지 못한 평화의 바다보다도 더 멀리 떨어져 있는 것처럼 보인다. 눈보다도 더 가까운 '한울나라'에로 탈출하기 위하여 바다를 쪼개버릴 필요도 없으며, 장거리 대형수송기를 탈 필요도 없다. 고향은 바로 이웃이기 때문이다.

엑스타시스는 귀향(Heim-kehr)이다. 이웃은 우리의 눈(目)보다도 더 가까이 있다. 이 눈이 고향을 멀리 있는 것으로 착각하였다. 착각은 악마 때문이다. 악마가 우리의 고향과 우리 형제 사이를 가로막고 있다.

*제1장*
# 요소론적 세계관과 행위적 세계관

## 01 _ 요소론적(要素論的) 세계관

　서양의 '눈들'은 세계를 어떻게 보아왔는가? 서양철학의 발상지로서 통용되는 — 과연 서양철학의 발생이 '서양'에서 있었던 일인지에 관해서는 별개 문제로 치고 — 고대 희랍의 식민지 밀레토스의 자연철학자들에서 비롯된 요소론적 세계관은 오랜 동안 서양철학을 지배하여 왔다. 우주의 원질이 무엇인가, 자연은 무엇으로 되어 있는가와 같은 물음에 대하여 그들은 물, 무한정자, 공기, 불과 같은 원소의 이름으로써 답하였다.
　본래 희랍 사람들에 있어서 자연(physis)은 능산성, 낳는 것, 생산하는 것이라는 의미를 지니었다. 자연철학자들은 대부분 '자연에 관하여'라는 제목의 철학적 저술을 남기고자 하였는데, 바로 이 때부터 동사적 자연을 명사적·실체적·요소적 자연에로 바꾸어 생각하기 시작한 서양철학사의 운명적 행진이 시작하였다. 동사적 자연을 실체적 자연으로서만 파악함으로써, 살아 움직이는 자연을 요소적인 것으로 '분해'하는 서양논리학의 기본방침이 확립되었다. 희랍 초기 자연철학 이후의 서양철학사는 자연, 우주, 인간, 역사에다 요소론적 세계관의 칼을 대는 해부의 역사다.

어떤 철학자는 단순히 해부만 하고서 봉합을 포기한채 그대로 내버려 둔 사람도 있으며, 어떤 철학자는 엉뚱한 실로써 봉합하여 거부반응을 일으키게 한 사람도 있고, 또 어떤 철학사는 해부하여 부분품을 떼어 전연 다른 물건을 만들거나 또는 여러 종류의 개체들을 꿰매고 서로 연결하여 커다란 괴물을 만들어내고자 한 사람도 있었다.

요소론적 세계관을 구성하는 최후의 단위로서 물질적인 것, 예컨대 물, 불, 공기, 흙, 뿌리, 씨앗, 원자 등은 물론이거니와, 정신적인 것, 예컨대 누스, 수, 이데아, 형상과 같은 것까지도 요소적인 것, 구성적 입자 또는 원소였다. 플라톤과 피타고라스의 수 개념은 바로 희랍 사람들의 수 개념을 반영한 것으로서 오늘날의 수 개념과는 전혀 다른 의미를 지니고 있었다. 그들에게 있어서 수는 입체적인 것이며 시각적 양인 것이다.

원래 희랍인들은 대수이론보다 기하학적 방면에 관심을 기울였다고 알려져 있다. 그들은 수를 취급하는 경우에도 그것을 될 수 있는대로 '기하학적으로' 표현하고자 하였다. 피타고라스에 있어서 그와같은 수의 개념이 잘 표현되어 있다. 2×2에 관한 셈은 도형적으로 계산되어 있다. 정사각형의 한 변이 2단위로 되어 있다는 식으로.

그리하여 희랍인들에 있어서는 도형적으로 표현할 수 없는 0의 수와 음수가 파악될 수 없었다. 0이나 −는 선분으로써 묘사될 수 없는 것이기 때문이다. 피타고라스 학파의 수는 도형적 내지 입체적 수다. 그것은 말하자면 하나의 입자와도 같은 실체다. 그것은 시각적 대상으로서 형체를 가진 것이다. 그것은 보여진 것(idola)으로서의 상(figure, eidos, form, idea)이다. 이 점에 있어서 피타고라스의 수 개념과 플라들의 수 개념은 근본적으로 마찬가지다. 피타고라스의 수에 있어서는 감각적 가시성이 존중되는 것이지만 플라톤의 수에 있어서는 형이상학적 가시성이 존중된다는 차이점이 지적될 수 있을 뿐이다.

그러나 양자에 있어서 모두 수는 하나의 우상(idola)이다. 따라서 이들에게 수는 개념적 실재성으로서 파악되었다기보다는 '보편실재적'인 것으로 이해되어 있었다.

그런데 요소론적 물질관이나 요소론적 수의 개념은 요소론적 신관(神觀)과 병행하는 것같다. "모든 고대수학은 최후 근거에 있어서 '입체기하학'이다"(O.Spengler, *Der Untergang des Abendlandes*, München, 1969, s.87)라고 한 슈펭글러도 이같은 생각을 암시하고 있다. 희랍 고대 예술품들 가운데 신들의 나체상들과 건축물들이 보여주는 조화와 질서에서 발견되는 입체성과 시각성은 희랍인들의 자연관과 수, 이데아 사상, 그리고 그들의 신관을 반영한 것이다.

대체로 보아서 희랍의 자연철학자들에 있어서 요소론적 물질관, 요소론적 수의 개념에는 의인론적 선입견이 표면적으로 배제되어 있다고 볼 수 있으나, 양적 가시성이 거기에서 지배하고 있다는 점에서 희랍인들의 의인론적 신관과 일맥상통한다. 희랍인들의 신관에 나타나는 신들의 가시성은 그 형태에 있어서 신인동형설적 성격을 띤 것이라는 점에서 자연철학의 요소론적 세계관과 같은 지반 위에 서 있다.

다시 말해서 희랍인들의 신관이나 원질, 수에 있어서 지배하는 사고방식은 신관적이다. 그러므로 그들의 신관은 물론이거니와 그들의 물질관, 수의 사상도 우상화되어 있다고 말할 수 있다. 희랍에 있어서는 신도, 물질도, 그리고 정신이나 수도 할 것 없이 모두 어떤 신체성(身體性, Körper-Ilichkeit)을 떠나서 이해될 수 없는 것이었다.

요소론적 물질관, 요소론적 신관, 그리고 요소론적 세계관은 여전히 인류의 정신을 붙잡아 맨 무거운 돌덩어리와 마찬가지다. 아직도 대부분의 인류는 수를 마치 자갈(calculus)이나 산(算)가치처럼 생각하고 있는 형편이다. 요소론적 물질관, 요소론적·우상숭배적 수학사상의 장막 뒤에는 '증가'와 '증대', 그리고 '진보'에 대한 꿈이 진행된다.

요소론적·우상숭배적 신관 뒤에는 그와 같은 환상들의 검은 외투자락이 펄럭거린다. 즉 신은 가장 힘센 자이며, 모든 것을 알며, 모든 것을 해낼 수 있는 자라는, 말하자면 신은 중량급 역도선수, 중량급 레슬링 선수, 전자계산기보다 더 많은 지식창고 소유자라는 식으로, 신의 모습은 근육이 발달된 사지와 두개골이 매우 큰 머리를 달고 있는 것처럼 시각화된 것이다. 유일신의 개념이란 요소론적 신관의 필연적인 결론에선 등장한 주어(主語)라고 하겠다. 신들의 역학적 투쟁이 진행된 신화적·논리적 과정에서 신에 관한 우상적·가시적 파악(idolatry)은 가장 크며 가장 힘센 챔피언을 맨마지막으로 보게 될 것이기 때문이다.

요소론적 세계관은 인간의 정신이 오랜 동안 시각적 문명의 건설자였음에도 기인한다. 서양철학의 타락은 그것의 우상숭배에서 비롯된다. 그 출발로부터 현대에 이르기까지 서양철학은 시각적·우상적 의인론적 세계관을 버리지 않았다. 원질에 대한 탐구로부터 본질에 관한 관심과 실체에 관한 탐구에 이르기까지의 요소론적 세계관과 투쟁 및 모순의 이론과 진보에 대한 신념을 자연철학에 적용시킨 데서 우리는 시각적·우상적 의인론적 사고방식의 흔적을 발견할 수 있다.

요소론적 세계관의 지배로 말미암아 인류의 정신은 주로 '명사'에 의하여 고착되어 왔다. 시각적 체험의 심상은 마치 사진처럼 정신 속에 정물적으로 보존되며, 현재의 시각적 체험도 사진기 렌즈에 정물이 비추이듯 고정적 상태로써 사물을 파악하게 된다. 명사들로써 병렬적으로 짜여진 정신적 요소들이 실재에 관한 주관적 범주의 틀을 구성하게 되었다.

요소론적 세계관의 지배는 모든 인위적 활동에 관계된 개념들을 오랜 동안 명사의 포로로 만들어 놓았다. 한 마디로 말해서 요소론적 세계관은 명사적 세계관이며 서양철학은 바로 명사적 세계관에 의하여 지배되어 왔다.

움직이는 세계로부터 '운동'의 개념을 박탈함으로써 세계를 소유하며 세계를 사유하려는 야심이 이 명사적 세계관의 배후에 도사리고 있다. 천문학자들은 일찍부터 천동설로부터 해방되었으나 과거와 마찬가지로 현재에도 대부분의 철학자들은 지동설을 혀 끝으로는 인정하면서도 내심에 있어서는 천동설을 지지하고 있다. 자연에 대한 인간의 지배방식, 인간에 대한 인간의 지배방식은 '고정화'다. 움직이는 것을 움직이지 못하게 하는 것, 바로 이것이 인간의 지배방식이다. 동사를 명사화하는 것, 바로 이것이 인류의 '톨레미적 전환'이다.

세계를 소유하기 위하여 세계를 실체와 원소와 본질에다 감금하며, 인간을 소유하기 위하여 '정의'와 '개념'에다, 그리고 '철창' 속에다 인간의 정신과 신체를 가두어 두는 것이다. 세계를 명사화하여 인간을 명사화하는 방법이 세계에 대한, 인간에 대한 인간의 타살방법이다. 세계의 운동, 인간의 운동을 정지시키기 위하여 동사 대신에 명사로써 세계의 구조와 인간성을 묘사한다. 세계와 인간을 죽이기 위하여 그것들을 명사화한다. 가장 추상적인 명사는 수다.

위에서 지적한 것처럼 수는 수량으로서 알려져 왔다. 양으로서의 수 개념은 인간이 세계와 인간을 지배하는 최대의 무기다. 세계의 명사화, 인간의 명사화는 최종적으로 세계의 양화, 인간의 양화에 귀착된다.

## 02 _ 진보-요소적 증대와 다공리주의(多功利主義)

요소론적 · 명사적 세계관은 광물적 세계관(鑛物的世界觀)에서 비롯된 것이면서 식물적 세계관에 의하여 강화되었다. 명사 지배, 시각 지배의 시대라고도 부를 수 있는 서양 2천 여년의 문화는 식물적 정신에 의하여 비육(肥育)된 것이라고도 말할 수 있다 광물적 세계관은 정신활동을 구속함으로써 인간성을 기계적인 것으로 취급하는 결과를 초래하였다.

이미 희랍 자연철학의 시초부터 '인간기계론' 의 이론적 토대는 마련되어 있었다. 이것은 피타고라스의 형상이론과 수 개념이 정신적인 것이면서도 물질적인 것에 토대한 것이라는 사실로부터 뚜렷하다. 데카르트의 동물기계론은 이미 라메트리뿐만 아니라 오늘날의 '인간공학이론' 을 원칙적으로 거의 완성시켜 놓았다고 해도 과언이 아니다. 오늘날 공학이라는 말이 공공연히 인간성에 관한 이론에까지 적용되는 것은 결코 우연이 아니다. '사이버네틱스' 는 말하자면 광물로서의 인간이라는 요소론적 인간관의 현대적 표현이라고 하겠다.

광물적 세계관은 식물적 세계관에 의하여 보강된다. 마치 식물의 생명이 낭비적이며 과도한 증식을 통하여 성장하듯, 요소론적 세계관은 과도한 증식의 철학, '고리대금의 철학' 을 낳았다. 생명유지에 필요한 것만큼 이상의 낭비와 과잉생산, 과잉공급을 갈망하는 욕심이 마음을 지배하면서 광물적 · 식물적 세계관은 야수적 세계관에로 발전한다. 생산자에게만 과도한 금욕이 강요되는 고대적 · 봉건적 사회에서는 어느 정도 절제가 미덕으로 평가받지만, 근세 이후로는 공공연히 '욕망의 체계' (System der Begierde)로서 사회를 표현하게 되었다. 요소론적 세계관은 필연적으로 '지금보다 더 많은 것을!' 바라는 '다다익선의 낙관론' 을 지향하여 왔다.

윤리적인 공리주의는 물질적인 공리주의를 결과하지 않을 수 없었다. 더 많은 재산을! 더 많은 지식을! 더 높은 건물을! 더 빠른 비행기를! 말하자면 올림픽 경기가 요소론적 세계관의 발상지에서 비롯되었듯이 현대의 올림픽 경기는 전세계 인류를 '많이! 철학'의 제물로 바치려 한다. 오늘날은 성화를 어느 신에게 바치는가? 바로 요소론적, 연금술적 원흉인 광물 금(金)이다. 현대의 제우스는 올림프스산에 있지 않고 '금고' 속에 있다. 맘몬을 위하여 욕망의 석유 성화가 훨훨 타는 요소론적 제전에 인류의 정신은 팔과 다리를 부지런히 놀리며 '더 많이! 더 높이! 더 멀리!'를 기치로 하여 달려간다.

요소론적 세계관이 '사다주의'(事多主義)로 발전하는 것은 그것 자체가 광물적·연금술적 세계관에서 비롯된데 기인한다. 다낙관주의는 필경 남이 갖고 있는 것을 내가 빼앗으려는 '야수적 세계관'의 부추김을 받아 약탈적·침략적 투쟁과 전쟁을 유발한 것이다. 다낙관론은 계급투쟁을 자초한 것이며, 식민지 전쟁을 격화시켜 왔다. 올림픽 경기는 운동장에서 뿐만 아니라 전지구상에서 4년마다 한번씩이 아니라 매년 매월 매시에 성행한다. 더 많은 것을 뺏기 위하여, 더 넓은 땅을 차지하기 위하여, 더 많은 돈을 짜내기 위하여 투쟁과 전쟁이 끊임없이 계속된다. 단지 이 범세계적·보편적 올림픽경기에서 통용되는 척도는 기록이라는 양적 평가의 저울뿐이다. 그것은 바로 '더 많이!'다. 더 많은 것! 이것이 요소론적 세계관이 연금술적 야심으로부터 얻은 주문이다.

다낙관론은 단순히 물질적 확장에만 적용된 것이 아니라 인간성 자체에도 적용되어 있다. 옛날 중국의 어떤 폭군은 불로장수의 선약을 찾으려고 무진 애를 썼다는 얘기가 있다. 오늘날의 인류도 '기하학적·물리적 수명'을 연장하기 위한 의학을 발전시키기 위하여 무진 애를 쓰고 있다. 그러나 인간의 생명은 진시황의 욕심처럼 양적으로 늘려져야 할 것인가? 나의 생명을 '직선적으로' 연장시키기 위하여, 단지 백년 천년 오래 살면서, 잔소리 하는 선비들을 잡아죽이며, 비판적 서적을 불태워 버리며, 만리장성에 돌을 나르기 위하여, 민중을 몽둥이로 두들겨 패는 일만 평생토록 하기 위하여 생명을 연장하여야 한다면 그의 목숨은 얼마나 더 럽고 흉칙할 것인가?

다낙관주의를 초래한 요소론적 세계관은 '진보'에 관한 그릇된 편견으로써 인류의 정신을 오염시켜 왔다. 진보 자체야 조금도 탓할 바 없지만 요소론적 세계관이 유포시킨 진보사상은 양적인 것, 기하학적인 것이라는 점에서 비판받아야 한다. 진보사상의 한 형태인 진화론은 명사적 세계관, 쾌락주의적 세계관을 반영한 것이다. 진화의 과정은 '정복'의 과정이나 마찬가지다. 진화된 종은 퇴화된 종, 도태된 종의 증가에 따라 진화를 뽐낼 수 있다. 진화론은 모든 종의 진화가 아닌 특수종의 진화를 고려할 뿐이다.

생물학적 제국주의라고밖에 표현할 수 없는 진화론은 생물계, 무생물계에 대한 '시오니즘'의 선언이다. 무자비한 엘리뜨주의를 자연계에다 투영시킨 것이 진화론이다. 적자생존을 진화의 표준으로 삼는다는 것은 매우 어리석은 생각이다. 차라리 진화론은 진화의 첨단에다 물질·무생물을 두어야 할 것이다. 물체가 생물보다 더 진화된 것이라고 생각할 수도 있다. 오래 지속하며 없어지지 않고 배겨난다는 것을 진화의 척도로 삼는다면 인간에 있어서는 머리칼이나 손톱이 가장 발달한 부분일 것이다.

진화사상은 생물과 무생물의 불평등뿐만 아니라 생물계 내부의 불평등에 기초한 것이다. 인간의 세계에서 고질적인 화근이었던 불평등을 제거하기 위한 진화사상이 역사개념에 적용되어 왔다. 그러나 진보주의는 '욕망'에서 솟아난 광물적·야수적 세계관이며, 욕망을 극대화하려는 식물적 세계관이므로 그 곁에서 자라는 다른 식물들에게는 그림자를 드리우는 것이다. 진보주의가 일방적 확장을 목표로 하여 왔기 때문에 그것은 다른 한편 철저한 '보수주의'로 머물러 있지 않으면 안되었다. 본래 서양에서 근세 민주주의는 봉건제도에 대한 반대로서 대두한 진보주의였으나 공산주의에 대해서는 철저한 보수주의로 맞서왔다.

공산주의도 근세 민주주의에 대한 반대로서 대두한 진보주의였으나 다른 주의·주장에 대해서는 철저히 반대하는 보수주의로 바뀌고 말았다. 욕망에서 비롯된 명사적 세계관이 진보주의의 형태로 대두하여 왔으나 이것은 끝끝내 '공리주의'를 버리지 못한 것이다. 진보주의는 보수주의적 공리주의다. 공리주의적 보수주의가 실용주의, 민주주의, 공산주의, 이기주의다. 공리주의이므로 결국 독재주의가 되지 않을 수 없는 것이다.

자기 자신에 유리한 진보는 남에게 대해서는 퇴보여야 한다. 제한된 인간, 제한된 물질로 구성된 세계에 무한정한 양적 증대는 불가능하다. 제한된 세계속에서의 욕망의 확장이란 결국 다른 한편에 있어서의 욕망의 억제를 수반하지 않을 도리가 없다. 주인의 욕망이 증대되는 것은 노예의 욕망이 억압되어야함을 뜻하며, 아프리카의 욕망이 억제됨이 없이 유럽의 욕망이 증대될 수는 없는 것이다. 노예들의 퇴보가 바로 주인의 진보다. 유럽의 진화가 아프리카의 퇴화다. 유럽인이 사용하는 변소와 상수도와 기차가 아프리카에 조금 시설되어 있다고 해서 아프리카도 진보하였다고 우길지 모른다. 그러나 그것을 이용하는 자들 가운데 일부의 원주민들이 끼어 있다고 하더라도 그것은 원주민들을 위해서가 아니라 유럽인들을 위해서인 것이다. 양계장에 분뇨시설과 급수시설, 그리고 사료 운반시설과 계란 운반시설이 현대화되었다고 해서 닭들이 진보의 환호성으로 '꼬꼬댁 꼬꼬!'라고 외치는 것이 아니다.

실체중심적 철학은 공리주의에 기초한 것인 동시에 빈익빈 부익부라는 분열을 조장하여 왔으며, 인간성의 균형, 문화적 균형, 정치·사회적 균형, 민족들 사이의 균형을 파괴하여 왔다. 어느 한쪽이 다량의 행복을 획득하면 그 반면에 다른 쪽은 불행의 양이 증대된다. 벤담의 조국에서 획득되는 최대다수의 최대행복이 곧 그의 조국이 짓누르고 있는 아프리카, 아시아, 아메리카 민족들의 최대행복은 아니었다. 오히려 이 지역들이 어둡고 고통스럽고 배고픔으로써 영국 본토는 밝고 행복하며 배부를 수 있었다. 게르만 민족이 진보하기 위하여 동양민족은 정체하여 있어야 한다. 희랍의 진보는 페르샤의 죽음이며, 유럽의 진보는 아프리카의 죽음이다. 얼마나 이기적 진화며 이기적 발전이냐. 진화와 진보는 퇴화와 퇴보, 즉 '살인'을 반비례 변수로 한다.

한편 도구는 인간의 필수적 생존수단으로서 사용되어 왔으나 다른 목적 즉 '편리'를 위한 수단으로서도 사용되어 왔다. 이 편리의 극단이 인간의 본연적 상태인 동물적 상태를 크게 위협하는 데까지 도달하게 되었다. 편리는 사람의 움직임을 최대한으로 줄이며, 그 대신 기계와 노예가 움직임으로써 달성되어 왔다.

'귀족적 인간'은 정물적 인간이다. 그의 동작은 노예 또는 기계가 대행하여 준다. 귀족적 인간은 명사적 인간이다. 그는 행위한다기보다는 행위하는 자로서 저는 움직이지 않으면서 남을 움직이게끔 한다. 그는 자신을 명사화할 뿐만 아니라 노예와 세계를 명사화하며 명사적 세계관을 전파시킨다. 그의 명사적 세계관은 보수적 정체성을 특징으로 한다.

요소론적 세계관은 행동하지 않는 '안락의자 철학자'의 세계관이다. 생존적 인간으로서가 아니라 정물적인 사람으로서 존재를 관조하는 경우에 존재론적 정학(靜學)이 형성된다. 정물적 인간은 정물적 세계관을 수립한다. 이것은 가만히 앉아서 받아먹는 자의 세계관이다. 받는 자 또는 뺏는 자는 행동하지 않고서도 행위의 결실인 정물적 제품을 식탁에서 맞이할 수 있다. 향수인의 세계관은 사물을 지적으로 탐구함으로써 그 본질을 밝힐 수 있다는 사고방식에 의하여 지배되어 있다. 요소론적 세계관을 지지하는 정물적 인간은 사물이 요소로써 충만되어 있다고 생각한다.

요소론적 세계관은 유물론적 세계관의 쌍생아다. 서양철학사의 첫 페이지를 기록한 사람들은 유물론자인 동시에 요소론자였다. 마르크시즘은 중세에 기독교라는 종교가 강요된 것처럼, 오늘날의 회교도 국가의 인민이 마호메트 교도로 자라나도록 강요되듯, 공산 지역에 거주하는 모든 인민의 철학이 되어 있다. 말하자면 이제 공산 지역에서 출생하는 어린이는 호적부에 공산주의자라는 신앙고백란의 기록을 필요로 하지 않는다. 왜냐하면 모든 어린이는 선택하여서가 아니라 태어나면서 이미 공산주의의 포대기에 싸여서 관념으로서의 마르크시즘을 지니고 있기 때문에 구태여 그런 난을 필요로 하지 않기 때문이다. 데카르트나 라이프니츠에 있어서 신이 본유관념으로 확신되었던 것처럼 공산주의자에겐 무신론 또는 마르크시즘이 본유관념으로서 확신되어 있다. 마르크시즘은 서양철학의 시작이 어떤 결과를 초래하게 되었는가를 증명하는 상징이 되었다. 그것은 요소론적 세계관의 완성태라고 말해도 과언이 아니다.

서양철학의 역사가 요소론에 의하여 지배되어 왔다는 얘기는 바로 서양철학의 역사가 유물론에 의하여 지배되어 왔다는 얘기나 마찬가지다. 이러한 얘기는 매우 이상한 얘기로 들릴 것이다. 많은 관념론자들이 서양철학의 역사에 등장한다는 얘기를 부정한단 말인가? 그렇지 않다. 문제는 관념론자라는 것이 실제에 있어서는 유물론자였다는데 있다. 유물론자가 유물론자라는 얘기는 조금도 이상하지 않을 것이다.

그러나 피타고라스나 파르메니데스, 플라톤, 안셀무스, 버클리, 라이프니츠, 헤겔, 훗설, 하이데거, 비트겐슈타인과 같은 관념론자들이 유물론자들이었다는 얘기는 매우 놀라운 말이 될 것이다. 그렇다. 실제에 있어서 이들은 유물론자들이었다. 겉으로는 관념론자인 것처럼 보였지만 내심에 있어서는 유물론을 지지하고 있었다.

피타고라스의 수는 바로 물질적 수였으며, 파르메니데스의 존재는 땅덩어리와 같은 물질, 플라톤의 이데아도 정신적 물질이었으며, 안셀무스의 신도 금광이나 산과 같은 물체였으며, 버클리의 신이나 마음도 거울과 같은 물체였으며, 라이프니츠의 단자(單子)도 8면이 유리로 된 물체였으며, 헤겔의 정신도 거대한 엔진과 같은 물체였으며, 훗설의 본질이나 형상도 삼각형 모양과 같은 물체였으며, 비트겐슈타인의 문장 역시 원자와 같은 물체였다.

이른바 관념론자들은 관념을 물체화(物體化)시켰다고 볼 수 있다. 그렇기에 그들은 겉으로는 유물론을 부정하면서도 실은 유물론자들이 사용하는 요소론적 무기를 같이 사용한 셈이다. 이러한 역설은 현대 서양철학의 상황에서도 뚜렷이 엿보인다. 현대 영미 언어철학을 유물론자들은 관념론이라고 비난한다. 그러나 현대 언어철학은 유물론의 전초기지인 현대 자연과학의 실험실 청소를 맡은 것이라는 점을 감안한다면 언어철학 역시 유물론의 올림픽 경기장에 출전한 후보팀이라고 하겠다.

오늘날 과학문명이라는 표어는 이른바 철의 장막 안팎 어느 편에도 다 붙여놓을 수 있다. 자본주의자나 공산주의자나를 막론하고 암암리에 건 또는 명백히건간에 '유물론' 을 지지하고 있다.


## 03 _ 행위적 세계관

실재를 실체로만 파악하는 사고방식은 우상숭배의 역사와 병행하여 왔다. 신을 하나의 고정된 정물로밖에 이해하지 못하는 통속적 신앙과, 실재를 고정된 실체로서밖에 이해하지 못하는 형이상학자는 본질적으로 배물주의 내지 우상숭배의 차원에서 서로 만나고 있다. 이러한 우상숭배는 종교주의뿐만 아니라 철학의 영역에까지 그 위력을 발휘하여 인간에게 가치있는 모든 것들, 즉 신, 진리, 선, 미, 성, 도덕, 사회, 국가, 정신, 이상과 같은 것들을 모두 고정적인 것, 실체적인 것으로 오해하게 만들었다.

이제 그러한 추상명사들은 전부 명사로서가 아니라 동사로서 바뀌어 이해되어야 한다. 즉, 그런 것들은 실체로서가 아니라 활동으로서 이해되어야 한다. 단순한 추상적 활동이 아니라 사람의 활동, 즉 행위로서 이해되어야 한다. 사람은 실체로서가 아니라 행위자로서 파악되어야 한다. 사람은 행위다. 행위는 요소적 실체를 타넘어 간다. 행위는 실체와 요소를 건너뛴다. 요소는 개울에 설치된 돌다리와 같다. 행위는 이 돌다리를 디디고 간다. 요소론적 세계관은 고정된 돌덩어리들만을 시각적으로 고집하려고 한다. 그것은 그 다리를 건너가는 행위를 관찰할 수 없다. 행위는 요소를 초월한다.

요소는 증대하거나 감소되지도 않는다. 요소는 이동될 뿐이다. 명사적 세계관은 운동을 설명할 수 없다. 운동은 시각화될 수 없다. 고전적 요소관은 제논의 역설에서 그 한계를 노출시켰다. 그의 역설은 운동을 시각적인 개념으로써 설명하려는 데서 탄로된 것이다. 운동을 기하학적 양으로써 해설하려는 그의 시도는 처음부터 운동을 거부하려는 의도에서 비롯된 것이다. 운동을 하나의 상(Bild), 즉 우상(idola)으로 환원하려는 모든 시도는 성공할 수 없는 것이다. 눈은 운동을 관찰할 수 없고, 오로지 정물과 그 더미만을 망막 위에 얹어놀 수 있을 뿐이다. 운동과 행위는 결코 시각화될 수 없다.

행위는 창조다. 운동만이 증대시킨다. 인위적 운동 또는 인간의 협동적 운동만이 창조적 활동이다. 요소론적 세계관, 명사적 세계관, 정물적 세계관, 시각적·우상적 세계관은 동사적 세계관, 창조적 세계관, 초월적 세계관, 생존적 세계관, 한마디로 해서 인위적(人爲的, 人僞的) 세계관에로 고양되어야 한다.

행위적 · 생존적 세계관이 요소론적 · 존재론적 세계관에 대립하여 등장하고 있다. 그것은 요소와 구별된 행위, 존재와 구별된 생존에 비추어 구성된 세계관이며, 정학과 구별된 동학적 세계관이다. 그런데 서양철학자들 가운데는 존재에 대립하여 생성(Werden)을 문제삼은 사람들이 있으나, 여기서 말하는 동학적 세세관과 생성은 구별되어야 한다. 단순한 생성 또는 '자연적' 생성이 아니라 인위적(人爲的, 人僞的) 형성을 문제삼는 것이 생존적 세계관이다. 단순한 생성이 아니라 인위적(人爲的) 창조와 인위적(人僞的) 날조가 문제다.

생존적 세계관은 받아먹는 자의 세계관이 아니라 주는 자의 세계관이다. 생존적 세계관은 살인자 ― 살생자 또는 자연정복자란 흔히 살인자와 통한다 ― 의 세계관이 아니라 한울의 세계관이다. 생존적 세계관은 사물의 본질을 지적 탐구로써 밝히려는데 그치지 않고 본질 그 자체를 행위로써 구현한다. 요소론적 세계관은 존재의 빈틈없는 충만성을 고집하는데 반하여 생존적 세계관은 인위적(人爲的, 人僞的) 여백을 중요시한다.

이 여백은 물리적 공간이 아니라 행위적 공간을 뜻한다. 여백을 포함한 실재의 전체는 오로지 행위로써 밝혀지며 행위로써 가리워진다. 실재의 전체는 알려진 부분과 알려지지 않은 부분, 또는 개발된 부분과 개발되지 않은 부분의 총화다. 이 여백을 알아내며, 개발하며, 발견하며, 노출시키는 행위, 즉 '진리행위' 가 바로 생존의 행위다. 서로 노출시켜 주는 행위, 서로 밝혀주는 행위가 생존의 행위다. 이와 함께 생존적 행위는 인위성(人僞性)을 탄로시키며, 인위성(人僞性)을 거부하며, 인위성(人僞性)을 퇴치하고자 한다.

*제2장*
# 요소론적 분단 · 지배논리와 행위적 지배논리

## 01 _ 요소론적 분단 · 지배논리

　서양 논리의 특징은 분리와 포섭이라는 인간지배방식을 반영한데 있다. 지배-피지배 관계는 논리적 전개과정에 나타난 수직적 구조에서 뚜렷이 노출되어 있다. 이것은 분리에 있어서 등장된 논리적 범주들과, 포섭에 있어서 등장된 논리적 범주들이 수평적 구조에 있어서가 아니라 수직적 구조에 있어서 배열되어 있다는 데서 증명된다. 논리적 구분의 대상이 된 개념들과 논리적 종합의 대상이 된 개념들은 심리적 간섭을 강력히 받게 됨으로써 개념들의 수평적 평등성이 배제되고 그 대신 수직적 불평등성이 철학자들의 논리적 사고의 방향을 조종하였다고 해석된다.

　말하자면 "분단시키고 통치하라!"(Divide et impera!)는 고전적 지배요령이 서양논리학의 영역에서도 "구분하고 포섭하라!" 또는 "양분하고 종합하라!"는 말로 바뀌어 그대로 통용되어 왔다. 고전적 통치의 수법은 서양철학자들의 사상의 영역에까지 침투되어 고대 희랍에서 성립된 '양분법적 수직논리', '포섭적 수직논리', '변증법적 수직논리' 속에 이미 그와 같은 분리 또는 분단과 포섭, 또는 지배의 수직적 구조가 반영되어 있다.

희랍 자연철학자들이 수립한 요소론적 세계관은 그 근본구조에 있어서 정치적 지배자의 관심을 반영한 것이다. 그들의 원질이라는 것은 결국 물질세계와 정신세계를 '지배'하는 가장 강력한 원소를 뜻하는 것이었다. 이 요소론적 세계관은 정신적 세계와 물질적 세계를 통일적으로 지배하는 정신적 요소들의 정부 또는 물질적 요소들의 정부가 무엇으로 구성되었는가를 해명하려고 하였다. 본래 원질(原質, Arche)이란 말은 '시초'라는 뜻과 '정부'(government, seat of authority)라는 뜻을 지니고 있다. 원질의 탐구에서 출발한 서양철학의 요소론적 전통은 양분법적 논리에서 비롯된 서양논리학의 전개과정과 병행하여 왔다. 본래 요소라는 개념은 더 이상 분할할 수 없는 최후의 원소, 즉 불가분자(A-toma)라는 개념을 잉태하고 있는 것이다. 이미 요소라는 개념에 암시된 분할 또는 분석의 논리가 바로 요소론자들에 의하여 양분법적 논리로써 구체화되었다.

초기 서양 양분법적 논리는 피타고라스 학파의 경우에서처럼 배타적이며 선택적인 관심을 반영하였으며, 이 경향이 후세에도 막대한 영향을 주었다고 해석된다. 본래 어느 민족이나 어느 시대를 막론하고 양분법적 사고를 소유하는 것이지만, 고대 희랍에서 나타난 양분법적 사고는 사변적(思辯的)이라는 점에 있어서 특색이 있다. 특히 피타고라스 학파의 10쌍 대립개념들은 세계에 관한 양분법적 해석을 도식화한 형이상학적·사변적 시도로서 평가될 수 있다.

무엇보다도 양분법적 논리는 그것이 전형적 요소론자들에 의하여 지지받았다는 점에서 주목할 만하다. 이들의 양분법적 논리는 자연현상에 관한 사변적 해석에 개입된 인간중심적 선입견을 통하여 그 정체를 노출시킨다. 우와 좌, 상과 하, 남과 여, 열과 냉, 명과 암, 일(一)과 다(多), 대와 소, 정과 동 등과 같은 양분법적 대립개념들은 단순히 경험적 관점에서만 적용되지 않고 관념적·사변적으로 적용되었다. 이것이 희랍적 양분법의 특색이다. 이것은 초기의 자연철학자들로부터 아리스토텔레스에 이르기까지 조금도 변함없이 지배적이었던 특색이다. 피타고라스 학파의 10쌍 대립개념에서 이 특색을 찾아볼 수 있다. (아리스토텔레스, 『형이상학』, 986a, 22 이하)

| | |
|---|---|
| 한계와 무제한 | 정지와 운동 |
| 홀수와 짝수 | 직선과 곡선 |
| 일과 다 | 명과 암 |
| 우와 좌 | 선과 악 |
| 남성과 여성 | 정방형과 장방형 |

이 양분법은 적절하게도 두개의 선 또는 난(欄, Systoichia)에 고정되어 있는 상관개념들을 도식적으로 전개하였다. 여기서 '적절하게도' 라는 표현은 선 또는 난이 엄격한 한계선, 자세히 말해서 고대-봉건적 신분의 엄격성을 암시한다는 뜻으로 사용되었다.

위의 도식에서 한 계열 즉 왼쪽에 있는 것들은, 다른 계열 즉 바른쪽에 있는 것들보다 바람직한 것, 보다 탁월한 것이라는 심리적 의미를 내포한 개념들로써 이루어져 있다. 피타고라스 학파의 양분법적 사상은 플라톤에 이르러 한편 논리적으로 세련되어 있으며(이 점은 특히 Sophistes편과 Politikos편에서 뚜렷하다), 한편 형이상학적으로 심화되어 이념의 우월성과 현상의 열등성이라는 고전적 대립관념이 확립되었다.

희랍적 전통에서 비롯된 양분법적 대립은 수평적 대립이 아니라 수직적 대립이다. 다시 말해서 양분법 논리는 수평적 균형, 평등한 대립자들의 대결이 아니라 어느 한쪽이 우세한 위치에 있으며, 다른 쪽은 열세에 놓여 있는 상-하관계, 지배-예속의 불평등관계를 논리화한데 지나지 않는다. 피타고라스 학파의 10쌍 대립범주들에 나타난 양분법은 다음과 같은 수직구조로서 이해되어야 할 것이다.

| 한 | 홀 | | | 남 | 정 | 직 | | | 정 |
| 계 | 수 | 일 | 우 | 성 | 지 | 선 | 명 | 선 | 방형 |
| ↓ | ↓ | ↓ | ↓ | ↓ | ↓ | ↓ | ↓ | ↓ | ↓ |
| 무제한 | 짝수 | 다 | 좌 | 여성 | 운동 | 곡선 | 암 | 악 | 장방형 |

이와 마찬가지로 고대 희랍철학 이래로 확립된 양분법적 대립개념들, 예컨대 본질-비본질, 영혼-신체, 형상-질료, 신-인간, 주관-객관, 주인-노예와 같은 것들은 수평적 대립관계에서 이해될 것이 아니라 수직적 대립관계에서 이해되어야 한다. 원래 배타적 대립, 배타적 양립을 전제로 한 것이 양분법적 논리임에도 불구하고 현실적으로 그 배타적 관계는 지배적·일방적이기 때문에 수직적 양분법으로 균형을 잃게 되었다고 해석된다. 다시 말해서 양분법적 수직대립은 인간관계가 정치적으로 '지배/피지배질서'에 있어서 고착된 현실을 반영하며, 지배자들에 의하여 고의적으로, 일방적으로 수직화된 것이다.

양분법의 이러한 성격은 필연적으로 '포섭적 수직논리'로 이행되어 갔다. 아리스토텔레스에 있어서 존재의 양분구조는 수직적 '유(類)의 논리'로서 체계화되었다. 질료와 형상의 구조는 바로 질료의 형상에로 향한 목적론적 향상의 구조로서 표현되었다. 그에게 있어서 '자연의 층서'

(Scala naturae)는 최저 순수질료로부터 최고 순수형상에 이르기까지의 체계다. 이 체계는 형상이 얼마나 구체화되었는가에 따라 배치된 목적론적 질서를 그 구조적 골격으로 삼았다. 포섭적 수직논리는 그의 '영혼론' (De Anima)에 있어서 혼(Seele)의 개념을 통하여 구체적으로 표명되었다.

아리스토텔레스에 있어서 존재의 질서는 양분법적 대립구조를 횡렬로 하고 목적론적 상향구조가 그 종렬을 구성하였다. 그런데 양분법적 대립구조는 아리스토텔레스에 있어서도 '수직적' 성격을 기본으로 하고 있으므로 목적론적 존재의 질서 전체는 철두철미 수직적 지배관계로 일관되어 있다. 이 수직적 지배질서의 논리가 바로 그의 포섭적인 유의 논리다. '포르퓌리오스의 나무'에서 표명된 것처럼 존재질서를 구성하는 목적론적 서열은 종차(種次)를 매개로 해서 하위적 종(種)들과 상위적 유(類)들로써 배열되어 있으며, 삼단논법의 규칙에서 표명된 것처럼 논리적 추리과정에 있어서도 종적인 개념은 유적인 개념에 포섭되며, 소개념은 대개념의 넓은 외연 속에 포섭되는 피지배 관계에 있다.

이와같은 포섭관계는 양분법적 수직대립관계를 포섭적으로 지배하는 수직적 질서의 완성단계를 암시한다. 논리적 추리과정은 자세히는 판단형식과 그 형식들의 논리적 결합형식으로 나뉘어지는 것이지만, 아리스토텔레스의 논리는 모든 경우에 있어서 유적인 것이 종적인 것을 포섭하는, 즉 '지배'하는 관계로 되어 있다.

양분법적 수직논리와 포섭적 수직논리는 변증법적 수직논리에서 완성되어 있다. 헤라크레스토스와 헤겔, 그리고 마르크스의 변증법 사상이 이를 대표한다. 논리적 범주들을 정(正)과 반(反)의 대립에로 분리시키고 나서 그것을 합에서 종합시키는 변증법은 "분리시키고 그리고 통치하라!"는 고전적 인간지배 방식을 체계적으로 논리화시켜 놓았다.

변증법은 양분법의 수직성을 정과 반의 수평적 대립에로 바꾸어 해석하려고 하였으나 '지양'의 단계를 도입함으로써 다시 수직성을 이끌어 들인 결과를 초래하였다. 지양은 수직적 논리의 전통을 벗어날 수 없는 변증법 논리의 안식처라고 하겠다. 지양은 목적론적 개념으로서 한편 대립적인 범주들이 하나의 목표를 향하여 포섭되어간다는, 즉 종합되어간다는 상향적 예속관계를 반영한 것이며, 다른 한편 대립적 범주들을 시종일관 포섭해가는 절대적 목표의 하향적 지배관계를 반영한 것이다.

양분법적 수직논리의 불평등한 상하관계에 있었던 대립항들은 변증법적 수직논리에 있어서는 외견상으로 평등관계를 찾는 것처럼 보이지만 제3의 항에 대하여서는 하위단계를 구성하고 있는 것이다. 변증법적 수직논리는 상·하라는 개념보다는 진보 또는 발전(Entwicklung)이라는 말을 사용하고 있으나, 이것은 지배-피지배의 관계를 논리적으로 미화시켜 놓은데 지나지 않는 것이다. 변증법 논리의 체계적 완성자인 헤겔의 역사철학에서 변증법적 지양이나 진보가 구체적으로 무엇을 뜻하는가를 알 수 있다. 각민족의 역사를 지배한 원리들이 지양되어간 세계사적 과정을 게르만 민족의 최후단계에서 종결시키려는 일방적 역사해석은 전통적인 서구중심 사상의 세련된 표현인 것이다.

우리는 요소론적 세계관이 다낙관주의적 진보개념을 중심으로 하여 전개되어온 증거를 요소론적 양분논리에 기초하여 완성된 변증법적 모순논리에서 또다시 발견할 수 있다. 여기에서 진보 또는 진화의 일방적 해석 뒤에 숨어있는 무자비한 지배와 야만적·야수적 약탈의 권력의지에 관하여 또다시 언급할 필요는 없다. 이제 변증법적 논리의 기본적 구조를 이루고 있는 양분법적 대결의 극단적 표현인 바 '모순'의 허구성을 지적함으로써 요소론적 세계관에서 비롯된 '분단논리'가 부닥친 논리적 한계를 분명히 밝힐 필요가 있다.

## 02 _ 모순 논리

모순은 언어에 있어서의 대립(Widerspruch)이다. 두개의 명제가 서로 타자를 배제할 때 모순관계가 성립한다고 한다. 흔히 언어로 표현된 하나의 판단이나 개념에 배타적으로 대립하는 판단이나 개념을 원판단과 원개념에 대한 모순판단 또는 모순개념이라고 부른다. 논리적인 의미에서 모순은 두 명제 또는 두 개념이 동시에 성립할 수 없을 때를 말한다. 모순되는 두 명제 가운데서 어느 하나가 참이면 다른 것은 자연히 거짓임이 판명된다. 형식논리적으로 모순을 해석하면 그러한 모순의 성격은 모순율(矛盾律)에서 밝혀진다.

그런데 변증법적 논리에 있어서는 오히려 모순을 적극적으로 인정한다고 알려져 왔다. 헤겔의 『논리학』이 그 전형적인 예라고 하겠다. 고정불변하는 것이 아닌 변화와 생성은 모순의 논리에 있어서만 바로 이해될 수 있다는 생각에서 그 자연과 역사와 인식의 과정을 모순의 논리로써 풀이하고자 했다. 헤겔에 있어서 변화 또는 운동은 바로 실재(實在)하는 모순을 뜻하기도 한다. 운동은 곧 모순이므로 모순을 배척할 것이 아니라 모순을 고집하여야 된다. 헤겔은 모순을 승인하는 생각에다 '사변적 사고'라는 이름을 붙였다. (*Wissenschaft der Logik*, II, Leipzig, 1951, S.59 이하 참조) 가장 탁월하며 완전한 사고로서 사변적 사고는 변화와 운동의 총체성을 파악한다. 그러므로 모순을 부정하지 않고 반대로 그것을 승인하는 사고야말로 변증법적 사고의 최고단계라고 하겠다.

『논리학』에서 모순의 범주는 '동일성'과 '차별성'으로부터 전개되어 그 '대립'이 극단화된 단계에서 등장한다. 모순의 범주는 상대적 '차이들'이 '적극적인 것'과 '소극적인 것'이라는 양극적 대립에로 이행함으로써 등장한다. 명제 또는 판단은 언어의 형식이므로 실제적 대상에 관한 설명이다. 다시 말해서 명제나 판단은 '무엇'에 관한 명제이며 판단이다. 그 무엇은 명제나 판단의 주어 또는 주개념으로서의 자리를 차지한다. 그러므로 명제나 판단의 참·거짓은 명제나 판단의 형식에 있어서가 아니라 실제적 사물과 명제·판단이 대응하는가 그러지 못한가에 따라서 판명된다. 하나의 사물이나 사태에 관한 판단은 참이거나 거짓이거나 둘 중 하나다. 참과 거짓을 판가름하는 척도는 언어로 표현된 판단 속에 있지 않고 실재의 측면에 있기 때문이다.

그런데 하나의 사실이나 사태에 관한 판단은 그와 다르거나 대립되는 판단에 의하여 둘러싸여 있는 것, 제약된 것이라는 헤겔의 생각이 여기서 문제되지 않을 수 없다. 여기서 주목할 것은 하나의 판단을 제약하는 다른 판단들, 즉 거기에 대립되는 판단들은 전자 즉 하나의 판단과 마찬가지로 그 자체에 있어서 실재 또는 사태에 관한 '참된' 언명이라는 점이다. 그러므로 하나의 판단이나 그것을 제약하는 다른 판단들의 진리치는 '진'(眞)이라고 말해야 된다. 하나의 판단을 뚜렷이 규정하며 그 의미를 부각시키는 부정의 노릇을 담당하는 다른 하나 또는 여러개의 판단들은 일종의 보조적 기능을 담당한 '들러리 판단들'이라고도 말할 수 있다.

헤겔이 그의 변증법 논리의 표어로서 채용한 스피노자의 명제 "모든 규정은 부정이다"의 의미도 이러한 각도에서 이해되어야 한다. 하나의 개념이 규정된다는 것은 그 개념이 아닌 다른 개념들에 의하여 그 개념이 포위되어 있다는 것을 뜻한다. 그 개념은 그 개념을 둘러싼 다른 개념들과 구별됨으로써만, 다시 말해서 그것들에 의하여 부정됨으로써 규정된 것이다. 헤겔의 '동일성', '차이', '구별', '대립', '모순' 등의 범주들도 그와 같은 '규정성'의 의미를 발전적으로 설명하는 과정에서 도출된 것들이다. 그러한 범주들이 등장하는 논리학의 부분에다 헤겔 스스로 본질성(Wesenhelt) 또는 반성규정들(Reflexionsbestimmungen)이라는 제목을 붙인 동기도 그와 관련된 것이다.

헤겔의 변증법적 모순은 하나의 개념 ○과 그것 이외의 일체의 것들과의 대립적 관계를 뜻한다. 자세히 고찰하여 보면 우리는 하나의 개념과 거기에 대립되는 개념들이 외연에 있어서 공존적이며 서로의 영역을 침해하지 않고 서로 가까이 있음을 알 수 있다. 여기서 ○의 흰 부분과 ○ 바깥의 부분은 각각 흰 사실 자체와 바깥의 사실 자체에 관한 한 전부 진이다. ○ 속의 흰 부분과 그 바깥에 있는 부분은 각각 그 자체에 있어서는 긍정된 부분이며, 그 두 부분은 관계에 있어서만 상대적으로 구별되어 있다.

여기에서 강조되어야 할 것은 두 부분에 관한 언어적 표현은 서로 구분될 뿐이지 서로 투쟁하지 않으며, 더구나 실재들은 서로 부정하지 않는다는 점이다. 비유하여 말하자면 하나의 흰 바둑돌은 다른 흰 바둑돌들, 검은 바둑돌, 바둑판 또는 재떨이나 의자와 구별되어 있지만, 그런 것들과 서로 투쟁하지도 않으며 서로 대립되어 있지도 않다. 그뿐만 아니라 바둑돌에 붙인 언어적 표현, 예컨대 '백 5' '흑 7'과 같은 언어들도 서로 구별되어 있을 뿐이지 서로 투쟁하는 것은 아니다. 단지 그러한 사물에 관한 언어적 표현들을 통하여 인위적(人爲的, 人僞的) 대립이 대국자들의 심정 속에서만 성립할 따름이다.

긍정된 ○ 내부의 부분과 부정된 부분, 즉 긍정된 외부의 부분은 각각 잃은 것도 없고 또 더 보태 얻을 것도 없다. 바꾸어 말하자면 ○ 내부의 것과 ○ 외부의 관계는 투쟁의 관계에 있지 않고 공존관계에 있다. 따라서 ○ 내부에 관한 언명 또는 명제와 ○ 외부에 관한 언명 또는 명제는 언어적으로 참이며, 또한 실재에 관해서도 올바른 대응관계에 있다.

헤겔의 변증법적 모순논리가 전혀 도외시한 것은 현실적 투쟁의 세계에 가담하고 있는 '현실적 모순'의 개념이다. 이것은 하나의 개념 또는 하나의 판단에 실제적으로 대립하고 있는 모순이다. 하나의 개념에 실제적으로 대립하는 것은 그 개념에 대응하는 실물 또는 사태에 관한 정반대의 개념이다. 하나의 실재에 대하여 대립되는 두개의 개념들 또는 판단들이 마주설 때 거기에는 투쟁이 있으며, 그것은 화해 또는 무승부로 끝나는 의전(擬戰)으로서가 아니라 반드시 어느 한쪽이 승리하거나 패배하는 결말을 보게 된다.

"이 바둑돌은 흰 색깔이다"라는 명제(ㅎ)와 "이 바둑돌은 검은색이다"라는 명제(ㄱ)와 "이 바둑돌은 흰색이 아니다"라는 명제(ㅇ) 사이의 관계를 성립시키며, 그 명제들의 진위를 결정하는 유일한 근거는 바로 '이 바둑돌'에 해당하는 실물뿐이다. 헤겔의 변증법적 대립, 변증법적 모순개념은 '흰 바둑돌' '검은 바둑돌' 또는 '흰 바둑돌'과 '흰색 아닌 바둑돌'과 같은 언어들 사이에서만 성립한다. 여기에서 세가지 종류의 바둑돌은 '실제에 있어서' 결코 서로 투쟁하거나 모순되는 관계에 있지 않고, 오로지 '언어적으로만' 투쟁하거나 모순된다.

위의 세 명제들 ㅎ, ㄱ, ㅇ에 나오는 '이 바둑돌'을 바로 지금 내가 쥐고 있는 이 하얀 색깔을 지닌 돌이라고 정해 놓으면 ㄱ과 ㅇ은 ㅎ에 대하여 승리할 수 없고 절대적으로 ㅎ이 ㄱ과 ㅇ을 패배시킨다. 하나의 개념 ○가 규정된 개념으로서 성립하는 것은 그것이 항상 자기 등어리에다 ●와 같은 모순되는 개념에 해당하는 검은 돌덩어리를 붙이고 다니기 때문에가 아니라 그것 자체가 흰색의 돌에 대응된 개념이기 때문이다. 여기서 ○은 언어적으로 참이며 그것이 ○의 실물인 바 흰색의 돌에 관한 개념이기 때문에 참이다.

지금 흰돌을 쥔 나의 손에는 ●에 해당하는 실물은 없다. ●은 오로지 '언어적으로만' 성립한다. 다시 말해서 ○의 실재는 언어와 대응하여 현존하지만 ●은 언어로서만 성립한다. 따라서 하나의 실재하는 사물에 관한 정당한 언어와, 그 실물과는 아무런 관계도 없는 공허한 언어가 하나의 실물을 놓고 투쟁하게 된다. 그러므로 현실적 모순은 승리가 보장된 언어와 패배가 결정된 언어와의 투쟁이라고 하겠다.

'현실적 모순'은 언어적 대결 즉 '참말'과 '거짓말'의 대립투쟁이다. 하나의 참말 즉 실재에 정상적으로 대응하는 명제도 차별, 대립, 모순되는 명제들에 의하여 포위되어 있으며, 하나의 거짓말도 차별, 대립, 모순되는 명제들에 의하여 포위되어 있다. 참말은 규정된 말이며, 따라서 헤겔식으로 말해서 부정된 말이다. 그에 못지 않게 거짓말도 규정된 말이며, 헤겔식으로 말해서 그것을 뚜렷하게 하는 다른 '들러리 명제들'에 의하여 부정된 말이다.

'흰색'의 물체는 그밖의 다른 색깔을 띤 물체들에 의하여 규정된 것이라면 '검은색'이라는 말도 그 밖의 다른 색깔을 뜻하는 어휘들에 의하여 규정된 것이다. 여기서 문제되는 것은 '흰색'의 물체와 그것과 구별되는 다른 색깔의 물체들과의 관계라든가, '검은색'이라는 어휘가 그것과 구별되는 다른 색깔의 뜻을 표현하는 어휘들과의 관계가 아니라, 바로 흰색의 물체와 흰색을 뜻하는 어휘와 검은색을 뜻하는 어휘와의 삼각관계다. 흰색의 물체와 그것과 구별되는 다른 물체들과의 관계는 상대적이다. 검은색이라는 어휘와 그 어휘와 구별되는 어휘들과의 관계도 상대적이다. 그러나 흰색의 물체와 그에 관한 언어로서 흰색이라는 어휘와 '검은색'이라는 어휘의 관계는 절대적 차이의 관계에 속한 것이다.

이 관계에서 '흰색'이라는 어휘와 '검은색'이라는 어휘는 단순한 수평적 대립이 아니라, 어느 하나가 절대적으로 부정되어야 하는 절대적 '불평등'의 대립관계에 있다. 참된 명제 "이 바둑돌은 흰색이다"라고 했을 때 이에 해당되는 실물도 희며 언어도 거기에 대응한다. 이때 흰 바둑돌은 검은 바둑돌뿐만 아니라 노랑색의 돌, 빨간 종이, 노란 바둑판, 검은 직선 등과 같은 모든 다른 것들과 구별된다. 흰 바둑돌을 보고서 "그것은 검다"라고 말한다면 이 명제는 참된 명제에 절대적으로 도전하는 거짓말이 되고 만다.

　변증법적 모순개념들이 서로 보완하며 서로를 성립시키기 위한 공존적 관계에 입각해 있는 것과는 달리 실제적 모순개념들로서의 '참말'과 '거짓말'은 승패가 결정된 투쟁관계에 있다. 다시 말해서 참말과 거짓말은 상대적 차이에 있어서 구별되는 것이 아니라 절대적 차이에 있어서 모순된다. 변증법적 모순논리의 모순과 '현실적' 모순의 차이점을 그림으로 표시하면 아래와 같다.

| 참말 ← ○　■ → 거짓말 | 참말 ← ○　○ → 거짓말 |
|---|---|
| 변증법적 모순관계 | 현실적 모순관계 |

　현실적 모순은 엄연히 흰색의 바둑돌을 눈 앞에 놓고서도 그것이 검다고 하거나 바둑돌이 아니라고 주장하는 '사람들'이 있기 때문에 생겨난 것이다. 헤겔은 모순의 논리를 '한' 사람의 머리 속에서 전개시켰기 때문에 그것을 지배하며 종속시키려는 목적에 변증법적 모순유희를 끝까지 벌일 수 있었다. 말하자면 그는 상대방을 머리 속으로만 설정해 놓고 혼자 앉아서 백과 흑을 왼손과 바른손으로 번갈아 잡아가면서 바둑을 두었다고 하겠다. 실전을 연상케 하는 모의전투를 그가 끝끝내 전개시킬 수 있었던 것은 그가 '언어적으로만' 모순을 해결하려고 하였지 그 언어를 사용하는 구체적 주인공과 적수인 '사람들'을 전연 고려하지 않았으며, 그 언어에 해당하는 실물의 존재를 언어적 관계로부터 추방하였기 때문에 가능한 것이었다.

　변증법적 모순논리의 근본적 오류는 '대립'이나 '투쟁'과 같은 인간중심적 관념을 논리의 세계에는 물론 자연, 사회, 역사 등에다 부당하게 확장시킨데 있다. 이 점에 비추어 보았을 때 변증법적 모순논리는 세련된 의인론(擬人論)이라고 하겠다. 의인론의 원시적 형태는 신화로서 구체화되어 있으며, 개체발생학적으로 본다면 어린아이의 정신에서 나타나 있다. 물론 의인론은 인류역사의 원시단계나 어린아이 시절에만 나타나 있지 않고, 현대의 어른들 특히 철학자들에 있어서 사라지지 않고 있다. 엠페도클레스가 자연현상을 '미움'과 '사랑'에 의한 4원소의 분산과 결합으로 설명하려 한 것이 그 고전적 예이며, 자연변증법론자들이 그 현대적 예라고 하겠다.

만일 원자의 내부에서 투쟁이 진행된다면 원자는 웃거나 통곡하는 매우 시끄러운 소리를 내며, 경우에 따라서 원자의 눈물과 원자의 피가 흘러내릴 것이다. 그러나 누가 그런 소리를 들었으며, 누가 그런 끔찍한 광경을 보았으랴! 투쟁은 인간에게 고유한 현상이다. 투쟁은 만물의 아버지도 아니며, 모든 것의 임금님도 아니다. 창과 방패는 서로 투쟁하지 않는다. 창과 방패를 꼰아쥐고 서로 노려보는 사람들끼리 싸울 따름이다.

모순이라는 말의 비논리성은 고사에 나오는 그 창과 방패를 두 사람이 단단히 쥐고 힘껏 서로 공격해 보면 당장에 판명된다. 고사에 나오는 모순은 순전히 언어적으로만 성립한다. 원래 모순은 거짓말이다. 모순은 사실의 세계에서는 성립하지 않는다. 사실의 세계에 없는 방패와 창은 뚫는 창이거나 뚫지 못하는 창이거나 둘중 하나이다. 창과 방패를 서로 맞부딪쳐 본다면 반드시 둘다 깨지거나 또는 어느 한쪽이 부숴지게 됨으로써 뚜렷한 승부가 결정된다. 그것은 대결 이전에 이미 사실적으로 결정되어 있다고 보아야 할 것이다. 왜냐하면 창의 쇠와 방패의 쇠는 이미 강도 또는 밀도에 있어서 우열의 차이가 있을 것이기 때문이다. 그 차이는 물리적으로 이미 결정되어 있다.

인간의 개인적 행위에 있어서도 모순은 성립하지 않는다. '뷰리당의 당나귀'는 상상에 있어서만 성립할 뿐이다. 비록 똑같은 거리에 두 무더기의 마른풀이 좌우에 놓여있다 할지라도 어느 것에건 당나귀는 다가가서 먹어치울 수 있다. 당나귀를 잔뜩 굶겼다가 그 앞에 정확히 같은 거리에다 건초더미를 놓아주어 보면 당장 판명될 것이다. 당나귀는 결코 언어적 갈등 또는 '정서적 모순'(Ambivalenz)에 시달리지 않을 것이다.

심리적으로 서로 정반대되는 두 개의 극, 또는 여러 쌍의 대립적 심상들이 성립한다고 보는 견해가 정신분석학자와 의학자들 사이에 지지되어온 적이 있다.

원래 정서적 모순이란 동일한 대상에 대한 인간의 상반되는 감정의 존재를 뜻한다. 한 사람에 대한 증오의 정서와 애정의 정서가 동시에 성립한다는 경우는 정신적 원시상태 또는 정신적 강박상태를 가정한 것이다. (Freud, *Totem und Tabu. Gesammelte Werke*, Band 9, 1968, Frankfut/M, S.21 이하 참조) 강박관념과 원시적 금기(Tabu)의 심리상태가 '정서적 모순상태'라고 하는 프로이드의 분석은 인위적(人僞的)으로 강요된 정서와 자연적 충동의 동시적 충돌이라는 점을 고려하지 않은 것이다.

만일 그릇된 인위적 제도의 감시가 없는 상황 아래 있다면 구태여 강요된 금기의 눈치를 살필 필요없이 바로 마음내키는 대상에 접근의 손길을 뻗칠 것이다. 말하자면 그런 경우에는 '뷰리당의 당나귀' 신세를 면하게 되는 것이므로 정서적 모순의 비현실적 간섭은 물거품처럼 사라질 것이다. 한마디로 말해서 정서적 모순은 일종의 임시적 정서, 부자연스런 정서, 강요된 상황에서의 부자유스런 정서이지 인간 본연의 '자유로운' 심리상태는 아니다.

로텐베르그는 '야뉴스적 사고'(Janusian Thinking : Albert Rothenberg, "The Process of Janusian Thinking in Creativity", *Archives of General*

*Psychiatry*, 1971, vol.124, No.3, pp.195~205)란 말로써 창조적 인간의 심리적 상태를 설명하였으나, 그도 일종의 모순개념을 정신활동에다 적용시킨 오류를 범한 것이다. 야뉴스라는 양면의 신이 상징하듯 창조적 사고의 순간에는 정반대되는 두 방면의 사고를 '동시에' 수행한다는 것이 로텐베르그의 견해이다.

그의 오류는 '동시에' 가능한 두개 또는 그 이상의 생각을 인정한데 있다. 인간의 정신적 활동은 그 심리적 흐름의 과정 속에서 움직이는 것이므로 시간적으로는 '동시에' 가능한 두개 또는 그보다 많은 심상들의 출현을 결코 기대할 수 없다. 돌다리를 건너는 사람의 왼발이 바른발 뒤에 놓여 있는 순간에는 결코 바른발 앞에 왼발이 놓여 있지 않는 것처럼 천재이건 바보이건간에 한 순간에 가능한 현실적 생각은 오로지 '하나' 뿐이다. 로텐베르그는 생각의 계기적 성격을 너무 애매하게 보아 넘김으로써 '비약' 또는 '초월'을 '동시'로 착각한 것이다.

변증법적 모순논리는 그 기초논리였던 양분법적 수직논리가 불평등한 인간관계에 기초하고 있다는데서 벌써 민족들 사이의 '불화'의 씨를 잉태하고 있었던 것이다. 트로이 전쟁의 원인을 불화의 여신(Discordia)이 부린 심술 탓이라고 의인론적으로 해석한 사람들의 자손들이 인위적 양분법을 자연적·물리적 세계에다 투영시키는 데서 변증법적 모순논리의 허구성은 본격적으로 굳어지기 시작했으며, 그것도 수평적 구조에서가 아니라 수직적 지배-예속적 양분법으로서 가시돋친 논리의 본색을 숨기지 못하였다는 점에서도 오늘날 '분단-지배논리'의 결과가 준비되어 왔다고 볼 수 있다.

양분법적 분단논리, 포섭적 지배논리의 완성형태인 변증법적 모순논리의 현실적 구체화는 오늘날 지구상에 생존하고 있는 여러 '분단국가들'의 허리를 끊는 분계선들로서 표현되어 있다. 그 중에서도 한반도의 분계선이 가장 표독스런 서양 양분법 논리의 칼이 되어 있다. 모든 인위적 분단의 장막이 투명하면서도 매우 두꺼운 철판과 같듯이 한국의 분단선은 한편 이를데 없이 투명한 단일민족의 마음을 잠시 갈라놓은 장막이면서도, 다른 한편 전 반도 구석구석마다 배달민족의 가슴마다 가시철망의 바늘을 뚫고 들어와 형제들끼리 서로 찌르며, 서로 속이며, 서로 미워하며, 서로 배신하게끔 요술을 부리는 마검이 되어 있다.

남과 북으로 띠를 두르고 있는 분단선은 한민족의 통일적 생명을 허리에서 졸라맨 살인의 줄이다. 머나먼 달의 뒷표면까지 들여다 볼 수 있는 20세기의 30여년 동안을 5천만 인간들은 이를데 없이 가까운 고개너머 마을에 숨죽이며 살고 있는 형제들의 얼굴조차 볼 수 없는 고통을 당하고 있다.

흔히 목을 매어 죽이거나 죽는 법은 있으나, 산 사람을 허리에서 꼭 졸라매 천천히 죽이는 형벌은 인류역사상 찾아보기 힘들다. 남이 몰래 숨어서 쌓아논 '700리 장성', 자신을 서서히 죽여가는 이 살인의 줄을 한민족 스스로 헐어버리며 끊지 못하면 한민족은 그 역사적 생명을 박탈당하고 말 것이다. 배달민족에게 강요된 분단의 현실은 확실히 밖으로부터 강요된 모순이다. 단일민족의 손에 강제로 쥐어진 모순의 인위적(人爲的) 창과 인위적 방패를 가지고 서로 겨누지 말고 이제 정신을 차릴 때가 왔다. 모순이 언어적 가상이듯, 인위적 분단도 자세히 보면 가상적 현실이다. 왜냐하면 국제적 악마들이 몰래 편을 짜서 한민족 전체를 '요소론적'으로 분단하여, 한쪽은 검은 바둑돌을 삼고 다른 쪽은 흰 바둑돌을 삼아 음흉한 바둑놀음을 하려고 하였기 때문이다.

그러나 바둑돌끼리는 결코 서로 싸우지 않는다. 하물며 조약돌(Calculus)처럼 따로 떨어져 있으며 목숨도 없는 요소들과는 차원을 달리한 한민족은 반드시 '통일적 생존'의 팔을 펴고야 말 것이다. 형제끼리 서로 노려보며 꼰아쥐고 있는 창과 방패가 한갓된 '종이 창'과 '종이 방패'라는 것임을 각성하게 되었을 때 남과 북의 형제들은 요소론적 악마들에 의하여 허구적으로 강요된 '모순'이라는 주문을 찢어버리고, 원래의 상태 즉 한민족의 통일되었던 '고향'의 땅에 되돌아가게 될 것이다.

## 03 _ 진리 행위

인류의 역사는 진리와 거짓의 투쟁으로 일관되어 왔다. 대개 이 투쟁은 눈에 보이며 귀에 들리며 피부로 느낄 수 있는 여러 형태의 싸움에 가리어져 보이지도 않은 채 들리지도 않은 채 느껴지지 않은 채 망각되기 쉽다. 부부싸움, 자식들 사이의 싸움, 이웃간의 싸움, 마을 사이의 싸움, 계급간의 싸움, 도시국가들 사이의 싸움, 민족들 사이의 싸움 등은 진리와 거짓의 투쟁에 비교하면 모두 속은 싸움 또는 의전(擬戰)에 불과한 것이었다.

세계 역사의 무대를 소란스럽게 만들었던 대부분의 전쟁들은 일종의 의전에 지나지 않았다. 한편에는 전쟁을 통해서 조금도 몸을 다치지 않으며, 전쟁을 통하여 이득과 명예를 얻는 전쟁상인들, 명령자들, 전쟁예술가들끼리 담합되어 있고, 다른 한편에는 서로 적개심을 가지고 싸움으로써 얻은 것이라고는 고통과 상처, 그리고 죽음밖에 없는 병사들이 있었다. 진정한 싸움은 병사들끼리, 병사들 사이에서 벌어진 것도 아닌데도 병사들의 원수들을 보호한 싸움으로 일관되어 온 것이다.

의전에 참가하는 병사들은 성전, 즉 진리와 거짓의 투쟁에서 패배한 패잔병들이다. 그들이 적국과의 싸움터에 거짓의 창과 거짓의 방패를 들고 나서는 것은 이미 진리의 장과 진리의 방패를 박탈당하고, 진리의 포기, 거짓의 승리라는 원칙적 전쟁에서 패배한 다음의 일이다. 그들은 지휘자의 호령이 두렵고 동물적 우정의 피를 목격한 야수가 되어서 창과 방패를 휘두르면서도 전쟁의 결과나 전쟁의 죄악에 대해서는 조금도 깨닫지 못하는 것이다. 이미 그들은 진리의 투쟁에서 패배한 패잔병들이면서도 의전에서는 풍차라도 적으로 알고 돌격하는 만용을 부리는 것이다.

　진리의 싸움에서 패배한 병사이기 때문에 그는 거짓을 참으로 거꾸로 알고 있는 돈키호테가 되어버린 것이다. 양떼가 적병으로, 가난한 백성이 영주로 뒤바뀌는 정신적 타락은 그의 일차적 투쟁, 즉 진리전쟁에서 그가 얼마나 무참히 패배하였는가를 증명해주고도 남음이 있다. 병사는 훈련을 통해서 진정한 진리보다 거짓을, 용기보다 만용을 몸에 익히게 됨으로써 모든 거짓의 명령에 순종하는, 그것도 용감하게 순종하는 사냥개로 전락되어 버리고 만다. 마치 미친개가 주인을 물어 죽이듯, 병사는 진정한 주인인 진리의 명령을 거역하며 간사한 악마의 제자로 전락되어 악마의 호령에 맞추어 모(矛)와 순(盾)을 뒤흔드는 것이다.

　진리와 거짓의 싸움은 단순히 인식론적 차원 또는 언어학적 차원에서 벌어지는 논쟁 또는 언쟁과 같은 의전을 뜻하는 것이 아니라, 진리인과 허위인 또는 선인과 악인의 결사적 싸움을 의미한다. 진리는 실체로서가 아니라 '초월적 행위', '파사현정(破邪顯正)의 행위', '해방의 행위'로서 이해되어야 한다. 진리는 명사로서가 아니라 동사로서, 그것도 자동사로서가 아니라 타동사로서 이해되어야 한다. 진리(A-lethia)란 '노출시킴' 또는 '일치시킴' 또는 '들추어냄'(dis-cover)을 뜻한다. 진리는 주머니 속에 넣어 다닐 수 있는 수첩이 아니다. 진리는 실체가 아니라 '행위'다.

　진리는 거짓과 속임의 인위적 속박으로부터의 해방이다. 거짓과 속임수는 인간이 인간을 구속하는 행위다. 그것은 악마의 행위다. 그러므로 진리와 거짓의 투쟁은 행위와 행위의 싸움이라고 하겠다. 인간의 예속은 바로 인간에 의한 인위적 부자유상태다. 그러므로 인간해방은 인간을 속박하는 악인 즉 악마로부터 인간을 해방함이다. 해방으로서의 진리는 악마로부터의 진리, 거짓으로부터의 진리다.

진리는 거짓과 속임으로부터 끊임없는 도전을 받아왔다. 거짓과의 투쟁에서 진리는 일종의 '범죄성'을 띠게 되며, 거짓편으로부터 흔히 진리인은 범인으로서 호칭받아왔다. 진리는 거짓말, 속임수에 대한 반란이다. 여기서 반란이라는 이름은 진리의 편에서 붙인 것이 아니라, 거짓말과 속임수를 업으로 하는 인위적 언어조작술의 명수들이 붙인 이름이다.

거짓과 속임은 진리를 두려워하면서 진리를 매장하며 진리를 박해한다. 진리에 대한 박해는 진리에다 거짓된 이름, 즉 누명을 씌움으로써 시작되며 종결된다. 진리에 내리는 거짓 판결은 진리를 악명으로써 낙인 찍는다. 흔히 진리를 심판하는 거짓과 속임의 법정이 가설되어 왔으며, 여기에서 거짓의 판관들이 진리와 진인(眞人)에다 가장 더럽고 저주스러운 이름을 씌워준다.

진리가 흔히 명성(Famous)으로써가 아니라 악명(Notorious)으로써 대접받는 까닭은 바로 여기에 있다. 진인은 거짓과의 투쟁과정에서 적들로부터 결코 성인 또는 위인의 이름으로 칭명받는 사람은 아니다. 진인에게 붙여진 당대의 이름은 흔히 혹세무민자, 역적, 신의 모독자, 질서교란자 등과 같은 온갖 죄수들의 이름이다. 그러나 진리의 '본명'은 진리일 따름이다. 진리의 본명을 강제로 박탈하고 거기다 더러운 '가명'을 붙인 자들의 멸망과 더불어 진리는 본명을 재빨리 되찾게 될 것이다. 이때가 오면 진리에다 온갖 가명을 씌운 자들이 범인, 혹세무민자, 역적, 괴수, 모독자, 모반자라는 그들의 본명을 찾게 될 것이다.

위대한 진리는 어떤 초인간적 존재로부터 계시된 것이 아니라 바로 인간 자신 즉 민중의 목소리를 들음에서 비롯된다. 허기에 지친 진리인들이 외로이 동굴 속에서 또는 벌판에서 듣는 '한울'의 말씀은 실은 인간의 목소리, 그것도 많은 사람들의 참된 목소리다. 그런 '성자들'에게 들린 목소리는 민중의 명령이다. '성자'란 '한울'로서의 참다운 사람들의 목소리를 듣고(耳), 참다운 사람들의 희망을 말(口)할 줄 아는 임금(王)다운 사람(者)이다. 성자란 '성스러운'(holy, heilig) 사람 즉 '한울'(全體, whole)의 '건강'(whole-some, heil)을 도모하는 자다.(서구 언어의 기원에서 볼 때 holy, heil, whole은 같은 뜻이다)

동양에서 이성이라는 말도 전체적·객관적 이법(理法)을 이해할 수 있는 인간의 성품을 뜻하는 것이며, 서양의 이성(Vernunft)이라는 말도 '듣는다'(vernehmen)는 말에서 나온 것이다.

이법(理法)을 들음, 또는 '한울'의 말씀을 들음, 또는 우주의 이치를 듣고 이해함 등과 같은 의미가 이 말 속에 담겨 있다. 그런데 진리의 목소리가 '하늘' 저 먼곳에서부터 들리는 것처럼 생각하는 버릇은 그 음성의 출처를 가까운데서 찾지 못한 탓이라고 하겠다. 사이비 철학자들은 자기 바로 곁에서 들리는 사람의 목소리는 듣지 못하며, 자기 발 아래 흐르는 눈물의 도랑물은 알아차리지 못하며, 자기 코 앞의 등잔불 그늘은 깨닫지 못하면서도 머나먼 별들을 쳐다보며 일식의 그림자만을 고대하며, 천공(天空)으로부터 진리의 목소리가 들려오는 줄 믿어왔다. 그 목소리의 주인공이 늘 따라다니는 시녀처럼 가장 가까이에서 외치고 있음에도 불구하고, 자기 귀에 들리는 목소리의 주인공은 보이지 않는 저 하늘 높은 곳에서 말하는 것으로 착각된 것이다. '계시'는 초자연적 힘이 부리는 요술이 아니다. 계시란 사실은 민중의 고함소리, 민중의 가슴 속에서 울려나오는 아우성이다. 행위하는 한울님 자체가 사람이기 때문이다.

사람들이 진리의 행위로 나가지 않고 거짓과 속임의 굴레에서 벗어나지 못하게 되면 사람이 만든 세상에 진리의 불빛은 비치지 않고 인위적

어둠이 깔리고 만다. 진인이 없는 세계는 바로 '거짓말의 왕국' 또는 속임수의 왕국이라고 하겠다. 거짓의 왕국에 거주하는 백성이나 마왕은 전부 전설적인 크레테의 주민들처럼 거짓말을 사용할 것이다. 만일 그렇게 된다면 인간의 언어는 사라지고 말 것이다. 거기서는 거짓말 대신에 어떤 물리적 언어 또는 동물적 언어가 그 나름대로 통용될 것이다.

어떤 경우에도 완전한 거짓말의 지배라는 가상적 상태가 성립할 수 없는 이유는 인간이 사회적 동물이기 때문이다. 그러나 악마들이 들끓는 사회에 있어서는 참말과 거짓말이 뒤섞여 있게 마련이며, 심해지면 거짓의 검은 외투(Mantel)가 사람의 마음을 가리고 속임의 가면(Mantel)이 사람의 얼굴을 가리우게 된다. 이러한 상황 아래서 사회는 '음지'가 되는 것이다. 어두움은 빛이 가려서 들어오지 못하기 때문에 '임시적으로' 생긴 현상이다. 무엇이 빛을 가리었는가? 두말할 필요도 없이 그것은 언어적 장막, 거짓말의 장막이다.

이 장막, 이 가면, 이 외투를 벗어치우는 싸움이 '진리행위'다. 속임의 장막은 단순히 어두움만을 초래하는 것이 아니다. 그것은 어둠과 함께 차가움을 응달에다 가득 채운다. 그러면 이 어두움의 장막, 거짓의 외투를 벗길 수 있는가? 무자비한 '폭력'으로써? 안된다. 어림도 없다. 폭력은 그 자체 북풍처럼 찬(冷) 것이며 칠흑처럼 어두운 것이기 때문이다.

거짓말과 속임이 바로 언어적 폭력, 언어적 절도이므로 폭력은 폭력의 외투 단추를 더욱 단단히 조이게 할 뿐이다. 오로지 맑은 빛(光明)만이 응달의 장막을 벗길 수 있다. 그런데 '빛'이란 무엇인가? 그것은 단순한 '밝음'이 아니고, 형설처럼 창백한 밝음과 광명은 본질적으로 다르다. 진리행위는 '밝고 따뜻한 곳'에로 '들추어 냄'이며, 밝고 따뜻한 곳에로 해방시킴이므로 여기에는 반드시 밝음과 함께 '열'이 필요하다.

서양의 어떤 우화에 등장하는 북풍과 태양의 대결은 진리행위에 대한 훌륭한 교훈을 암시한다. 차가움이나 광폭으로서는 거짓의 고문조끼로부터 인간을 해방시킬 수 없고, 도리어 그것을 더욱 단단히 조이게 만들 뿐이다. 뜨겁고 밝은 태양의 열과 빛으로써만 차갑고 어두운 거짓의 외투를 녹여서 벗길 수 있다.

잡초들이 무성하면 정원에 그늘이 진다. 그러나 사람은 노을이 지기 전에 잡초를 제거함으로써 화초의 생명을 북돋아순다. 어둠의 장은 바로 인간들 사이에 있다. 인간에 대하여 인간이 잡초다. 이것을 뽑아 태워버리는 주인공도 사람이다. 원숭이나 화성인이 인간 잡초를 제거하여 주지 않는다. '가리우는 자' 또는 인간 잡초들이 인간을 차가움 속에, 어두움 속에 가두어 두려고 한다. 이것들을 어떻게 방치해 두어야겠는가? 이것을 제거하는 행위는 결코 폭행도 아니며 거짓된 행위도 아니다. 그것은 밝고 그리고 뜨거운 진리의 정열적 행위일 뿐이다.

## 04 _ 진리 논리

이른바 로마의 평화(Pax Romana)의 압제 아래서 신음하던 시대의 식민지에 살아 있던 위대한 '진리행위' 앞에서 "진리란 무엇이란 말이냐?"고 묻기만 하고서 그 대답도 들어보려고 하지 않은 채 꽁무니를 뺀 총독이 있었다. 그가 이 질문을 던진 속셈에는 이미 진리를 어떤 눈에 보이는 것, 예컨대 골리앗의 방패나 다윗의 조약돌같은 것으로 생각하는 요소론적·우상적 진리관이 작용하고 있었다. 그러나 그 질문에 대한 답은 그 침략자의 눈 앞에 생생히 '살아 있었다.' 요소론적으로 있는 것(存在)과 구별된 살아있는 것(生存)으로서의 '사람의 아들'이 바로 진리행위를 증거하였기 때문이다.

진리는 팔매로 집어 던질 수 있는 것도 아니며, 몸을 가리우는 것도 아니다. 진리는 행위다. 그렇다면 진리에 무슨 '논리'라는 말을 붙여야 되겠는가? 흔히 논리라고 하면 인공적 기호나 기계적 규칙들, 또는 까다롭게 따지는 번거로운 잔소리를 염두에 두기 쉬우나, 살아 있는 행위로서의 진리에 어떤 기호나 기계적 규칙들 또는 번거로운 잔소리를 덧보탤 필요는 없을 것이다.

논리는 본래 말(Logos, 言)과 말하는 법, 또는 말하는 길(hodos)에서 비롯되었다. 이 '말' 과 이 '길' 은 거짓말과 거짓길(邪道)이 아니다. 그것은 '참말' 이며 '참길' 이다. 그러므로 논리란 참말과 참길을 들려주며 열어주는 것이다. 참된 논리는 단순히 인식을 위해서만 소용되는 말이나 인식에로 가는 길이 아니라, 사람이 살아있기 위하여 하는 말, 살아있기 위하여 걸어가는 길이어야 한다. 참된 논리는 살아있는 말, 살아가는 길, 즉 '생존'의 말이며 '생명에로 가는 길'(마태복음 7:14)이다. 진리의 논리는 생명의 말씀에 관한 논리다. (요한1서 1:1)

이리하여, "나는 길, 그리고 진리, 그리고 생명이다"(요한복음 14:6)라는 진리행위의 공리, 생존적 논리의 공리가 선언된 것이다.

이 공리로부터 "사람은 살아있는 길이며 살아있는 진리행위다"와 "사람은 참된 길이며 참된 생명이다"와 같은 정리들이 도출된다.

이와 함께 "사람이 가는 길(人道)이 한울로 가는 길(天道)이다"라는 정리도 증명된다.

왜냐하면 "사람의 아들이 참된 길이며 참된 생명이기 때문이며, 그 길의 아버지, 그 생명의 아버지는 '사람' 이기 때문이다."

본래 진리란 거짓말과 거짓된 길(방법)과는 절대적으로 구별되는 참말이며, 예속에서부터 광명과 자유에로 해방되는 참길이기 때문에 진리행위가 구태여 어떤 다른 참말이나 참길의 도움을 바랄 필요는 없는 것이다. 진리 그 자체가 논리이기 때문에 진리논리란 진리-진리, 또는 논리-논리라는 식으로 동어반복이 되는 셈이다. 그러나 여기서 구태여 진리논리라고 이름을 붙인 것은 다음과 같은 세가지 목적에서다.

첫째, 진리행위가 그 자체 참된 논리임을 동어반복적으로 강조하기 위함이다. 둘째로, 종래의 분단논리들, 즉 양분논리, 형식적 추리론, 인식론, 그리고 변증법적 모순론 늫은 스스로 분난시킨 대립개념들이 자동사적으로 즉 '저절로' 봉합되는 것처럼 착각했던 것과는 달리, 인위적(人爲的) 분단과 인위적 분리를 진리행위는 인위적(人爲的)으로 패배시키고 통일시키는 논리임을 밝히기 위함이다. 이를 해명하고자 한 것이 이 글 전체의 중요한 목적들 가운데 하나다. 셋째로, 사람들이 죽거나 죽임을 당하지 않고 살아있기(生存) 위하여서 어떻게 생각하고 행하여야 되는가 그 방법(meta-hodos)을 원칙적으로 가르쳐주는 것은 진리행위뿐임을 천명하기 위함이다.

진리행위의 길은 누구나 따라갈 수 있으며, 모든 사람들을 살릴 수 있는 참된 길이다. 종래의 분단논리, 모순논리들을 지지하며 악용하여온 요소론자들, 우상숭배자들은 모두 자기 자신도 진리행위의 길에 들어서지 못하였을 뿐만 아니라 남들도 진리행위의 길에 들어서지 못하게 문을 가로막기만 하였다. 그러나 진리논리, 즉 진리행위의 길은 인간의 정신적 본성을 가로막는 방해물을 걷어차고 뚫고 나가는 길이며, 걷지 못하는 모든 사람들도 함께 '손잡고' 걸을 수 있도록 길을 터주는 길이다.

사람의 정신은 실체로서가 아니라 행위로서 파악되어야 한다. 행위로서의 정신은 뛰어넘는 행위, 뚫고 나오는 행위다. 정신이라는 행위는 진리라는 행위와 구조에 있어서 일치한다. 언어의 벽, 가상적 벽을 뚫고 실재에로 들어가는 침투력이 정신적 행위를 가능케 한다. 생명이 땅과 껍질을 뚫고 나오듯 정신은 종이와 언어와 속임수의 장막을 뚫는다.

이런 의미에서 정신적 행위는 '파괴적' 행위이며 흔히 이것을 비판적 행위라고 부른다. 여기서 '파괴적' 이란 물론 인위적 구속성에 대한 파괴적 해방행위에 적용된 말이다. 행위하지 않는 정신, 비판하지 않는 정신은 죽은 정신 즉 정신이 아니다. 주지주의적 철학전통에 입각하여 정신적 활동을 서양에서는 지성(Intellect)의 활동과 동일시하는 경향이 있다. 주지주의 자체의 약점과 폐단은 별개 문제로 삼더라도 지성이라는 말의 어원은 벌써 그것이 하나의 초월적·파괴적 행위임을 말해준다.

지성(Intellectus)은 사이(ineter, 間)를 읽음(legere, 讀), 즉 행간독서다. 눈에 보이는 활자 — 사실 이것은 사자(死字)이지만 — 또는 시각을 사로잡는 물체, 즉 우상(idolum, eidolon)을 타넘어 '여백' 에로 뛰어들어가며, 종이를 뚫고 배후의 사실을 읽을 수 있는 '투시력' 이 지성적 행위의 능력이다. '타넘어 가서 읽어 봄' 이며 '뚫고 들어가 봄' 이므로 지성적 행위에서는 '용기' 가 필요하다. 대문짝만큼 커다란 활자, 또는 좁쌀만큼 작은 활자로부터 시선을 떼기 위해서는 용기가 필요하다.

지성적 행위 또는 정신적 행위는 용기로부터의 행위다. 정신적 파괴력, 논리적 용감성없이 진리행위는 불가능하다. 뜀바위(서울 백운대에 있는 큰 바위로서 그 사이에 매우 깊은 틈이 벌어져 있다) 하나 건너뛰지 못하는 정신이나 지성은 이미 정신도 지성도 아니다.

그런데 여기서 '용기' 란 비겁에 대립된 용기뿐만 아니라 '게으름' 과 '정체성' 에 대립된 용기를 뜻한다. 기만행위나 거짓말뿐만 아니라 정신적 녹이 진리의 적이다. 이 녹은 언어적 장벽 또는 정신의 장막에 끼어 있는 것으로서 정신이 원활하게 행위하는 것을 방해한다. 정신적 녹이 잔뜩 끼어 있으면 정신은 게을러지며 비겁하여지므로 새로운 사태에 직면하여서도 매에 쫓기다 풀숲에 머리만 처박는 꿩처럼 논리적 둔감의 숲, 또는 보수주의적 수렁에 머리를 처박고 만다.

진리의 정신은 '바깥에' 있다. 악마가 진리의 적이다. 그와 함께 진리의 적은 정신 '속에' 있다. 이것이 정신을 썩히는 녹이다. 녹쓴 정신은 한편 자신이 게을러서 자신을 파괴한 결과이며, 다른 한편 악마에 의해서 악의적 녹이 몰래 뿌려진 결과이기도 하다. 악마는 '일부러' 사람들의 정신에 잔뜩 녹이 슬도록 악의 가루를 뿌리고 있는 것이다. 마치 심장의 근육에 낀 기름덩어리가 생명을 단축하며 죽음에로 몰고가는 것처럼 정신적 근육의 운동을 저해하는 태만심과 원시적 쾌락과 야수적 만족감이 정신의 얇은 막을 점점 두텁게 한다.

게으른 정신이 과거중심적으로 되는 것도 결국은 이 막이 두꺼워진 결과라고도 해석된다. 살아 있는 정신활동은 될 수 있는대로 그와 같은 지방화로부터 해방되어 안정하게 맥동을 계속하지만, '정신적 고혈압' '논리적 동맥경화증' 또는 '지성적 비만증'은 겉으로 보기엔 튼튼하며 멀끔한 것처럼 보이지만 어느 틈에 벌떡 나가 자빠져 죽고 말거나 반신불수가 되고 만다. 진리의 적은 내부에도 있고 외부에도 있다. 외부의 적 못지 않게 내부의 적이 생존과 진리행위를 위태롭게 만든다.

진리논리는 거짓과 참의 '절대적 불평등'에 기초하고 있다. 참과 거짓은 실재와 인식, 또는 실재와 언어의 내외구조를 제대로 표현하고 있는가 또는 그렇지 못한가에 따라서 판가름된다. 실재와 인식의 구조, 실재와 언어의 구조는 하부구조와 상부구조의 관계처럼 상하관계에 있지 않고 내외관계에 있다. 이것은 수직적 관계도 아닐 뿐더러 그렇다고 평면적 관계도 아니다. 실재와 언어의 내외관계는 투시적 관계다.

이 관계는 두가지 경우로 나뉘어 참과 거짓이라는 절대적 불평등의 대립이 된다. 거짓은 실재를 언어로써 가리우는 경우이며, 참은 실재를 언어로써 드러내 보이는 경우다. 그러나 겉으로 보기에는 거짓도 실재를 드러내 보이는 것처럼 속인다. 비유하여 말하자면 참은 투명한 보자기로써 물건을 싸는 경우이며, 거짓은 검은 보자기로써 물건을 싸는 경우와 비슷하다.

진리행위는 무엇보다도 실재를 은폐하거나 가상적 실재를 날조하는 거짓행위(行僞)를 적으로 삼고 있다. 진리행위는 참 실재를 가리우는 거짓의 장벽을 뚫는 파괴력, 초월의 힘으로써 거짓행위를 물리친다. 정신의 저항력, 창조력, 파괴력은 일체의 은폐물(Cover)이나 장애물을 뚫으며 초월할 수 있다. 이 힘에 의하여 인식은 실재에 관한 미지의 영역으로부터 앞의 영역에 확장될 수 있다. 실재와 언어의 내외구조 또는 투시적 구조는 인식된 실재와 인식되지 않은 실재의 경우로 구분된다. 정신은 미지의 층을 그대로 두지 않는다. 진리행위는 거짓의 장막에 대해서도 파괴적이며, 미지의 장막에 대해서도 파괴적이다.

실재는 인간에 대하여 실로 많은 비밀을 간직하고 있다. 인식된 실재의 부분의 총화를 흔히 철학자들은 현상이라고 불러왔다. 인식되지 않은 존재를 흔히 철학자들은 물자체(物自體)라고 불러왔다. 그러나 현상이란 기지(既知)의 존재이며 물자체는 미지의 영역이다. "물자체를 알 수 없는 것이 아니라 알지 못한 실재의 영역을 물자체라고 하는 것"이 올바른 표현이다. 현상은 방정식에 있어서 기지수와 비슷하며 물자체는 미지수와 비슷하다고 말할 수 있다. 미지로부터 기지로, 또는 기지로부터 미지로 나아감이 진리행위의 과정이다.

진리행위는 거짓의 장막과 미지의 껍질에 대해서 뿐만 아니라 개인적 장막에 대해서도 파괴적이다. 나의 인식과 남의 인식 사이에 있는 언어적 장막을 파괴하며 초월할 수 있는 힘이 진리행위를 촉진시킨다. 이때의 진리행위는 협동적이며 사회적인 대입적 초월이라고 말할 수 있다. 진리행위는 개인적 야심의 장벽을 초월함이며, 이기적 편협성의 감옥으로부터 자신을 해방시킴이다. 진리행위는 결국 인간의 초월, 즉 '초인적 행위'다. 인간의 초월은 인간의 해방이다. 인간을 해방함은 개인을 해방함이며, 개인을 '한울' 속에 자유롭게 생존케 함이다. 개인을 해방함은 개인이 갇혀 있는 개인적 장막을 걷어치움이다. 이기적 장막은 개인에게 매우 투명하면서도 개인의 정신과 야심을 꼼짝 못하게 감금하기 쉽다.

인간해방은 개인의 사유적 생을 구출하여 한울 속에 들어와 살게 하는 진리행위로써만 가능하다. 개인을 구원하며 개인을 해방한다는 것은 개인에게 끝없는 야심을 채워줄 수 있는 탐욕의 도깨비 방망이를 쥐어준다는 것을 뜻하지 않는다. 이것은 한울 전체를 망쳐놀 뿐만 아니라 개인 자신을 파멸시키는 것이기 때문이다. 제비가 흥부를 구원하기 위하여 그에게 재산의 대왕 미다스(Midas)가 소유하던 것과 같은 신통한 재주(golden touch)를 선사하였더라면 흥부는 미다스처럼 파멸의 비명을 지르며 그 요술을 풀어달라고 애걸했을 것이다.

오늘날까지 모든 자연자원, 모든 사람들, 모든 재주, 모든 아름다움, 모든 시간, 모든 공간 등 손에 닿는 것이면 무엇이든 송두리째 돈(金)에다 환원하려고 덤비는 미다스와 같은 탐욕적 도깨비들이 진리행위에 대하여 도전하여 왔다. 아직도 그러한 이기주의자들은 모략으로써 얻은 그 신통력이 자신을 벌주며, 자신을 반드시 파멸시킬 것이라는 점을 깨닫지 못한 것 같다. 그러나 어떠한 모략으로써도 '한울'을 속이지 못한다. 진리행위의 생명수는 개인적 편협성의 장막에 낀 탐욕의 녹을 말끔히 씻어내리고야 말 것이기 때문이다. 진리논리는 '개인'을 '한울' 속에로 확장시키며, '나'를 '우리'로 '전신' 시키고야 만다. 진리논리는 어떻게 보면 하나의 '전신부'(轉身賦, Metamorphoses)다.

제3장

고 통

新生哲學

## 01 _ 철학과 고통

사람은 살아 있기 위하여 생각한다. 생각하기 위하여 살아 있는 것은 아니다. 철학의 관심사는 생각 자체가 아니라 고난에 부딪치고 있는 사람의 생존이다. 철학의 출발은 눈을 감고 하는 명상이 아니라 차마 눈 뜨고 보기 어려운 고통이다. 생각의 정원을 잘 꾸려나가기 위한 목적에 골몰하는 철학이라면 아예 식물채집 또는 수석수집보다도 못할 것이다. 고상한 척하며 잘난 체 하는 교양적 장식품이라면 철학은 교묘한 가짜 고려자기를 가려볼 줄 아는 감식안보다 못할 것이다. 철학이 그 자체 무슨 만족을 보장한다고 말한다면 그것은 비밀 댄스홀에서의 춤바람보다도 훨씬 시시할 것이다.

철학은 종이나 못이나 먹이나 벼루에서부터 비롯된 것이 아니다. 편안하게 앉아서 펜과 종이와 분필과 마이크와 같은 것을 잡고 혀 끝으로만 철학을 떠드는 직업적 철학자들의 근시안으로 볼 때 철학은 문방구에서 비롯되는 것이리라. 그러나 철학은 서재 또는 강의실 안에서 성립하는 것이 아니라, 눈물과 피와 땀과 한숨이 뒤범벅된 사람들의 생존현장에서 탄생한다. 철학은 인쇄된 책들과 마주쳐서가 아니라 진정으로 '살아있는 책'인 바 민중이라는 책에 생생히 기록되어 있는 고통과 고난과 괴로움, 시달림과 같은 살아있는 글자와 마주쳐서 생긴다. 철학은 공책이나 사유에 봉착하는 것이 아니라 사람과 고통에 봉착하고 있다.

오랜 동안 철학자와 철학 사이에 철학서적 활자들의 장막이 드리워져 있었으므로 철학자들은 그 장막의 앞에 나타나는 그림자 철학과 살아있는 철학을 혼동하기 쉬웠다. 살아있는 철학은 철학서적 속에가 아니라 그 바깥에 씌어져 있다. 살아있는 철학은 철학자들에 의하여 잉크로 기록되는 것이 아니라 민중의 피와 땀에 의하여 기록되어야 한다. 진정한 철학의 필자는 민중, 민족 또는 인류 전체다. 기껏해서 철학자는 민중의 소리, 민족의 부르짖음, 인류의 희망을 받아쓰는 서기의 노릇을 다하면 족하다.

철학은 철학적 안락의자에서 이루어지는 것이 아니다. 햇빛이 내려쪼이는 공사장에서, 불꽃이 튀는 용광로 곁에서, 거센 풍랑이 휩쓰는 바다 위에서, 거머리가 꿈틀거리는 논바닥에서, 검은 먼지가 가득찬 갱 속에서, 또는 어둡고 그늘진 뒷골목에서 씌어지고 있는 것, 이것이 살아있는 철학이다. 철학의 활자들이 기록되는 장소는 창백한 종이(tabula rasa)가 아니다. 한숨과 고통이 철학의 종이이며 눈물과 피가 철학의 잉크다.

> 철학이라면 보통 머리가 허연 늙은 학자를 연상하고, 지혜라면 곧 곳간에 들어 쌓인 책을 생각하지만, 아니다. 철학은 구더기같다는 민중 속에 있고, 지혜는 누구나 다하면서도 신통히 알지도 않는 삶 곧 그것 속에 있다. 이 말없는, 말로는 할 수 없는 것을 들여다 본 사람이 철학자다.
> (함석헌, 『인간혁명』, 1961, p.56)

사치스런 철학은 사치품을 즐길 수 있는 철학자들에 의하여 애호되어 왔다. 그러나 이러한 철학도 사치를 즐길 수 있는 여가에서 비롯된 것은 아니다. 학적인 철학은 현실적 고통의 유방에서 출발하였다. 노예들의 고통없이 학문으로서의 철학이 등장할 수 없었다. 직접 고통의 작업장에서 피땀 흘리며 일할 필요가 없던 철학자들은 고통의 열매를 따먹으면서도 그 열매가 어떤 토양과 기후에서 자라난 것인지를 깨닫지 못하고, 단지 아름다운 꽃송이에서 생겨난 것처럼 착각하는 철부지들이었다. 마치 어머니의 최대 고통인 산고의 문을 지나서 태어난 아기가 고통을 모르면서 자라나듯 철학적 철부지들은 자신들의 철학이 파묻혀 빨아먹는 고통의 젖가슴 속에 피가 흐르고 있음을 제대로 알지 못하였다.

철학은 휴가 기간 동안에 철부지들이 즐기는 오락의 대상도 아니며 평생 동안 휴가만 즐기는 유한마담의 사치품도 아니다. 휴가에 즐기는 시원한 음료수나 달콤한 술의 기원(arche)이 냉장고나 수도꼭지가 아니라는 것을 알 수 있을 정도의 지능을 갖춘 사람이라면, 철학서적이 비록 휴가 기간의 독서목록에 끼어있다 하더라도 철학의 출발이 휴가라고 착각하지는 않을 것이다. 철학의 출발은 고통과 분주함이다. 여가를 일과로 하는 사람들이 고안해낸 철학은 휴가의 혜택을 받지 못하는 사람들이 당하는 고통의 문제같은 것은 아예 여가의 식탁 위에 올려놓지 않았으며, 반대로 그 식탁이 놓인 여가의 식당 '바깥'에 있는 고통의 일터에서 음식을 장만하느라고 고통을 겪고 있는 많은 사람들의 딱한 처지를 그대로 눌러 버리는데 공헌해 왔다. 고통에서 출발하는 철학임을 깨닫지 못한 철학자들은 고통의 해결이 아니라 고통의 현실화, 고통의 동결, 고통의 고정화에 알맞는 철학체계를 수립하려고 한가로운 시간을 보냈다.

요즈음 '철학의 빈곤' 이라는 말을 흔히 듣는다. 이 말은 두가지 뜻을 지니고 있다. 첫째 진정한 철학이 없다는 뜻과, 둘째 철학이 매우 빈곤

하다는 뜻, 즉 철학은 가진 것이 없다는 뜻이다. 그러나 철학이 없다는 말이나 철학이 빈털터리라는 말은 같은 얘기를 달리 표현한데 지나지 않는다. 진정한 철학이 없다는 말은 풍요한 철학이 없다는 말이나 마찬가지이며, 철학이 매우 가난하다는 말은 내용도 없이 이름뿐인 철학은 별로 쓸데가 없다는 것, 결국 있으나마나한 것이라는 뜻이 되고 만다. 그런데 동서고금의 철학서적들은 거대한 도서관을 꽉 채우고도 남을 만큼 '풍요'하며, 또 거기에 씌어진 기록과 활자들도 매우 풍요하다. 이 세상에는 많은 대학들이 있고 그 속엔 철학부, 철학과, 철학 세미나들이 설치되어 있으며, 철학강의, 철학시험, 철학연구 발표회를 통하여 철학문제들이 열성적으로 논의되고 있으며, 많은 철학 전공생, 철학박사, 철학교수들이 철학논문을 써내고 있지 않는가? 어째서 철학은 가난하단 말인가? 도대체 가난하지 않은 철학, 풍요한 철학 또는 '철학의 풍요' 란 어떤 것인가?

철학서적, 철학논문, 직업적 '철학업자들' 의 양과 수가 크거나 많다고 해서 철학이 풍요한 것은 아니다. 그러한 물적 풍요는 왕궁의 풍요가 거짓 풍요인 것보다도 더욱 거짓이다. 물론 단 한 사람의 기분을 맞추며 그의 사치를 위하여 건설된 왕궁의 풍요는 한 나라 전체의 풍요가 아니다. 그것은 헐벗고 가난한 사람의 배 속에서 피를 빨아먹는 기생충의 풍요이지 사람의 풍요는 아니다. 그러나 제왕 앞에서 굽신거리며, 귓속말로 왕궁의 비위를 맞추며, 왕자를 가르치며, 여왕의 산보길에 따라다니는 '내시철학자' 의 풍요는 왕궁의 풍요보다 훨씬 더 허구적이다. 비록 왕국에 몰려든 재화는 밖으로부터 빼앗아 온 것, 속여 온 것이라 할지라도 왕궁의 담 안에서는 그 나름대로 풍요하다고 말할 수 있다.

그러나 철학적 노총각님들의 정신적 왕궁 속에 들어 있던 것은 추상적 개념들의 쓰레기 뿐이었다. '철학의 빈곤' 은 바로 철학적 쓰레기의 풍요를 뜻한다. 철학자들이 허구적 왕정에서 술찌꺼기를 받아먹고 술취해 있는 동안에는 궁성 바깥의 세상이 온통 쓰레기로 가득찬 것처럼 보였을 것이다. 철학의 빈곤은 철학적 거지들이 각성하지 못한 채 몽롱한 꿈을 꾸고 있을 때의 정신적 재산상태다. 허울좋은 대궐의 정신적 쓰레기통으로부터 빠져나와 바깥 '세계'에 가득찬 생명의 들과 산에서 호흡하게 될 때 철학은 풍요하게 된다.

세계는 가난과 고통으로 가득차 있다. 세계는 가난으로 풍요하다. 철학은 세계가 그것들로써 충만되어 있는 가난과 고통으로써 먼저 자신의 정신적 밥통(위)를 채웠을 때 풍요해진다. 철학이 풍요해지려면 먼저 고통과 가난이라는 철학적 재산을 소중히 하여야 된다. 고통과 가난의 바다 속에서 헤엄치는 철학은 고통과 가난의 '눈물'로써 자신을 배불리워야 할 것이다. 종래의 가난한 철학은 거짓된 풍요로써 허영의 뱃대기를 채워왔으나 가난과 고통으로써 자신의 가슴을 가득 채우는 가난으로부터의 철학이야말로 진정으로 풍요의 철학이 될 수 있다. 비현실적 식탁의 풍요에서 비롯된 안락의자 철학의 빈곤과는 달리 현실적 빈곤으로부터 출발하는 생존철학의 풍요는 약속될 수 있다.

"철학자도 치통은 참을 수 없다"는 말이 있다. 그는 대개 식사 후에 철학을 시작하기 때문에 식사 전에 여러 사람들이 그의 식사를 장만하느라 얼마나 힘든 고통을 겪었는지에 대해서는 생각하지 않는다. 그의 형이상학(metaphysica)은 말하자면 식후철학(philosophia post mensam)이라고 하겠다. 식후철학자에겐 고통이 없다. 그에겐 '고민'이 있을 뿐이다. 많이 먹고 마시느라 이빨 사이에 음식이 끼는 것이 고민이며, 게을러서 자주 이를 닦지 않다가 충치가 되며 풍치가 되는 것이 고민이다. 이 고민들이 쌓여 치통이라는 그 나름대로의 즐거운 고통을 겪을지 모른다. 그러나 그는 식전의 커다란 고통에 관해서는 알 수 없다.

철학의 과제는 고통에 관하여 인식하며 고통을 해결하는 방도를 찾는 것이다. 치과의사도 고통을 알며 훌륭히 고통을 해결해 준다. 그러나 철학이 문제삼는 고통은 작은 고통이 아니라 '큰 고통'이다. 철학자는 모든 사람들에 앞장서서 고통을 알아차리는 사람이라고 말할 수 있다. 그렇다고 해서 철학자가 남의 슬픔을 대신하는 직업적 읍녀(泣女, Klagefrau)는 아니다.

철학자는 만민의 고통을 다른 사람보다 먼저 알아차리며, 그것을 경고하며, 그 위험성을 미리 막으며, 또 모든 사람들이 겪는 고통을 해결하는데 앞장선다. 철학자는 민중보다 앞서서 먼저 고통을 자각하며, 민중보다 나중에 기쁨을 맛보는 사람이다. 말하자면 철학자는 큰 고통을 인식하며 큰 쾌락을 맛본다. 철학의 과제는 큰 고통에 관한 인식이며, 큰 고통을 해결하는 것이 철학의 목표다.

고통은 인간을 순간의 포로로 만든다. 고통을 당하고 있는 사람으로서는 고통 이외의 것에 대하여 무감각하다. 고통의 순간에 인간은 다른 것에 관하여 망각하고 있다. 사람은 빈번한 고통을 체험하면서 건망증 환자가 되기 쉽다. 고통에 시달리는 사람이 변화하는 세태에 대하며 '무관심'한 것은 생명을 보호하는 본능에서 비롯된 것이라고도 해석된다. 다양한 고통의 원인들에 대하여 일일이 반응하느니보다는 동등한 반응을 보임으로써 자신의 '정신적 균형'을 유지할 수 있는 것이다.

인간들이 강요하는 고통에 시달리는 짐승들을 보라. 짐승들 뿐만 아니라 사람들도 많은 고통을 받게 되면 흔히 말하듯 무딘 감각을 소유하게 된다. 이것이 자기 보호책이다. 고통을 거듭 당하는 사람은 점점 고통의 원인에 대하여서도 무감각하게 된다. 바로 여기에 큰 위험성이 도사리고 있다. 작은 고통에 시달리는 사람은 큰 고통에 대하여 생각할 여유가 없다. 일반적으로 고통의 근원은 고통의 현장에서 멀리 떨어져 있기 때문에 작은 고통에 시달리는 사람들의 짧은 안목, 순간적 시력은 먼곳에 있는 고통의 출처에까지 미치지 못한다.

　작은 고통은 큰 고통을 망각하게 한다. 작은 고통의 장벽에 가리워서 그 너머 있는 큰 고통의 정체를 보기 어렵다. 사람은 작은 고통에 대하여서는 화를 내면서도 큰 고통에 대해서는 화를 낼 줄 모른다. 작은 피해에 대하여 분개하면서도 큰 피해에 대해서는 분개하지 않는 것이 사람이다. 고통이 큰 것일수록 덜 절실하게 느껴진다. 위험이 큰 것일수록 덜 위태로운 것으로 보인다. 작은 고통에는 민감하면서도 큰 고통에는 둔감한 것이 사람이다.

　목전의 것에 대하여는 뚜렷한 감시를 하면서도 그 뒤에 있는 것은 어떻게 되어 있는지 알아보기 힘든 것이 사람의 지각능력이다. 자기가 지금 두 손에 쥐고 있는 것은 좀체로 빼앗기지 않으나, 자기가 그 속에서 살고 있는 집과 토지를 어느 틈에 빼앗기고 마는 경우를 흔히 본다. 손아귀에 쥐고 있던 지갑을 빼앗기어 생기는 고통보다도 집과 땅을 빼앗기어 생기는 고통이 더 크다는 것을 나중에 깨닫게 되고 말지만, 처음에는 큰 문제에 관해서 별로 관심을 갖지 않고 있었다. 고통은 '소멸'에서 비롯된다. 작은 소멸은 금방 눈에 뜨이지만 큰 소멸은 알아보기 힘들다. 작은 존재는 뺏기 어렵지만 큰 존재는 약탈하기 쉽다. 소멸은 약탈당함이나 마찬가지다. 즉 소멸은 상실이다. 작은 상실 즉 작은 고통은 노출되며, 큰 손실 즉 큰 고통은 가리워진다. 이와 같은 불행으로부터 해방되기 위해서는 큰 손실과 큰 고통에 대한 진리행위의 투시력이 필요하다.

　사람들은 남이 자기에게 입힌 조그만 상처로부터 오는 고통보다 자신의 생명과 많은 사람들의 생명을 빼앗김으로부터 오는 고통의 차이를 잊고 있는 경우가 많다. 손가락 끝에서 흐르는 피 몇 방울보다 훨씬 더 많은 출혈이 강요되는 큰 고통의 전쟁터가 있음을 망각하고 있기 쉽다. 조그만 흉기로써 조금 다치기만 하는 가두의 범죄보다 훨씬 대규모적이며 직업적으로 훈련된 살인기법과 대량생산된 살인무기들이 한 곳에 뒤얽혀 피를 흘리는 커다란 싸움, 전쟁이 벌어지고 있음을 흔히 잊고 있다.

한 걸음 더 나가서 피가 땅과 강을 물들이며 흩어진 살과 뼈의 조각들이 뒹구는 전쟁터는 눈으로 볼 수 있으나, 이보다 훨씬 광범위하며 근원적인 전쟁이 벌어지고 있는 '심리전'의 싸움터는 흔히 망각되고 있다. 과거의 전쟁과 침략은 나무로부터 원자탄에 이르기까지, 생물과 광물의 화학물질, 방사능 물질을 수단으로 하는 무기전이었다. 문명의 시기를 목기시대 — 나로서는 석기시대에 앞서서 목기시대가 있었다고 확신한다 — 와 석기시대, 청동기시대, 철기시대로 구분하는 것은 바로 무기의 질이 어떻게 변천하여 왔는가를 말해준다.

나무, 돌, 창, 방패, 활, 총, 대포, 유도탄 등 무기들의 성능은 치명적 기능을 수행하는데 있어서 점차 발달해 왔다. 이 성능의 척도는 그 치명성뿐만 아니라 공간적 확대에 있어서 규정된다. 사정거리의 연장이 무기의 발달과정이다. 그런데 전파력과 파괴력이라는 성능의 관점에서 볼 때 물리적·화학적 파괴력과 공간적 전파력을 가지고 있는 무기보다도 더 무서운 정신적 파괴력과 시간적 전파력(항구성)도 함께 지니고 있는 심리전이 가장 무서운 전쟁이다. 이 싸움은 병정들이 보이지도 않으며, 창과 방패가 부딪치는 소리도 들리지 않는 전쟁터 즉 '마음' 속에서 조용히 그러나 무섭게 진행되고 있다.

심리적 전쟁은 공간적 거리를 초월한다. 다시 말해서 심리전 병기의 사정거리는 무한하다. 아무리 먼 지구 저쪽편에 있는 사람에게라도 광속적으로 정신적 총탄을 명중시킬 수 있다. 말하자면 심리전은 적이 아무리 먼 곳에 있을지라도 가장 가까운 거리에서 적을 공격하는 독안에 든 전쟁이다. 이것은 육박전이다. 그러나 이 싸움에서 이기기 위해서 항금창이나 강철방패를 잡아도 아무런 소용이 없다. 심리전의 방패를 뚫는 창은 이 세상에 없으며, 심리전의 창을 막아낼 방패란 이 세상에 없기 때문이다.

그러면 철학과 심리전은 대체 무슨 상관이 있겠는가? 물론 철학자는 악마들의 침략적 사령부의 심리전 고문관 노릇을 담당하여서는 안된다. 그렇지만 철학은 '성스러운' 심리전에 용감히 참전해야 된다. 철학자는 악마들을 물리치는 한울(전체) 사람 즉 성인이며, 성스러운(holy) 심리전의 사령관이다. 철학이 참전하는 이 싸움은 결코 시시한 전술적 소규모 전투가 아니다. 성스러운 전투는 악마들의 모든 소규모 전투, 거짓싸움들을 아예 처음부터 패배시킨다. 진리행위의 사람, 한울 사람, 성인 즉 "상재(上才)는 군병을 움직이는 이가 능히 마음을 움직이지 못하게 한다".(최시형, 『道宗法經』 18, 難疑問答)

가장 큰 고통과 가장 큰 폭력인 바 눈에 보이지 않는 고통과 귀에 들리지 않는 폭력을 인식하며 해결하려는 철학은 드디어 심리전적 대전략의 학문으로서의 본무를 깨닫게 되며, 마침내 철학은 철학적 성전에 참전하는 단계에 들어서게 되었다.

이제 철학적이라 함은 바로 전투적이며, 철학자라 함은 싸우는 선비(병사)를 뜻하는 단계, 철학사와 세계사가 서로 손을 잡는 단계의 문턱에 들어와 있다. 어떻게 보면 종래의 철학은 가장 후방에서 그것도 일체의 잡음이 단절된 가장 으슥한 골방의 안락의자 속에서 수행된 후방의 철학이었으나 미래의 철학은 최전선에서 이루어지게 된다. 철학자는 고통의 싸움터에서 피흘리는 병사가 된다. 철학적 병사가 담당하는 전투는 고통의 고지와 가난의 평야에서 전개되는 악마와의 결전이다.

속임수를 쓰는 악마에 대항할 수 있도록 '한울님'의 완전한 무장을 하십시오. '우리'는 살과 피를 해치는 싸움에 참가하는 것이 아니라 정부들과 권위들과 이 암흑세계의 지배자들과 성스러운 곳들에 끼어 있는 악령들에 대항해서 싸워야 하기 때문입니다. 그러므로 지금 '한울님'의 완전한 무장을 하십시오. 그래야 악마들이 공격해 올 때에 그들에 대항해서 원수를 완전히 무찌르고 넘어지지 않고 서 있을 수 있을 것입니다.

그러므로 진리로 허리를 동이고 굳건히 서십시오. 그리고 정의로 가슴에 무장을 하십시오. 발에는 평화의 기쁜 소식을 갖춘 신발을 신으십시오. 무엇보다도 손에는 신뢰의 방패를 잡으십시오. 그 방패로써 여러분은 악마가 쏘는 불화살을 막아 꺼버릴 수 있을 것입니다. 그리고 구세의 투구를 받아쓰고 성령의 칼을 받아 쥐십시오. 성령의 칼은 '한울님'의 말씀입니다. 여러분은 또한 열심히 기도하며 간청하며 '한울님'의 도우심을 청하십시오. 언제나 성령의 도움을 받아 기도하십시오. 언제나 정신차리고 끈기있게 기도하며 모든 성인들을 위하여 간청하십시오.(에베소서 6:11~8)

오늘날의 큰 고통은 어디에 있는가? 이 문제를 떠나서 오늘날의 철학적 문제는 의미없다. 현재의 고통은 사람이 겪고 있는 고통이며, 그것도 개인으로서의 고통이 아니라 커다란 사람으로서의 고통, 즉 인류의 고통이다. 개인적 고통보다 가족적 고통이 크며, 가족적 고통이 개인적 고통보다 눈에 뜨이지 않는다. 사회적 고통은 가족적 고통보다 눈에 잘 뜨이지 않지만 그보다 더 크며 견디기 힘들게 된다.

민족적 고통은 사회적 고통보다 알아보기 힘들지만 그보다 더 중대하다. 그러면 인류의 고통이란 무엇인가? 과연 인류의 고통이라는 실체가 있을까? 구체적으로 현존하는 인류의 고통은 민족적 고통에 집약되어 있다. 물론 민족적 고통도 구체적으로는 개인들의 모세적(毛細的) 고통으로서 현존하는 것이지만, 개인적 고통의 심장은 구체적 인류고인 민족적 고통에 있다. 사람이 인류로서의 자각을 한 적은 여태껏 없다.

만일 아메리카 축구선수같은 옷을 입고 달에 간 사람이 월인을 만났더라면 그는 인류로서의 자각을 체험하였을 것이다. 그러나 그는 한 나라의 국기를 단 옷을 입고 있었으며, 그 국기 앞에서 경례하는 사람으로서, 그것도 적진을 뚫고 들어가 '터치다운'(touch-down)하는 기분으로, 또는 재빨리 타원형의 황금덩어리를 주워 올리는 기분으로 행동하였을 뿐이다. 만일 인류 전체를 위협하는 박테리아나 바이러스같은 것들이 모든 인류의 육안으로써도 크게 보인다거나 또는 사람이 지구 아닌 다른 천체의 동물들과 대결하게 된다면 인류로서의 자각을 할 때가 올지도 모르겠으나, 현재까지 사람이 체험한 최대의 유적 자각은 '민족'으로서의 자각이다.

오늘날 인류가 겪는 고통은 민족들의 고통이다. 이 고통을 해결하는 길이 사람의 유적(類的) 체험에 이르는 가장 가깝고도 먼 길일 것이다. 이처럼 현실적으로 가장 '큰 고통'인 민족적 고통에 관하여 인식하며 그것을 해결하는 방도를 찾는데 철학적 관심이 경주되지 않을 수 없다.

한국철학은 어떠한가? 이보다 앞서 도대체 한국철학이 있는지조차 의심하는 사람들도 있다. 그러나 한국사람이 살아 있는 한에서 한국철학은 엄연히 있다. 단지 한국철학을 가리우고 있는 거짓 한국철학이 시끄러운 소리를 질러왔을 뿐이다. 한국철학도 철학인 바에는 고통의 문제를 탐구대상으로 하여야 할 것이다. 그런데 여태까지의 '한국철학 전문가들'은 한국적 고통, 인류의 고통과 그 해결에 대하여 외면하여 왔다는 사실에 대하여 아무도 부인하지 못할 것이다.

현대 서양철학자들 가운데는 '순수한 문제'와 '거짓 문제들'(pseudo-problems)의 구별을 엄격히 해야 된다고 고함을 친 사람들이 있다. 철학은 거짓문제들로 두통을 앓지 말아야 된다는 얘기다. 그런데 서양사람들이 관광도 오려고 하지 않는 한국땅에서 마치 진짜 황금의 보물섬을 찾으려 혈안이 된 어떤 해적선장의 앵무새처럼 그런 흉내를 내는 자들이 있다. 그러한 순수한 문제와 거짓문제의 구별보다도 한국사람에게 필요한 문제와 불필요한 문제, 또는 한국사람에게 어울리는 문제와 어울리지 않는 문제, 또는 한국사람에게 중요한 문제와 중요하지 않은 문제의 구별이 더 긴박한 질문으로서 제기되어야 할 것이다. 물론 한국철학으로서도 순수한 문제와 거친 문제의 구별에 깊은 관심을 가져서 나쁠 것이 없다.

그러나 그보다 앞서야 할 것은 한국철학이 처해 있는 한국적 상황에 어떻게 철학이 대답하여야 하는가 하는 문제다. 한국철학은 모든 생물이 소개된 진공상태, 또는 국제성치의 우주 곡예사들이 비밀캡슐 속에서 체험하는 무중력상태, 또는 아무런 소유자도 없는 땅(Niemandsland)에서 성립하지 않는다. 한국에는 한국 사람이 살아 있기 때문이다. 한국철학은 한국인의 철학이며 한반도의 철학이다. 한국철학이 국수주의적 편협성을 고집해야 된다는 말이 아니다. 참다운 한국철학이 되려면 그것은 벌써 세계적 보편성을 띠어야 할 것이다. 그렇다고 해서 무색 투명한 세계철학이 한국에 도입되어야 한다는 얘기는 어불성설이다. 아직까지 완전히 통일된 세계철학은 없다고 알려져 있기 때문이다.

외국의 '지배철학'의 호령을 한국의 청년들에게 학습시키며, 외국의 '진통철학'의 자장가를 한국의 청년들에게 들려주는 정신적 교련교사 노릇을 담당한 사람들이 한국의 철학교사들 가운데 많았다. 이들은 전래의 한국적 고통에다 외래의 국제적 고통을 첨가시키는 정신적 하청업자 노릇을 성실하게 수행하여 왔다.

지금까지 한국의 철학교사들이 풀어 보려고 애써온 문제들은 대개 그 출처로 따지자면 외국철학자들이 출제한 것이었다. 한국의 철학교사들은 한국철학의 출제자로서가 아니라 남이 써준 문제와 남이 주어준 답안지를 받아서 풀어보는 수험생의 입장에 있었다. 한국의 철학교사들이 풀어온 문제들은 그들 스스로 출제한 문제들이 아니라 외부로부터 몰래 침입한 문제들, 비싼 이자로 차관된 문제들이었다.

어디 그뿐이랴. 한국의 철학교사들은 다른 나라 철학자들이 출제한 문제를 스스로 해결하려고 하였다기보다도 답안 자체마저 외국으로부터 원조받거나 밀수입하려고 하였다. 남이 출제한 문제를 남의 입장에서 푸는 사람은 '노예'다. 주인이 명령한 문제를 주인의 의사에 따라 눈치를 보아가며 풀어주는 사람이 노예가 아니고 누구이겠는가? 주인이 사용하는 정의, 주인이 고정시킨 개념, 주인이 몽둥이로 두들겨 패 낸 결론을 아무런 저항도 없이 그대로 사용하며 뒤따라가는 것이 노예의 신세다.

말하자면 노예는 하루종일 '자기의 문제' 보다는 '남의 문제' 를 푸는데 골몰하도록 억압된 생활을 강요당한다. 자기의 문제를 생각하지 않는다는 것은 결국 생각하지 않는다는 얘기나 마찬가지다. 남의 문제를 푼다는 것은 결국 남의 생각을 '대신' 하여 준다는 것이다. 한국의 철학교사들이 마음이 너그러워서가 아니라, 한국의 철학교사들의 철학적 수준이 세상을 놀라게 할 정도로 높아서가 아니라, 한국의 철학교사들의 정신이 게으르며 가난하고 비굴하기 때문에 그들은 남의 문제를 풀기 위하여 그것도 어물어물 되는대로 풀어가는데 귀중한 시간을 바쳐왔다.

한국 철학교사들이 외국철학의 문제를 정성들여 풀어본다는 것이 무의미한 일만은 아니다. 그러나 한국사람은 외국 철학자들이 겪는 '고민' 과는 다른 '고통' 에 직면하여 있다. 한국 철학교사들은 눈깔사탕같은 외국 철학자들의 고민덩어리를 마치 하늘에서 떨어진 '만나' (manna)이기나 한 것처럼 입속에서 이리 굴리고 저리 굴리다 이가 썩는 줄도 모르고 있었다. 철학의 출발은 고민스런 '놀라움' (thaumazein)도 아니며 놀라운 고민도 아니다.

고통이 철학의 근원이다. 고민에 관심을 기울이는 철학과, 고통에 관심을 기울이는 철학은 엄밀히 구별해야 한다. 식사 후에 이쑤시개를 버려도 좋듯 한국 철학자들은 철학적 고민을 팽개치고 배달민족이 겪는 고통과 한반도에 엄습하여 있는 세계적 고통의 문제를 사랑(phillein)하며,

이 고통의 출처와 해결책을 규명하며 제시할 수 있는 지혜(sophia)를 갖추는데 주력해야 될 것이다. 한국 철학교사들이 남의 문제와 해결방식을 답습하는 동안 그들은 철학적 소비자들이다. 한국 철학자들이 한국인의 고통과 인류의 고통을 이해하며 해결하는 '한울'의 대열에 낄 때 그들은 철학적 생산자들로서 세계철학의 수립에 기여하게 될 것이다.

## 02 _ 분단과 고통의 전가(轉嫁)

고통은 생명에 대한 박해다. 무생물에게는 고통이 없다. 생명체에다 박해의 망치를 두들길 때 고통의 피가 흐른다. 생명체에다 침략의 비수를 들이댈 때 고통의 절규가 터진다. 고통은 '통일'의 상실이다. 생명체가 쪼개질 때의 아픔이 고통이다. 생명체를 쪼갬(dia-bllein)이 고통예술의 검 무법이다. 생명체를 '분열' 시킴으로써, 생명력을 분할시킴으로써, 생활환경의 고리를 분리시킴으로써, 생명의 기능을 분단시킴으로써 생명은 고통을 받게 된다. 주의할 것은 인간의 세계에서 분열, 분할, 분단, 절단 등은 '저절로' 이루어지는 것이 아니라 '인위적(人爲的)으로' 감행된다는 사실이다. 사람이 사람을 분열시키며, 사람을 분할시키며, 사람을 분단시키며, 사람을 절단시킨다.

생존은 연결과 협동으로써, 즉 '통일된 상태'에서만 유지되며 확장한다. 인위적으로 생존의 통일성과 협동적 유대를 쪼개고 끊음으로써 고통이 생긴다. 작은 고통이나 큰 고통을 구별할 필요없이 고통은 생존적 연결과 생존적 협동의 단절, 분할, 분단에서 비롯된다. 생명체 속에서의 세포분열과 생존에 대한 인위적 분열과는 근본적으로 다르다. 그것은 접목과도 다르다. 세포분열이나 접목은 감소가 아니며 상실이 아니다. 그것은 일종의 '분가' 이며 생명의 증대이며 창조다.

그러나 인위적 고통으로서의 분열은 생존의 감소이며 생존의 파괴다. 통일적 생존의 분단은 단순히 분단으로써 끝나지 않는다. 잘리어진 손은 나의 팔에 대하여 반목하지 않지만 분단된 인간관계는 미움과 불신과 반목의 관계로 악화된다. 사람의 경우에 있어서 분열이나 분단은 단순한 인간관계의 단절로써 끝나지 않고 대립과 투쟁에까지 발전한다. 그런데 분열과 고통과 불신과 반목은 서로가 서로를 증대시킨다. 사람을 분열시켜 놓으면 고통스럽고 서로 불신하며 서로 노려보게 된다. 고통스럽게 되면 분열하며, 불신하며 반목한다. 서로 믿지 않으면 분열되며 고통스럽고 반목한다. 반목하면 분열되며 고통스럽고 불신하게 된다.

통일된 생존관계의 파괴는 인간성을 파괴함으로부터 시작한다. 모든 파괴는 정신을 파괴시킴으로부터 비롯된다. 정신의 논리적 저항력을 거세해 버리는 인위적 조직(manipulation) 기술이 있다. 보이지 않는 칼로 거세하는 기술이 그것이다. 정신이 용기와 저항력을 잃었다면 벌써 그것은 화석이나 마찬가지다. 현실의 구조적 명료성으로부터 멀어져 정신은 '정신없이' 순간적 자극에 이끌려 다니는 수동적 노예로 전락하고 만다. 이때부터 정신과 실천의 통일성, 정신과 육체의 통일성은 파괴되어 살아 있는 사람처럼 보이지만 실로 죽어 있는 송장과 같은 존재가 되고 만다. 이것은 내시, 환관이 아니고 무엇이겠는가? 정신적 생명력을 약탈하는 '분할' 은 정신적 환관제조술이다. 흔히 내시들은 임금님 계시는 대궐 안에만 있는 것이 아니다. 그들은 '고자 대감님들' 이다. 왕궁 밖에는, 비록 고환을 달고 다니지만 보이지 않는 정신적 고환을 거세당한 고자백성들이 계속 고자를 낳아 기르며 고자를 길들여 왔다.

'불알을 떼어냄'(Castration), 즉 생명의 분할은 생명의 근본적 약탈이다. 궁형은 생명에 대한 철저한 착취다. 죽이고서 생짜로 남의 것을 빼앗아가는 방법보다 남을 살려둔채 그로부터 계속 빼앗아가는 방법이 더 철저한 방법이 아니겠는가! 죽이고서 강탈하고 나면 그 다음에 빼앗을 것이 없다. 토끼고환을 약으로 다려먹어야 용왕께서 불로장생할 수 있다면 토끼를 잡아서 칼로 가르고 그것을 꺼내 먹으면 될 것이다. 그러나 계속 토끼불알을 장복하려면 많은 토끼를 번식시키지 않으면 안된다. 꿀을 빼앗으려면 벌들을 죽여 없애서는 안된다. 젖을 빼앗기 위해서는 젖소를 잘 먹여 키워야 하며, 알을 많이 뺏기 위해서는 암탉을 잘 보살펴주며 산란 촉진기술을 습득시켜야 한다.

사람도 마찬가지다. 계속 빼앗길 수 있는 사람을 키워나가되 빼앗기는데 대하여 저항하지 못하는 가축과 같은 산송장을 만들어내야 된다. 여기에 분할이라는 방법이 사용된다. 황소나 수퇘지를 키워 살찌우기 위해 어떻게 신체를 분할시키는가를 보라. 그러나 인간을 거세하기 위해서는 신체의 어느 부분도 잘라낼 필요가 없다. 사람끼리 연결되어 있는 협동과 통일적 유대를 보이지 않는 불신의 칼로 싹둑 끊어버리면 사람은 분할되며 거세된다. 황소나 수퇘지를 거세하면 살이나 잔뜩 찌지만 정신적으로 거세된 인간들은 삐쩍 마른 채 서로 할퀸다.

분할은 약탈인 동시에 '지배' 다. "분할하라, 그리고 지배하라" (Divide et impera)는 주문이 악마의 칼에 검명으로 새겨져 있다. 분할하고나면 지배가 다음에 오는 것이라기보다는 분할이 곧 지배다. 분할은 거세로서 인간성 자체의 약탈인 바 인간의 '노예화', 인간의 '가축화' 다. 어떻게 지배하는가? 간단하다. 쪼개라! 개념들을 분할시키고, 관념들을 이간시키며, 판단들을 반목시키며, 추리를 단절시키며, 정신의 고환을 떼내며, 나의 정신과 너의 정신을 잇는 인정과 양심의 줄을 끊어버리며, 나의 정신과 나의 손의 통일적 생명선을 절단시키며, 나의 손과 너의 손의 협동적 제휴의 동아줄을 잘라 버리며, 나와 너의 신뢰를 파괴하는 것, 이것이 나를 지배하는 길이며 너를 지배하는 길이다.

모든 분할과 분단이 지배다. 가장 근원적이며 영구적인 지배는 정신적 분할과 정신적 파괴다. 분할의 통치술은 바로 대립상쟁의 예술이다. 만인은 만인에 대하여 늑대가 아니다. 상쟁은 자연상태가 아니라 '인위적 상태' 다. 만인을 만인에 대하여 원수가 '되게끔' 분할시키며 이간시키는 무당들이 있는 것이다. 양분논리의 검무를 추고 있는 무당들은 지배성(Imperium)의 악마들이다.

인간에 의한 인간의 분열은 인간에 있어서 필수적인 생존조건으로서의 시간과 공간에 대한 인위적 분단에 있어서 그 극치에 달한다. 자연적 시간은 인간에 의하여 필요에 따라 인위적으로 단절되어 연대와 연호와 왕호의 단위 속에 감금되어 왔다. 그러나 여기서 시간의 인위적 단절이란 생존의 필요한 편리를 위해 그어진 인위적 시간들을 말하는 것이 아니라, 한 사람의 왕이 만인의 시간을 독점한 연호의 경우처럼 생존을 불편하게 만들며, 생존을 제약하는 굴레로서 시간을 자의적으로 인위적으로 분단하는 경우를 두고 한 말이다.

'통행금지시간' 이라는 것도 시간의 인위적 분단을 증명하는 전형적예다. 시간이 만인에 의하여 소유되며, 시간을 통하여 만인의 활동이 그 범위를 확장해 가는 경우라야 정상적인 것인데, 오히려 시간이 만인을 소유하며, 만인이 시간에 의하여 부당하게 장악되는 것은 결국 이를 제도화하며 조종하는 다른 인간이 있기 때문이다. 다시 말해서 시간 그 자체가 인간의 활동을 제약하는 것이 아니라, 인간에 의하여 시간이 강제적으로 분단되어 다른 사람들의 활동을 그 속에 감금하는 것이다. 시간의 인위적 분단, 시간의 강요된 분단은 바로 인간에 의한 인간의 분단을 달리 구체화시킨 것이다.

인간에 의한 공간의 인위적 분단도 마찬가지다. 공간과 지역, 땅과 국토는 본래 인간의 자유로운 활동의 터전이지만, 인간이 다른 사람들을 제약하며 구속하는 경우에 공간의 분단이 감행된다. '감옥'이 바로 분단된 공간이 아니냐! 인간에 의한 공간의 인위적 분단 가운데서 가장 큰 것은 인위적으로 그어진 국경선에 있어서 가장 뚜렷이 증명된다. 자연적 환경과 인종적 차이에 따른 영토의 구분으로서 국경선이 정해지는 경우도 있겠으나 인간에 의한 인간의 지배, 강한 민족과 약한 민족의 대립으로부터 강요된 공간의 분할이 자행되어 왔다.

세계지도를 펴놓고 아프리카의 공간, 아세아의 공간, 오스트렐리아의 공간, 그리고 아메리카의 공간들을 내려다 보라. 거기에서 누구나 눈을 가진 자라면 도처에 자를 대고 종이 위에 펜으로, 아니 생존의 가슴팍에 칼로 그은 공간의 핏자국을 볼 수 있을 것이다. 그 곧은 줄들은 인간에 의한 인간의 분단이 피와 눈물과 총과 몽둥이, 그리고 사기와 협잡, 공갈로써 억울한 고통의 신음소리를 짓밟으며 그어진 금들이다.

인위적으로 그어진 공간의 금과 시간의 분할이 시작되는 순간 제약받는 인간들은 공간과 시간의 소유를 박탈당한다. 인위적 시간, 공간의 분단이 시작되는 순간부터 그 분단을 주도한 인간, 인간을 제약하는 인간은 제약받는 인간으로부터 시간과 공간을 강탈해 간다. 한반도의 남북공간을 찾아볼 수 있는 사람은 한국 사람이 아니다. 한반도의 낮과 밤의 시간을 통해 마음대로 활보할 수 있는 사람은 한국 국민이 아니다. 한국 국민은 한반도라는 영토의 공간적 소유권을 박탈당하고 있으며, 한국 국민은 한국 영토 위에 흐르는 시간의 점유권을 상실당하고 있다. 남쪽에 살고 있는 한민족에 있어서 북쪽에 살고 있는 영토공간은 없는 것이며, 북쪽에 살고 있는 한민족에 있어서 남쪽에 살고 있는 영토공간은 없는 것이다.

한국인에 있어서 오늘과 내일 사이에는 함부로 타넘을 수 없는 4시간의 휴전선이 그어져 있다. 한반도라는 영토의 공간적 소유권과 반도 위에 흐르는 시간적 소유권은 '비유적으로 말해서' 한국인 아닌 외국인에게 부여되어 있다. 외국인이면 전라남도와 함경북도를 구경할 수 있다. 외국인이면 한국인이 박탈당한 밤의 시간을 차지할 수 있다. 빼앗긴 시간, 빼앗긴 공간 속에서 살고 있는 인간, 자신의 자유로운 시간을 남에게 빼앗긴 '수인', 자신의 강토를 디디지 못하는 민족이 도대체 누구인지 보고 싶은 '관광객'이 있으면 한국에 와서 이 땅 위에 살아 있는 한국인을 '보라! 그 사람이다.' (요한 19:5)

통행금지시간, 통행금지구역이라는 분단된 시간과 분단된 공간의 금은 자연적 시간과 자연적 공간에만 그어져 있는 것이 아니라 바로 사람의 마음 속에, 사람의 머리 속에, 그리고 사람과 사람 사이에, 벗과 벗 사이에, 부모와 자식 사이에, 스승과 제자 사이에 그어져 있다. 이 금이 얼마나 쓰라리고 또 깊이 파여져 있는지조차 모르는 사람들의 가슴 속에 그 금은 더욱 깊게, 그리고 더욱 넓게 파여지고 있다. 시인 이상화는 읊었다.

지금은 남의 땅
빼앗긴 들에도 봄은 오는가.
그러나 지금은 들을 빼앗겨
봄조차 빼앗기겠네

과연 땅도 들도 빼앗기고 '황금의 시간' 마저 빼앗긴다면 사람에게 무엇이 빼앗기지 않은채 남아 있을까? 그의 발톱과 머리카락이? 그의 한숨과 수치심과 패배감이? 아니다. 아무 것도 남지 않는다. 그의 발과 머리는 땅과 들을 떠나서 결코 있을 수 없으며, 그의 한숨과 수치심과 패배감도 생명의 시간, 봄을 떠나서는 결코 있을 수 없는 것이기 때문이다.

고통의 인위성은 분열시키는 자, 분할시키는 자, 분단시키는 자가 사람임을 말해 준다. 고통의 인자는 사람이다. 인간에 있어서 고통을 조장하는 자는 자연이 아니라 사람이다. 인간이 겪는 고통 가운데 자연적인 원인에 의한 것도 있다. 어린이가 절벽 아래로 걸어가다 산꼭대기에서 저절로 굴러내려온 돌에 맞는 경우처럼. 그러나 이 경우에도 인간의 책임이 면제되지 않는다. 그 어린이는 물론 조심했어야 하며, 어른들이 그 장소에 위험표시를 하거나, 낙석의 가능성을 제거하거나, 또는 어린이에게 사전교육을 시키건간에 그 고통을 미리 막았어야 했을 것이다.

인간의 생존방식이 예외없이 '사회적' 이라는데 고통문제의 출발과 해결이 달려 있다. 사람이 겪는 대부분의 큰 고통은 자연적 원인에서 비롯된 것이 아니라, 사람 스스로 지어낸 원인에서 비롯된 것이다. 일반적으로 사람이 돌에 맞아 피를 흘리는 고통을 겪는 것은 혼자 산길을 가다가 산꼭대기에서 저절로 굴러떨어진 돌 때문이 아니라 '남' 이 던진 돌팔매에 '얻어맞음' 때문이다. 자연은 인간을 괴롭히며 인간에게 고통을 강요하는 '가해자' 가 아니다. 인간을 괴롭히며 고통을 들씌우는 가해자는 바로 사람들 '사이에' 섞여 있다. 고통은 가해자의 저주스러운 턱밑샘으로부터 새어나온 독액 때문이라고 말할 수 있다. 그러므로 고통에 관하여 우리는 다음과 같이 말할 수 있다. "고통은 피해다."

고통은 가해적이며 피해적이다. 고통의 가해자도 사람이며 피해자도 사람이다. 고통은 이동하며 전가된다. 어째서 사람은 가해자로서 고통의 보따리를 피해자에게 전가시키는가? 가해자로부터 피해자로 고통이 이동하는 것은 무엇 때문인가? 고통의 이동은 인류의 의식에 깊이 뿌리박힌 시각적 우상숭배 또는 요소론적 세계관에 의하여 조성되었으며 촉진되어 왔다는 요소론적 세계관은 그 근저에 있어서 '연금술적' 이며 '상업적' 인 욕구에 의하여 촉매되어 왔다. 다시 말해서 요소론적 세계관의 밑바닥에는 쾌락주의적 윤리관이 흐르고 있다.

실재 또는 세계 또는 자연을 고정된 정물로서 파악하는 요소론적 사고방식은 실재 또는 세계 또는 자연에 대한 소유욕으로 충만되어 있으며, 실재・세계・자연에 대한 대립의식 또는 적대감으로 가득차 있다. 실재를 소유할 수 있다는 생각, 요소를 향유할 수 있다는 사고방식이 인류의 의식 속에 뿌리박혀 왔으므로 '더 많은' 실재와 '더 많은' 요소를 갖고자 하는 쾌락주의적 세계관이 지상에서 지배하여 왔다. 이미 요소론적 세계관 속에 스며있는 쾌락주의는 쾌락의 무제한한 독점과 아울러 필연적으로 고통의 무제한한 생산을 초래하게될 소지를 마련한 셈이다.

쾌락주의와 고통은 요소론적 세계관의 양면에서 솟아난 두 뿔이다. 요소론적 세계관이 처하여 있는 난처한 양도론법(Dilemma)은 바로 쾌락주의와 고통이라는 두 절벽 사이에 끼어있는 험난한 고통해협이다. 이 해협 사이로 고통의 눈물로 오염된 고해가 흐르고 그 위에는 쾌락의 수증기가 악취를 풍기며 피어오르고 있다.

요소론적 세계관은 고통의 물결이 위로부터 아래로 흐르도록 그 고지와 저지의 위상을 드높여 왔다. 이 위상의 입구에 써 붙인 팻말은 '더 많이!'라는 문구로 새겨져 있다. 이 문구는 실로 고통의 바다가 얼마나 깊은가를 가르쳐주는 지표이기도 하다. 고통의 해류, 고통의 흐름은 요소론적 세계관과 쾌락주의적 연금술의 바위 틈에서 솟아난 샘물로부터 근원한 것이다. 고통의 샘물은 처음 솟아나서 졸졸 흐르는 단계에서 점점 양이 불어 그 아래에 내려오면 매우 빠른 속도로 그리고 도도하게 흐르고 있다. 한마디로 고통은 가해자의 쾌락을 위해서 피해자에게 가해자의 짐을 벗어준 결과다. 위에서 흘러 내려온 고통의 땀방울은 자신의 무게를 아래에다 전가시키는 것이다.

사람은 누구나 '자기의 십자가를' (마태 10:38) 짊어져야 한다는 말씀은 옳은 말씀이다. 그러나 이것은 '여러 개의' 십자가들을 도맡아서 포개 지라는 말씀은 아니다. 더구나 '남에게' 자기의 십자가를 몰래 또는 강제로 지우라는 말씀은 아니다. 자기가 져야 할 십자가를 남의 등어리에다 씌워버리는 가해자들이 얼마나 많은가! 가해자는 자신이 져야 할 고통의 십자가를 피해자의 등에다 넘겨주고 쾌락의 '황금십자가', 실로 수놓은 '황홀한 십자가' 또는 '종이십자가'를 하얀 목에 걸고 다니거나 붙이고 다니거니 하얀 손에 들고 다닌다. 얼마나 악독스럽고 표독스러운 예술이 악마들의 혀 끝과 손 끝에서 제작되는가!

요소론적 세계관은 한편 쾌락주의적 윤리관에 의하여 지배되어 왔으며, 한편 '고통의 전가'를 촉진시켜 왔다. 요소론적 우상숭배는 확장주의를 낳고, 따라서 상대적으로 고통을 확장하지 않을 수 없었다. 쾌락의 확장은 고통의 확장없이 불가능하다. 쾌락의 술잔은 고통의 피가 많음에 따라 푸짐하며, 쾌락의 노래소리는 고통의 원성이 높아야 더욱 고우며, 쾌락의 향초불빛은 고통의 눈물이 많이 흘러야 향기롭게 술자리를 비춘다. 쾌락의 확대재생산은 고통의 확대재생산이다. 쾌락의 진보는 고통의 진보와 짝하여 왔다. 그러므로 진보라는 가해적 확장은 퇴보라는 피해적 확장을 희생으로 하여 달성되는 패륜아적 범죄이기도 하다.

진화와 진보에 대한 낙관과 기대가 얼마나 컸던가? 퇴화와 퇴보의 그늘이 이에 뒤따랐음을 망각하는 이성은 얼마나 어리석었던가? 진화의 사다리 꼭대기에 사람이 서 있고, 사람의 꼭대기에 '이성'이라는 최고 '지혜의 헬멜'이 있다. 그러나 사람이 사람을 가축처럼 기르며, 사람이 사람의 불알을 까며, 사람이 사람을 잡아 먹는 해괴망칙한 식민(植民)과, 식민(食民)과 식인이라는 야수적 이성의 업적마저도 우상숭배적 진화 신전의 문 앞에 아름다운 여신상과 함께 전시될 수 있을까?

이 땅 위에서 자기만이 똑똑하며, 자기만이 논리적으로 생각하며, 자기만이 이성적으로 행동한다고 자부하여 온 민족들이 있었다. 그 반면에 다른 민족들은 원숭이나 침팬지에 가까운 미개민족, 원시민족으로 비논리적으로 또는 전논리적으로 생각한다는 것이다. 이러한 선입관은 매우 오래 전부터 뿌리박혀 있었으며 교육에 의하여 한층 더 강화되어 왔다. "백인의 교육은 그리스의 도시국가시대로부터 현재에 이르기까지 국가의 명예라는 이름으로 인류에 대해 저지른 죄과를 정당화하는데 그 목적을 두었다."(장 프랑소와 르벨, 『마르크스도 예수도 없는 혁명』, 박재두 역, 1972, 법문사, p.182)

그들은 도대체 무슨 목표를 달성하기 위하여 인류에 대하여 죄를 지었나? 현세적이건 내세적이건간에 그들이 추구한 것은 황금이 아니었던가? 그들의 스승들은 오랜 동안의 노력에도 불구하고 '연금술' 완성에 실패하였으나 연금술 사상을 물려받은 제자들이 황금의 무인도를 발견한다면 문제는 의외로 간단히 풀리는 것이었다. 연금술적 '희망'에 부풀어 우상숭배의 돛을 달고 이들은 자신만만하게 허큐리스의 두 기둥(Pillars of Hercules) 사이를 지나 세계 각지에다 고통을 주고 쾌락을 빼앗는 세계적 보부상이 되어 희망봉을 넘나들었다.

그러나 이 봉우리는 가해자에게만 희망(Good Hope)이었지 피해자에겐 절망(Bad Despair)이 아니었든가! 이들의 안중에는 금만 보였지 사람은 사람으로 보이지 않았다. 그러므로 그들은 그들의 비논리적 논리에 따라서 이른바 미개민족은 진화된 야수의 봇짐을 져야 된다는 결론을 연역해 냈다. 말하자면 그들은 다른 민족에게 '사람'이라는 이름 대신에 짐꾼(Porter)이라는 이름을 붙여왔다.

'짐꾼'이란 자신의 짐을 짊어진 사람을 말하지 않고 남의 짐을 대신 져주는 노동자 또는 노예다. 흔히 진화론의 창조자인 백인들은 벌거벗은 흑인과 황인의 머리와 어깨에다 침략과 고통의 무거운 짐보따리를 메주었다. 자신을 매질하며 자신을 더욱 초라하며 가난하게 하는 회초리와 마약과 같은 마술사의 도구들이 백인의 짐(the White Man's Burden) 속에 들어있는 줄도 모르고 머리를 숙인 채 젊어지고 가는 사람에게 '문명'이라는 마약을 먹여주는 것이 백인의 책임(the White Man's Burden)이라고 생각하는 보따리 주인은 뒤에서 속삭인다. "누구든지 자기 '십자가를 지고' 나를 따라오는 사람이 아니면 내 사람이 될 자격이 없습니다," "서로 '님의 짐'을 져주십시오"라고. 그러나 짐에 눌린 사람의 귓전에는 인구어(印歐語)조의 억양에다 서투른 '토인'의 단어로 지껄이는 소리 가운데서 '자기'와 '서로'라는 말은 거의 들리지 않고 '십자가를 지고'와 '남의 짐'이라는 말이 크게 들릴 뿐이다.

> 그들은 무거운 짐을 꾸려서 남의 어깨에 메어주고 자기들은 손까락 하나 까딱하려 하지 않습니다. (마태 23:4)

이러한 구절이 성스러운 말씀 속에 들어있음을 발견하게 되는 것은 백인의 짐을 처음 짊어졌던 사람이 아니라 그의 손자다. 손자가 글을 읽을 줄 알게 되었는 때가 와야 이것은 가능한 일이다. 그러나 이미 손자는 할아버지보다 훨씬 무거운 짐을 짊어졌으며, 그의 몸과 정신은 왼통 쇠사슬로 얽혀 있다. 할아버지는 등어리로 짐을 졌으나 손자는 머리 속으로 짐을 지고 다닌다. 그가 해독한 문자는 해방의 암호라기보다도 머리 속에 박힌 무거운 고통의 쇠덩어리다. 그가 지고 있는 짐 가운데도 가장 무거우며 견디기 어려운 보따리가 바로 이 문자의 쇠그물로 짜여져 있는 것이다.

가해자에게 떠맡긴 고통의 짐은 정신적인 차원에서 제일 무거워진다. 등에 짊어진 보따리는 금방 벗어 팽개칠 수도 있으나 정신 속에 짊어진 보따리는 좀체로 벗어 팽개칠 수 없는 것이다. 가해자는 피해자를 '피해자'라고 부르지 않는다. '짐꾼'이라고 부른다. 그리고 피해자도 자신을 피해자라고 생각하기보다는 '짐꾼'이라고 생각하는데 익숙해 있다. 이 이름 자체가 얼마나 무거운 짐이냐! 인간은 누구나 자기 짐만을 짊어져야 할 성스러운 짐꾼이다. 그러나 자기 짐을 피해자에게 넘겨주고 짐꾼이라는 이름조차 벗어서 피해자의 정신 속에다 짊어지우는 가해자 악마들은 얼마나 마음 가벼우며 발걸음 가벼울 것인가?

'심부름꾼' 예컨대 사역병, 사환과 같은 명칭도 가해자가 피해자에게 짊어지운 이름이다. 고통의 전가는 '시킨다'(to let)라는 조동사에 분명하게 구체화되어 있다. 시킴을 받아서 하는 행위는 강요된 행위며 노예적 행위다. '사역'은 가해자가 만들어 낸 인위적 행동양식이다. 고통의 심부름, 또는 사역은 물이 위에서 아래로 흘러 점점 깊고 넓은 바다가 되어 그 무게가 증대하듯, 아래로 내려올수록 가중된다.

고통은 고통을 낳고 심부름은 심부름을 낳고 사역은 사역을 낳는다. 한 부대의 온갖 잡역을 도맡은 사역병은 얼마나 고달픈가? 사환이 회사의 책임자보다 많은 일을 하는 경우를 볼 수 있지 않는가? 위에서 흘러 내려온 고통의 짐짝들이 사역병, 사환의 어깨와 등 위에 얹혀 있다. 쾌락의 뒷뜰에서 고통의 심부름을 도맡아 한 사람들이 바로 피해자들이며 심부름꾼들이었다. 이들은 가해자의 쾌락을 충족시키는데 필요한 온갖 시중을 도맡아 왔을 뿐만 아니라 가해자의 슬픔마저도 대신해야 되는 비극의 주인공들이었다. 이들이 흘린 눈물의 항아리에는 자신의 고난에서 솟아난 눈물 뿐만 아니라 주인의 상을 당하여 상주 대신에 심부름으로 울어준 눈물도 섞여 있었다. 흔히 울 줄도 모르는 주인 초상에 상주 대신 구성지게 목놓아 울어주기까지 해야만 되었던 것이 하인의 슬픈 심부름이었다.

어디 그뿐이랴. 주인의 속시원한 죽음 뒤에도 해방되지 못하고 너절한 송장 곁에 자신과 가족들의 아름다운 생명마저 산채로 매장당하는 것이 그들의 신세가 아니었든가!

　세계사의 무대에서 심부름꾼, 사역병의 노릇을 떠맡은 민족들이 있다. 고통이동의 해일이 한 골짜기로 집중되게 되면 그 골짜기의 주민은 모든 고통들을 송두리째 뒤집어쓴다. 국제적인 고통 보따리의 전가에 희생되는 민족들이 바로 그들이다. '국제적 사역병'의 격무를 수행하는 민족들 가운데서도 가장 힘든 일을 떠맡고 있는 민족이 바로 여기에 있다. 배달민족이다. '배달민족'이 세계적 고통을 송두리째 뒤집어 쓴 '배달(倍達)민족' 신세가 되었다.

　과연 한반도는 세계적 고통의 물결이 집중적으로 밀어닥친 고통의 골짜기다. 그러나 단지 한민족이 어리석고 못나서가 아니라 한민족에게 자기들의 짐을 떠맡기려는 국제적 가해자들이 더 악랄하였기 때문에 한민족은 고통스러운 것이다. 한밤중에 몰래 쓰레기를 남의 집에다 갖다 버리는 자가 미운 놈이지 잠든 주인이 잘못한 것은 아니다. 단지 하나의 국제적 가해자로부터가 아니라 모든 국제적 가해자들로부터 고통의 쓰레기 덩어리를 떠맡은 이 땅의 주인이 한민족이다. 그렇다.

> 　우리 조선민족은 모든 자연고와 모든 인위고(人爲苦)를 혼자 다 맡았습니다. 세계 모든 민족중에, 고금과 동서를 막론하고 오늘날 조선민족처럼 온갖 인간고를 체험하게 된 이는 없습니다. 이천만 조선민족은 창조 이래의 전인류의 고를 독담한 것 같습니다. 비록 현금에 전인류가 견딜 수 없는 인간고 밑에 눌려 있다하더라도 조선민족은 전인류의 각부분이 맡은 모든 고를 한 몸에 맡은 것 같습니다. (『이광수전집』 제17권, 삼중당, 1962, pp.253~54)

　춘원이 만일 지금 생존하여 자신의 글을 읽어본다면 그 내용을 수정할 것인가? 수정할 것이다. 단 한 군데. 즉 2천만을 5천만으로 수정할 것이다. 그 나머지는 그대로 두고.

개인과 마찬가지로 하나의 민족은 자신의 고통을 다른 민족에게 전가시킨다. 저성장, 실업, 물가고, 정치위기와 같은 국내고통의 짐을 국경 밖에다 내다 버리려는 온갖 노력을 늦추지 않는 것이 오늘날의 현실이 아닌가? 이러한 상황에서 남이 내다버린 또는 강제로 씌워버린 '죽음의 보따리'를 도맡아 진다는 것은 얼마나 가련한 일이겠는가? 일찌기 씨올의 철인은 외쳤다.

> 36년간 일본 식민지였다는 것은 일본의 자본가가 자기 국내의 문제를 피하려고 내다버리는 짐을 맡았던 것이요, 지금은 미국·중공·소련이 자기네가 서 가노라고 그 지배자들이 제 나라에서 문제될 쓰레기를 내다버리는 것을 맡은 것이다.(함석헌, 『새시대의 전망』, 1959, p. 241)

한민족은 열강들의 자본주의적 국제정치적 쓰레기뿐만 아니라 지구상의 모든 고통을 도맡아 겪었으며 지금도 겪고 있다. 세계적인 고통의 최후 눈물은 '피'가 되어 전쟁이라는 배설의 하수도를 통하여 흘러내린다. 한민족이 겪은 세계대전은 세계적 고통의 억울한 희생이었다.

지금도 이 전쟁은 계속되고 있다. 그것은 비록 보이지 않으나 눈에 보이는 전투보다 그 규모에 있어서 더 크며, 그 견디기 어려움에 있어서 더 고통스러운 전쟁이다. 연금술적 세계관이 발전시킨 '금속문화'의 본색이 한반도 위에서 전시되었다. 온갖 쇠덩이, 구리멍이, 알미늄 쪼가리가 이 반도 위에서 어지럽게 춤추었다. 인류가 발전시켰다는 철기문명의 창과 방패가 몰려와 배달민족이 수천년 동안 건설하여온 문화의 정원을 철저히 파괴하였다. 총알로부터 탱크에 이르기까지, 수류탄으로부터 군함에 이르기까지 모든 쇠덩어리들이 이 땅에 몰려들어 현대문명의 패션 쇼가, 피의 불꽃놀이가, 고통의 아우성이 천지를 진동시키는 가운데 벌어졌으며, 지금도 몰래 벌어지고 있는 것이다.

　한민족의 살점들이 하늘로 튀어오르며, 한민족의 뼈조각이 바위틈에 뒹굴며, 한민족의 피가 땅을 물들일 때 인류는 무엇을 하였는가? 피와 고통의 신음소리가 뒤얽혀 응고되어가는 한반도의 불장난이 인간 스스로 지어낸 고통의 철학이 저지른 죄악임은 망각한채 가슴을 조이며 인류는 구경하고 있었던 것이다. 이 싸움의 배후에 숨어나니는 국제적 고통의 보부상들은 무엇을 하였는가? 세계적 고통의 연금술사로서 그들은 한민족의 피와 살로써 금덩이를 제조하였던 바 '고려 붐'(Korea Boom)의 재미를 톡톡이 본 것이다.

　'오대호의 기적', '토오쿄오만의 기적', '라인강의 기적'은 확실히 기적이다. 이 땅의 흙과 강물로부터, 한민족의 살과 피로부터 금이 만들어졌으니 기적이 아니고 무엇이겠는가? 한국전쟁으로 단순히 미국이나 일본의 경제가 덕을 보았을 것만은 아니다. 대서양, 태평양에 둘러싸인 나라들이 한민족이 흘린 피의 포도주를 마셨으며 한민족이 빼앗긴 살점의 안주를 씹었던 것이다. 국제적 벼락경기 변동의 그래프를 위로 끌어올린 한민족의 절규는 종이 위에서 잉크로 그린 그래프의 안일한 자취에 비하면 얼마나 비참하며 원통하게 치솟았던가!

　한국전쟁은 단지 국제경제의 기상권에 팽만했던 경제적 불쾌지수를 떨어뜨리는데 기여하고서 그 역사적 운명을 다한 철편 소나기만은 아니다. 한국전쟁은 배달민족과 전(whole)인류 앞에 한반도의 성스러운(holy) 땅임을 각성시키는 계기가 되었다. 인류가 체험한 가장 수치스러운 성전이 한반도 위에서 벌어졌기 때문이다. 그것이 수치스러웠던 것은 같은 핏줄을 이어받은 형제들끼리 싸우도록 부추겼으며, 또 형제를 앞세워 인류가 편을 갈라서 가세하였다는 기록을 아무도 지워버릴 수 없다는데 기인한다. 그것이 성전이었던 것은 한반도에 군화를 신고 들어온 세계 여러나라들의 청년들이 한반도를 자기들이 목숨바쳐 탈환할 '성지' 또는 '고향'이라고 생각했기 때문이 아니다.

그네들은 오히려 마음속에 그리는 자유와 평등의 가상적 성지로서 자기들의 연금술적 수도들을 성스러운 땅이라고 믿고 있었을 것이다. 한반도로부터 단지 자기들의 성지를 찬란한 '금의 장성'으로 둘러 쌓는데 필요한 연금술적 자료만을 긁어가기 위하여 그네들은 끌려왔던 것이 아니냐. 그네들이 보기에 한국은 성스러운 아담 스미스의 고향도 아니며, 칼 마르크스의 고향도 아니었다. 그러면 어째서 이 싸움을 성전이라고 말할 수 있는가? 그것은 세계의 청년들이 동방예지의국의 매서운 추위 속에서 금수강산의 험한 산천과 고요한 아침의 나라의 시끄러운 도시로 끌려다니며 '갓댐!'(God damn)하면서 침뱉은 바로 이 땅이 배달민족에게는 더없이 '성스러운 땅'이며 인류에게도 '성스러운 땅'이기 때문이다.

인류의 사랑하는 아들들, 세계의 청년들이 압제자의 요술 나팔소리에 속아 이 땅 위에 얼마나 많이 스쳐 지나갔는가! 한(漢)의 청년들, 몽고의 청년들, 만주의 청년들, 일본의 청년들이 자신들을 압제한 악마들의 속임수에 빠져 이 땅 위에 쳐들어와 배달민족의 피를 마시며 살을 뜯어먹었던 바로 이 땅 위에 아메리카의 청년들, 오스트렐리아의 청년들, 아시아의 청년들, 아프리카의 청년들, 유럽의 청년들은 압제자들의 '큰거짓말'에 속아 뛰어들어왔다. 그러나 그들이 얻은 것은 무엇이며 그들이 뺏아간 전리품은 무엇인가? 몇푼의 봉급? 한국의 골동품 몇 조각? 한국 여성의 정조를? 몇마디 익힌 한국어 욕설? 아무 것도 없다. 그들은 빼앗겼을 뿐이다. 한국의 땅이 그들의 빼앗긴 목숨을 간직하고 있는 것이다. 온갖 마귀들의 부대가 여기에 달려왔으나 한민족의 목숨이 넘어간 적은 없다. 온갖 침략에도 불구하고 이 땅은 더욱 굳게 다져져 왔다.

앞으로도 이 땅은 이 땅을 더럽히며 이 땅을 뺏으려는 침략자들의 목숨을 뺏을 것이다. 한국의 땅은 성스러운 땅이다. 이것은 배달민족에게 뿐만 아니라 인류 전체에게도 성스러운 땅이다. 속임의 함정에 빠져 흘린 인류의 피로써 성화되어 있는 땅이며, 세계 모든 나라들에 도사린 악마들의 거짓말(pseudo-logia)을 남김없이 탄로(A-letheia)시켜 줄 진리의 땅이기 때문이다. 본래 '밝음의 땅'으로 불리어 온 곳이 바로 이 강토가 아니냐.

　세계 청년들의 피로써 성화되었기 때문에 이 땅이 성지인 것만은 아니다. 이 땅의 주인인 배달민족 스스로, 더구나 형제들끼리, 똑같은 얼굴과 똑같은 키와 똑같은 말씨와 똑같은 웃음을 간직한 남쪽과 북쪽의 청년들이 서로 형제들의 가슴에 칼을 꽂아서 흘려준 피로써 이 땅이 성화되어 있기 때문에 이 땅은 성지인 것이다. 고통의 짐에 눌려 흘린 민족의 피, 속아서 형제끼리 싸우다 흘린 피, 세계 청년들의 피로써 이 땅은 붉게 성화되어 짙은 '황토'가 되어 있다. 배달민족과 전인류의 피를 머금고 있는 이 땅에서 솟아난 황토의 시인이 읊은 것처럼.

　　황톳길에 선연한
　　핏자욱 핏자욱 따라
　　나는 간다 애비야
　　　　　　(김지하, 『황토』, 1970, 「황톳길」)

　이 성스러운 땅의 주인은 지금 어떠한가? 이 사람은 고통스럽다. 한국인이 겪는 고통은 '분단', '분열', '불신'의 고통이다. 한국인의 고통은 '상쟁'의 아픔이다. 악마의 주문 "분할하라 그리고 지배하라!"가 한반도의 밤하늘 위에 둥둥 떠있는 황금사과의 기구 표면에 검은 글씨로 적어져 있다. 한국인의 고통은 악마가 한국인을 분할하였기 때문에 생긴 것이며, 이것이 바로 한국인의 등 위에 남의 짐이 얹히게 된 첫걸음이다. 한국인이 겪고 있는 분단의 고통은 한국인이 현재 짊어지고 있는 '지게'다. 오랜 옛날부터 한국인의 등에는 고통의 지게가 얹혀 있었다. 그러나 오늘날처럼 무겁고 고통스러운 지게를 진 적은 일찍이 없다. 지금 촌에서는 줄어들어가고 있는 지게, 큰 도시에서는 매우 보기 힘든 지게.

그렇다. 전해내려온 나무지게는 점점 보이지 않는다. 그러나 이제 보이면서도 보이지 않는 지게 위에 남의 짐을 한민족은 지고 있는 것이다. 보이지 않는 지게란 바로 '분단의 지게'다. 그것이 분열, 분단이므로 보이지 않는 것이다. 그러나 이 지게 위에다 한민족은 일찍이 체험한 적 없는 전세계적 고통의 보따리를 짊어지고 있는 것이다. 한민족이 짊어졌던 고통의 보따리들 가운데서 탄약의 짐처럼 무겁고 견디기 어려웠던 짐은 없었다. 탄약의 짐은 자기자신의 형제를 죽이며 자기자신을 죽이는 짐이 아니냐! 탄약의 짐을 맨 등어리에다, 보이지 않는 지게 위에다 메고 가파른 고향의 산을 오르는 한민족은 자신과 형제의 시체가 묻힐 포탄 구덩이를 자신이 짊어진 탄약통 속에 파고 있다는 것을 아는지 모르는지, 이 짐을 지워준 악마들은 흉칙한 웃음을 웃고 있는 것이다.

한민족이 과거에 체험한 적 없는 인위적 분단의 고통은 오늘날까지 인류의 틈에 낀 악마들이 저지른 악행들 가운데서도 가장 추한 마희의 결과다. 처음에 한민족은 악마들이 숨어서 종이 위에 잉크로 그어 논 분단선, 38마의 선이라는 종이지게 위에다, 그리고 상쟁의 피로써 그어진 휴전선이라는 악마의 지게 위에다 인류의 고통을 짊어지게 되었다. 지금 한민족은 등어리 위에 이 분단의 고통선이라는 '철조망'의 지게를 지고 있는 것이다.

한국인이 지금 구체적으로 겪고 있는 고통의 보따리 속에 무엇이 들어 있는지 얘기해 보라! 그것에다 이름을 무어라 붙이든지 그 고통은 이 분단의 지게 위에 얹혀 있는 것임에는 틀림이 없다. 한민족이 짊어진 보이지 않는 지게 분단선은 보이는 지게 즉 철조망의 인간가축을 방목하는 데도 사용될 수 있음이 한국에서 실험적으로 증명되었다. 한민족이 이 가시철망 속에 갇힌 최초의 가축이 되다니. 한민족은 철조망이라는 지게를 지고서 철조망이라는 울타리 속에 갇혀 있는 것이다. 한반도의 바닷가를 가보라, 한반도의 휴전선을 가보라, 한반도의 도시와 농촌을 가보라, 어느 곳을 보아도 이 악마의 울타리가 쳐져 있는 것이냐. "눈이 있는 자는 보게 될지어다."

어디 그뿐이랴. 한민족의 머리 위에는 가시철망(Stachel-draht)으로 된 관이 씌워져 있다. 장님이 아닌 사람의 눈에도 보이지 않는 분단의 가시철망이 한민족의 정신 속에 쳐져 있다. 불신과 반목의 정신적 가시철망이 한민족의 가족적 상호유대와 상호왕래를 차단하고 있는 것이다. 인간 자체의 분단, 이 얼마나 견디기 어려운 고통이냐. 부모와 자식의 분단, 친척들 사이의 분단, 선생과 학생 사이의 분단, 남편과 안해의 분단, 이웃들 사이의 분단, 한마디로 말해서 민족 전체가 가시철망에 찔려 분단의 상처로부터 고통의 피가 흐른다. 자식이 부모를 믿지 않고, 선생이 학생을 믿지 않고, 신자들이 성직자를 믿지 않고, 국민이 국민을 믿지 않는 상황이 되었다면 이미 그 민족은 민족으로서의 자격 즉 인간성을 상실했다는 죄목의 피소를 받아 세계사의 법정에 출두해야 될 것이다.

그러면 한민족은 피고란 말이냐? 아니다. 한민족은 피해를 입은 세계적 원고석에 앉아 있다. 한민족의 분단, 인간의 분단은 바로 한국사람으로부터 인간성을 약탈해 갔다. 분단됨은 약탈당함이다. 한민족을 분단시킨 악마들은 한민족의 인간성을 약탈한 생명의 착취자들이다. 분단의 고통은 이중고다. 그것은 절단의 고통과 강탈하는 고통이다. 1945년 이후 한민족은 계속 가장 견디기 어려운 이중고의 십자가를 짊어지고 두 손을 든 채 걷고 있다. 낮과 밤을 가리지 않고 그는 십자가를 짊어지고 다니며 들고 다닌다. 한민족은 휴식의 자유도 없이 밤길을 헤매야 한다. 한민족에 있어서 통행금지 시간은 꿈꾸는 시간이 아니다. 그것은 '정지!' 된 시간이며 뜬눈으로 새우는 시간이다. 한민족은 고난의 밤을 새우며 고통스런 불침번을 서고 있다.

한반도에서 언제 고통의 시간이 멈추고 통행금지 해제의 사이렌 소리가 들려오겠는가? 언제 한민족은 '인류의 불침번' 신세를 면하게 될 것인가? 가해민족들이 곤히 잠들어 평화의 휴식을 취하는 시간에 한민족의 두 손은 십자가 즉 야경꾼의 딱딱이를 두드리며 '정지' 소리를 외치며 호각을 불며 통행금지된 성지의 초소를 돌고 있는 것이다. 누구를 지키며 누구를 쫓아내며 누구를 정지시키며 누구를 체포하려는 야경꾼이란 말이냐! 가해자를 지키며, 피해자를 쫓아내며, 피해자를 정지시키며, 피해자를 체포하는 야경꾼이란 어떻게 된 불침번이란 말이냐!

이게 도대체 누구의 땅이냐! 누구를 위하여 딱딱이 소리는 울리는가? 꼬박꼬박 야경비를 낸 사람들을 위하여? 야경비 한푼 내지 않는 앨링턴 국립묘지의 평화를 위하여, 레닌묘의 평화를 위하여, 중산능의 평화를 위하여, 명치신궁의 평화를 위하여 얼마나 오랜 동안 한민족은 '평화스럽지 못한' 야경을 돌아야 하는가?

고통의 골짜기에서 헤어나기 위하여 하늘에서 구원의 동아줄이 내려오기를 기다려도 소용이 없다. 그런 동아줄이 튼튼하지 못해서 또는 썩은 동아줄이어서 소용이 없는 것은 아니다. 허공에 매달려 있는 동아줄은 없기 때문에 그렇다. 고통의 바다에서 헤어나오려면 하늘에서 줄을 내려줄 것을 기대하지 말고 바다기슭으로 밧줄을 던져 '닻을 내려!' (anchor) 달라고 외쳐야 한다. 기슭에다 닻을 내리어라! 그리고 형제들끼리 손을 잡고 서로 힘껏 당겨라! 그러면 고통의 해일로부터 헤어나올 수 있다.

이중의 십자가, 한민족의 젊어진 '지게' 의 십자가와 두 손에 들고 두들기는 무거운 딱딱이 십자가는 억울하게 남의 것을 잘못 짊어진 것, 잘못 잡은 것이다. 등어리에 붙은 지게 십자가는 짊어지고 하늘로 우주여행을 하기 위한 것이 아니다. 한민족은 딱딱이 십자가를 두들기고 다니며 도깨비를 잡는데 그 역사적 사명이 있지 않다.

한민족의 등어리에 남이 강제로 씌워준 지게 십자가, 한민족의 손에 몰래 쥐어준 딱딱이 십자가를 빗어버리며 던져버리는데 한민족의 역시적 임무가 있다. 고통의 물결 위로 떠내려가며 하늘로부터 내려오는 구원의 동아줄을 바라는 심정은 해와 달에서 무슨 도움이라도 줄 듯한 헛된 기대에 지나지 않는다. 한민족에게 있어서 구원의 '동아줄'은 본래 줄다리기에 사용되는 동아줄에 대한 관념이 하늘을 향하여 따루선 것이다.

만일 한민족이 마법사의 피리소리에 따라 하늘로 올라가는 뱀의 환상을 조장하는 요술로부터 깨어나 본래의 동아줄, 즉 협동적 줄다리기의 동아줄에 대한 정확한 기억과 정확한 사용법을 알고 있다면 한민족은 '호랑이' 같은 가해자들의 고통 강요로부터 쉽게 해방될 수 있다. 가해자들, 악마들은 '수평적 협동'의 동아줄을 갈기갈기 찢어 버렸다.

협동의 끈을 박탈당한 민족이 얼토당토 않게 태양의 뜨거운 흑점이나 차거운 월석으로부터 해방의 끈을 내려주길 기대해서야 문제가 풀리겠는가? 더구나 그 줄을 물어뜯어버린 호랑이(寅)가 다시 그 줄을 잇고 꼬아준다고 생각할 수야 없지 않겠는가? 해방과 구원의 밧줄은 끊어진 새끼와 짚을 형과 아우와 오빠와 누나가 힘을 모아 잇고 꼬아 동여맨 줄을 다시 만드는 도리밖에 없다. 수평적 밧줄만이 민족을 고통의 물결로부터 구출할 수 있는 것이다.

## 03 _ 고통의 해결

고통의 문제는 정의되어야 하는 것이라기보다 무조건 해결되어야 할 문제다. 고통은 이러쿵저러쿵 달리 정의될 수 있다. 그러나 달리 정의되는 것도 결국은 해결의 실마리를 찾으려거나 또는 해결을 포기 내지 거부하려는 의도에 의하여 좌우된다. 만일 고통의 문제가 어렵게 정의되기 이전에 복잡하게 논의되기 이전에 쉽사리 해결될 수 있다면 얼마나 좋은 일일 것이냐. 고통은 그 자체가 배격되어야 할 성질의 것이다.

고통의 문제 자체는 지니고 있을 필요보다는 버릴 필요가 있을 뿐이다. 철학체계를 그럴듯하게 꾸미기 위하여, 철학서적류의 분위기를 맞추기 위하여 '고통'의 문제가 있는 것은 아니다. 고통이 있음으로써 종교가 더욱 빛나는 것이 아니다. 종교를 위하여, 설교를 위하여 고통이 있는 것은 아니다. 그럼에도 고통 그 자체를 옹호하는 사람들이 있으며 고통을 미화시키는 이른바 이론이 있다. 이 엄청난 전도! 새장에 갇힌 종달새가 새장을 찬미하기 위하여 재잘되는가? 울안에 갇힌 사자가 동물원 수입증대를 위하여 포효하는가? 자신의 발목과 손목을 감고 있는 무거운 고통의 쇠사슬을 찬미하는 동물은 인간밖에 없을 것이다.

고통의 원인을 사람의 마음에다 돌리는 인간들이 있었다. "일체의 것은 마음이 지어낸 것"이라거나 "사람이 판단하기 때문에 고통스럽다"거나 "너무 많이 바라는 마음씨가 있기 때문에 괴롭다" 하는 따위의 어설픈 윤리적 자장가를 부르며 마음에다 고통의 책임을 돌리는 사색업자들이 있었다. 이들은 모두 고통의 인위성에 별로 고려하지 않았다. 고통은 가해자로서의 인간이 피해자로서의 사람들에게 벗어준 예속의 짐이며, 고통의 감각은 피해자의 피살을 경고하는 비명과도 같은 것이다.

그런데 마음이 공연스레 자신의 옳지 못한 기능으로 말미암아 괴로워하며 걱정한다는 말이 성립하는가? 도대체 저울이 가볍거나 또는 고장이 난 것이기 때문에 쇠덩이는 무겁게 느껴지며 솜뭉치는 가벼운 것인가? 마음의 척도라는 얘기는 어느 정도 수긍이 가지만 이 척도 때문에 만물이 길기도 하며 짧은 것일까? 만물은 자(尺)가 없어도 길고 넓으며 짧으며 좁다. 마음이라는 저울이 없어도 총알이나 대포알 탱크는 무거운 것이며, 피와 살과 종이와 잉크는 가벼운 것이다. 저울이 나빠서 쟁반 위에 짊어진 짐이 무거운 것은 아니다. 마음이 모자라서 등이 굽은 것이 아니라 십자가가 무겁기 때문에 등뼈가 휘는 것이다.

고통의 원인을 사람의 마음에 있다고 생각한 양반들은 고통을 '머리'로써만 또는 주관적으로 해결하려고 하였다. 이들은 인간타조 또는 양족수(Biped)로서의 털없는 타조라고 불릴 수 있다. 쫓기는 타조가 모래 속에다 '머리'를 틀어박음으로써 안전하다고 생각하는 것과 이들의 생각이 얼마나 다르랴. 인간이 실제로 머리만 틀어박고 피신했다고 착각하는 경우를 한국전쟁 당시의 혹심한 폭격 속에서 목격한 사람들, 체험한 사람들이 많다. 마음 또는 머리가 고통의 원인이지 공중에서 떨어뜨리는 폭탄이 고통의 원인이 아니라는 논리란 얼마나 간편한가?

저들에게 있어서는 그저 눈만 감으면 간편하게 고통은 사라진다. 그러므로 저울의 눈금을 지워버리면 폭탄과 같은 무거운 고통의 짐도 가벼운 것, 전혀 무겁지 않은 것이 되며, 시계바늘만 떼어버리면 고통의 지겨운 시간도 정지해 버리며, 벽의 지도를 찢어버리면 고통의 현장도 사라져 버리는 셈이다. 얼마나 간편한 고통 해결방식인가?

고통을 죄의 응보라고 생각하는 것도 역시 어리석은 얘기다. 양고기를 먹고싶은 인간에겐 양이 죄진 자이기 때문에 죽여도 좋다는 생각이 솟아난다. 고통은 인간이 신에게 진 죄에 대한 책벌이 아니다. 신은 뱀고기 같은 것은 싫어하고 양고기만 좋아하는 식도락가는 아니다. '죄업'이 고통의 원인은 아니다. 고통을 해결하려 하지 않고 그것을 달리 해석하기만 하려는 사람들이 있었다. 그들은 고통을 합리화시키려고 하였으며, 고통을 변호하려고 하였다. 대개 그들은 고통을 변호하기 위하여 엉뚱하게도 신이라는 가공적 판사의 '보이지 않는 손'을 끌어들이려 한 변신론자로서 행세하였다. 만일 황소가 뿔을 달고 있는 것은 근시안의 인간들을 위한 것이라고 생각하는 동물학자가 있다면 어리석다는 비난을 받을 것이다. 모든 황소는 총통보다도 민첩한 스페인 투우사의 칼에 찔려 죽기 위해서 탄생하는가? 한국인의 '지게'는 모든 국제화물을 져 나르기 위해 신의 목공소에서 미리 마련된 것일까?

 일반적으로 말해서 사람이 겪는 고통의 근원을 신에다 돌리는 자들은 실은 악마의 동업자들 또는 악마의 공모자들이다. 고통은 인간에 대한 신의 회초리라든가, 고통을 참으면 신이 머리를 쓰다듬어 준다든가, 아양을 많이 떤 사람에게는 천국의 종신징역형 언도의 방망이를 두드린다는 식의 악담은 모두 신에게도 팔다리가 있으며, 신도 말(馬) 엉덩이 가죽 구두를 신고 있으며, 신도 매니큐어를 했으리라고 넘겨짚는 우상숭배자들, 악마의 동업자들이 내뱉는 얘기다. 고통은 악한 인간이 착한 인간에게 씌워준 것이다. 신에다 고통의 원인, 고통의 책임을 전가하는 사람들은 바로 고통 제조예술의 명수, 고통 전가의 명수들이며, 신을 모독하는 자들이며, 악마와 신의 이름을 '네다바이' 한 자들이다.

 신의 성업에다 악과 고통의 가짜 고추가루를 뿌리는 자들은 가짜 고추가 오히려 미각을 더욱 돋구어준다는 식으로 꾸며대면서 더러운 손과 악의 피로 매니큐어된 발톱을 감추려고 꾀를 부린다. 그러나 아무리 발바닥에다 밀가루칠을 하더라도 발톱은 감출 수 없는 것이다. 현실적 악은 음식에 뿌려진 진짜양념이 아니라 장만된 음식에 뿌려진 가짜양념, 또는 나누어 먹을 음식에 뿌려진 재, 또는 여러 사람이 함께 먹을 음식을 훔쳐가는 더러운 손이다. 이 손은 흔히 악마들의 보이지 않는 손으로서 민족적 협동의 합창에다 돌팔매질을 하는 자들의 마수다. 고통의 해결은 이러한 악마들을 제거하며 퇴치함으로써만 달성된다. 고통의 해결은 악마로부터의 해방이다.

세계는 고통의 식민지가 아니라 일시적인 '악마의 식민지' 다. 쇼펜하워는 세계를 고통의 식민지라고 말하였다. 그는 고통의 인위성(人僞性)을 깨닫지 못하였기 때문에 마치 고통을 생존의 자연적 환경인 것처럼 느꼈던 것이다. 세계를 '고통의 바다' (苦海)로 보는 견해도 고통의 인위성을 염두에 두었을 때만 뜻이 있다. 물고기에 대해서 바다가 고통스러운 것은 바닷물이 짜기 때문에서가 아니라 '사람이' 바닷물에 똥과 폐수와 쓰레기와 같은 악마의 독액과 분비물, 배설물을 함부로 쓸어넣기 때문이다. 고해란 자연적 바다가 아니라 인위적으로 피해를 입은 인해(人害)의 바다다. 물고기는 바닷물을 마시기 위해서가 아니라 악마들이 싼 똥물을 마시기 위하여 바다 속에 태어난 것일까? 사람이 마시는 공기에다 죽음의 개스를 뀌는 놈은 스컹크가 아니라 바로 사람이며, 사람이 마시는 물에다 독액을 뿌리는 놈은 오징어가 아니라 바로 사람이다.

한민족은 '국제적 지게꾼' 이라는 누명을 벗어야 된다. 한민족의 역사가 고난의 역사였다는 점에 대해서는 아무도 부인하지 못할 것이다. 그러나 한민족이 고해에서 허우적거려야 다른 민족들은 즐거운 수상스키를 탈 수 있다는 얘기, 또는 한민족이 '하수구' 처럼 더러워짐으로써 다른 민족들이 깨끗한 옷을 입고 주말의 데이트를 즐길 수 있다는 얘기, 또는 한민족이 국제갈보처럼 정조를 빼앗김으로써 다른 민족들의 '신사도' 가 빛나며, 한민족이 정신대로서 유린당해야 다른 민족들 처녀의 순결성이 보장될 수 있다는 얘기는 철저히 배격되어야 한다.

한반도에 국제적인 문명똥물과 쓰레기가 몰려왔으며, 한민족이 국제적으로 강간되어 왔다는 얘기를 아무도 부정하지는 못한다. 그러나 한반도에서 똥물을 뿌리고 쓰레기를 버린 자가 누구며 한민족을 유린한 자가 누구냐? 그것이 신이란 말이냐? 아니면 신이 보낸 사도들인가? 아니다. 그것은 인간의 탈을 쓴 '악마들'이다. 신이 한 지역을 떼어서 변소를 내고, 하수구를 파며, 한민족을 창녀로 만들 정도로 무자비한 부르도자 또는 간사한 '뚜장이' 섭리의 음모가일 수는 없다.

만일 신의 섭리가 그렇게 구린내나며 그처럼 모질다면 신은 뒷발질 잘하는 한 마리의 당나귀에 지나지 못할 것이다. 신이 하나의 민족인 한민족 전체를 뒷간에다 차버리며, 하수구에 차버리며, 창녀굴에다 차버릴 정도로 '무자비한 님'이라고 누가 감히 생각한다면 아무리 신의 입에다 고급요리를 대접하며, 신의 얼굴에다 긴 수염을 붙이며, 신의 몸뚱이에다 비단옷을 감기며, 신의 어깨에다 가장 높은 계급장을 달아주며, 신의 발에다 고급군화를 신기더라도 그는 신을 최대로 모독하는 자일 것이다.

신의 헌법인 십계명의 제1조를 어겼기 때문에. 한민족은 신에 의하여 뒷발길질당한 민족이 아니다. 신은 한민족을 침략하지 않았다. 한민족을 짓밟은 것은 악마들의 말발굽이며, 한민족을 유린한 것은 악마들의 군화인 것이다.

고통을 당하고 있는 당사자는 악마의 몰약인 '마취제'를 복용함으로써 고통을 자각하지 못하기 쉽다. 그것은 고통을 해결하거나 감소시키는 대신에 고통을 심화시키며 고통을 증대시킨다. 고통을 해결하기 위해서는 먼저 마취된 상태에서 깨어나야 한다. 거세된 생명의 원기를 회복하기란 힘들지만 살아남는 길은 자신에게 주입되는 마약을 거부함으로써밖에 가능하지 않다.

정신적 환관의 신세를 면하려면 정신을 거세하는 온갖 마취제들의 복용을 과감히 중단시켜야 한다. 그릇된 개념의 중독, 그릇된 자극의 마취를 거부하라! 중독과 마취로부터 깨어나는 길은 악마의 세뇌에 항거하는 진리의 역세뇌방법, 심령에 낀 때를 광열로 씻으며, 심령을 가리운 그림자를 열광으로 밝히는 '진리행위' 즉 '불의 세례'의 길뿐이다. 민족적 생존을 속박하는 고문조끼와 같은 침략적 세계관, 쾌락주의적 세계관을 태워버려야 한다. 협동적 통일성을 파괴하는 외래적 이념과 낡은 이데올로기와 같은 마약을 불로 씻어버려야 한다.

한민족의 사명은 고통을 참는데 있는 것이 아니라, 남이 씌워준 억울한 짐을 벗어버리는데 있다. 한민족이 인류의 고통보따리를 벗어던진다는 것은 인류의 고통을 해결하는 문제와 직결된다. 한민족이 인류의 짐을 대신 져주는데 인류가 고마워 할 것이 아니라, 그 짐을 벗어 버리는데 인류는 고마워해야 할 것이다. 인류는 한민족에게 들씌운 동족상쟁, 이념대립과 같은 고난의 짐을 다시 찾아가는데 고난해결의 실마리가 있으며, 이 길만이 한민족과 인류가 함께 고난의 수렁에서 빠져나오는 길이다.

고통의 짐은 '미화' 되며 찬양되어야 할 것이 아니라 벗어 팽개쳐야 할 성질의 것이다. 어떻게 벗어버릴 것인가? 도대체 고통의 발생 자체가 고통의 짐을 '벗어서' 남의 등어리 위에다 '지워 논 것' 때문에 생긴 것이 아닌가? 그렇다면 벗어버린다는 것은 고통을 해결하는 것이 아니라 고통을 확산, 전파하는 방법이 아니겠는가? 그렇다. 고통의 짐을 벗어서 남에게 전가시키는 뜻으로 벗는다면 그렇다. 그러나 우리가 고통의 짐을 벗는다는 것은 '남' 이 우리에게 씌워 논 짐을 벗는다는 뜻이다. 고통의 짐을 벗는다고 해서 사람이 빈털터리가 된다는 뜻이 아니다. 각자 인간은 자기의 소지품이 있다. 이것을 지고 가야 한다. 그것은 고난의 짐이 아니라 행복의 짐이다. 인류는 남에게 억울하게 씌워준 짐을 되찾아 스스로 짊어짐으로써 자신이 차지한 행복의 권리를 다시 얻을 수 있는 것이다.

지금까지 고통의 해결방법으로서 통용되어 온 것은 전가의 기술이었다. 그러나 이것은 해결이 아니라 실은 악화에 지나지 않았다. 현재의 짐을 후손들에게 물려준다는 것도 전가의 범죄이며, 자신의 짐을 남에게 넘겨준다는 것도 전가의 범죄다. 민족의 짐을 다른 민족에게 넘겨주는 범죄는 역사적으로 제국주의자들, 식민주의자들이 행한 죄악이다. 현재의 짐을 자손 대대로 물려주는 죄악은 아직까지 특별한 죄의 명칭이 기록되어 있지 않을 정도로 별 관심거리가 못되었으나 이것 또한 제국주의적 식민주의적 범죄보다 못할 바 없다.

흔히 효도를 강요하는 부정(父情)의 그늘에서 그와 같은 조상제국주의 범죄, 부모들의 자식에 대한 불효가 감행되어 왔음을 새삼 강조할 필요가 있다. 부모가 자식들의 고통을 털어주기는 커녕 오히려 자식들에게 고통을 상속 내지 증대하여 준다는 것은 짐승보다 못한 짓이다. 단순히 자기의 3대독자만을 양육하여 보살핀다는 것이 부모의 임무를 다한 것은 아니다. 내 자식뿐만 아니라 모든 자식들이 '함께' 뛰놀 영원한 운동장과 일터를 다른 민족에게 넘겨준채 외동아들의 손에 이빨을 녹여버리는 눈깔사탕이나 잔뜩 쥐어준다고 해서 부모의 책임이 끝나는가? 외아들이 인간으로서의 존엄성을 지킬 양심을 다른 민족들에게 팔아넘기고, 외아들과 그의 친구들의 손에 무거운 예속의 책가방을 들려준다고 해서 부모의 도리를 다한 것일까?

민족의 모든 자식들에게 많은 재산을 유산으로 남겨주는 것은 훌륭한 일이다. 그러나 감당못할 빚을 산더미처럼 쌓아 가련한 아들과 손자들 어깨에 떠맡긴다면 얼마나 '불효스런 애비' 일 것인가? 민족의 자식들에게 위대한 문화의 극장을 남겨주는 것은 가상할 일이다. 그러나 배속에 들었거나 또는 수십년 수백년 뒤에 태어날 자손들 모두에게 그들이 영원토록 갇힐 감옥과, 그들이 무궁세월 얽매일 수갑과 쇠사슬을 넘겨준다면 이 얼마나 '패륜아 애비' 일 것인가!

단순히 고통을 전가하지 않는다고 해서 고통이 해결되는 것은 아니다. 고통의 원인은 '분단·분열'이므로 바로 이 원인을 치료하는데서 진정한 해결이 달성된다. 고통의 짐에 짓눌려 갈라진 등의 '균열'을 꿰매야 아픔이 가신다. 분열의 상처를 치료하지 않고서는 고통이 끝나지 않는다. 본래 고통은 분열시킴에서 비롯된 것이므로 분열시키는 모든 요인들을 제거하여야 한다.

무엇이 분열시키는가? 악마가 분열시킨다. 무엇으로써 분열시키는가? 칼과 쐐기로써. 그렇다. 악마의 통로를 막아버리고, 칼을 뽑아 버리고, 쐐기를 빼버리지 않고서는 갈라진 틈을 다시 결합시킬 수 없다.

악마퇴치는 매우 쉽다. 악마의 정체만 '노출' 시키면 악마는 사라진다. 악마는 은폐, 어둠, 가리움 속에서 살아있기 때문이다. 칼과 쐐기를 뽑지 않고서는 고통의 짐을 벗을 수 없다. 인간관계의 파멸은 바로 악마가 꽂아놓는 쐐기로써 초래된다. 민족 자신을 균열시키는 쐐기들을 뽑아버리지 않고서 민족의 분열은 종식될 수 없다. 쐐기를 뽑아 버리지 않고서는 고통의 짐을 벗어치울 수 없다. 뽑은 쐐기는 무조건 버릴 것이냐? 그렇지 않다. 썩은 쐐기는 태워버리겠지만 썩지 않은 쐐기는 균열을 꿰매는 못으로 삼아 가로질러야 한다.

고통의 완전한 해결은 '통일'에서 달성된다. 통일은 자동사적으로가 아니라 인위적(人爲的)으로 이루어진다. 분열이 자동적으로 된 것이 아니라 인위적(人僞的)으로 조장된 것처럼 통일은 사람이 성취할 수밖에 없다. 인간의 고통은 통일의 파괴에서 비롯된 것이며, 고통의 해결은 통일의 달성으로써만 가능하다.

가장 처참한 고통을 체험하고 있는 한민족은 분단의 쓸개를 빨고 있으며, 분열의 장작더미에서 뜬눈으로 밤을 새우고 있다. 한민족의 통일은 한민족이 짊어진 고통의 짐을 벗어버리는 유일한 방법이다. 한민족의 통일없이 한민족의 고통해결 없다. 다른 민족들이 씌워논 분열과 분단의 고통을 한민족 스스로 해결하는 길은 한민족 스스로 통일하는 길뿐이다.

한국통일에 관한 문제에 대하여 이제 세계 인류는 양심적 발언을 할 때가 왔다. 한국통일에 관하여 각 민족들이 어떤 입장을 취하는가를 알아보기 위한 심판관(Judges)의 시험어(Shibboleth)가 각 민족의 양심 앞에 던져졌다. 이것은 동시에 각 민족이 민족 자신과 인류의 고통문제를 얼마나 현명하게 해결할 줄 알며 얼마나 '정확한 발음'으로 표현할 줄 아는가를 묻는 '한울님'의 심문이기도 하다. 세계인류의 고통을 짊어지고 분단의 고통 속에서 허덕이는 한국의 현실에 대하여 세계 인류는 뚜렷한 입장을 취하게 될 때다.

한국의 분단을 인정하며 한국의 분단을 은근히 바라며 한국의 분단을 획책하는 악마의 대열에 낄 것이냐, 아니면 한국의 통일을 인정하며 통일된 한국을 바라는 '한울님'의 편에 설 것이냐라는 심각한 양자택일의 요구를 받고 있는 것이 오늘의 인류다. 인류 역사의 모든 '창과 방패' 또는 거짓된 '모순 쓰레기'가 한 곳에 몰려와 있으며, 한 곳에서 뒤얽혀 있는 곳이 있다. 한국이 그곳이다. 인류가 자신의 역사에 대하여 책임을 져야 한다면 마땅히 인류는 한국의 현실에 대하여 책임을 져야 한다. 한민족이 스스로의 책임을 결코 타민족에게 전가시키기 위해서가 아니라 배달민족의 고통에 집약된 인류의 고통에 대하여 인류 스스로가 대답해야 하므로 우리는 묻는다. 통일된 한국을 원하는가? 원한다면 '예'(Yes-Shibboleth)하라! 한국의 분단을 원하는가? 한국의 분단으로써 악마의 과자를 얻어먹으려는가? 그러면 '아니'(No-Shibboleth)라고 하라!

배달민족은 '한울님'의 생기를 통하여 고통과 예속의 무덤으로부터 다시 살아나게 될 것이다. 배달민족의 부활은 민족의 통일이다. 분열, 분단이 곧 '죽임을 당함'이 아니었던가? 민족은 자기 땅 위에 있었으나 고향에 '유폐' 되어 있었으며, 민족은 다리가 있었으나 '마른 뼈' 가 되어 걷지 못하였으며, 민족은 손이 있었으나 힘줄이 끊겨 서로 손을 잡을 수 없었으며, 민족은 눈이 있었으나 악마의 구름에 가리어 빛을 볼 수 없었다. 감옥으로부터 나올 수 있으며, 앉은뱅이로부터 걸을 수 있으며, 조막손으로부터 제휴할 수 있으며, 장님으로부터 빛을 볼 수 있는 길은 오로지 참생명의 길, 생존의 길, 한울님의 길 뿐이다. 그 길은 바로 하나가 되는 길, 즉 '통일' 이다.

배달민족이 '고향의 바빌론 거리' 에서 남이 씌워준 십자가를 지고 '무덤의 시간' 속에서 분단의 딱딱이 소리를 울릴 때가 끝났다. 민족부활의 '한울님' 이 밝고 따뜻하게 비추기 시작했다.

왼손과 바른손에 들고 여태껏 서로 두들겨 패던 고통의 십자가, 동족상쟁의 고통을 이제 어떻게 할 것인가? 서로 두들기다가 더 가늘게 쪼개지던 '분단의 딱딱이', 서로 두들기다가 더 잘게 떨어져 나가던 '분단의 딱딱이' 를 '통일의 막대기' 로 삼아라! 왼손에 든 막대기에는 '배달민족의 자손, 남쪽형제의 짝 북쪽형제를 위하여' 라고 쓰고, 바른손에 든 막대기에는 '배달민족의 자손, 북쪽형제의 짝 남쪽형제를 위하여' 라고 쓰라! 그리고 그 두 막대기를 따로 들고 다니며 서로 때리지 말고 한 손에 포개라! 이제 분단의 딱딱이, 악마가 몰래 쥐어준 동족상쟁의 고통은 통일의 막대기, 민족통일의 상징이 될 것이다.

보라! 이 통일의 막대기를! 이 한(大) 손에 든 통일된 민족을! 악마의 이간에 의하여 배달민족의 형제들이 갈려 헤어질 때 각각 지니고 있던 분단의 막대기는 이제 한 핏줄 한 겨레임을 확인하는 신분증이 될 것이다. 남쪽형제의 손에 든 '배달민족의 자손, 북쪽형제의 짝 남쪽형제를 위하여' 와 북쪽형제의 손에 든 '배달민족의 자손, 남쪽형제의 짝 북쪽형제를 위하여' 는 이제 결합되어 하나가 될 것이다. 한울님의 한 손 속에서. 배달민족의 마른 뼈에 살과 힘줄이 붙어 한민족은 이제 통일된 생존의 굳은 악수를 나누며 통일된 생존의 힘찬 민족대행전(Exodos)의 발걸음이 '승일교' (남쪽형제와 북쪽형제가 협동하여 만든 다리들 중의 하나. 철원 한탄강에 있는 아름다운 다리)를 건너 통일된 생존의 밝고 따뜻한 광명을 되찾아 부활할 것이다.

모든 형제동포들이 팔을 펴서 손을 잡아 이제 한 손이 될 것이다. 이제 한울님의 큰 손 속에 배달민족의 모든 손들은 통일되어 신생의 기쁨을 안고 강강수월래의 통일무를 출 것이다. 그 한가운데 한울님의 영원한 아들 진리행위가 영원한 민족의 통치자, 배달민족의 왕으로 계시며.

여호아의 말씀이 또 내게 임하여 가라사대 사람의 아들아 너는 막대기 하나를 취하여 그 위에 유다와 그짝 이스라엘 자손이라 쓰고, 또다른 막대기 하나를 취하여 그 위에 아브라함의 막대기 곧 요셉과 그 짝 이스라엘 온 족속이라 쓰고, 그 막대기들을 서로 연합하여 하나가 되게 하라. 네 손에서 둘이 하나가 되리라. 네 민족이 네게 말하여 이르기를 이것이 무슨 뜻인지 우리에게 고하지 아니하겠느냐 하거든, 너는 곧 이르기를 주 여호아의 말씀에 내가 아브라함의 손에 있는 바 요셉과 그 짝 이스라엘 지파들의 막대기를 취하여 유다의 막대기에 붙여서 한 막대기가 되게 한즉 내 손에서 하나가 되리라 하셨다 하고 너는 그 글쓴 막대기들을 무리의 목전에서 한 손에 잡고 그들에게 이르기를 주 여호아의 말씀에 내가 이스라엘 자손을 그 간바 열국에서 취하여 그 사면에서 모아서 그 고토로 돌아가게 하고, 그땅 이스라엘 모든 산에서 그들로 한 나라를 이루어서 한 임금이 모두 다루시게 하리니 그들이 다시는 두 민족이 되지 아니하며 두 나라로 나누이지 아니할지라. 그들이 그 우상들과 가증한 물건과 그 모든 죄악으로 스스로 더럽히지 아니하리라. 내가 그들을 그 범죄한 모든 처소에서 구원하여 정결케 한즉 그들은 내 백성이 되고 나는 그들의 '한울님'이 되리라. (에스겔 37:15~23)

제4장

# 악 마

## 01 _ 악마의 정체

인간을 억압하는 것이 없던 시대란 세계사의 무대에서 찾아볼 수 없다. 세계사의 각 시대를 여러가지 모습으로 보이게 한 것은 인간을 압제하는 요인이 시대마다 달리 나타났기 때문이다. 세계사의 주조를 이해하기 위해서는 인간을 부자유스럽게 한 자, 인간을 속박하는 것이 무엇인가를 밝혀내는 과업이 선행되어야 한다. 잘못 생각하면 자연이 인간을 구속하는 것같다. 그러나 자연은 인간을 구속하는 인간의 원수가 아니라 인간을 기다리며 인간의 의하여 개발되는 처녀다. 물이 물고기의 원수가 아닌 것처럼 대자연은 인간의 원수가 아니다.

인간을 구속하는 것은 다름아닌 인간이다. 그러므로 인간을 해방시킨다는 것은 인간으로부터 인간을 해방시킴이다. 누가 인간을 구속하였나? 인간을 구속한 인간의 이름은 악마라 불리운다. 인간으로부터 자유를 빼앗아간 자는 상어나 사자도 아니며 어떤 초인간적인 거물도 아니다. 인간으로부터 자유를 빼앗아간 자는 사람의 탈을 쓴 악마다. 세계사의 무대에서 잔꾀를 부린 악마들이 때로는 열광적 인기를 끄는 무대의 주인공으로서 때로는 무대 뒤에 숨어서 조종한 연출자로서 행세하여 왔다. 무대 위에 있거나 또는 뒤에 있거나간에 그들의 맡은 일은 살아있는 사람들로부터 자유를 훔쳐가며 강탈하는 일뿐이었다. 그것은 이간, 감금, 살인, 사기와 같은 온갖 악희의 장르로써 연출되어 왔나.

그러면 악마란 어떤 가면을 썼으며, 어떤 분장을 하였으며, 어떤 음성을 굴리었는가? 악마의 정체란 어떤 것일까?

오랜 동안 인류는 정신적·정서적 배설물을 '악마'라는 가공적 원수에 대한 공격을 통하여 처리하여 왔다. 서양 중세의 초민족적·국제적 정신통일이 가능하였던 하나의 조건으로서 국제적 원수인 바 악마라는 공동의 적에 관한 표상에 있었다. 마치 희랍 연극에서 날조된 신(Deus ex machina)이 갑자기 나타나 현실적 갈등을 풀어주었던 것처럼 '날조된 악마'가 모든 현실적 갈등의 책임을 뒤집어 쓴 채 기분나쁜 존재로서 기피되어 왔다.

말하자면 악마는 인류의 가공적 매집(sparring partner)으로서 고용되어 모든 사람들의 욕설과 비난과 주먹질을 받아왔다. 그러나 유토피아가 세상 아무 곳에도 없었던 것처럼 악마들의 소굴인 '마의 성'은 땅 밑에도 땅 위에도 또는 하늘 위에도 없었다. 마치 이상향이 꿈의 보물섬으로서 단지 상상되었던 것처럼 악마의 소굴은 저주의 쓰레기통으로서 단지 상상되었던 것에 지나지 않는다. 그것은 날조된 주민들의 날조된 거처였다.

현실적으로 마의 성은 없는 곳(u-topia)이다. 다시 말해서 악마란 있은 적도 없고 또 있을 수도 있다. 단지 악마라는 표상만 있었지 악마에 해당하는 괴물과 같은 실체는 없었다. 그렇다면 악마에 대한 얘기는 여기서 멈추어 버려야 할 것이 아닌가? 그렇지 않다. 악마에 관한 표상은 실체적이며 그 표상에 해당하는 실물이 상상적 마왕의 나라에가 아니라 엄연한 지상의 현주민으로 살아있기 때문이다.

악마에 관한 표상들, 악마에 관한 인상들을 아무리 조사해 보더라도 반드시 다음과 같은 결론에 도달하게 된다. 악마는 바로 사람을 괴롭히는 자이지 사람을 이롭게 해주는 자가 아니라는 것, 악마는 사람을 해롭게 하며 사람에게 피해를 주는 가해자이지 사람을 도와주는 은혜로운 자가 아니라는 점이다. 이렇게 본다면 악마들이 바로 사람이라는 것을 확인할 수 있게 된다.

사람에게 고통을 주는 것은 마의 성에 주민등록되어 있는 도깨비가 아니라 바로 사람이 아닌가. 악마는 어린아이가 그리는 것과 같은 뿔달린 괴물이 아니다. 흰 머리와 흰 수염을 길게 늘어뜨린 백의의 신이 존재하지 않는 것과 꼭 마찬가지로 뿔을 달고 꼬리를 늘어뜨린 흑의의 악마는 존재하지 않는다. 악마는 바로 보통사람의 얼굴과, 보통 입는 외출복과, 보통 신는 신발과, 보통 짓는 몸가짐을 소유한 인간이다.

이완용과 같은 악마도 보통 선비의 손과 같이 보드라운 살결로 덮인 두 손을 지니고 있었다. 악마의 더러운 손도 아름다운 붓글씨와 아름다운 그림을 그릴 수 있었다. 그러나 더러운 손이 찍은 매국의 도장은 얼마나 더럽고 추한 적색의 낙인을 민족의 가슴에다 아로새겨 놓은 것인가?

악마는 우주의 잡음으로써 말하지 않는다. 악마도 보통사람처럼 은근한 속삭임의 대화를 나누며 보통사람 얼굴처럼 얼굴을 찡그리며 술취해 지껄이며 노래하는 인간이다. 악마는 결코 피부색이나 옷차림이나 말씨와 같은 외형적인 것으로써 인간과 구별되지 않는다. 악마가 꾸미는 모든 모략극, 이성의 거미줄도 겉으로 보기에는 아름답고 그럴듯하다.

그러면 악마들은 어디에 살고 있는가? 악마의 현주소는 어디인가? 단테는 분열을 조장하는 악마들이 거처하는 주소를 지옥 제8환 제9낭이라고 번지붙여 주었다. 통일된 인간을 분열시키는 악마들이 분열된 신체로써 '애수의 거리'를 일주하면서 끊임없이 '분열과 분단'의 형벌을 받고 있음을 묘사한 시인의 심정은 현실적 악마들에 대한 저주로써 가득차 있었던 것같다.

그러나 신의 주소가 어떤 우주선이 아닌 것처럼 악마의 현주소는 지하실이 아니다. 악마의 거처는 이 지상이다. 그것도 멀쩡한 팔다리를 딛고 다니는 인간의 현주소다. 악마의 현주소에 관하여 어린이나 어른이나 만담가나 시인이 그리는 표상은 바로 현실적 인간으로서의 악마들이 차지한 대궐문 앞에 붙은 번지에 관한 표상이다.

이태리의 시인이 지하의 세계에 묘사한 악마들의 무대는 바로 지상의 극장에 가설되어 있는 것이다. 단지 현실적 위치를 가상적 위치로 바꾸어 놓았을 뿐이다. 악마가 날뛰는 무대는 지상의 무대 바로 밑에 깊은 지하도를 걸어내려가 저 밑에 가설되어 있지 않다. 단테가 묘사한 지옥의 거리, 애수의 거리는 바로 지상의 거리다. 파리, 로마, 런던, 모스크바, 북경, 동경, 와싱턴과 같은 대도시의 번화가에서 악마들은 활보하며 질주한다.

악마들이 거처하는 장소는 진흙이나 먼지, 유황불로 가득차 있는 것이 아니다. 시원한 바람, 따뜻한 바람이 솔솔 불어오는 방, 의사당 건물, 술과 사탕이 그득한 호텔의 아늑한 방과 같은 곳이 바로 현실적 악마들의 거처다.

악마의 거리, 악마의 통로는 '틈'(間)이다. 인화가 깨진 틈에서 협동이 붕괴된 틈으로 악마는 지나다닌다. 사람들 틈에서 악마는 탄생하며 사람들 틈에서 자라난다. 이 틈은 비록 눈에 직접 보이는 것은 아닐지라도 엄연히 실재하면서 인간과 인간 사이에 뚫려 있다. 이 '사이'가 바로 악마의 통로이며 사악한 복도다. 악마의 통로는 생각의 틈, 인식의 틈이 점점 크게 벌어지면서 넓고 빠르게 뚫린다. 생각의 틈이란 작은 생각과 큰 생각 사이에, 또는 듣는 생각, 말하는 생각, 견주는 생각 사이에 벌어진 틈을 말한다.

　이 틈은 생각이 많은 여백을 가지고 있는 것이기 때문에 생겨났다고 볼 수 있다. 사람의 생각은 여백을 가지고 있으며 실은 이 여백에 속한 부분이 사람의 생존을 제약하는 중요한 부분인데도 개인은 자신의 작은 생각 또는 작은 인식에다 이 부분에까지 확대된 필요 잉여인식 또는 초월적 인식을 첨가시키지 못하므로 그는 쉽게 구속되며 통제되며 조작된다. 누구에게나 필요한 인식은 자신의 순간적 이해관계에 관련된 작은 인식에다 필요 잉여인식 또는 초월인식을 보탠 큰 인식이다.

　그러나 일반적으로 사람들은 건망증이 심하며 근시안적이다. 사람들은 자신의 순간적·국지적 시계를 '초월'하는 초월요인에 대하여 관대하며, 초월요인 인식에 대하여 게으르며 또 인색하기 때문에, 이것을 횡령하며 침범하는 악마들은 이 요인들의 총화에서 생겨난 넓은 악마의 통로를 지나면서 사람들을 분열시키며 지배할 수 있다.

　악마들이 쉽사리 그 정체를 숨기며 별로 분장하지 않고서도 보통사람의 눈에 잘 뜨이지 않았던 것은 바로 그들이 '틈'에 거처하며 '사이에' 활동하는 사람들이기 때문이다.

　어느 틈에 뺏아가며 모르는 사이에 숨어버리는 자가 악마다. 틈이나 사이처럼 빼앗기기 쉽고 또 알아보기 어려운 것은 없다. 그 뿐만 아니라 틈이나 사이처럼 인간에게 소중한 것은 없다. 모든 틈을 합치고 모든 사이를 합치면 무궁한 땅과 영원한 시간이 아니냐? 틈을 빼앗기고도 슬퍼하지 않으며 사이를 놓치고서도 아까워하지 않는 사람은 악마에게 모든 땅과 모든 시간을 빼앗기고서도 슬퍼할 줄 모르는 백치일 뿐이다.

## 02 _ 분단·감금자로서의 악마

악마는 틈에서 나서 틈으로 지나다닐 뿐만 아니라 틈을 만들며 사이를 넓히는 자다. 악마는 인간의 세계에 보이지 않는 지진을 일으켜온 진원이다. 악마들에 의하여 인류의 양심과 정신과 협동과 우정에 금이 갔다. 악마는 모든 것을 쪼개버리는 인간이며 쪼개고 싶어하는 인간이며 쪼갬으로써 제 배를 채우는 인간이다. 악마의 욕심은 온통 분단과 분열이라는 음식으로써 꽉 채워져 있다. 악마의 혀는 독사의 그것처럼 분열되어 있다.

악마는 바로 '쪼개는 자', '분단시키는 자' 다. 서양말의 어원에서 이 점은 잘 드러나 있다. 악마(dia-bolos)란 '둘로 쪼개며', '이간질하며', '속이며 모략 중상한다' 는 말(dia-ballein)에서 생긴 것이다. 악마의 하는 짓은 잘게 쪼개며 절단하는 일로써 대종을 이룬다. 그러므로 세계지도 위에 절단의 핏자국을 남기는데 솜씨를 자랑하였던 영국인들에 있어서 악마(devil)는 바로 절단기계(devil)를 뜻하지 않는가! 악마는 종이를 절단하거나 나무를 절단하는 자가 아니다. 악마는 인간을 절단하는 자다. '인간절단기' 가 바로 악마다.

인간이 공들여 키우는 호박에다 말뚝을 박는 자, 인간이 힘들여 받쳐온 옹기짐의 지게 작대기를 발로 차버리는 자, 장님과 같은 수난의 인간으로부터 지팽이를 빼앗는 자, 인간이 애지중지하여 보살피는 제비다리를 일부러 꺾어버리는 자가 바로 악마다. 그렇다고 심술꾸러기 어린 놀부만이 악마라는 얘기가 아니다. 악마는 누구나 금방 알아 볼 수 있을 정도로 호박에 말뚝을 박는 식으로 유치하게 악행을 범하지는 않는다.

악마는 보이지 않는 인간의 마음을 절단하며 악마의 통로를 몰래 숨어 다니면서 인간적 협친성을 파괴하는 쐐기를 박는 자다. 겉으로 보기에 놀부보다 훨씬 미남이며 흥부의 형수보다 조금도 못생긴 데가 없는 악마들은 사람들끼리 쥐고 있는 협동의 손길에다 찬물을 끼얹어 끊어버리며, 인간 사이에 이어진 신뢰의 뺨에다 주걱따귀를 들이대는 자들이다. 친구들을 등지게 만들며, 부자를 서로 미워하게 만들며, 선생과 제자를 서로 믿지 못하게 만들며, 산맥 서쪽에 사는 사람과 산맥 동쪽에 사는 사람들을 서로 원수로 만들어 버리며, 민족과 민족을 이간질시키는 자를 악마라고 부르지 않고 선인 또는 진인 또는 영웅이라고 불러야 될 것인가?

협동적 인간활동을 파괴하는 인간절단기 악마는 이간자다. 악마가 인류 역사의 기록을 더럽힌 각 시대의 사연은 '이간'이라는 대문자로 시작되어 있다. 인류 역사의 틈바구니에 끼어든 악마들의 독트린은 이렇게 되어 있다.

"사람들을 이간시켜라! 사람들끼리 서로 떨어져 서로 원수가 되게 하라! 사람들끼리 서로 싸우게 하라! 형제간에 쌈을 붙이자! 그리고 그들을 지배하자!"

싸움은 인위적(人爲的)이며 인위적(人僞的)이다. 싸움은 저절로 생기는 것이라기보다 싸우게 만들기 때문에 발생한다. 사람들은 서로 싸우는 동물일 뿐만 아니라 '싸움을 붙이는' 야수이기도 하다. 싸움을 붙이는 인간은 악마다. 악마들이 싸움을 조작하는 수법은 여러 가지다.

악마들은 유언비어의 악취를 풍기며 언어적 가상의 연막을 치며 정신적 시력을 흐리게 하는 마약을 전파함으로써 사람들이 사람들을 잘 알아보기 어렵게 만들어 버린다. 자기 형제의 얼굴도 못 알아보게 하며, 자기 부모의 음성도 못 분별하게 하며, 친구의 기억을 상실하게 함으로써 자식끼리, 부모끼리, 친구끼리 그리고 동족끼리, 같은 인종끼리 맞붙어 싸우게 만든다. 악마는 먼저 흐려놓는다. 먼저 먼지를 일으키며 어질러 놓는다. 그리고 박치기를 시키면 된다. 악마가 먹다 남은 사람의 뼈다귀를 던지면 사람들은 그것이 자기 형제들의 뼈인 줄도 모르고 달려들어 뜯어먹느라 서로 박치기를 하며 태권도를 할 것이다.

　　황새와 조개가 싸우는 틈에 어부의 손이 뻗치는 것이다. 현명한 어부보다도 더욱 꾀가 많은 악마들은 사람들을 조개나 황새보다도 더 어리석은 짐승으로 만들어 놓는다. 니나니벌보다도 더 꾀가 많은 악마들은 사람들을 번데기보다도 더 무력한 애벌레로 만드는 마취주사를 놓는다. 일단 거세된 인간들은 서로 싸우지 않더라도 악마의 밑이가 된다. 그러나 마취가 제대로 안들거나 또는 마취약도 아까우면 사람들끼리 서로 성내어 쌈닭(투계)처럼 서로 쪼며 서로 할퀴도록 하면 쉽게 사람들을 지배할 수 있다.

　　악마들은 사람들 사이를 갈라놓으며 사람과 사람의 틈을 넓힌다. 이 사이와 틈은 '불신' 이라는 악마의 나팔소리에 따라 점점 넓어진다. 사람들이 서로 떨어져 그 사이에 틈이 생기면, 이 틈을 사이에 두고 서로 노려보며 불신과 의심의 화살을 쏘게 된다. 서로 불신의 화살에 얻어 맞으면 사람들은 항상 '별리' 하게 된다. 흩어진 사람들, 말하자면 악마에 의하여 강제로 헤어진 사람들은 서로 해치는 가해자로 타락하게 된다. 사람들끼리 불신과 배신의 화살을 서로 쏘면서 다투고 있을 때 여백의 시간과 여백의 공간에서 악마들은 마음대로 유린하며 약탈할 수 있는 것이다.

　　그러나 악마들이 처음 쏜 불신의 불화살과 배반의 독화살은 사람들 사이에 오가는 과정에서 점점 악마에게 되돌려 날아간다는 것이 불신과 배반의 운명이다. 불신과 배반의 독은 악마의 이빨과 혀끝에서 나온 것이지만 여러 사람을 해치고서 사라지는 것이 아니라 바로 그 출처인 악마 자신에게 되돌아 가고 마는 것이다.

　　이런 뜻에서 악마가 쏜 불신과 배반의 화살은 부메랑과 마찬가지다. 악마가 쏜 거짓말의 화살은 표적을 뚫고 나아가 결국 악마의 등어리 또는 뒤통수에 박히고 만다. 모든 사람들이 의심하며 서로 배신의 화살을 쏘는

데 어찌 악마가 의심받지 않으며 아첨의 무리로부터 악마가 배신당하지 않겠는가? 악마의 종말은 필연적이다. 그러나 그 종말이 있기까지 지불되어야 하는 고통과 혼란의 총화는 엄청난 것이다. 이것은 손실이다. 인류가 손실을 본다면 현명한 동물의 칭호를 다른 짐승에게 양보해야 할 것이다. 부메랑의 궤도법칙만 믿고서 보고만 있을 수 없다. 악마가 쏜 화살이 악마를 향하도록 사람들은 고개를 옆으로 돌려 피하라! 서로 쏘지 말고. 그러면 악마는 자기가 쏜 화살에 맞아 거꾸러질 것이다.

악마는 정신과 마음을 쪼개 놓으며 사람들을 분열시키며 민족 내부 분단을 조장하며 민족들 사이를 갈라놓는 절단기(devil)일 뿐만 아니라, 갈라진 사람을 '가두어 두는' 감금자. 악마는 일단 분열된 정신을 언어의 감옥에 감금시켜서 보수적 장벽을 뚫고 나오지 못하도록 하며, 분열시킨 사람들을 개인적 단자의 철창에다 감금하여 놓으며, 분열된 민족들을 민주적 공리주의, 민족적 이기주의의 장막에다 가두어 두려고 획책한다. 모든 분단은 감금이다. 감금은 분단이다. 분단시켜 놓기 위해서는 가두어 두어야 한다. 가두어 두려면 분단시켜야 한다. 분단된 것은 부자유이며 부자유는 분단된 것이다.

본래 구속이나 감금은 분단이다. 움직임을 속박하기 위하여 손과 발에다 쇠사슬을 걸어둠은 손으로써 물건이나 다른 사람들의 손들을 잡지 못하게 함이며, 발로서 걸어 나가지 못하게 함이다. 구속은 접근금지다. 구속된 사람이 다른 물건이나 다른 사람들에 접근하지 못하도록 가두어 둔 것은 바로 사람과 사람을 분단시킨 것, 사람과 물건 사이를 분단시킨 것이 아닌가. 그러므로 모든 부자유는 분단이며, 모든 분단은 부자유다. 분단과 부자유 또는 분단과 감금은 같은 것이다. 그 반대도 마찬가지다. 즉 통일과 자유 또는 통일과 해방은 같은 것이다.

분열된 개인은 부자유스런 개인이다. 보이지 않는 감옥으로서의 언어에 감금된 정신은 분열된 정신이다. 각자 자기의 정신적 독방에 틀어박혀 있는 상태란 분열된 상태이며 감옥에 갇혀 있는 상태다. 분단된 정신, 분단된 개인, 분단된 민족은 이미 자유로운 정신, 자유로운 개인, 자유로운 민족이 아니다. 그것은 부자유스런 정신이며, 부자유스런 개인이며, 부자유스런 민족이다. 노예적 정신이 분열된 정신이다. 노예적 개인이 분열된 개인이다. 노예적 민족이 분열된 민족이다. 분단된 민족들은 '국세적 포로들' 이다. 민족을 송두리째 멀고먼 바빌론까지 끌고갈 필요없이 그 자리에 둔 채 분단만 시켜 놓으면 그것은 벌써 포수(捕囚)된 것이다.

## 03 _ 살인자로서의 악마

    인류의 역사는 인간의 진보와 퇴보를 함께 기록하여 왔다. 인간의 유적 진화, 문화적 진보와 함께 인류는 자신의 자궁 속에서 퇴보한 인간 쓰레기, 악마의 새끼들을 잉태하여 왔다. 가장 퇴보한 인간이 악마다. 악마들의 새끼는 과거에서 현재에 이르기까지 더 진보된 살인적 검법을 사용할 줄 아는 '진보된 악마' 로 성장하여 왔다. 비록 한 마리의 악마라 할지라도 그놈은 네로처럼 수천 수만의 사람들에게 고통과 불행을 전파하는 무서운 방화범이 되기에 충분한 것이므로 아무리 훌륭한 문명을 인류가 건설한다 할지라도 몇명의 악마들에게 인류의 젖을 빨려주며, 그들을 인류의 품에서 키운다는 것은 매우 위험한일이다.
    악마는 사람을 분단시키며 사람을 감금하는 데 그치지 않고 사람을 먹는 식인업, 살인업에 능한 자들이다. 가장 훌륭한 것의 타락은 가장 나쁜 것이다. 비유적으로 말하자면 천사가 타락할 때 그것은 악마로 둔갑한다. 사람에게 있어서 가장 진보되었다는 것, 예컨대 이성이 타락하면 가장 퇴보된 악마의 발톱이 된다. 타락된 이성, 악마의 손톱과 발톱은 사람을 떼어놓고 사람을 가두어두는 데만 사용되는 것이 아니라 사람을 뜯어먹는 포크와 나이프로서도 사용된다.

악마들은 게으르거나 할일 없이 놀고 있다는 뜻에서 유한한 것이 아니라, 시간을 비생산적으로 소비한다는 뜻에서 유한하다. 이들은 말하자면 낭비자들이다. 이들은 한가하다기보다 매우 분주한 사람들이다. 이들은 소모하는데 분주하다. 그들은 낭비하는데 분주하다. 그들은 먹고 마시며 싸고 토하는데 분주하다.

이들이 낭비하며 소모하는 것은 단지 밥이나 빵이나 살코기나 술뿐만 아니라 가장 소중한 살과 피인 사람의 목숨이다. 생명의 소모자, 생명의 사용자가 살인자다. 결코 사용되거나 악용되어서는 안되는 사람의 목숨을 사용 또는 낭비하는 자들이 사람들 사이에 끼어 있다.

생명을 소모하는 기술, 생명을 낭비하는 직업에 종사하는 자들은 사람의 탈을 쓴 악마. 이들은 생물계에서 가장 똑똑하다는 인류 사이에 끼어 있는 가장 지독한 '지능범들'이다. 이들은 단순히 인간의 상호신뢰와 상호유대의 협동적 밧줄을 절단할 뿐만 아니라 분열의 틈을 통로로 하여 남의 재물과 남의 양심을 약탈해 간다. 이 악마의 거리를 통하여 억울한 악마의 화물이 실려간다. 악마의 소굴을 향하여 실려가는 악마의 짐짝은 값싼 생선이나 곡류만이 아니다. 악마들도 그런 것을 먹는 것이지만 악마가 가장 즐겨 먹는 음식은 인육이다. 악마들은 바로 식인종이다. 단순히 한 사람의 팔과 다리를 잘라먹는다는 전설적 식인종과 같은 아마츄어 악마들도 있으나 이들은 많은 사람들을 송두리째 잡아먹는 대식가들, 직업적 식인종에 비하면 보잘것없는 존재다.

식인종으로서의 악마는 사람의 시체를 뜯어먹지는 않는다. 신사는 생고기를 즐겨먹는 법. 부패하기 쉬운 고기는 먹지 말아야 식도락을 자랑할 수 있지. 악마는 사람을 살려둔 채로 먹는다. 축사를 잘 마련해서 사료를 적당히 공급하며 주사도 놔가며 키워가면서 잡아먹어야 축산업한다고 말할 수 있다. 이것이 식민(食民)으로서의 식민(植民)이다. 마치 칸막이가 잘 되어 있는 어두컴컴한 축사에 짐승들을 분단시켜 놓듯, 악마는 사람들을 기르기 위하여 거세된 인간들 사이에 칸막이를 쳐 놓는다. 매우 구조가 간단한 칸막이를. 끝이 뾰쪽한 막대기 하나를 사람들 틈에 박아 놓으면 된다. 이것이 '쐐기' 다. 쐐기를 박아라! 그러면 분단되는 것이다. 비겁하며 눈이 어두운 인간은 이 쐐기를 타넘거나 그 옆으로 돌아서 이웃사람과 손을 마주잡지 못하는 것이다. 이 쐐기에 분열, 분단, 그리고 상호불신이라는 축문이 새겨져 있기 때문이다.

남에게 조금 상처를 입혀 피를 약간 흘리게 하는 범죄보다도, 남의 재산을 조금 축내는 좀도둑보다도 훨씬 커다란 상처를 남기며 훨씬 많은 재산을 훔쳐가는 '큰 도둑' 이 놈이 바로 악마다. 민족적으로 그리고 국제적으로 악마들은 작은 인식과 큰 인식의 틈을 빠져다니며 완전범죄를 감행한다. 그들의 범죄는 작은 인식들의 눈에 뜨이는 증거를 남기지 않는다. 그 뿐만 아니라 작은 인식들의 근시안에는 이 지능범들이 보이지 않는 알리바이가 성립되므로 작은 인식들은 이 완전범죄의 경과와 완전범죄자들의 정체를 알아보기가 어렵다.

민족적 또는 국제적 악마들, 인류와 민족을 분열시키는 이 악마들은 비록 겉으로는 피 한 방울 흘리지 않는 것 같으면서도 훨씬 많은 생명들을 착취해 가며, 겉으로는 조그만 물건 하나 훔치지 않는 것같으면서도 어마어마한 재산을 약탈해 간다. 그들의 살인과 그들의 도둑질은 너무 크기 때문에 눈에 잘 보이지 않는다. 큰 살인은 눈에 띄지 않는다. 큰 절도는 눈에 뜨이지 않는다. 그러나 작은 살인보다도 더 잔인하게 큰 살인은 인류를 근본적으로 살육한다. 작은 절도보다도 더 가혹하게 큰 절도는 인류의 재산을 약탈해 간다.

    악마들은 속삭인다. 아주 작은 목소리로 그들은 서로 속삭인다. 살인을 하려거든 매우 큰 살인을 하라고. 도둑질을 하려거든 매우 큰 도둑질을 하라고. 거짓말을 하려거든 매우 큰 거짓말을 하라고. 이것이 악마들의 좌우명이다. 이 말들이 악마들끼리 주고받는 암호다. 그들은 대량살인의 피를 마시기 위한 '아름다운 전쟁'을 꾸미며, 대량절도를 위한 '아름다운 약탈'의 모의를 하고 있는 것이다. 그들은 대량살인과 대량절도를 준비하기 위한 '아름다운 거짓말'을 대량으로 울려 퍼뜨린다.

    악마의 틈을 메꾸고 악마의 통로를 없애지 않으면, 악마의 쐐기를 뽑지 않으면 인류는 영원히 죽음으로부터 해방될 수 없을 것이다. 인간은 자연사를 두려워 할 필요가 없다. 인간이 두려워 할 것은 '피살'이다. 악마는 타살을 계획하며 타살을 대량적으로 집행하는 자들이다. 그것도 쇠망치로써가 아니라 눈에 보이지 않는 분열의 칼로써 인간을 살해하는 것이다.

    가장 큰 고통, 가장 큰 피살인 살해의 원흉을 어찌 그대로 두어야겠는가? 어찌 악마를 '한울'처럼 대접할 수 있겠는가? 사람은 한울처럼 대접받기 위해서 먼저 살아 남아야 한다. 죽음을 당한 사람은 한울처럼 대접받을 수 없다. 사람이 죽지 않으려면 무엇보다도 먼저 타살을 경계해야 된다. 그러므로 사람은 악마를 한울처럼 대접할 것이 아니라 악마처럼 대접해야 한다. 악마를 밟아 없애지 않으면 어느 틈에 도깨비상자의 용수철처럼 튀어 올라온다. 사인여천(事人如天)의 천도를 어지럽히는 도로교통 방해물을 천도로부터 철거하여 갈라진 틈에 메꾸어 깊이 묻어버려야 한다.

    나는 여러분이 마귀와 상종하는 자가 되지 않기를 바랍니다. 주님의 잔을 마시는 여러분이 마귀들의 잔을 마실 수는 없습니다. 주님의 식탁에 참여하는 여러분이 마귀들의 식탁에 참여할 수는 없습니다. (고린도 전서 10:20~21)

## 04 _ 악마의 퇴치

사람들은 악마들이 시키는 대로 무덤을 판다. 자신이 생매장당할 무덤을. 사람들은 악마들이 시키는 대로 길을 닦는다. 자신이 손발이 묶여 끌려갈 그 길을. 사람들은 악마의 호령에 따라 나무를 해온다. 자신이 그 나무 위에서 불타죽을 악마가 지피는 방화에 땔감을 대주느라고. 사람들은 악마가 시키는 대로 피땀 흘려 철을 캐낸다. 자신을 찌르는 마검을 만들기 위해. 사람들은 악마의 호령에 따라 석유를 캐올린다. 자신의 시체를 실어나를 영구차에 기름을 대기 위하여. 사람들은 악마가 시키는 대로 고무를 긁어낸다. 자신을 매질하는 채찍이 될.

그러나 무엇보다도 사람들은 자녀들을 길러낸다. 악마가 즐겨 뜯어먹을. 인간이 인간에 대한 칼이 되며, 쐐기가 되며, 총알이 되며, 무덤이 되며, 땔감이 되도록 사람들은 자식을 키워 악마 앞에 바친다. 그 자식들이 바로 자신을 찌르며, 자신을 뚫으며, 자신을 생매장하며, 자신을 태워버리는 칼, 쐐기, 총알, 무덤, 불이 된다는 것도 모른 채.

인간은 악마의 동업자다. 악마의 악행을 도와주며 계승하는 자가 인간이다. 인간은 악마의 하수인이다. 악마의 주위에서 시중을 들며 아양을 떨며 보살펴주는 자도 인간이다. 자기자신을 잡아먹으려는 식인종 악마를 보육하는 사람들은 얼마나 어리석은 자들이냐! 잡아먹히지 않으려면 악마를 부축하던 손을 떼라! 악마와의 동업에서 손을 떼라! 악마를 쓰러뜨리기 위하여 원자탄이나 함포사격을 반드시 필요로 하지는 않는다. 악마를 죽이기 위하여 반드시 예리한 칼과 독한 약을 필요로 하지는 않는다. 악마는 저 혼자서는 걷지 못하는 자이므로 그를 부축하던 손만 떼어버리면 악마는 저절로 넘어지고 만다. 고통의 '지게'를 부축한 작대기를 떼어버리면 고통을 담은 옹기그릇들이 깨끗이 깨지고 마는 것처럼 악마들은 매우 쉽게 퇴치될 것이다.

사람들은 악마들의 방화를 돕는 불쏘시게, 땔감 노릇을 성실하게 그리고 어리석게 해왔다. 악마들은 땔감없이 결코 방화를 못한다. 사람들은 자신과 자녀들을 송두리째 악마의 파괴적 악행을 위한 연료로 제공하는 일을 중단해야 될 것이다. 악마는 사람의 숲을 불태우기 위하여 관솔과 솔가지를 꺾어 불씨를 마련하며, 그것으로써 숲 전체를 태워버린다. 악마는 사람의 숲을 벌목하기 위하여 사람의 가지를 잘라 그것으로써 도끼자루를 만든다. 사람의 숲을 요란하게 두들기기 위하여 악마는 숲의 가지를 잘라 몽둥이를 만든다. 악마들은 고통의 짐을 질 지게와 작대기를 사람의 숲에서 조달한다. 사람의 숲을 산산조각으로 분열시키기 위하여 악마는 사람의 가지를 잘라서 쐐기를 만든다.(Étienne de La Boétie, *Discours de la Servitude volontaire*, 1968, S.58 참조)

사람으로써 사람을 죽이며, 사람으로써 사람을 이간시키며, 사람으로써 사람을 두들겨 패며, 사람으로써 사람을 지배하는 악마들은 본래 적수공권이었다. 제가 가진 것은 하나도 없이 빈손으로 사람에 대들어 사람으로써 사형도구를 만들고, 사람으로써 칼과 쐐기를 만들고, 사람으로써 지배의 방망이를 만드는 것이다. 악마의 후원자, 악마의 조수, 악마의 청부업자가 사람이다.

악마의 위엄은 대단한 것 같으나 악마의 호화로운 궁정을 지탱하며 그의 찬란한 옷을 장식하는 사람들의 '손'과 '발'을 잡아당겨 떼어버리면 그것은 당장에 형편없는 '알거지'가 된다. 악마에게 옷을 준 것도 사람 손이며, 악마를 가마에 태워 들고 가는 것도 사람의 손과 발이며, 악마 주위에 창과 방패를 들고 낮이나 밤이나 지켜주는 것도 사람 손이며, 악마를 아침 점심 저녁으로 먹여주며 시중들며 호위하는 것도 사람의 손과 발이다. 악마를 퇴치하려는 생각은 꿈에도 먹지 않으면서 열심히 사람들은 '악마 만세!'를 목이 터져라 하고 외치며 쳐드는 것도 사람의 손이다. 도살장에 끌려가는 소들이 사람의 만수무강을 위하여 눈물을 흘리며, 사람의 명복을 빌면서 사람을 찬양하면서 쓰러지는가? 사람은 사람을 위하여 손과 발을 움직여라! 악마의 손과 발이 되지 말고.

사람은 자식들을 악마의 선천적 종(Knechtschaft a priori)으로 만드는 교육에서 '손'을 떼어라! 사람은 사람을 위하여 슬퍼하라! 사람은 사람을 위하여 농사를 지어라! 사람은 사람을 위하여 그물을 던져라! 사람은 사람을 위하여 괭이질을 하라! 악마를 위하여 피땀을 흘리지 말고. 악마를 위하여 밤새도록 뜬눈으로 새지 말고. 악마를 위하여 무거운 짐을 지지 말고. 진정으로 자신을 위하여 진정으로 아들과 딸을 위하여 결심하며 분투하라!

사람이 악마를 퇴치하는 방법은 간단하다. 악마를 위하는 홍익악마주의를 버리면 된다. 어떻게? 악마를 만지던 손을 떼고 사람들끼리 손을 잡으면 된다. 사람들끼리 손을 잡게 되면 악마를 지탱하던 사람의 손들은 악마로부터 자연히 떨어진다. 그리고 사람을 위하는 홍익인간주의자가 되라! 그 방법은 간단하다. 사람들끼리 손을 잡고 사람을 위해서 손을 써라! 사람이 사람을 위하는 길에 들어선다면 악마는 사라진다. 사람이 사람을 위하여 밥을 짓고, 사람을 위하여 옷을 만들며, 사람을 위하여 집을 지으며, 사람을 위하여 농사를 지며, 사람을 위하여 고기를 잡으면 악마는 사라지고 만다. 악마는 먹을 것이 없으매 굶어 죽을 것이며, 입을 옷이 없으매 얼어죽을 것이며, 누울 집이 없으매 밟혀 죽을 것이다.

악마와의 동업에서 손을 떼라! 악마를 부축하던 손에서 힘을 빼고 슬며시 그대로 둔 채 몸을 피하라! 그러면 악마는 그 자리에서 쓰러지고 말 것이다. 악마의 권세를 길이 번성케 하기 위하여 네 아들을 '사환' 답게 '노예' 답게 가르칠 셈인가? 악마에게 바쳐 능욕의 노리개로 만들기 위하여 어떻게 하면 너의 딸을 귀엽게 단장할 수 있을지 미리부터 걱정할 것인가? 너의 믿음직스런 아들을 악마의 불장난에 뛰어들도록 미리부터 계란과 과자를 먹여가며 밤낮으로 들볶으며 공부시키고 훈련시킨단 말인가? 너 자신을 위하여 슬퍼하라. 악마의 죽음을 슬퍼하지 말고. 악마의 장례식에 네 자식들로 하여금 꽃바구니를 쥐게 해서 장송가를 부르게 하지 말고, 네 자식들 스스로의 '생존의 길'을 가도록 하여라! 아침 저녁으로 자식들에게 이렇게 가르치는 것을 잊지 말고.

악마로부터 손을 떼고
사람들끼리 손을 잡아라!
사람을 위하여 손을 써라!

## 제5장
# 언어의 人爲性과 人僞性

## 01 _ 언어철학

언어는 요소론적 실체로서 파악될 것이 아니라 인위적(人爲的) 행위(行爲) 또는 인위적(人僞的) 행위(行僞)로서 파악되어야 한다. 그런데 요소론적 세계관은 종래의 언어과학과 언어철학에 대해서도 지배적 영향력을 발휘하여 왔다. 물리적 세계를 구성하는 물질적 최소단위가 상정된 것처럼 언어적 세계의 최후 원소로서 음운론적 전위, 원자적 기호들의 체계를 만들며, 정신적 세계의 최소단자로서 원자적 단위명제들을 찾아내려는 시도들이 언어학자들, 언어철학자들에 의하여 계속되어 왔다.

언어에 관한 요소론적 탐구는 언어를 하나의 정물적 대상으로서 가정하고서 착수될 수 있다. 마치 사진 속에 어휘들이 수록되어 있듯이 언어의 창고 속에는 언어적 실체들의 재고가 그득히 들어있다는 생각이 요소론적 언어관을 지배하고 있다. 그러나 언어는 정물이 아니라 사람의 행위(行爲)이며 또 행위(行僞)이다. 언어에는 피가 흐른다. 언어는 생명처럼 살아 움직인다. 언어에 관한 분석은 언어의 부분적 성격을 가르쳐줄 뿐이다. 아무리 세세하게 언어를 분석하더라도 언어의 전체적 생명은 밝혀질 수 없다. 이른바 '언어분단'은 상업적 결벽성 또는 샤일록의 야심에서 비롯된 살생적 시도라고 할 것이다. 이론적으로는 피와 살이 부분적으로 분해될 수 있다.

그러나 살아있는 사람의 신체로부터 피 한 방울 흘리지 않고서 살만한 근 따로 떼어낼 수 없는 것이다. 살아있는 언어는 피와 살이 함께 엉켜있는 것이다. 언어에 관한 과학적 연구단계에서는 언어의 음성적 측면, 음운적 측면, 논리적 측면, 심리적 측면이 분해되어서 탐구될 수 있겠으나 분석적 단계에서부터 다시 통일적 단계에 되돌아오지 못한다면 그 탐구는 언어의 생명을 박탈하는 결과밖에 초래하지 못한다.

언어철학은 언어에 관한 부분적 탐구, 언어 '과학적' 탐구의 노력들을 통일적으로 집결시키는데 주력한다. 언어에 관한 '통일적' 견해를 갖지 않는 언어철학은 언어 '철학'이 아니라 언어 '과학'이다. 흔히 언어철학을 전공한다는 똥파리떼들은 언어과학과 언어철학을 혼동하고 있다. 그들은 죽은 살과 썩은 피에 달려들어 생명의 찌꺼기를 빨아먹던 버릇으로 살아있는 언어행위의 팽팽한 살갗에 덤벼들어 더러운 주둥이로 더럽히려고 한다.

언어에는 인간의 혈액이 흐르며 인간의 체취가 풍긴다. 살아있는 언어는 잉크나 먹으로 채색될 수 없다. 살아있는 언어는 금방 젖었다 말라버리는 물감의 제약을 받는 '사어'가 아니다. 언어를 관통하는 혈액은 중단하거나 마르지 않는다. 종래의 언어이론은 대개 피를 뽑아낸 껍질로서의 언어 즉 사어를 이리저리 굴리며 탐구한, 말하자면 박제언어학 또는 박제언어철학이었다. 새로운 언어철학은 망각된 언어의 성격을 분명히 해야 할 것이다. 언어로부터 혈액과 색깔과 냄새를 제거할 것이 아니라 언어에서 피와 색깔과 냄새를 발견하는 것이 새로운 언어이론의 과제다. 언어는 제2의 피(血)다. 신체의 각 기관을 두루 흘러가며 영양과 산소와 노폐물을 운반하며 적을 파괴하며 계속 불타고 있는 피가 있는 것처럼, 사람과 사람 사이를 왕래하면서 사람들을 연결시켜 주는 사회적 협동적 혈액으로서의 언어가 돌고 있다.

정상적 사회와 정상적 협동의 환경에서는 정상적 언어의 피가 흐르는 것이지 현실적만으로는 그렇지 못하여 이 순환을 어렵게 만들며 순환 과정을 파괴하는 자들이 있다. 많은 언어의 흐름에다 잉크를 주입하며, 아름다운 언어의 원색에다 시꺼먼 먹칠을 하며, 향기로운 인정의 언어에다 불신의 악취를 풍기는 악마들이 있는 것이다. 새로운 언어철학은 언어적 순환질서를 교란하며 언어로써 인간을 구속하는 악마들의 언어행위인 명령과 폭언과 거짓말에 관하여 우선적으로 관심을 기울여야 될 것이다.

그런데 언어철학은 언어적 현실에 기초하고 있다. 언어적 상황, 언어적 현실을 무시하는 언어철학은 잠꼬대거나 허황된 꿈풀이(해몽)거나 유치한 말장난에 지나지 못한다. 언어적 상황은 크게 보아서 '언어의 자유로운 사용'을 허용하는 상황과 그렇지 못한 상황으로 나누어 볼 수 있다. 두말할 필요도 없이 종래의 언어이론은 언어의 자유로운 사용이 허용된 상황을 전제로 하여 성립되어 왔다. 그러나 언어의 자유로운 사용은 시대에 따라 지역에 따라 끊임없이 위협받아 왔음을 인정한다면 지금까지의 언어이론은 '일면적' 상황에서 이루어진 것임을 알 수 있다.

새로운 언어철학은 언어의 자유로운 사용이라는 정상적 상황보다는 언어의 자유스런 사용이 항상 억압받아온 '현실적-역사적' 상황을 고려하지 않을 수 없다. 한 걸음 더 나아가 언어는 금지될 뿐만 아니라 '강요' 되기도 한다. 하고싶은 말을 하지 못하게 할 뿐만 아니라, 하기싫은 말을 억지로 하게끔 시키는 것이 언어의 인위성(人僞性)에서 고려되어야 한다.

이것은 모국어를 박탈당하고 외국어를 강요당하는 경우에 잘 나타나는 현상이다.

한민족의 지식인들은 얼마나 오랜 동안 중국의 글을 암송하느라 종아리를 걷었으며, 중국글로써 자기 뜻을 표현하느라고 얼마나 많은 회초리 자죽을 남기었는가. 어디 그뿐이랴. 일본말을 배우느라 얻어맞은 따귀는 얼마나 매서웠으며, 일본글을 읽히느라 당한 '기합'은 얼마나 지루하였던가? 중국어 수업이 끝나고 강요된 일본말 수업이 얼마 안있어 완전히 사라진 줄 알았던 한민족의 교실에서는 일본어 호령이 들리며 칠판 위에는 또 다시 일본문자가 적히고 있다. 이 민족의 소년·소녀, 그리고 청년들은 중국어·일본어·미국어·소련어에 관한 통쾌한 '마지막 수업'을 마치고 언제 아름다운 한민족의 말과 글을 익히는 수업에 열중하게 될 것인가?

이성이 인위적(人爲的)이면서도 인위적(人僞約)인 위험성을 내포하는 것과 꼭 마찬가지로 언어는 인간에 대하여 매우 고마운 것인 동시에 반대로 인간에게 많은 고통을 주는 인위성을 내포하고 있다. "인간은 언어를 가지고 있는 동물이다"라는 정의는 틀린 것은 아니지만 불충분한 정의다. 물론 사람은 언어를 소유하고 있는데 반하여 다른 동물들은 그렇지 않다. 침팬지의 언어 또는 꿀벌의 춤과 같은 것들은 인간의 언어와는 차원을 달리한다. 이른바 동물의 언어에는 고의적 거짓말이 없다. 이것이 인간의 언어와 동물언어의 본질적 차이다.

그런데 인간이 언어를 소유한다는 사실보다 인간의 구체적 언어현실이 인간에게 중대한 문제다. 인간은 언어를 구사할 줄 알되 '함부로 언어를 사용하지 못하는 동물'이기 때문이다. 인류 역사의 기록은 오히려 이와같은 정의가 올바르다는 것을 증언해 주고 있다. 사람은 단순히 말하는 동물이 아니다. '맘대로' 지껄이는 것이 사람이 아니다. 점잖게 또는 신중하게 말을 조심할 뿐만 아니라 말하고자 할 바 있어도 제 뜻을 마음대로 펴내지 못하며, 사람들이 무슨 말을 하고 싶어해도 기어이 발언을 금지시키는 동물이 바로 인간이다. 그뿐만 아니라 하기 싫은 말인 줄 뻔히 알면서도 억지로 말을 하지 않으면 안되는 동물이 사람이다. 이러한 관점에서 볼 때 "사람이란 말하는 동물인 동시에 거짓말을 할 줄 아는 동물이며, 함부로 말하지 못하는 동물이며, 억지로 말을 해야만 하는 동물이기도 하다"라는 구체적 정의가 승인되어야 한다.

이러한 구체적 정의에 입각하여 언어의 살아있는 얼개를 제시한다면 아래와 같다.

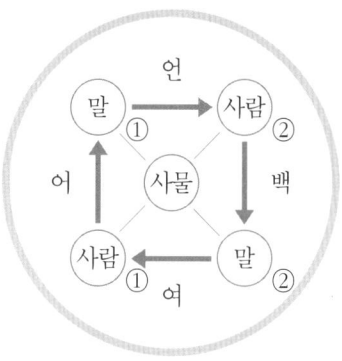

여기서 먼저 눈에 뜨이는 것은 말①과 말②, 사물, 사람①과 사람②의 다섯 계기들이다. 그 뿐만 아니라 이 다섯 계기 사이에 있는 →과 −의 계기를 주목할 필요가 있다. 이 줄은 인위적(人爲的, 人僞的) 성격을 표현한다. 말과 사물 사이의 줄, 사람과 사물 사이의 줄은 사람의 의지에 따라서 일치 내지 대응하는 관계를 구성한다. 다시 말해서 이것은 인위적(人爲的)으로 일치하거나 대응할 수도 있으며, 인위적(人僞的)으로 불일치(거짓말)하거나 대응하지 않을 수도 있다. 일부러 일치시키는 것이지 저절로 일치되는 것은 아니다.

이와 같은 일치·대응의 언어의지가 언어의 제6계기로서 주목되어야 한다. 탈색된 언어구조가 아니라 살아있는 현실적 언어구조를 이해하는데 이 제6계기가 매우 중요한 몫을 차지할 것이다. 그런데 살아있는 언어의 얼개는 여섯개의 계기들로써 다 설명될 수 없다. 이 여섯개의 계기들은 독립된 언어왕국을 형성하는 것이 아니다. 그 배후에 또는 이 구조물 '바깥에' 는 언어여백과 인위적 언어환경이 지배하고 있다.

언어여백에는 금지된 언어, 강요된 '침묵' 과 발언되지 못한 언어들로써 충만되어 있다. 눈에 뜨이며 귀에 들리는 언어는 말하자면 감행된 언어 또는 허용된 언어라고 말할 수 있다. 그 배후에는 언어를 억제하며 언어를 은폐시키려는 인위적(人爲的, 人僞的) 배경이 도사리고 있다. '언어의 자유' 와 '언어의 부자유' 가 이 여백을 지배하는 것이다. 이 마지막 계기, 언어의 제7계기는 비록 눈에 보이지 않고 귀에 들리지 않지만, 보이며 들리는 언어보다도 훨씬 근본적인 언어의 계기다. 만일 이 제7계기가 언어의 부자유로 가득차 있다면 발언된 언어의 모든 계기들도 부자유의 굴레를 쓰게 된다.

'언어의 자유' 란 흔히 발언의 자유를 뜻하는 것으로 통용되는데, 자세히 본다면 발언된 언어가 많음으로써 언어의 자유가 확보되는 것은 아니다. 왜냐하면 부자유스런 분위기에서 허용된 발언 또는 통용되는 발언 그 자체란 악마에 의하여 가설된 감옥 또는 무거운 짐이기 때문이다. 발언되는 언어 자체가 바로 부자유의 쇠사슬인 것은 '언어적 감금' 의 성격이 말해준다. 강요된 발언과 강요된 침묵은 모두 언어의 부자유 환경이다. 발언 봉쇄만큼이나 발언 강요는 무서운 쇠사슬이다.

언어자유의 문제는 언어의 '발생' 에 관한 새로운 해답을 제공한다. 이것은 언어의 '기원' 에 관한 언어과학자들의 지루한 말다툼 끝에 힘들여 꾸며댄 해답과는 전혀 다르다. 언어가 사회적으로 어떻게 '교육' 되며

'허용' 되며 '불허' 되며 '강요' 되고 있는가에 따라서 현실적 언어가 어떻게 발생하는가를 분명히 밝힐 수 있다.

언어철학은 언어의 현실적 발생문제뿐만 아니라 언어의 현실적 용도에 관하여서도 주의를 기울여야 한다. 언어철학은 인공언어나 직업적 철학자들의 언어와 같은 특수한 언어에 관심을 기울여서 조금도 해가 될 염려는 없으나, 그보다 중요한 것은 언어철학이 보편적 언어 즉 모든 사람들이 듣고 말하며 보고 읽는 사회적 언어, 현실적 언어에 대하여 깊은 관심을 기울여야 한다는 것이다.

이른바 일상언어의 철학자들은 현실적 생존언어에 대하여 걱정하지 않는다. 그들은 모든 사람들이 거주하는 아파트의 옥상에서 철학적 동화책을 읽으며 '철학적 소꿉장난' 에 열심인 것이다. 이 건물이 불타지나 않을까? 이 건물이 헐값으로 팔려 넘어가지나 않을까? 또는 이 건물을 누가 파괴하지나 않을까에 대하여 그들은 알고자 하지 않는다.

그들의 오손도손한 일상언어보다도 방화범들이 흉계를 꾸밀 때 사용하는 '은어들' 과 모리배들의 '교언들' 과 파괴자들의 '폭언들', 그리고 이 건물에서 살고 있는 주민들의 '침묵' 과 허용된 언어들이 모든 사람들의 생존적 언어라고 말해야 될 것이다. 물론 어린애들의 소꿉장난에서 인형들을 빗질하며 주고받는 언어도 그 나름대로 하나의 생활어라고 하겠다. 그러나 그 어린애들의 이웃어른들 심지어 어린애들의 친부모들이 흉측한 도적이나 범죄자들이라고 한다면, 이 건물 즉 사회 전체에서 의미있으며 중요한 말은 어른들의 언어라고 말해야 마땅할 것이다.

그러나 언어철학이 방화범이나 횡령자의 음흉한 언어를 음미하며 그 본색을 탄로시킨다고 해서 철학의 임무가 완성된 것은 아니다. 언어를 분석한다고 해서 방화범의 범죄가 근본적으로 배제된 것은 아니다. 언어적인 차원에서만 유희하고 싶다면 방화 이전이건 방화 도중이건 방화 이

후이건간에 언어철학은 언어에만 관심을 가지고 여유있게 또는 분주하게 한 귀퉁이에 모여 앉아 언어소꿉들을 가지고 보낼 수 있다. 방화 이전에는 방화범의 가능한 은어와 폭언을, 방화 도중에는 울부짖는 주민들과 구경꾼들과 소방대원들의 언어를 분석하며, 화재사건 이후에는 환자들의 신음소리와 울부짖는 벼락거지들의 욕설과 유가족들의 구슬픈 통곡소리를 동정적으로 시적으로 음미하며 그 의미와 용도를 분석할 수도 있다. 언어에만 관심갖는 가련한 언어철학은 분명히 사회적 고아이면서도 언어유희의 소재에 있어서는 어떤 경우에건 부족함도 고갈함도 없다.

그렇다고 해서 철학은 언어분석 대신에 화재사건 뒷처리를 돕는데서 고유한 임무를 찾아야 하는 것도 아니다. 언어철학이 어린애의 모자를 벗고 이제 윤리학이나 형이상학 또는 예술철학의 수염달린 가면을 쓴다는 것도 매우 어리석은 노릇이며, 이것 또한 철학이 민중이라는 관객을 농락하는데 철저하다는 것만을 증명할 뿐이다. 화재사건 이후 화상을 입은 환자들에게 고통을 어떻게 이겨내는가, 고통이 행복을 추구하는데 얼마나 유익한 수단인가를 그럴듯하게 가르치며, 미망인들에게는 삶과 죽음의 의미를 알듯 모를듯한 묘한 언어로써 수식하여 주며, 죽은자들의 장례식에 참석해서는 영원한 사후세계의 행복을 찬미하는 장송곡을 불러주는 늙은 윤리학자의 탈을 쓴 철학자나 화재사건 이전의 어린 언어철학자나 모두 '직업적' 인 점에 있어서는 별 차이가 없다.

철학적 돈벌이를 하는 자에게는 비가 오면 우산장사를, 햇빛이 나면 얼음장사로 상황에 따라 재빨리 직업을 전환하는 재치가 필요한 것이다. 그에게는 언어분석 유희를 하다가 철이 바뀌면 위문단원이 되거나 상황이 불리하면 집 앞에다 매장연구소(Beerdigungsinstitut)라는 간판을 내거는 재주가 소중할 것이다. '철학업자' 는 화재의 참상을 외면한 채 폐허에서나마 쓸만한 물건들을 몰래 주워모아 치부를 할 수도 있을 것이다. 그는 소용돌이가 지난 후 사후처리대책위원회에 끼어 그럴듯한 '화재경과에 대한 철학적 일지'를 제출함으로써 인기를 끌며 많은 상금을 탈 수도 있을 것이다.

이러한 파렴치 행위들은 폐허 위에 황혼이 깃들고 흉칙한 어둠이 깔리기 시작할 때 타다남은 건물벽과 지붕 사이로 날아들어 역사의 사다리 끝에 앉아 과거를 회상하며 명상에 잠기는 '올빼미' 보다도 못한 짓이다.

진정한 철학은 언어 소꿉장난으로서도, 또는 어른들의 가시돋친 언어탄로로서도, 또는 늙은이의 위로와 행복의 윤리학설로서도, 또는 영원한 삶을 설교하는 형이상학으로서도, 또는 올빼미의 울음소리와 같은 예술철학으로서도 그 임무를 다한 것이 아니다. 철학은 만인이 거주하는 건물에 대한 '자연적' 화재의 위험성을 경고하는데 그칠 것이 아니라, 집단 거주지에 불을 일부러 지르려는 범죄자·악마를 체포·처단하는데 앞장서야 할 것이다.

방화범이 숱한 목숨과 많은 재산을 앗아간 다음에 현장에 나타나서 뒷처리하는데 철학이 끼어들려고 할 것이 아니라, 보편적 유대의 전선을 끊어 화재를 일으키려는 범죄자의 손에서 칼을 뺏으며 그를 구속하는데 앞장서야 할 것이다. 이보다 훨씬 바람직한 일은 아예 방화범이 지상에 태어나지 못하게 하거나 또는 방화범이 될 수 있는 위험성을 인간의 심장으로부터 추방하는 훌륭한 교육을 실시하는데 있다고 할 것이다. 언어철학은 여기에까지 도달하여야 할 것이다.


## 02 _ 언어적 감금

인간으로부터 인간을 해방시키려면 인간이 인간을 무엇으로써 구속하는가를 규명하지 않을 수 없다. 악마는 언어로써 인간을 속박한다. 악마는 인간으로 하여금 '언어의 포로'가 되게끔 음모를 꾸민다. 인간은 악마가 꾸민 '언어의 마술'에 걸려 언어의 감옥에 갇힌다. 그러므로 인간해방은 악마로부터 인간을 해방시킴이며, 이 해방은 마술의 감옥인 '언어의 감방'으로부터 인간을 구출함이며, 악마의 몽둥이인 '언어적 폭력'으로부터 해방됨이며, 악마의 속임수인 '언어적 약탈'로부터 해방됨이며, 악마의 비밀은 '침묵'으로부터 해방됨이다.

언어적 감방은 넓은 의미에 있어서 일체의 언어를 뜻하는 것이지만 좁은 의미에서는 명명과 정의를 두고 한 말이다. 언어적 폭력은 잡음, 폭언, 장담, 아우성과 같은 언어를 뜻하며, 언어적 약탈이란 거짓말을 뜻하며, 침묵은 발언금지된 언어의 영역을 뜻한다. 언어는 정신에 대하여 가장 가까우면서도 가장 두꺼운 벽이다. 정신은 언어를 타넘어가기가 매우 어렵다. 정신에 대하여 언어는 물리적으로 귀 속의 고막만큼이나 얇으면서도 심리적으로는 철판만큼이나 뚫기 어렵다. 이 철판에 녹이 슬게 되면 더욱 무겁고 두꺼워지게 되어 정신은 더욱 위축되어 간다. 정신적 활력이 소멸되지 않는 한 언어적 장막은 정신의 활동을 감금만 하지 않고 보호해 주지만 활력의 감퇴와 더불어 언어장막은 정신을 억압하게 된다.

이 위축과 감퇴는 자연적으로가 아니라 인위적으로 조성되며 조장된다는 점을 주목할 필요가 있다. 다시 말해서 악마에 의하여 그것은 조장되는 것이기도 하다. 언어환경이 얼마나 자유스럽지 못한가는 악마의 활동이 얼마나 자유스러운가를 증명해 준다. 악마의 언어행위를 감금과 약탈을 중심으로 해서 노출시켜보자.

"분단하고 지배하라!"(Divide et impera!)는 악마의 주문은 "구분하고 정의하라!"는 점잖은 호령으로 바뀌어질 수 있다. 사람을 쪼개놓고 지배하는 방법은 언어적 악행에서도 그대로 적용된다. '구분과 정의'가 바로 그것이다. 구분은 서양철학의 역사에 나타난 양분법적 논리의 발전에서 명백하게 실현되어 왔다. 두가지 사물들 사이의 차이점은 그들을 구별시킨다. 차이는 구분의 근거다. 두가지 사물들의 공통점은 구분으로 말미암아 망각된다.

구분은 통일을 파괴함이며 인위적 분열의 방법이다. 구분은 자연에 대한 인간의 인식방법으로서 발달하였으나 이것을 인간 자신에게 적용함으로써 숱한 불화의 씨앗을 마련하였다. 말하자면 사람이 자연을 쪼개는 데 쓰던 칼을 바로 사람을 쪼개는 데도 사용하게 된 것이다. 그런데 인간에 의한 자연지배마저도 인간에 의한 인간지배의 악행을 본뜬 흔적을 쉽게 찾아 볼 수 있다. 이것은 인위적 지배양식의 언어적 표현, 예컨대 주인과 종의 개념으로써 자연을 실체와 속성으로 양분하는 경우에까지 확장되어 있음에서 증명된다.

양분법적 구분은 이미 지적하였듯이 수평적 구분이 아니라 수직적 구분으로서, 구분된 양극 사이에는 어느 한편으로부터 넘기 어려운 높은 장벽이 세워지게 마련이다. 이 장벽은 어떻게 보면 매우 투명한 막인 것 같으나 실제에 있어서는 양극 사이의 공평한 왕래의 길을 가로막는 매우 두꺼운 철벽이다. 이 장벽 또는 장막의 역할은 양극을 분열시킬 뿐만 아니라 양극 사이의 평등한 교통을 차단하는데 있으며, 한 걸음 더 나아가 수직적 상부의 내막을 은폐시키는데 있다.

다시 말해서 그것은 칸막이며 장벽이며 흑막이다. 수직적 하부로부터는 그 담장을 넘겨볼 수 없으며 또 넘어갈 수도 없는 반면에, 수직적 상부로부터는 이 담장 위로 훤히 넘겨다 볼 수 있으며 마음대로 그 위로 넘나들 수 있는 일방통행의 울타리다. 질료는 결코 형상의 울타리를 넘겨다 볼 수 없다. 형상의 울타리는 질료의 침입을 방지하며 형상의 모습을 질료의 눈으로부터 가리워 버린다. 그러나 형상은 울타리를 넘어 질료의 영역에로 마음대로 들어갈 수 있는 것이다. 질료에 대하여 형상의 장막은 은폐의 장막이다. 이 모든 일방통행은 질료가 형상보다 낮은데 있고, 형상이 질료보다 높은데 있기 때문에 가능한 일이다.

자연에 대한 인간의 지배방식의 하나로서 '명명' 이 있다. 그런데 자연에다 명명하는 방식을 바로 인간 자신에게 적용함으로써 인간통치술이 발달되어 왔다. 철저한 지배의 경우에는 아예 이름조차 부여하지 않았다고 주장할 수도 있을 것이다. 그러나 이 때에도 보통명사 또는 집합명사라는 모개흥정식의 이름이 피지배 대상에 잔혹하게 씌워져 있게 된다. 예컨대 노예, 짐꾼, 심부름꾼, 야만인, 미개인, 상놈, 역적 등 사물의 명칭보다도 못한 이름들이 일방적으로 지배받는 무리들의 이마 위에 낙인으로 박혀 있었다.

인류역사상 짐승보다도 더한 고생을 겪은 많은 노예들의 '고유명사들' 이 별로 알려져 있지 않은 것은 바로 그들이 얼마나 철저히 억압받아 왔는가를 증명한다. 이름이라고 해야 기껏 노예관리를 철저히 유지하기 위한 명부(list)에 기록된 '번호' 처럼 노예들은 인간으로서보다는 창고의 재고품과 같은 대접을 받아왔다고 하겠다. 이 노예명부란 실은 인간으로서가 아니라 가축으로서 취급된 사람들을 얽어맨 쇠사슬이나 굴레에 지나지 않는 것이었다. 그러므로 노예들에게 있어서 명부란 찢거나 불태워 없애고 싶은 저주덩어리였던 것이다. 노예들이 사사로이 서로 부르거나 주인에 의하여 호칭되는 경우에도 그것은 자주적 인간으로서 대접받는 이름이라기보다는 애완동물에 붙인 이름과 마찬가지였다.

해방을 원하는 자는 먼저 자기에게 씌워진 '억울한 이름' 을 거부해야 한다. 그리고 사람다운 이름을 되찾아야 한다. 한 나라의 국호까지 남이 지어주며, 오랜 동안 인구의 반을 차지해온 여성들이 고유명사없이 지내왔으며, 스스로 또는 강제로 자기의 성을 갈며, 지명과 상호와 상품명에 이르기까지 남의 이름을 따서 지어 놓는 민족은 단순히 이름의 가치를 소중히 할줄 모르는 민족만은 아니다. 이러한 민족은 이름을 빼앗긴 민족이다. 심지어 개의 이름을 창씨개명한다고 해서야 개주인 노릇이나마 제대로 할 수 있을까? 분명히 한국음식 찌꺼기를 먹는 개들인데도 이름을 '쫑', '도그', '쟈니', '조지' 와 같이 불러야 진짜 도둑을 보고 잘 짖는단 말인가?

문제는 인간에 의한 인간지배다. 인간이 인간을 지배하는 방식 가운데서 '감금' 처럼 잔인한 것이 없다. 사람에게 감금이란 살아있는 상태이면서도 죽어있는 상태다. 말하자면 양생이며 양사다. 악마에 의한 인간지배양식은 언어적 감방인 바 '정의' 속에 인간의 정신을 감금시켜 놓는 교묘한 술책이다. 지배의 '명찰' 이라고도 말할 수 있는 명명(Name-calling)이 내용적으로 고정된 것이 정의(定義)다. 악마는 사람을 지배하려들 때 사람에 대하여 '호령' 한다. 호령할 때 악마의 혀 끝에서 처음 튀어나오는 것이 이름이다. 인간에 대한 명명이 악마의 호령 첫 구절에 해당된다면 인간에 대한 정의는 악마의 명명에 해당된다. 인간이 자연적인 일로서 자연현상을 정의하는데 대하여 왈가왈부한다는 것은 어리석은 일로서 지탄받을 것이다.

그러나 인간에 대한 정의와 인위적 행위, 자세히 말해서 사람이 만들어논 문화, 사회제도, 법률제도, 추상적 개념들에 관한 정의들 가운데는 악마의 입김이 강하게 서려 있는 것들이 많다. 지배한다는 것은 한계 지움에서 비롯된다, 어디에다 한계를 지우는가? 언어에다 한계를 지워놓는 것이다. 즉 정의된 내용에다 감금시켜 버리는 것이다.

한계란 자유로운 왕래를 금지하기 위한 높은 담이다. 정의의 감방을 뛰어넘지 못하도록 악마는 언어에다 금을 그어 놓는 것이다. 그어논 금 속에서만 배겨내야지 금 바깥으로 나와서는 안된다! 노예의 울안에 갇혀 있거라! 밖에 나오지 말고! 이것은 나의 땅이다! 여기에 들어오지 말아라! 출입금지!(Off Limits!)

정의(定義)의 성격을 뚜렷이 알아차리기는 쉽다. 왜냐하면 정의를 만든 자는 피지배자가 아니라 지배자이기 때문이다. 주인이 호령하며 주인이 명령하는 것이지 종이 호령하며 종이 명령하지 않는 법이다. 그러므로 어느 분이 내린 정의인가요라고 물어보면 금방 정의의 성격을 알 수 있다. 아메리카를 발견하였다는 것은 무슨 뜻이며, 아메리카라는 말은 누가 붙였소? 인디언들이 정의한 것이오? 백정이라는 말은 무슨 뜻이며, 그 말을 만든 사람은 누구요? 평생 동안 쇠고기 구경 못하는 사람들이 만든 말인가? 이런 식으로 물어본다면 정의의 본색을 쉽게 알아차릴 수 있다.

악마는 호령하며 명령한다. 악마는 언어의 지배자이며 언어로써 지배하며 언어로써 감금한다. 그러나 악마의 언어가 단순한 '명령형'의 형태로만 되어 있지는 않다. 악마의 명령이라고 하여 전부 감탄부호를 수반하는 것은 아니다. 그보다 훨씬 세련된 명령의 형식을 통하여 악마는 명령한다. 감탄부호를 일일이 달고다니는 명령, 큰 고함소리로 된 호령이 오히려 장기적인, 영속적인 효과를 가져다 준다. 그것은 바로 '정의'다.

악마의 통치를 더욱 빛내주는 통치는 명령의 고함소리보다 은근한 정의의 확고부동성에 기초하고 있다. 어물어물 노예는 눈치를 살피며 주인의 명령을 거역하거나 회피할 수는 있지만 정의는 거부하기가 여간 힘든 것이 아니다. "각자 돌아가 맡은 바 임무에 성실하라!"는 명령을 받지 않고서도 각자는 돌아가 자기의 언어감옥인 정의 속에 성실하게 들어앉아 있게 된다.

지배를 거부하며 억압을 거절하는 자, 고개를 쳐들려는 자, 무릎을 펴려는 자, 감옥에서 해방되려는 자는 악마의 명령을 거부하라! 지배를 거부하며 억압을 거절하는 자, 고개를 쳐들려는 자, 무릎을 펴려는 자, 감옥에서 해방되려는 자는 악마의 정의를 거부하라! 악마의 명령을 거부하지 않고서, 악마의 정의를 거부하지 않고서 해방은 없다. 악마가 요새처럼 다져논 명령은 명령형이 아니라 '직설법 서술형'이다. 매우 세련되어 있으며 조용한 어조로 꾸며진 정의에는 악마의 창검들이 돋혀 있으며 사람을 잡는 독이 들어 있다. 악마의 일방적 의사를 반영한 정의에는 악마의 폭력적 몽둥이와 예속의 피와 눈물이 섞여 있다.

정의를 구성하는 의미는 사전편집자의 탁월한 기억력에 의하여 제공되는 것이 아니라 사람의 피로써 결정된다. 참된 정의는 잉크로써 또는 음성으로써 결정되지 않는 피의 기록 즉 혈서다. 지배적 정의는 이미 저항의 정의가 고개를 쳐들지 못하도록 짓누르고 있으며, 항거하는 정의를 피지배자의 의식으로부터 추방한 것이다.

사람을 정의 속에 감금해 놓고서도 만족하지 않는 악마들은 정신과 언어를 언어몽둥이로써 두들겨 팬다. 악마의 폭언이 바로 그것이다. 기억을 가진 자가 강자다. 기억은 강자의 재산이다. 악마는 사람들의 재산을 강제로 빼앗기 위하여 언어의 몽둥이를 휘두르며, 그것으로 사람을 두드리며, 또 악마의 징을 요란스럽게 두들긴다. 소음과 잡음과 담소와 허언장담과 아우성과 같은 귀따가운 폭언들이 날뛰는 곳에 진리의 목소리는 잘 들리지 않는 법이다. 스파르타 의회에서 의사결정방법에 동원되었던 것과 같은 고함소리 곁에서는 참말의 목소리가 가리워지기 쉽다.

악마의 폭언은 사람들의 언어를 지워 버린다. 악마의 고함은 사람들의 언어를 중단시킨다. 폭언은 사람들의 현재 언어뿐만 아니라 과거의 언어를 몽둥이로 두들겨 패서 빼앗는 방법이다. 온갖 언어적 몽둥이와 언어적 꽹과리와 언어적 징을 동원하여 법석대면 큰 소리에 눌려 사람들은 현재의 발언과 과거의 언어를 송두리째 빼앗겨도 모르는 신세가 되기 쉽다. 사람들은 악마의 요란한 호각소리를 듣다가 과거를 박탈당하고 만다. 모든 과거의 언어들이 망각되면 사람들은 '역사'를 빼앗긴다. 악마는 사람들의 과거마저 소유하며 역사마저 독점하려고 한다. 악마의 족보란 얼마나 거창한 것인가? 악마에 의하여 짓밟힌 사람들의 족보란 얼마나 허무한가?

사람들을 언어의 감옥에다 가두어 두며 언어의 몽둥이로 두들겨 패는 악마는 아예 사람늘의 입에다 재갈을 물리어 가장 멀고도 어두운 침묵의 형지에다 유배시키려 한다. 사람에게 말을 못하도록 입을 틀어 막으면 사람은 짐승이 된다. 짐승이란 말못하는 사람이며, 사람이란 말하는 짐승이 아닌가? 그런데 사람의 입에 재갈을 물리려는 악마들의 함구공사에는 바늘이나 못이 동원되지 않는다. "침묵은 금이다", 또는 "입은 화를 불러들이는 문이요, 혀는 자기를 죽이는 도끼로다"(口是招禍門 舌是殺己斧:연산군이 신하들에게 명령하여 가슴에 달고 다니게 했다는 패)와 같은 몇가지 연금술적 표어들만 가지고서도 악마들은 사람들의 입을 꿰맬 수 있다.

그러한 표어들은 입을 다물라는 악마의 명령을 대변하여 주는 것이다. 악마는 이 명령의 예술적 효과를 드높이기 위하여 공포의 선율을 울려 퍼뜨린다. 그러면 사람들은 어떻게 재갈을 풀고 입술을 열 수 있는가? 악마가 사람의 입술을 '말'로써 단아놓았던 것처럼 함구된 입을 여는 자의 무기도 역시 말이다. 말로써 입술을 열어젖히는 도리밖에 없다.

닫힌 입술을 여는데 손이나 가위를 필요로 하지 않는다. 말로써 입을 닫는 것처럼 말로써 입을 연다. 입술 사이를 뚫는 언어적 격파는 어려울 것같지만 매우 쉽다. 강요된 침묵의 벽이 두껍고 입술 사이에 낀 재갈의 쇳덩어리가 무거운 것 같지만 아랫입술과 윗입술 사이는 얼마나 얇으며 연금술적 재갈은 얼마나 가벼운 악마의 헛기침이냐? '겁먹지 말고' 이 얇은 틈으로 힘차게 말을 뱉어라! 이 최초의 언어격파없이 이 손쉬운 언어돌격없이 인간에게 자유란 없다.

## 03 _ 언어적 약탈

### 1 .. 거짓말

악마들은 따로 떨어져 저희들끼리만 접촉하며 저희들 고유의 언어와 저희들 고유의 풍습을 가지고 있는 것은 아니다. 악마의 혀 끝에서도 보통사람들의 입술 사이에서 튀어나오는 것과 똑같은 단어들이 튀어나온다. 악마의 언어가 따로 없다. 오히려 악마의 언어가 더 세련되어 있거나 매끈하거나 위엄있게 마련이다. 악마도 겉으로는 '협동' 과 '평화' 와 '행복' 과 '통일' 과 '번영' 과 같은 아름다운 어휘들을 사용한다. 그러나 악마의 언어는 혀 끝에서만 튀어나오는 것이다. 악마의 언어는 심장 속에 뿌리박고 있지 않다. 그의 심정과 언어, 그의 의도와 언어는 전혀 다른 방향을 가리킨다.

악마의 언어는 언어적 차원에서는 분간되지 않으나 실재의 차원에서 분명히 분간된다. 그는 혀 끝으로는 콩을 심으나 행위에 있어서는 팥을 가꾸고 있다. 그의 입술은 밀 이삭을 얘기하지만 그의 심장은 깜부기로 가득차 있다. 아름다운 말을 사용하기 때문에 악마도 흔히 진인, 선인으로 통한다. 외관상으로는 악마의 얼굴도 아름다운 언어로 씌워져 있다. 그러나 이것은 가면이다. 양의 가죽을 쓴 늑대들이 양떼 속에 끼어 있다. 악마의 가면은 거짓말로 그려져 있다. 그런데 이 가면은 단순히 자기의 얼굴만을 가리는데 사용되는 것이 아니다. 그린은 약탈의 검은 보자기이다.

사람들을 언어 속에 가두어 두며, 사람들을 언어몽둥이로 두들겨패며, 사람들의 입에 침묵의 재갈을 물리고서 사람들의 살과 피를 약탈해가기 위하여 악마는 거짓말의 가면을 쓰고 거짓말의 보자기를 약탈물 위에 덮는다. 거짓말은 도둑질이다. '언어적 약탈' 이것이 악마의 언어행위로서의 거짓말이다. 악마는 거짓말로써 실재라는 사람들의 재산을 약탈해 간다. 거짓말이 어째서 약탈인지를 알아보려면 참말이 어떻게 실물과 대응하며 실물을 보존하는가를 눈여겨 보면 족하다. 거짓말은 실물을 빼앗아 가고 빈자리에다 언어 보자기만을 씌워놓는 언어적 네다바이다. 거짓말은 정신적 절도이며 언어적 약탈이며 인식의 착취다. 본래 언어와 사물은 대응관계를 통하여 그 정상적 질서를 유지하였으나, 이 관계와 질서를 파괴하는 인간이 출현하면서부터 정상적 언어 대신에 파괴적 언어가 횡행하기까지 이르렀다.

정상적 언어질서를 파괴하는 인간의 출현은 노동의 과정에서 비롯되었다고 볼 수 있다. 인간은 본래 실재론적으로 사물에 접촉함으로써 그의 욕구와 필요를 해결한다. 그런데 언어귀족이라는 특수한 '언어 연금술사'가 출현하면서, 그는 사물에 직접 자신의 손을 접촉시키는 대신에 사물과 자신 사이에 또 하나의 인간을 개입시켰다. 언어귀족은 사물과는 손을 떼고 그 사람손(하수인)에게 언어적으로만 관계하며, 앉아서 만사를 해결할 수 있는 안락의자를 차지하게 된다. 최초의 인간과 사물의 관계로부터 도망해서 그는 인간과 인간과의 관계만으로써 자신의 욕구를 충족시킬 수 있게 되었다.

이러한 1차적 관계에서는 안락의자에 앉은 사람과 그 앞에 머리를 숙이고 꿇어앉은 사람 사이에 단지 언어만이 개입됨으로써 그 관계가 유지될 수 있다. 그러나 2차적 관계는 최초의 관계인 실재론적 관계와는 달리 관념론적 관계로 승화된 것이다. 언어적 귀족의 생존문제 해결방법은 실재적 해결이 아니라 관념론적 해결, 즉 언어적 연금술의 방법이다.

다시 말해서 언어적 귀족은 실재에 대한 고려에 분주할 필요없이 언어적 주판알만 튕기면 될 뿐이다. 그의 손 끝에 닿아 오르내리는 주판알은 도깨비 방망이처럼 원하는 모든 것을 당장에 끌어와 창고를 채울 수 있다. "은 나와라 딱각! 금 나와라 딱각!" 그의 말씀은 바로 연금술적 창조의 주문이나 다름없다.

그러나 언어적 연금술사는 하루종일 앉아서 명령만 하는데 만족하지 않고 실로 엄청난 언어적 약탈에 재미를 붙이게 된다. 그의 취미는 언어를 조작하여 언어의 가공적 체계를 수립하며, 언어의 유행과 큰 거짓말들을 제도화시키는데 집중되어 있다. 여기에서 언어적 귀족주의는 모든 것을 말로써 해결하려는 언어적 연금술의 구체적 비결을 간직한 '관념론' 의 지지자가 되며, 관념론자에게 종신장학금을 제공하게 된다.

그 뿐만 아니라 언어귀족은 언어와 실재의 정상적 대응관계를 언어와 실재의 비정상적 관계로 변질시킴으로써 실재로부터 부당한 이익과 엄청난 횡령을 차지하게 된다. 악마는 언어적 착취와 언어적 절도를 주업으로 한다. 그는 '거짓말' 이라는 새로운 언어질서, 비정상적·변태적 언어매개체로써 가리면서 중간에 낀 하수인으로 하여금 사물이나 실재에 관한 실재적 언어관계를 망각하게 하거나 혼동시킴으로써 실재의 몫 또는 사물 전체를 통째로 빼앗는 약탈자의 범행을 저지른다.

한마디로 말해서 악마는 언어로써 정신적 절도를 범함과 아울러 실재적 약탈을 범한다. 그의 구체적 노동은 손과 발을 땀흘려 움직이는 힘든 일이 아니라, 편안한 의자에 앉아서 거짓말을 일과로 삼는 '혀의 노동' 일 따름이다.

> 너희들은 악마의 아들들이다. 그리고 너희들의 아비의 욕망을 채우고 있다. 그는 처음부터 살인자였고 진리쪽에 서 본 적이 없다. 그에게는 진리가 없기 때문이다. 그가 거짓말을 할 때마다 자기의 본성을 드러낸다. 그는 정녕 거짓말장이며 거짓말의 아비이기 때문이다. (요한복음 8:44)

## 2 ·· 남에 대하여서도 알아라!

거짓말은 단순한 취미 또는 귀족적 말재간을 뽐내기 위한 것이 아니라 목숨 또는 물건을 빼앗기 위한 말이다. 그것은 처음부터 속임을 의도한 부도수표다. 그러면 어째서 똑똑한 짐승인 사람이 거짓말에 속는가? 물건을 빼앗기는데 인색한 사람들이 어째서 거짓말을 쉽게 가려내지 못하는가? 내답은 간단하다. 첫째로 밀이란 보이지 않는 것이기 때문이며, 둘째로 사람들은 남을 나의 마음처럼 믿기 때문이다.

서양철학을 공부하기 시작하는 젊은이들이 철학에 대하여 무얼 좀 알아보려고 우물쭈물하는 사이에, 그들은 마치 으슥한 신전에서 울려나오는 듯한, 또는 노인의 목쉰 부르짖음과도 같은 소리로 "너 자신을 알아라!"는 외침을 듣고 움찔하게 된다. 이것은 단순히 옛날 어떤 신전의 돌기둥에 새겨진 의미깊은 금언으로서 뿐만 아니라, 실은 서양철학이라는 대가문을 이끌어 온 정신적 교훈이나 마찬가지였다. 서양철학자들이 그처럼 오랜 동안 영혼의 문제, 정신의 문제, 자아의 문제, 자기의식의 문제, 실존의 문제 등에 골몰하여 왔음은 그들의 조상 소크라테스가 남긴 가훈에 충실하였음을 뜻하는 것이기도 하다.

"너 자신을 알아라!" 네가 감히 무얼 안다고. 너 아닌 다른 문제들, 너를 둘러싼 문제들, 예컨대 우주니 세계니 인생이니 하는 것들, 또는 정치·사회·법률 등, 또는 선이니 악이니 하는 것들에 관해서 알아보려고 하기 전에 먼저 너 자신에 관해서 알아보라는 이 말, 또는 매사에 너 자신을 정신차려 가다듬으며 사려깊은 통찰을 앞세울 것이며, 네 분수를 지키라는 이 말에 대하여 이제와서 왈가왈부한다거나, 그 말을 탓할 바가 어디에 있겠으며, 흠잡을 데가 어디에 있겠는가?

물론 '너'란 바로 '나'다. '나'란 단순히 개인적 사생활에 몰두하는 '나'라기보다 사람 자신, 보편적 사람됨 등을 뜻할 것이므로 세계와 사람의 관계에서 사람에 관한 앎을 앞세우라는 저 금언은 조금도 못마땅할 까닭이 없다. 그럼에도 불구하고 서양철학자들은 보편적 사람됨과 그 기능에 관한 탐구를 자기 자신의 세계 속에서 진행하여 왔으며 '나' 속에서 또는 '나'에게로 파고들고자 했다. 바꾸어 말해서 나에 비추어서 보편적 사람됨을 해명하는 방식을 택하여온 것이다. 그러나 여기엔 중대한 잘못이 숨어 있다. 나 혼자만의 세계, 나의 내면세계에서 보편적 문제를 해결함은 근본적으로 틀린 해결방식이다. 원칙적으로 나 혼자만의 내면세계란 성립하지 않기 때문이다.

사람은 개인으로서 고립되어서가 아니라 남과의 만남에서 살아가며 생각한다. 나 혼자서 많이 노력하여 많은 지식을 획득하고 많은 성과를 이루어 놓았다고 뽐낼지도 모른다. 그러나 이것은 거짓말이다. 실은 남이 가르쳐 주어서 남으로부터 배운 것이다. 그러므로 나 자신만을 안다는 것은 그 말 자체부터 성립할 수 없다.

그런데 사람이 다른 사람 즉 '남'을 알아야 하는 것은 단순히 내가 그로부터 어떤 은혜나 덕을 입어서 그의 혜택을 기억하기 위해서만은 아니다. 남이 나에게 지식을 전달한다고 해서 반드시 그 내용과 의도와 결과가 호의로써 충만된 것은 아니다. 그가 나에게 전달하는 지식이 참일 수도 있으나 경우에 따라서는 거짓일 수도 있으며, 무의식중에 또는 과실로서가 아니라 고의로써 진실 아닌 거짓을 전달할 수도 있다. 데카르트가 보여준 것처럼 마귀가 사람을 속일지도 모른다는 공상적 가정이 아니라, 현실적으로 사람이 사람을 속이는 엄연한 사실을 아무도 부인할 수 없으매 이제 '거짓말'이 새로운 인식이론으로서의 '사회적 인식론'에서 마땅히 취급되어야 한다. 여태까지는 남을 알기에 앞서 먼저 나를 알아야 했다면, 나와 남과의 사회적 관계에서 수립되는 동일성에 입각해서 나를 알기 위하여, 내가 살기 위하여 남을 알아야 한다는 요청이 제기된다.

나를 먼저 알아야 한다는 격률은 암암리에 윤리적 선입관과 결부되어 왔다. 여태까지는 남을 꾸짖는 행위가 미덕에 반하는 것, 부도덕한 것으로 낙인찍혀 왔다. "남을 꾸짖기에 앞서 너 자신을 꾸짖어라!"는 얘기는 윤리적으로 온건한 듯 하면서도 다른 한편 정치적으로 악용되기 일쑤였다. 그 격률이 일면적이듯, 모든 행위는 사회적이므로 나를 꾸짖기에 앞서 남의 탓으로 돌려볼 수도 있기에 "남을 꾸짖어라"고 말하는 것도 역시 편파적이다. 그러나 현실적으로 나보다 '남'의 간섭이나 훼방이 나의 자유로운 행위를 제약하려 들 때는 남을 탓하여 마땅할 것이므로 경우에 따라서는 나 자신에 대한 일방적 이해보다도 남에 대한 폭넓은 이해를 앞세워야 할 필요가 있다.

"너 자신을 알아라"와 함께 "너 자신의 무지를 깨달아라!"라는 금언도 성실한 철학적 탐구의 태도를 가르쳐 주는 격률들 중의 하나다. 물론 이 격률의 참뜻은 어디까지나 진지(眞知)에 대한 열망을 고취시키려는 데 있었으나, 이것은 한편 불성실하며 불충분한 지적 노력의 표현인 불가지론을 옹호하거나, 사람은 제아무리 알려고 애써 보았자 결국 무식하다든가, 또는 근원적으로 사람은 천박하다든가, 또는 이른바 시정인의 무식을 오만하게 꾸짖는 경우에서처럼 악용되기도 하였다.

그러나 우리는 이제 다음과 같은 격률에 대하여 음미해 보아야할 것이다. 즉 "너의 무지는 너 자신의 탓도 있겠으나 상당히는 남으로 말미암은 것임을 깨달아라!" "너를 무지이게끔 만든 사람, 너를 무지이게끔, 무지의 상태에 머물게끔 애쓰는 사람도 있음을 알아두는 것이 유익하다." 요컨대 "무의식적이든 또는 고의적이든 남이 나를 속이고 있음을 깨달아라!"는 격률이 "너의 무지를 깨달아라!"와 함께 고려되어야 한다.

3 .. 참말과 거짓말

서양철학적 탐구에 있어서 참(진리)은 흔히 '일치'의 관계를 뜻한다. 정신과 사물의 일치, 주관과 객관의 일치, 감각과 대상의 일치, 앎과 알려지는 것의 일치에서 앎의 참이 성립하며, 사물과 그 이상적 원상과의 일치에서 사물의 참, 예컨대 참된 사람, 참된 추정, 참된 가정 등의 관계가 성립한다. 앎과 사물의 경우 이외에도 도덕적 참이 문제된다. 즉 행동과 도덕법칙과의 일치가 윤리학적 관심거리가 된다. 그밖에도 판단들 사이의 무모순관계 등 논리적 참이 인식론과 논리학에서 다루어지고 있다.

이상의 일치문제는 앎과 참에 관한 문제를 둘러싸고 전개된 대응설과 정합설(整合設)의 대립과 연관시켜 볼 수도 있다. 위에서 제시된 여러 가지 일치관계들 가운데서 특히 마지막 예는 따로 일치관계로서보다 이론적 정합관계로 취급하려는 정합설의 관심거리로 되어 왔다.

그러나 어떤 체제이건간에 그 체계를 구성하고 있는 요소들은 정의된 개념들과 개별적 판단들이겠으므로, 그러한 요소들의 총화로서의 체계 내부에서의 정연한 생각과정은 결국 개념들과 정의들의 일치, 판단과 개념의 일치, 판단과 판단의 일치 등 '일치'의 문제에 환원된다고 볼 수 있다. 이러한 관점에서 정합설과 대응설의 대립은 하나의 문제 즉 일치의 문제에서 해소된다. 이 대립의 해소는 일치의 문제가 정확히 이해되는 데서 더욱 뚜렷해질 수 있다.

이미 제시된 여러가지 일치의 경우들 가운데서 가장 고전적이며 대표적인 것으로서 사물과 오성 사이의 일치(adequatio reiet intellectus)를 다루어 보자. 먼저 여기서 일치인지 불일치인지 판가름할 수 있는 구체적 재료로서는 오로지 말(언어)이 있을 뿐이며, 말을 통하여 사람이 사물과 오성 사이의 일치를 지적할 수 있음을 주목해야겠다. 일치는 '사물과 말의 일치'로 바꾸어서 취급되는 도리밖에 없다. 이 일치관계의 변형들이겠으므로 모든 '참'의 문제는 말이 사물에 일치하는가의 문제 즉 '참말의 문제'에 환원된다.

그런데 여기서 이른바 정합설의 경우는 말과 말 사이의 일치관계를 문제삼는다고 반론을 제기할 수도 있겠으나, 이 일치관계도 대응설의 일치관계 문제와 동일 평면에서 함께 취급될 수 있다. 도대체 사물과 말의 일치라는 개념 자체가 적합하지 못하며, 일치라는 말 대신에 "정연하며 일관된 문법체계로 약속된 특정언어와 사물 사이의 대응관계"라고 표현하는 것이 더 적절할 것이다. 한마디로 대응설도 정합설의 요인을 떼어버릴 수 없다. 그뿐만 아니라 정합설도 암암리에 말의 약정적 기능, 계약적 기능을 바탕으로 해서 보편적 언어나 기호의 체계를 수립하고자 하는 한에서 암암리에 말과 사물의 대응관계를 인정하지 않을 수 없는 것이다.

바꾸어 말해서 순수한 의미에서 기호만의 또는 말만의 세계란 말과 사물의 대응관계나 약정관계라는 근원적 대전제를 잠깐 동안 잊어버렸을 때에만 가능한 가상계일 것이다. 말의 체계, 기호의 논리적 전개과정 등 합리적 세계는 그 대응관계를 궁극적으로 추구하여 보면 사물의 세계에 대한 사람의 생각이 적용되는 순서와 방식을 모방한 것이거나 재현한 것에 지나지 않는다. 만일 '사물=말'이라는 등식을 꿈꾸는 직관론자나 신비주의자들이 끝끝내 그들의 고집을 굽히지 않는다면 사람의 세계에는 참이란 없고 오직 사물의 세계, 그것도 사람이 완전히 결격된 사물의 세계에서만 그 일치와 참이 성립할 것이다.

만일 사물에 대한 간편한 기호나 명칭 부여의 필요성에서 사람이 말을 사용하는데 불만을 품고 사물 그 자체를 의사전달과정에서 제시하고자 어리석게 시도한다면 이것은 『걸리버 여행기』에 등장하는 라가도의 현인들처럼 화제(話題)에 해당되는 모든 사물을 큰 보따리에 넣어 짊어지고 다녀야 할 것이며, 일단 얘기가 오가기 시작하면 화제에 따라 사물을 하나씩 보따리에서 꺼내 보여주어야 될 것이다.

그러나 사람의 등은 말로써 표현되는 모들 사물들을 짊어지기엔 너무나 약하지 않은가! 사물과 말의 일치보다는 이미 지적했듯이 대응이라는 표현이 적절할 것인데, 실은 이 대응도 단순한 한번만의 또는 잠깐 동안의 대응에 끝나는 것이 아니고 오랜 동안의 또는 영구적 대응, 즉 언어체계 내부적 일치와 사물세계의 불변성과 제일성(齊一性)이라는 전제 아래서 성립하는 대응 즉 사회적・역사적 대응이다. 지구가 상궤를 돌며 그 모습을 지키며 똑같은 축척(縮尺)과 언어체계를 아직도 사용하고 있다면, 수백년 전에 그려진 보물섬의 지도를 가지고도 거기에 표시된 지점을 찾아 숨겨진 보물을 발견할 수 있을 것이다.

말의 체계와 문법적 일관성이 유지되며, 자연적 세계의 변함없는 질서 — 이것도 결국은 언어적 일관성의 체계와 마찬가지다 — 가 존속된다고 해서 자연적으로 사물과 말, 또는 사물과 오성의 일치관계 또는 대응관계가 쉽사리 또는 필연적으로 성립하는 것은 아니다. 여기에서 일치나 대응의 문제는 고유한 의미에서 '사람'의 참(眞理)이 사물에 속하지 않고 바로 사람의 것이라는 진리의 주체문제를 분명히 제기한다. 도대체 상응이니 일치니 하는 것은 단순히 철학자의 머리 속에서 또는 그저 생각한다고 해서 저절로 성립되는 것인가? 달리 표현해서 대응, 일치를 움직씨로 바꾸어 놓았을 때 그것은 제움직씨 즉 대응하는 것인가 일치하는 것인가, 그렇지 않으면 남움직씨 즉 대응시키는 것인가 일치시키는 것인가?

참말 또는 사물과 말의 대응관계는 '자동적으로' 성립하는 것이 아니라, 사람이 '성립시키는 것'이다. 이 관계는 단순히 사물과 말 사이에서만 성립하는 것은 아니다. 이것은 사물의 세계를 객관으로 삼고 사람이 주관으로 되어서 성립되는 단순한 '주객관계'가 아니다. 이것은 말의 기능이 사회적이라는 점, 즉 의사전달의 기능을 그 본질로 삼고 있다는 점을 상기하는 데서 분명해진다. '말'에 관계된 요소는 사물과 기호와 사람이며, 이것들이 삼각관계를 이루고 있다고 설명되고 있으나 이것은 불충분한 설명이다. 왜냐하면 이때의 사람은 하나로서가 아니라 적어도 두 사람보다 많아야 하므로 그 관계는 적어도 사각관계로서 설명되어야 한다.

그러므로 참 또는 진리를 사물과 말의 상응관계로서보다는 '사람들 사이에서 성립되는 사물과 말의 상응관계' 로서 표현하는 것이 더 적절하다. 참에 관한 문제를 풀기 위해서 전통적 설명방식과는 달리 또 새로이 '사람' 의 존재에 관하여 주목함으로써 문제해결의 새 국면이 열릴 수 있다. 여기서 사람이란 추상적 주어로서보다는 현실적 욕구와 의지에 가득 찬 사람들 즉 '여러' 사람으로서 이해되어야 한다.

단순한 서구적 이분법적 사고방식에 지배되어온 주객관계에서보다 사람(나)-말-사물-말-사람(남)이라는 다차원적 구조에 있어서 여태까지 풀리지 않던 '참' 의 문제는 해결을 보게 된다.

양분법적 주객관계에서 그것이 오해되고 있는 동안에는 그 관계 또는 일치대응이 암암리에 '자동적으로' 이루어지는 것으로 잘못 파악되어 있을 수밖에 없었다. 그와는 달리 다차원적 관계에서 참이나 진리가 진정으로 이해될 때 이 관계는 '능동적' 이며 '고의적' 이며 '사회적' 이라는 것이 뚜렷해진다. 그러므로 흔히 논의되어온 일치 또는 대응은 성립한다기보다는 궁극적으로는 감행되며 실현되는 것이라고 해석할 수 있다. 이러한 진리해석에 도움을 주는 하나의 실마리는 진리를 '가리워 있지 않게 함' 으로 표현하는 희랍말에서 찾을 수 있다.

일치 또는 대응보다 노출시킴의 뜻에 가까운 비은폐성으로서 이해한 희랍인들의 생각이 '참' 에 관한 문제해결에 적절한 암시를 제공한다. 은폐성은 현실적으로 비밀, 가리움, 거짓, 위장, 눈가림 등을 뜻하는 것이겠으므로 비은폐성으로서의 참 또는 진리란 그러한 현실적 악을 용감하게 떼어서 버림으로써 말과 사실의 일치를 감행하는 데서 실현된다. 참은 그저 일치됨이 아니라, 용감히 노출시켜서 일치시킴이겠으므로 여기엔 삶과 죽음의 심각한 문제가 뒤따르지 않을 수 없는 것이겠다.

대략 이러한 관점에서 참의 문제는 단순히 사물과 말의 일치로서보다는 사물과 말의 어긋남, 즉 '거짓말'을 어떻게 드러내어 퇴치하는가, '사람—말—사물—말—사람'의 관계에서 현실적으로 대두되는 불일치·불상응관계, 즉 거짓말을 어떻게 제거하는가 하는 문제를 뒤집어 놓은 것이다.

### 4 .. 거짓말과 속임

유태교 성서의 얘기를 빌린다면 '거짓말'은 사람의 불행을 초래시킨 원인들 가운데 하나다. 조물주가 사람의 조상들에게 금단의 열매를 먹으면 '죽는다'고 말했으나 마귀는 그것을 먹으면 '죽지 않는다'는 말로써 유혹하였으며, 그들은 이 말에 속아넘어가고 말았다. 조물주의 의사는 물론 마귀의 의사도 역시 말로써 사람에게 전달되었으며, 사람의 불행한 운명도 말로 말미암아 초래되었으며, 그것도 똑같은 사태에 대한 서로 반대되는 말을 사용함으로써 발생한 것이라고도 볼 수 있다.

참과 진리가 용감한 실천과 생사를 건 위험성을 무릅쓰고 성취되듯, 거짓도 또한 삶에 있어서, 삶을 위하여 '비겁하게' 감행된다. 그런데 흔히 참이 단순히 사물과 말의 일치로서 이해되듯, 거짓과 허위도 양자의 불일치, 어긋남으로서 이해되어 왔다. 물론 일상적으로이건, 학문의 세계에서이건간에 본의아니게 언표의 과정에서 사태를 불충분하게 또는 사태와는 딴판으로 얘기가 오가며 이론이 전개될 수도 있겠으나, 엄밀히 따져 보면 사람의 삶을 좌우하는 것은 그런 본의아닌 실수나 인식부족에서 오는 거짓, 허위라기보다는 '고의적' 거짓말이다. 참의 경우 그러하였듯이 말과 사물의 어긋남은 저절로 성립하는 것이 아니라, 고의적으로 즉 어긋나게함인 것이다.

거짓도 참과 마찬가지로 사람이 등장하지 않는 어떤 가상적 사물의 세계에서는 아예 성립하지 않는다. 거짓은 사람에 관해서만 거짓이다. 그것도 말의 매개를 통해서 즉 '거짓말'로서 — 참이 그저 참 자체로서가 아니라 참말로서밖에 성립되지 않듯 — 성립된다. 말의 매개없는 사물의 세계 자체로서는 거짓도 참도 아니다. 그저 사물의 세계일 뿐이다. 거짓은 사물이 사람과 관계되어서 성립된다. 그러나 이 관계도 실제에 있어서는 사람관계로서 그 중심을 이루고 있다고 보아야 한다. 왜냐하면 거짓은 사물이 어떤 사람의 생각이나 말에 들어맞지 않음에서보다는 의사전달과정에서 어떤 사람이 다른 사람을 속이기 위해서 감행되는 것이기 때문이다.

거짓은 그 자체 목적이 아니라, 다른 것 즉 '속임'의 수단이다. 거짓말은 일부러 남을 속이기 위해서 사용되는 참되지 못한 말이다. 흔히 사실을 왜곡시킨다고 하나 사실 자체는 왜곡되거나 속이지 않는다. 사실에 관한 말이나 생각이 사람을 속이는 것이다. 속임은 그 자체 사람답기보다는 생물적이다. 생명을 지키며 퍼뜨리기 위하여 강구되는 필요한 수단으로서 생명체들은 속임수를 사용한다. 그러므로 속임도 생명의 수단에 지나지 않는 것이지 그것 자체에 목적이 있는 것은 아니다.

생명체들 서로 사이의 다툼과 싸움에서 흔히 볼 수 있는 속임수는 위장과 은폐 등을 방편으로 한다. 그런데 다른 생명체와는 달리 사람에게만 고유한 속임수가 있다. 즉 거짓말을 사용하는 속임수가 그것이다. 사람 이외의 생명세계에는 속임수가 있을 뿐 거짓말은 없다. 사람만이 언어적 수단을 가지고 있으며, 또 거짓말을 할 줄 안다. 꿀벌의 의사전달방식의 비밀이 프리쉬(Frisch)의 노력에 의하여 거의 밝혀졌지만, 그것은 사람의 말과는 근본적으로 다르다. 꿀벌은 꿀이 있는 장소의 방향과 거리에 대하여 그의 춤으로써 동료에게 어떤 보고를 전달할 수는 있으나, 다른 벌들의 집에 가서 거짓의 춤으로써 꿀의 소재를 속일 수는 없는 것이다. 요컨대 사람에게 고유한 속임수는 '거짓-말'로써 수행된다.

다른 유기체들처럼 생명유지를 위한 사람의 노력도 끊임없이 어려움에 부닥쳐 있다. 그런데 일반적으로 이 어려움에 대처하는 방편으로서 사람은 '본래부터' 속임수와 거짓말을 사용하여 왔다고 해석하는 경향이 있다. 물론 사람은 남들과 다투며, 어려움을 싸움으로써 해결하려는 경향도 있으며, 야스퍼스의 말처럼 사람의 고유한 약점들, 특히 심리적 편협성, 불완전한 주의력, 지각능력과 사고능력의 불완전성으로 말미암아 사람에게만 고유한 속임수와 거짓이 발생할 수 있었을 것이다.(K.Jaspers, *Von der Wahrheit*, 2판, 1958, München, S.477 ff.)

그러나 거짓이나 속임만으로써 어려움을 이겨낸다는 얘기는 틀린 것이다. 거짓이나 속임은 결코 항구적 승리를 보장할 수 없는 것이며, 곤경을 완전히 극복해 줄 수 있는 수단은 못된다. 참말이 있고나서 거짓말도 생겨날 수 있었다. 이 순서는 결코 뒤바뀔 수 없다. 정상적 언어질서의 보편적 협동이 유지될 수 없게 되었을 때에만 일시적 수단으로서 거짓말이나 속임수가 감행될 수 있을 뿐이다.

그런데도 야스퍼스는 거짓말과 속임수라는 특수한 생존방식을 현존재의 불가피한 운명에까지 끌어올리는 오류를 범하고 있다. 이 오류는 '만인은 만인에 대하여 늑대'로서 자연상태를 가정한 계약론자들의 오류에 바탕하고 있다. 말의 사용이라는 사실 자체가 벌써 사람의 생활방식이 사회적이며 협동적임을 증명하는 것이므로 기호체계를 소유한 사람의 집단이 본래부터 서로 투쟁하는 상태였다는 얘기는 분명히 모순을 범하고 있다. 요컨대 야스퍼스의 생각과 같은 일상적 편견과는 달리 속임수나 거짓말은 정상적 언어질서의 붕괴가 불가피한 경우에만 등장하는 것이지,

인간사회에서 필수불가결의 것은 아니다.

많은 사람들이 야스퍼스처럼 일상적 편견에 사로잡혀 있다. 니이체가 그 대표적인 인물이다. 그도 홉스류의 자연상태설을 따라서 사람을 늑대로 규정하면서 만인의 상호투쟁의 초기적 반목을 극복하기 위하여 사람들이 편리한 '평화조약'을 체결하였다(F.Nietzsche, "Über Wahreit und Luge im au βermoralischen Sinn," Friedrich Nietzsche Erkenntnistheoretische Schriften, Frankfurt/M. 1968, S. 99)고 한다.

"이 평화조약이 저 수수께끼같은 진리충동의 욕구를 향한 제일보와 같이 보이는 것을 초래하게 된 것이다"는 주장은 마치 계약 이전엔 '참'의 문제가 없었고, 계약과 함께 비로소 '참말'의 문제가 제기된 것임을 암시하고 있다. 그의 주장을 끝까지 들어보자.

> 이제부터 '참'이라고 해야 할 것이 고정되어 있게 된다. 즉 사물에 관해서 똑같은 묘사가 통용되며 보편적 구속력을 갖게 되어야 한다는 사실이 고안되어 말의 입법과 함께 최초의 진리법칙들이 주어지게 된다. 왜냐하면 이 때에 처음으로 참과 거짓의 대조가 생겨나는 것이기 때문이다.

그의 일관된 주장은 평화조약 체결 이후에 참과 거짓의 구별이 생겨난 것임을 밝히고 있으나, 이것은 명백한 오해에 바탕하고 있는 주장이다. 계약이 참과 거짓의 구별을 가능케 한다는 그의 제2주장은 투쟁상태의 종식을 그 계약이 가능케 한다는 제1주장에 입각하고 있다. 그런데 제1주장 속에는 사람의 자연상태가 싸움의 상태임이 가정되어 있다. 설사 그런 투쟁상태가 사실이었음을 인정한다고 하더라도 니이체의 제1주장은 모순을 범하고 있다.

왜냐하면 투쟁이 늑대나 개들의 투쟁이 아니라 적어도 사람의 투쟁이었다면 거기엔 반드시 말이 싸움에 끼어들었을 것이며, 따라서 '말싸움' 의 요소가 개입되었을 것이므로 이미 그 투쟁상태 자체 속에 참말과 거짓말의 대립이 있었을 것이기 때문이다. 즉 참말과 거짓말의 구별은 평화조약의 결과가 아니라 그 조약에 앞서서 있었던 것이므로, 오히려 조약이 참말과 거짓말의 대립 다음에 온 결과일 것이다. 그뿐만 아니라 저 제1주장 속에 들어있는 가정 자체의 진실성이 성립할 수 없다.

사람에게 있어서 사람들 서로 사이의 싸움보다는 사람과 다른 생명체 및 다른 자연환경과의 싸움이 시간적으로 앞서 있으며, 사람아닌 것들과의 이 싸움에서 이기기 위하여 사람들은 서로 반목하기는커녕 서로 힘을 합하여 뭉쳤음이 자연상태이다. 그 단결과 협동의 매개체가 바로 말이다. 말의 사용이라는 사실과 홉스류의 자연상태설은 양립할 수 없다. 사람이 말을 사용한다는 사실 자체가 바로 사람은 '협동' 한다는 사실을 증명한다. 말을 사용하지 않는 인간은 벌써 인간이 아니다. 그것은 인간 이전의 동물이거나 인간과는 전연 다른 짐승일 것이다. 그러므로 사람의 자연적 상태일지라도 이미 '말' 은 제 구실을 다하고 있었을 것이다. 환경에 대처하는 투쟁의 단계 다음에 온 인간 동종 사이의 투쟁에서도 말은 매개체이다. 비로소 여기에서 고의적 거짓말이 생겨나올 수 있다.

거짓말의 근원은 바로 말과 사물을 동일시하는 데서, 즉 말과 사물의 일치에 대한 오해에서 비롯된다. 그것은 '언어적 가상' 의 문제로서도 이해될 수 있거니와, 사람의 속임수는 바로 말과 사물 자체를 혼동하는 경향에 바탕한다. 거짓말은 의식 속에서 실재와 혼동된 언어적 가상으로써 어떤 실재의 위치와 구조와 운용을 추상세계인 언어체계로서도 충분히 파악할 수 있다는 사람 고유의 추상능력을 악용했을 때 생긴다.

정상적인 말과 실재의 관계는 짜임새있는 색인과 본문의 관계에 비유될 수도 있다. 거짓말은 잘 짜여져 있던 정상적 색인의 순서를 몰래 조작하여 뒤바꿔놓음으로써 실재와 말의 정상적 대응관계가 어긋났을 때

생긴다. 이러한 속임수는 추상적 개념들 즉 '간접적' 절차를 통하여 실재와의 대응관계를 규명할 수 있는 개념들, 특히 정치적 개념들에 있어서 자주 발견된다.

별로 보잘것없는 책에서도 본문과 색인의 대응관계가 성립하는 것처럼, 실재와 말의 대응관계가 부분적으로만 성립한다고 해서 참말이 성립하는 것은 아니다. 비록 두드러지게 눈에 뜨이지는 않지만 개인들의 언어세계는 좁은 개인적 체계에 갇혀 있기 쉽다. 개인은 강한 관성 또는 심리적 엄격성(Rigidity)에 얽매여 '좁은 체계(set)' 속에 갇혀 있으며 인습적 거짓말을 의심하지 않은 채 끝끝내 지키려는 성향이 있으므로 쉽게 속아 넘어간다. 비록 간접적 대응관계에 입각한 아들 청개구리의 언어체계였지만 이미 청개구리는 지금까지 접촉하여온 아들의 언어체계와 일관된 어법으로써 마지막 유언을 남길 도리밖에 없었다. 그 비극적 유언은 청개구리 모자 사이의 언어체계 내부에서는 불가피한 것이었다. 그럼에도 불구하고 객관적 언어체계에서 바라볼 때 그것은 분명히 거짓말이었다.

거짓말이 기생하기 좋은 사람의 과거중심적 사고방식의 깊은 뿌리는 쉽사리 뽑히지 않는다. 그러므로 많은 사람들은 오랜 동안 자기들을 속여온 사람을 좋아하며, 자신에게 참말을 던져주는 새로운 사람에 대하여는 흔히 강한 반감을 갖는 수도 있다. 사람의 의식은 도둑의 개와 같아서 주인(旣知)을 보고 꼬리치며, 순경 아저씨(未知)를 보고 짖어대는 강한 보수성을 가지고 있는 것이므로 전통적 거짓말은 더욱 튼튼한 전통을 굳히게 된다.

거짓은 언어적 가상을 실재와 혼동하는 버릇과 의식의 보수성뿐만 아니라 사람의 마음씨 특히 '비겁성'에 기인한다. 용감한 자만이 진실을 파헤치며 참말을 할 수 있는 것과 마찬가지로 거짓말의 경우에 있어서는 비겁성이 그 배후에 도사리고 있다. '진리에의 용기'(Mut der Wahrheit)

라는 말이 있듯이 거짓 또는 거짓말에의 비겁성이라는 말을 사용할 수 있음직하다.

비겁성 이외에도 무지, 태만 또는 실수와 불성실로 말미암은 본의 아닌 거짓말이 사용될 수도 있으며, 이 때문에 여러가지 불행이 생길 수 있음을 부정할 수 없다. 사람은 직접 사실을 확인해 보려는 성실성보다 쉽게 남의 말을 믿는 태만성에 좌우되기 쉽다. 이같은 약점을 발판으로 삼아서도 고의적인 거짓말이 판을 칠 수 있다.

특히 언어적 수단의 사용이 일방에 의하여 독점될 때는 말의 정상적 기능이 파괴되고 만다. 말의 정상적 기능은 '말하는 것' 등이 함께 성립될 때 발휘된다. 그러므로 개인은 편안히 듣기만 좋아하는 게으른 습성에 젖어있을 때 많은 피상적 지식을 갖춘 바보 즉 배운 바보 신세가 되고 만다. 이러한 거짓은 말의 정상적 기능을 파괴한다.

현실적 사실의 세계는 살아 움직이는 과정이다. 이 생생한 세계와 대응하는 말 즉 '생생한 말'이 귀에 들려지고 입으로 튀어 나오고 손으로 씌어질 때 참다운 말의 기능이 보전된다. 이 기능을 수행하는 살아있는 말의 체계야말로 참다운 체계일 것이다.

만일 이 생생한 체계, 현실적 발언의 체계 또는 사실의 세계에 대한 생생한 말로부터 한 조각을 떼어낸다거나 차례를 뒤바꾼다면 이것은 분명히 살아있는 언어체계에 대한 배반이다. 이때에 살아있는 말 대신에 죽어있는 낱말들로써 짜맞춘 모자이크식의 말들이 판을 치며, 생생한 말 대신에 가짜약처럼 간단히 만들어진 정제어구들(tabloid formulas)이 판을 치게 되며, 현실의 생생한 묘사 대신에 짤막한 단편적 보도(news)가 현실적 사실의 구조를 흐리게 만들어 버린다.

그런데 사람의 생각 속에서 진행되는 내적언어는 전달되는 과정에서 그보다 훨씬 많은 낱말의 표현을 수반한다. 바꾸어 말해서 생각보다

말이 훨씬 많다. 즉 외적언어는 내적언어보다 췌언적(redundant)이다. 그 뿐만 아니라 구어적 표현의 의미를 전달하기 위해서 다른 수단, 예컨대 글을 사용했을 때는 말보다 훨씬 많은 췌언적 표현을 필요로 한다. 의미의 핵심과 표현에 따른 췌언의 관계는 실로 현실적 의사전달 문제에서 심각한 결과를 초래한다.(C.Cherry, *On Human Communication*, London, 1957, pp. 115-18 참조)

요컨대 생생한 말은 사람의 생각을 옮기는 가장 알맞은 수단이므로 필요한 만큼의 췌언(redundancy)을 사용해야 된다는 것은 부정할 수 없다. 흔히 긴 시간에 걸쳐 발언을 독점함으로써 상대방의 자기 주장을 막아버리며, 옆길로 벗어난 쓸데없는 얘기로써 듣는 사람 또는 읽는 사람의 주의력을 피로하게 만드는 경우도 있음을 볼 수 있다.

그러한 경우엔 췌언이 훼방을 놓거나 자기의 속임수를 감추기 위하여 악용된 것이지만, 필요하며 충분한 만큼의 말보다 훨씬 적은 말로써 언어적 생기를 줄이며 죽여버리는 것이 용인되어서는 안된다. 말하자면 그것은 지나친 단순화(oversimplifcation)의 잘못을 저지른 것으로서 가장 지나친 경우는 구두쇠의 잘못 친 전보에서 그 폐단을 짐작할 수 있다. 요컨대 너무 조급하게 결론을 졸라댄다거나 짤막짤막한 얘기에 홀려 버리면 엄연히 살아있는 현실의 구조적 명료성으로부터 눈멀기 쉽다.

### 5 .. 필요한 거짓말

원칙적으로 거짓말을 배격하면서도 현실적으로 사람은 거짓말없이 살 수 없다는 주장을 흔히 듣는다. 즉 거짓말은 필요하다는 얘기다.

이것은 첫째 진정한 현실이나 사실 대신에 대리현실 또는 가짜현실, 또는 허구적 사실을 구성해야만 사람답게 생각하며 살 수 있다는 것이다. 그 대표적인 '필요한 거짓말'의 형태는 과학이라고 알려져 있다. 일반과학은 두말할 필요도 없이 현실 자체가 아닌 과학적 현실을 탐구대상으로 하고 있다. 과학에서 기술하는 현실은 결코 현실 그 자체는 아니다. 과학적 체계를 구성하는 공리, 가설, 개념들, 명제들은 현실의 부분적 옆가장자리를 재구성한 것에 지나지 않는다. 과학에 의하여 구성된 현실은 현실의 인간적 변형이라고도 볼 수 있다. 그러나 진정으로 과학적 탐구에 종사하는 연구가는 결코 과학적 현실과 현실 자체를 동일시하지는 않을 것이다. 그는 본원적 현실의 엄연한 실재를 잊지 않고 있으며, 과학적 직관의 표현수단인 과학적 개념들을 사물 자체와 동일시하지도 않을 것이다.

이미 지적하였듯이 말의 사용은 사람에게 있어서 어떤 우연적 사건이 아니라 인간의 본질과 관련된 불가피한 운명과도 마찬가지다. 만일 과학의 개념들을 비롯한 모든 추상적 말의 '실재 대리' 기능을 부정한다면 사람의 모든 활동을 다른 동물들의 것에로 되돌릴 것을 꿈꾸는 것이나 다름없다. 과학적 허구나 말을 사용하지 않는 순진무구한 사람을 꿈꾼다는 것은 추위를 이겨내기 위하여 모든 사람의 거추장스런 옷을 벗어버리고 짐승처럼 피부에서 털이 자라나게끔 하려는 것이나 다름없다.

과학의 허구는 결코 필요한 거짓말이 아니다. 만일 과학을 말 그대로 허구로서만 보아 넘긴다면 사람이 사용하는 모든 말의 체계도 송두리째 거짓 꾸민 것이 되고 말 것이다. 과학의 거짓은 그 허구성에 있는 것이 아니라, 역사적으로 전해 내려왔으며 사회적으로 통용되어 온 체계적 과학의 개념들을 마음대로 오용할 때 생긴다. 물론 시대와 사회를 초월해서 성립하는 일관된 과학적 체계는 없다. 그러나 현실적으로 통용되는 과학적 개념을 거부할 수 있는 사회적·기술적 여건이 마련되어 있지 않음에도 불구하고 무턱대고 반과학적 언동을 감행하는 것은 어리석은 노릇이다.

이른바 '필요한 거짓말'의 둘째 경우는 실제생활에서 감행된다. 도대체 사람이 사람에 대하여 결코 거짓말을 해서는 안된다는 명제는 구체적 현실에 있어서는 준수되기 어렵다고 한다. 도덕법칙의 타당성과 무조건성에 입각하여 절대로 거짓말을 금지하는 윤리학자들의 주장은 현실적 사회생활의 어려움과 거짓말의 실제적 결과를 전혀 고려하지 않은 것이다. 그러한 현실론적 윤리설에 반대하는 자들은 일종의 선의나 박애심에서 비롯된 거짓말과 속임수가 때로는 필요하다고 얘기한다. 이것은 속이는 사람의 이익을 위해서가 아니라 속고 있는 당사자들의 이익을 위해서 속이는 것이므로 그 동기나 결과에 비추어 결코 나무랄 수 없다는 것이다.

어린이의 건전한 발육을 위해, 환자의 치료를 위해, 타인의 선도를 위해, 민심의 안정을 위해, 학교에서, 병원에서, 교도소에서, 전시 국가에서 거짓말을 어쩔 수 없이 사용해야 한다고 한다. 그 주장은 한결같이 선심을 베푸는 강자가 약자의 이익을 위하여 약자를 속여도 좋다는 생각을 드러낸 것이다.

그러나 과연 교육적으로 또는 사회적으로, 정치적으로 거짓말이 방편상 필요한지에 대해서는 그 효과에 비추어 볼 때 정반대의 입장에서 반론을 제기할 수 있다. 단 한번이라도 거짓말임이 탄로나면 신성시된 그 목적들, 즉 교육, 치료, 안전 등이 보장될 수 있는 바탕으로서의 '신뢰'가 파괴됨을 감안할 때, 필요한 거짓말 또는 '선의의 거짓말'은 배격되어야 할 것이다. 그러한 구실을 붙여서 경우에 따라서 거짓말을 해도 좋다는 얘기는 개인들 사이에서 소규모로 발생하는 속임수와 거짓말보다 훨씬 규모가 크며 잘 꾸며진 거짓말, 말하자면 '대규모적 거짓말'을 감행하려는 보이지 않는 나쁜 의도를 감싸줄 수 있다.

대규모적 거짓말 또는 대량적 거짓말은 그 규모가 큼에 따라서 그 영향이 사회 전체 또는 한 나라 방방곡곡에 미칠 수 있으며, 국경을 넘어서 다른 나라에까지 미칠 수 있다. 이 거짓말도 겉으로는 박애정신에 입각하고 있는 것처럼 속이고 있다. 그것은 사람을 이성적인 사람들과 비이

성직인 사람들로 구분하고서, 후자는 마땅히 전자의 지배를 받으며 전자의 모든 처사에 따라야 하는 것으로 간주해 버린다.

서양철학자들 가운데서도 이 견해를 대표하는 자가 플라톤이다. 그에 의하면 지배받는 사람으로부터 지배자에로 향한 속임이나 거짓말은 '범죄'로 지탄받는데 대하여, 후자로부터 전자에게로 향한 것은 모든 사람들의 복지를 도모하기 위한 것이므로 어쩔 수 없이 필요하다고 하였다.(Platon, *Politeia*, III, 389 b-c : V, 459 c-d)

마치 환자에게 투약이 유익하듯 어리석은 백성들을 위해서는 거짓이나 속임수가 필요하다는 생각은 일종의 실용주의적 사고방식의 귀결이다. 서양철학의 역사에서 보기드문 이상주의자인 플라톤에 있어서 비록 나쁜 거짓말과 구별된 선의의 거짓말이라 할지라도 그 용인을 공언한 오류가 나타나 있음을 볼 때 그도 지배자들의 전통적 선입관에서 벗어나지 못하였음을 드러내 보여준 것이다.

백성은 스스로를 구제해주는 진리를 모르고 있으므로 차라리 지배자의 속임수에 넘어가 기만당하는 것이 유익할 것이라는 사고방식은 전형적 군주옹호자인 마키아벨리에 있어서 노골적으로 나타나 있다. 그에 의하면 현실정치에 있어서 위대한 업적을 남긴 군주는 공공연히 신의를 뒤집고 거짓과 기만을 감행하였다고 한다. 그에게 있어 거짓말은 단순히 필요해서 용인되는 것이 아니라, 오히려 군주가 갖추어야 할 하나의 정치적 미덕으로서 애호되어야 할 기술인 것이다.(마키아벨리, 『군주론』, 18장 참조)

서양철학의 역사에서 찾아볼 수 있는 가장 수치스러운 모순은 그러한 선입관과 결부된 것이다. 즉 서양철학의 전통은 사람을 '이성적 동물'로 정의하면서도 철학자들의 마음속에는 최대다수의 사람들이 그 이성을 소유하지 못한 어리석은 사람들로서 비춰져 있었다. 연약한듯 하면서도 우주에서 가장 위대한 존재, 생각하는 갈대를 설파한 파스칼마저도 많은 사람들이 그 생각할 힘이 없는 존재인 것처럼 생각하였다.

> 임금의 권력은 백성의 이성과 우매 위에, 특히 우매 위에 기초를 두고 있다. 이 세상의 가장 위대하고 중대한 사물은 취약성을 그 토대로 삼는다. 그러면서도 이 기초는 놀랄만큼 확실하다. 왜냐하면 백성은 약하다고 하는 것처럼 확실한 일은 없기 때문이다. (파스칼, 『팡세』, 330절)

얼핏 보기에 따라서는 민중이 우매하며 어리석기 때문에 민중은 마땅히 지배받으며 또 기만당해도 괜찮다는 얘기에 조금도 흠잡을 데가 없는 듯이 보인다. 그러나! 민중의 우매, 민중의 무지라는 사실은 도대체 누구 때문인가? 어리석고 무식한 상태, 어두운 상태로부터 벗어날 수 있는 빛의 원천 '등불'을 독점하고서, 바깥은 '어둡다!'고 꾸짖는 불호령은 어떻게 된 셈인가? 이야말로 병주고 약주는 격이라 아니할 수 없다. 우매로부터 해방되며 무지로부터 벗어나는데 필요한 지식 본거지에의 접근을 봉쇄하며 지식 공급기구와 지식공급방법을 일부가 독점한 상태에서는 다수의 무지와 몽매는 지극히 당연한 일이다.

잔뜩 먼지를 일으켜 놓고 너희들은 왜 잘 보지 못하느냐는듯, 무식하게 만들어 놓고 무식한 자들은 속아도 좋다는 논리는 서양 왕실의 보검이었다. 여기서 우리는 의와 신뢰에 바탕한 선정의 실현을 목표로 했던 동양의 왕도와 구별되는 패도의 전형을 보는 듯한 생각이 든다. 말하자면 마키아벨리즘은 전형적 패자의 논리에 입각한다고 볼 수 있다.

맹자는 폭력을 가지고 인의를 가장하는 패도와 구별하여 덕행으로써 어질은 정치를 하는 자를 왕자라 하였음은 널리 알려진 바이거니와, 동양에서는 궁극적으로 승리하며 또 안정된 이상적 정치체제를 지탱할 수 있는 지주로서 사술보다는 신의를 찬양하여 왔다. 경제적 부나 군사적 강병의 기틀을 마련함도 중요하지만 신의없이는 정치도 군사도 경제도 성립할 수 없는 것임을 어려서부터 배워온 것이 동양의 지배층이었다. 그러나 동양의 정치술의 이상이 왕도였다 하더라도 이것이 항상 현실적으로 지배할 수는 없었다.

서구적 패도의 전형은 나치즘에서 찾아 볼 수 있다. 그것은 철저히 민중의 정서와 무지를 발판으로 해서, 말하자면 도둑에게 끌려가는 황소처럼 자기가 어디로 가는지조차 모르는 민중을 속여 싸움터로 내몰았다. 히틀러에 의하면 대중의 심정은 원시적으로 단순하기 때문에 조그마한 거짓말보다 오히려 대규모적 거짓말에 의해서는 간단히 속아 넘어간다. 조그마한 거짓말을 부리는 데엔 그들 자신도 습관이 되어 있으므로 그 거짓말을 당장 눈치채일 수 있다. 그러나 대규모적 거짓말의 가능성같은 것은 거의 생각해보지 않으므로 규모가 큰 거짓말의 정체를 발견할 수가 없는 것이 보통이다. 이른바 히틀러의 대사술(Big-Lie-Technique)은 사람들의 주의력과 판단력이 비교적 미시적 또는 근시안적임을 알아차린 놀라운 기지에 차 있다고도 볼 수 있다.

그러면 이 대사술은 과연 끝끝내 통용될 수 있는가? 그렇지 않다. 실로 큰 거짓말은 마침내 자기가 쏜 화살에 자기가 맞아죽듯 거짓말하는 자의 자기몰락을 초래한다. 거짓과 속임수로 가득찬 나치즘의 면전에서 그 횡포에 정면으로 맞섰던 사람들이 있었다. 쿠르트 후버가 그 한 사람이다. 자기에게 사형언도를 내린 '민족법정'에서 그는 바로 민족이 받을 수 있는 가장 무서운 선고를 자기 민족에게 내렸다.

참된 민족공동체의 기본적 요청은 사람들 서로 사이의 신뢰가 조직적으로 매장됨으로써 파멸되어 버렸습니다. 우리들 모두는 이제 다음과 같이 고백하지 않을 수 없게 되었습니다. 아무도 자기 이웃사람 앞에서 마음을 놓을 수 없게 된 세상, 아버지가 친아들 앞에서마저 이제 마음을 놓을 수 없게 된 지경임을. 이 고백이야말로 하나의 민족공동체에 대하여 내릴 수 있는 가장 두려운 선고입니다.(Clara Huber, "Kurt Hubers Schicksalsweg", Kurt Huber zum Gedächtnis, Regensberg, 1947, S.26)

아무리 속아 넘어가기 쉬운 규모가 큰 거짓말이라 할지라도 한 두번은 모르지만 영구적으로 감행할 수는 없을 것이다. 1778년 프리드리히 대왕이 내건 현상문제, "민족을 속여도 괜찮은가?"라는 물음에 대하여 헤겔은 한마디로 그 문제 자체가 성립되지 않는다고 말했다. 그 이유는 민족을 속이는 것은 불가능하다는 것이기 때문이다.(Hegel, *Phänomenologie des Geistes*, Hamburg, 1952, S.392 참조)

그에 의하면 거짓말로써 패전을 승전이라고 한다거나 가짜 구리를 금이라고 속이는 등의 '일시적' 거짓말은 가능하지만 민족의 신앙과 같은 본질적 문제에 있어서는 결코 속임이나 거짓말이 성립할 수 없다. 그러나 헤겔이 가능하다고 본 그런 '일시적' 거짓말들이 모여서 쌓이고 쌓이면 결국 민족 전체도 크게 속아넘어갈 수 있는 것이다. 항구적으로는 민족을 속일 수 없다 하더라도 잠깐 동안 민족을 속일 수는 있다.

물론 개인적인 의사전달 과정에 있어서나 국가적 의사전달 과정에 있어서 속임수나 거짓말이 너무 자주 사용되면 꼬리가 잡혀 불신과 무관심 즉 의사전달 자체의 거부에까지 도달한다. 양치기 소년은 너무 자주 "늑대요! 늑대요!"라고 소리쳤으므로 파멸에 부닥치게 되었다. 이 우화에서 마을사람들의 입장에 비추어 우리들이 배울 수 있는 교훈이 있다면, 우리는 첫번째 두 번째 거짓말을 그때마다 알아차렸어야 했으며, 세번째의 참말은 믿었어야 되었을 것이라는 점이다. 왜냐하면 비록 일시적이나마 거짓말에 속아넘어가거나, 참말을 거짓말로 오해함으로써 치명적 손해를 입게 될 수 있기 때문이다.

"민족을 속이는 것은 불가능하다"는 헤겔의 말을 믿고 안심할 수 없다. 역사적 사실은 많은 사람들 또는 민족 전체가 일시적으로 속아서 민족의 운명이 옆길로 벗어나게됨을 증명한다. 도대체 역사적 시간이란 무엇인가? 역사적 시간은 결국 일시적 순간들의 집합에 지나지 않는다. 그러므로 민족에 대한 순간적·일시적 속임은 그 성분상 바로 민족의 영속적 속임에 연결된다. 개인에 있어서도 그렇거니와 전체적인 민족의 경우에 있어서는 비록 일시적이라 할지라도 최초의 과오는 고정화되어 영속적 과오로 지속하게 되는 경우가 흔히 있다. 그러므로 우리는 양치기 소년의 외침을 그때마다 거짓말은 거짓말로서, 참말은 참말로서 알아차리는 현명을 소유해야 된다고 주장하는 것이다.

거짓말이 필요에 따라 또는 선의에서 개인 사이에 그리고 국가적으로 감행되어도 좋다는 서구 패도적 편견은 일단 국경을 넘어섰을 때는 공공연히 때로는 암암리에 악의로써 타국이나 타민족을 무자비하게 속이려든다. 이미 여기서는 개인 대 개인의 거짓말도 아니며, 소수집단과 다수집단 사이에서의 거짓말도 아니다. 이것은 국가 대 국가의 거짓말, 민족 대 민족의 거짓말이다. 말하자면 가장 큰 거짓말로서의 '국제적 거짓말'이 문제되는 것이다. 이 거짓말은 말할 나위없이 강대국엔 이익을 가져다 주며, 약소국엔 치명적 손해를 입힌다. 우리들의 선배 청년들은 민족적 예속의 굴레에서 벗어나려는 투쟁과정에서 국제적 거짓말의 정체를 똑똑히 보고 지적하였다.

……일본은 우월한 병력을 지(持)하고 한국의 독립을 보전한다는 구약(臼約)을 위반하여 잔약한 한국 황제와 그 정부를 위협하고 기만하여……일본의 주구로 소위 합병내각을 조직하여 비밀과 무력의 리(裏)에서 합병조약을 체결하니 현(玆)의 오족(吾族)은 건국 이래 반만년에 자기를 지

도하고 원조하노라는 우방의 군벌적 야심의 희생이 되었도다. 실로 일본의 한국에 대한 사기와 폭력에서 출(出)한 것이다. 여비한 사기의 성공은 세계 흥망사에 특필할 인류의 치욕이라 하노라.(「2·8선언서」, 재일본 동경 조선청년단대표, 1919. 2. 8)

긑으로 친구 또는 우방이라 사칭한 일본이 무력도 별로 사용치 않고 속임수와 거짓말로써 오랜 역사를 가진 민족국가를 힘 안들이고 빼앗음을 애국청년들이 지적하였음에도 불구하고 그것은 양치기 소년의 외침에 처음부터 끝까지 속았던 마을사람들의 체험처럼 소 잃고 난 '다음에' 뒤늦게 깨달음이었다. 요컨대 단 한번이라도 민족은 속아넘어가서는 안된다.

### 6.. 거짓말의 퇴치

거짓말은 단순히 윤리적 비난의 대상인 정도에서 그치는 것이 아니다. 그것은 개인에게 있어서도 민족에게 있어서도 사느냐 죽느냐 하는 심각한 문제에 결부되어 있다. 형식적 도덕론자들이 도덕법칙의 보편타당성을 성립시키기 위하여 "절대로 거짓말을 하지 말라"고 엄명했으나, 그것은 문제의 중대성과 심각성을 충분히 깨닫지 못한 것이었다. 거짓말은 혼자서 성실하게 꾹 참고 억누르는 데서가 아니라 과감하게 '퇴치' 해야 된다. 백주에 도둑이 판을 치는 세상에서 각자가 양심적 문단속을 철저히 하며 거짓말을 삼가하면 도둑의 도덕질서가 바로잡힌다는 말은 벌써 하나의 큰 거짓말이다.

거짓말의 정체에 대한 여태까지의 논의는 어떻게 하여 거짓말에 속아넘어가지 않으며, 거짓과 속임을 알아차려 물리칠 수 있는가의 문제를 제기한다. 거짓말은 마침내 정체를 드러낸다든가, 거짓말한 자 자신에게 마치 부메랑처럼 파멸을 초래한다는 얘기에 만족할 수도 없는 처지이다.

왜냐하면 거짓말의 자연적 파산이 도래한 상황이란 흔히 속인 자도 속는 자도 함께 멸망하게 된 상황이기 때문이다.

사필귀정만 믿고 끝까지 바라보다가 현실과 함께 자신도 파멸하게 되는 어리석은 사람은 마치 "초가삼간 다 타도 빈대 죽는 것만 시원하다"고 하며 의지할 곳마저 상실하는 자와도 비슷하다. 현실은 구경거리가 아니라 바로 자신이 몸담고 살아야 되는 '집'인 것이다.

거짓말이 단 하나라도 의사전달 과정에 개입하게 되면 의사전달 질서는 파괴된다. 그러므로 거짓말은 참말과 동등한 '권리'를 가지고 의사전달 과정에 개입될 수 없다. 거짓말은 참말에 대한 반립(Anththese)이 아니라 '가짜'다. 달리 표현한다면 거짓말과 참말의 차이는 위조지폐와 정화의 차이만큼이나 뚜렷한 것이므로 단 한마디의 거짓말도 '원칙적으로' 배척되어야 한다. 거짓말은 경우에 따라서 대규모 위조지폐 조직단체의 가짜지폐처럼 매우 치밀하게 조직되어 있으므로 쉽게 분간하기 어렵다. 그런 교묘한 거짓말은 오늘날 대량 의사전달의 기구를 타고 횡행하기 쉬운 것이다.

참말은 저절로 또는 실존적 성실성으로 말미암아 쉽게 들을 수 있으며 말할 수 있는 것이 아니라, 용기있는 싸움을 통해서 들을 수 있으며 말할 수 있다. 말하자면 그것은 전취물이다. 진리는 사치스런 장식품이 아니다. 그것은 거짓을 물리침으로써 획득된다. 거짓은 심심풀이거나 자선의 선물이 아니라, 비겁의 습득물이며 아니면 창피스런 멍에인 것이다.

거짓말을 물리치기 위해서는 '남'을 알아야 한다. 남을 안다는 것은 그의 말과 행실을 통해서 아는 길밖에 없다. 행실이라는 것도 결국은 말과 거기에 상관된 사물의 관계에서 평가될 수밖에 없다. 말에는 이차적으로 또는 간접적으로 사물에 대응하는 말들이 있다. 이른바 추상적 개념들이 그것이다. 그러나 예외없이 모든 말들은 사물에 대응 — 비록 간접적으로라도 — 해서만 말의 기능을 수행한다. 그러므로 일차적으로 사물이나 사물의 위치관계에 대응하지 않는 이른바 서열높은 추상적 개념들은 억지로라도 끌어내려 구체적 사물이나 사물의 위치관계에 직접 대응하는 말로써 정의되어져야 한다.

그러므로 '자유' 니 '평화' 니 '평등' 이니 하는 말들을 둘러싼 논쟁같은 것은 단지 그 말들의 '색인적' 차원에서의 논의보다는, 그것을 끌어내려 제1차적 서열에서 대응관계를 받아주는 사물의 명칭과 순서와 관계를 현실적 사실의 세계, 말하자면 '본문' 에서 찾아내야지만 해결될 수 있다.

양치는 소년과 마을사람들 사이에서 참말과 거짓말을 판가름해 주는 직접적 심판관은 목동의 지팽이가 아니라 '늑대' 였다. 거기에선 눈에 보이는 늑대가 문제였으므로 간단히 속임수는 탄로되었지만, 만일 '늑대 귀신' 이라고 외쳤을 경우에는 그처럼 간단히 사기극이 끝나지는 않았을 것이다. 요컨대 추상적 개념들로써 사람을 속이거나, 거짓말이 매우 추상적 낱말들로써 짜여져 있을 때에는 그 속임수를 얼른 알아차리기 힘들다.

몸과 마음이 허약한 사람들에게 흔히 귀신이 나타난다고 한다. 우화에 나오는 것처럼 허약한 백성들의 눈에는 '벌거벗은 임금님' 의 알몸뚱이가 과연 실오라기 하나도 걸치지 않았음에도 불구하고 굉장히 멋진 세계적 비단옷으로 휘감기지나 않았을까 하고 암시받기 쉽다. 어째서 많은 사람들이 쉽사리 그러한 환각에 빠지고 마는가는 '언어적 가상' 의 비밀, 즉 얇으면서도 이를데없이 두꺼운 철판, 투명하면서도 정신에겐 이를데없이 어두운 장벽인 '말' 의 비밀이 잘 설명해 준다.

그러나 '벌거벗은 임금님' 의 행차에서도 "임금님은 벌거숭이다!"라고 참말을 외칠 줄 아는 때묻지 않은 어린이들이 있었다. 그들의 눈에는 말이 아니라 바로 벌거벗은 사실 자체의 정체가 비치었던 것처럼 궁극적으로 사람에게는 사실에 직접 맞닿을 수 있는 가장 순진하며 어린이다운 생각, 즉 듣는 생각이 있으며, 또 간접적으로 어른답게 사실에 다가갈 수 있는 견주는 생각이 있다.

그러므로 거짓말과 속임수는 사람이 정상적 생각의 기능을 잃어버리지 않는 동안 끝끝내 실패할 것이다. 그럼에도 불구하고 남이 나를 끈질기게 속이려고 음모하며 계획하며 나에게 금방 가려내기 어려운 위조지폐와 같은 거짓말의 굴레를 씌우려 한다는 것도 중요시해야 한다.

거기에 속지 않기 위해서는 개인의 자각이나 조그만 성실성에 그칠 것이 아니라, 말의 정상적 기능을 일부러 파괴하려는 거짓말에 맞서 거짓말을 허용하며 북돋우며 방임하는 환경 그 자체를 원천적으로 치료해야 한다.

# 제6장
# 인 식

## 01 _ 인식의 인위성(人爲性)과 인위성(人僞性)

오래 전부터 사람들은 스스로 '생각하는 동물', '이성적인 동물', '생각하는 갈대'라고 정의하여 왔다. 겉으로 보면 사람은 꾀가 있고 똑똑한 짐승이다. 그러나 사람이 깔보는 짐승들보다 훨씬 어리석은 바보들을, 그것도 똑똑하다고 뽐내는 바보들을 '깃털없는 양족수(兩足獸)'들 가운데서 얼마나 많이 볼 수 있는가? 추상적 의미밖에 제시하지 못하는 그러한 정의보다는 구체적 의미로써 충실한 현실적 정의가 인간에 관한 타당한 정의일 것이다. 그것은 다음과 같다.

사람은 스스로 생각할 뿐만 아니라 남으로 하여금 이성적으로 생각하게끔 하는 동물이며, 남이 이성을 갖지 못하도록 일부러 방해하는 악마적 반이성을 소유한 동물이며, 남에게 속아서 이성을 빼앗기고 비이성적으로 생각하거나 아예 생각할 줄 모르는 동물이다.

생각은 자동적으로 또는 저절로 진행되는 것이 아니라 인간의 노력과 투쟁, 실패와 속임수가 생각에 개입하고 있다는 의미에서 생각과 의식의 인위성(人爲性)과 인위성(人僞性)이 강조되어야 한다. 사람이 생각한다는 것은 물고기가 헤엄친다는 것과 같은 식의 얘기가 아니다.

물고기를 '헤엄치는 동물'이라고 정의하는 것과, 사람을 '생각하는 동물'이라고 정의하는 것과는 큰 차이가 있다. 물론 천천히 헤엄치는 물고기는 빨리 헤엄치는 물고기에게 희생되기 쉽다. 그러나 물고기는 타고난 능력 이상 또는 능력 이하의 헤엄기술을 발휘하지 못한다. 아무리 노력하더라도 그 이상 빨리 헤엄칠 수도 없으며, 또 노력을 덜하더라도 그 정도 헤엄칠 수 있는 것이다.

생각하는 사람은 그렇지 않다. 사람의 생각은 인위적(人爲的, 人僞的)이기 때문이다. 물고기는 자연적으로 헤엄치지만 사람은 인위적(人爲的, 人僞的)으로 생각한다. 사람치고 생각하지 않는 사람은 없다. 그러나 모든 사람이 '제대로' 생각하는 것은 아니다. 물고기가 헤엄을 잘못 치다가 물에 빠져죽는 법은 없다. 그러나 사람은 생각을 잘못하여 자기자신의 목숨을 잃거나 다른 사람들의 목숨까지 빼앗으며, 대지를 황폐하게 만들며, 우주의 질서를 흐려놓기까지 한다. 사람은 단순히 '생각하는 동물'이라기보다 '제대로 생각하기도 하며, 또 잘못 생각하는 동물'이다. 여기서 중요한 것은 '생각'이 아니라 '제대로' 또는 '잘못'이다. 물론 제대로 생각하는 것이 전혀 생각하지 않는 것보다는 훨씬 좋은 것이다. 그러나 잘못 생각하는 것은 전혀 생각하지 않는 것보다 훨씬 나쁘다. 사람의 생각은 위기의 칼날 위를 걷고 있는 것이나 마찬가지다. 이것을 잘 디디면 동물 이상으로 올라가지만 잘못 디디면 동물 이하로 떨어진다.

인간을 이성적 동물이라고 정의한 사람들은 철학자들이었다. 그들은 이성을 독점하고서 많은 사람들에게 이성의 빛을 차단하는 무리들 가운데 섞여 있었으며, 이성이 지켜야할 율법(Torah)의 보호자, 심지어 입법자로서 자처하면서 자신들이 이성적 우등생이라고 착각하는 데까지 이르렀다. 그들은 이성을 인간의 징표로서 제시하면서 이성에다 드높은 가치를 부여함과 동시에 '이성의 무류성'을 암암리에 확신하게 되었다.

감각, 지각은 오류를 범하는 것이지만 이성은 오류를 범하지 않는다는 편견, 또는 오류의 근원은 감각이지 이성이 아니라는 편견은 철학자는 오류를 범하지 않고 오로지 평신도들만이 오류를 범한다는 편견과 관련되어 있다.

어째서 그들은 이성이 모든 오류의 근원이라고도 생각하지 않았는가? 어째서 그들은 이성의 교황적 무류성에 대하여 감히 의심하지 않았을까? 어째서 그들은 자신의 이성적 시력에 대들보가 가로박혀 있을지도 모른다는 생각에 미치지 못했을까? 이러한 질문들은 인간을 이성적 동물이라고 정의한 철학자들이 생의 위기를 전혀 체험할 필요가 없는 '안전지대' 즉 안락의자에 앉아있기만 해도 되는 사람들이었다는 점을 고려하면 자연히 해결될 것이다. 안락의자의 철학자들은 그들의 이성이 비록 과오를 범한다 할지라도 그들의 가슴에는 오류를 범한 이성의 칼이 박힐 위험으로부터 전혀 안전한 곳에 있었다. 이들 철학적 바리새인들(Pharisee)의 이성이 오류임을 지적할 만한 재판관이 제도적으로 없던 시대에는 이성의 무류성을 뽐내며 감성적 노동의 땀과 피와 눈물의 호수에다 모든 오류의 쓰레기를 내다버릴 수 있었다.

이성의 과오는 감성의 과오보다 근본적이며 또 그 위험부담도 크다. 감각의 티끌만한 과오를 탓하기보다 대들보같은 이성의 과오를 지적하는 태도가 앞서야 할 것이다. 이성의 무류성을 확신하는 사람들은 '합리주의자들'이라고 알려진 자들이다. 그들은 이성의 근원을 신에게서 찾으려 했으며, 신적 무류성의 광명이 이성에 조명되어 있다고 믿으려 했다. 그들에겐 이성의 인위성(人爲性, 人僞性)을 생각할 마음의 여유가 없었다. 신의 인간에 대한 은총을 확신하였던 합리주의자들은 이성에 대한 낙관과 이성적 사고의 안일성에 대하여 의심하지 않았다.

그들의 입장에서 본다면 생각한다는 것은 확실한 것일 뿐만 아니라 또 쉬운 일이기도 하다. 그들에게 있어서 불확실한 것은 감각이나 지각이며, 그들에게 '어려운 일'은 실천하는 것이다. 실로 힙리주의적 시재의 안락의자에 앉아서 생각하는 사람에게는 창문 바깥의 나무가지 하나 자르는 일조차 어려운 일이다. 정물이 다른 정물을 운반할 수 없는 것처럼. 안락의자 속의 정물들이 제일 풀기 어려운 것은 '실천'(Praxis)의 문제다.

합리주의자들이 제일 잘 푸는 문제는 생각이되, 그들이 제일 자신있어 하는 일은 이성적 작업이다. 그리하여 "알기는 쉬워도 행하기는 어렵다"(知易行難)는 이성적 동물의 하품소리가 서재 바깥으로 들려 나온다.

그러나 알기란 얼마나 어려운 일인가! 행하는 것이 쉽다는 얘기는 아무도할 수 없지만, 그렇다고 아는 것이 쉽다고 말하는 것은 철없는 짓이다. 알기 위해서는 많은 노력과 시간, 지적 훈련이 필요하다는 뜻에서도 아는 것은 어려운 일이겠지만, 그보다도 힘들여 받은 교육의 결과로 얻은 지식이나 학습된 앎 그 자체가 진정한 앎이 못되고 '배운 무지'로 되기 쉽다. 직업적 사색가들의 생각과 앎이 틀린 것일 경우가 그 대표적인 예이다. 그들이 알기 쉽다고 말하는 것 그 자체가 틀린 생각이다. 그들의 앎과 생각이 정확하다는 신념 그 자체가 오류를 범한 것이다. 철학적 바리새인들은 이중의 죄악을 범한 셈이다.

> 너희들은 지식의 열쇠를 치워 버렸으니 말이다. 너희들은 자기도 들어가지 않으면서 들어가려는 사람마저 못들어 가게 하였다.(루가 11:52)

자기가 알고 있는 것, 자기가 마음먹은 것을 행하기란 어렵다고들 한다. 그러나 이것처럼 '잘못' 알고 떠드는 얘기도 없다. "10만 명의 군대를 양성하여야 해적들의 침략을 물리칠 수 있다"는 앎은 실현되기 어려웠다. 그러나 그보다 더 어려웠던 것은 "10만 군대를 양성하여야 해적들의 침략을 물리칠 수 있다"는 얘기를 들은 사람들이 이 얘기가 얼마나 심각한 민족의 운명을 암시하는가를 '아는 일'이었다.

어디 그 뿐이랴! 이 얘기를 여러 사람의 편에서 보았을 때 자기의 주장을 얼마나 많은 사람들이 믿지 않을 것이며, 또 그들로 하여금 믿게끔 하려면 어떻게 설득하여야 할 것이며, 또 10만 명의 군대를 양성하기 위해서는 신무기 제조, 혁신적 군사훈련, 대민심리전, 대적심리전을 계획하는데 얼마나 상세한 지식이 필요했을 것인가?

10만양병설을 주장하는 것보다 10만양병설을 승인하는 것이 어렵다. 10만양병설을 모든 사람들이 승인하는 것보다 그것을 예산상으로 집행하는 것이 훨씬 어렵다. 그러나 예산상으로 집행하는 것보다 더 어려운 것은 10만 명의 군대를 양성하기 위한 사전지식, 인적·물적 동원에 필요한 정확한 '지식'이다. 그러나 10만 양병에 관한 정확한 지식을 갖는 것보다 훨씬 어려운 것은 민족의 영원한 생명을 뺏으려는 해적이 얼마나 교활한가를 알며, 10만양병설보다 나은 '국방태세'가 무엇인지 '아는 일'이다. 여러가지를 제대로 알지 못하고서 주장한 10만양병설보다 여러가지를 제대로 알고 행한 '잠수함' 제조, 그리고 전민족의 피에 맺힌 '나라의 수치를 크게 씻음'(大雪國恥 : 『난중일기』, 갑오 정월 십이일, 병석의 어머니가 출정하는 아들 이순신에게 간곡히 당부한 말씀)이 훨씬 현명한 일이다. 흔히 알기는 쉬워도 행하기란 어렵다는 말은 제대로 알지 못한 것을 해볼려고 덤벼들었을 때의 변명이다. '풍차'인 줄 '아는 것'이 풍차에 덤벼드는 것보다 어렵다.

단지 생각하기 위해서 살고 있는 사람들, 즉 전문적 이성인들이 가지고 있는 독점적 지식마저도, 살기 위하여 생각하지 않으면 안되는 많은 사람들 즉 이성적 전문가들에겐 인위적으로 봉쇄되어 있기 때문에 이들로서는 알고 싶어도 알 수 없을 뿐만 아니라, 또 알 수 있어도 못 알게끔 또는 잘못 알게끔 인위적으로 난관과 함정과 허깨비를 만들어 놓지 않는가? 이들에게 있어서 생각하며 안다는 것은 실로 어렵고도 어려운 일이다. 어찌 아는 것이 쉬운 일이라고 말할 수 있으랴. 물론 자기가 머리속으로 알고 있는 것을 손발을 움직여가며 행하기란 어렵다고 말할 수 있다.

그러나 이것은 '어렵다' 기보다는 '귀찮다', 또는 '게을러서 하기 싫다' 는 표현이 적절할 것이다. 손발을 움직일 필요가 없는 사람에겐 행동이 귀찮거나 어려운 것이겠으나, 손발을 움직이지 않으면 당장 굶어죽을 사람에겐 어렵거나 쉬워서가 아니라 당연히 수족을 놀려서 행동하지 않을 수 없는 것이다. 진정으로 아는 것이 어렵다는 것은 앎이 생사여부를 좌우한다는 뜻으로 한 말이다.

낚시에 물리는 고기에게는 낚시에 관하여 안다는 것이 얼마나 힘든 일이냐? 당장 허기를 면하기 위하여 미끼를 삼켜 버리기란 얼마나 쉬운 일이냐? 보기에 따라서 눈 앞에 먹음직스런 미끼가 보인다는 것을 알며 생각하기란 무척 쉬운 것이다. 그러나 그것이 무엇을 하려고 눈 앞에 강림하여 있는지, 누구를 잡으려고 눈 앞에서 애교를 떠는지, 미끼 뒤에 어떤 갈쿠리가 박혀 있는지 알아보며 생각하기란 그보다 몇배 어려운 일이다. 미끼에 달려드는 '행동' 의 조급성과 안일성에 비하면 '앎' 은 미끼를 살피며, 미끼의 비밀을 꿰뚫어 보며 배고픔을 참는 인내력을 필요로 하는 점에 있어서 얼마나 고된 것이며 고통스러운 일인지 모르겠다.

합리주의는 인간의 당연한 징표로서 이성 또는 생각을 제시함으로써 주지주의적 전통을 강화하여 왔다. 그러나 합리주의자나 주지주의자들은 한편 인간의 당연한 소유물로서 이성과 생각을 인정하면서도 한편 그 중대성에 대해서는 과소평가하였다고 비판받아야 할 것이다. 주지주의는 앎이나 지식의 안일함, 무오류성을 확신하는 동안에 앎이나 지식의 어려움과 생존적 위기를 도외시하고 말았다. 주지주의는 여태까지 앎과 지식을 너무 앞세웠기 때문에 비난받아야 할 것이 아니라 진정한 앎과 지식의 중대성을 깨닫지 못하였다는 점에서 비난받아야 할 것이다.

다시 말해서 여태까지의 주지주의나 합리주의는 '불충분한 주지주의' '불충분한 합리주의'였다.

합리주의들과는 대조적으로 '경험론자들'은 생각이나 이성의 선천성보다는 후천성을 강조하는 경향이 있다. 경험론자들에게 있어서는 감각이나 지각이 오류의 원천으로서보다는 지식의 원천으로 파악된다. 감각을 불신하는 합리론자에 비하여 보면 경험론자들은 한층 사태에 가까이 다가서 있다고 평가받을 수 있다. 그러나 문제는 감각되어지는 대상, 말하자면 감각이 접촉하며 감각에 주어지는 '소여(所與)'란 어떤 성질의 것인가에 달려 있다.

경험론자들은 이 소여의 출처에 대하여 별로 관심을 가지고 있지 않다. 두말할 필요도 없이 이 소여란 인간에게 주어진 소여다. 그런데 일상적으로 인간이 접촉하며 인간에게 영향을 주고 있는 소여는 대부분 '사람에 의하여 주어진' 것들이다. 사람에게 귀뚜라미 소리도 들리며, 나비가 날아다니는 모습도 보이며, 찬바람이 볼을 스쳐가는 것도 감지할 수 있다. 그러나 그러한 자연적 소여보다도 훨씬 많은 것들, 그리고 훨씬 중대한 의미를 지니고 있는 소여들은 인위적(人爲的, 人僞的) 소여들이다.

경험론자들은 소여의 인위적(人爲的) 인위성(人僞性)을 고려하지 않았다. 사람들의 관심을 끌며 사람들에게 중대한 의미를 갖는 대부분의 소여들은 인간에 의하여 구성된 자극들이다. 사람이 듣는 소리는 귀뚜라미나 매미소리보다도 바로 사람의 목소리가 훨씬 더 많으며 훨씬 더 중대한 의미가 있다. 사람이 보는 물체들 가운데는 뜬구름도 있으나 그보다도 사람의 얼굴, 사람이 그려논 간판, 사람이 붙여논 벽보, 건물과 같은 인조물이 사람의 관심을 끌며, 또 중대한 의미를 지니고 있다.

인조물이 자연히 사람의 관심을 끈다기보다는 오히려 '일부러' 사람의 관심을 끌도록 교묘하게 만들어져 있으며, 또 관심을 일부러 빼앗도록 적당한 장소에 배치된 것이며, 또 다른 관심들을 지워버리도록 길모퉁이에 크게 위압적으로 도사리고 있는 것이다. 이처럼 경험적 소여는 인간에 대하여 인위적(人爲的)이며, 또 인위적(人僞的)으로 고의적으로 제시되며 강요되는 것들로서도 파악되어야 한다.

인위적(人爲的, 人僞的) 소여의 성격을 가장 또렷이 보여주는 것은 사람의 목소리다. 사람을 찾는 목소리, 사람을 부르는 목소리는 더 말할 것도 없고, 자기 주장, 자기 표현, 자기 변명, 자기 선전을 남이 들어주고 남이 알아주기를 바라는 목소리가 사람의 고막을 때리는 것이다. 확성기, 녹음기, 라디오, 마이크, 전화와 같은 기계적 성대들이 사람의 목소리를 대신하며 확장해 주고 있지 않는가? 어디 그뿐이랴. 목소리에다 잉크칠을 해서 눈으로 목소리를 들을 수 있도록 수만 자, 수천만 자의 글씨로 망막을 두들기지 않는가!

경험적 소여의 인위적(人爲的) 인위성(人僞性)을 고려하지 않는 경험론자들은 '인식의 음미'에 관해서도 인위적 인위성을 고려하지 않는다. 그들은 대개 지식이나 생각의 타당성을 확인하기 위해서 '실증적 검증'이라는 방식을 내세운다. 그런데 실증성이라는 것도 따지고 보면 인위적(人爲的)이며, 또 인위적(人僞的)일 수 있다. 실증성이란 피상적으로 보면 확실한 인식을 보증하는 담보다.

그러나 현실적으로 실증성은 확실성뿐만 아니라 불확실성을 가져다 준다. 실증주의자처럼 용의주도한 사람도 없으며, 또 실증주의자처럼 허점투성이인 사람도 없다. 많은 실증주의자들은 작은 인식의 포로가 되어 모든 작은 것들을 믿으면서도, 모든 큰 인식에 관해서는 아무 것도 믿지 않으려 한다. 그들은 한편으로 독단적 신조의 노예이면서 다른 한편으로는 고귀한 신조를 상실한 허무주의자들이다.

사실주의자를 속이기란 매우 어려우면서도 동시에 그런 사람을 속이기란 매우 쉽다. 실증주의자가 실증성을 숭배하는 동안, 사실주의자가 배물주의자인 동안 실증성의 제물이 되기 쉬우며 '사실'의 희생이 되기 쉬운 것이다. 왜냐하면 실증성과 사실 가운데는 인위적(人爲的, 人僞的)인 것이 있기 때문이다. 형법이 '증거제일주의'를 신주처럼 모시는 가운데 얼마나 많은 사람들이 억울한 누명을 썼으며, 또 얼마나 많은 범죄자들이 악랄한 탈옥수들이 되었는가! 실증성을 인위적으로 구성하거나 날조함으로써 실증주의자의 희망을 가득 채워줄 수 있으며, 존재하였던 사실을 인멸시킴으로써 또는 감추어둠으로써 사실주의자들의 기대를 실망시킬 수도 있는 것이다. 지능범들이 알리바이를 날조하며 또 증거품을 없애버린데 대해서 관심을 기울이지 않는 수사관이라면 무능하다는 비난을 받을 것이다. 그러나 얼마나 많은 역사가들이 실증성의 제물이 되어 '증거'의 박물관에 숨어 있는 귀신들이 되고 말았는가!

경험주의자들 가운데는 이성의 활동에다 '실용성'이라는 포장지를 씌우는 사람들이 있다. 지식은 실용적인 가치를 가질 뿐이며 진리란 실용적인 척도에 의해서만 자기주장을 할 수 있다는 생각이 세계 청년들의 심장을 오염시켜 왔다. 물론 지식 또는 이성적 활동의 결과는 인간에 대하여 실용적인 효과를 가져다 준다고 볼 수 있다. 그러나 실용성이라는 말의 뜻이 무용성에 대립되는 뜻으로, 그리고 공기성과도 통하는 뜻으로 이해된다면 지식이나 인식을 단순히 무용한 것이 아닌 실용적인 것이라고 규명함은 부족한 생각에서 나온 소치다. 지식이나 인식은 실용적인 것이라기보다는 '치명적'이다. 제대로 된 지식, 참된 지식이라면 목숨을 살리는 것이지만, 그렇지 못한 지식, 돼먹지 않은 인식은 생명을 빼앗아 가며 또 생명을 빼앗기는 화근이 되는 것이다.

지식은 필요할 때 꺼내서 유효적절하게 단물을 빨아먹으며 또 딱딱 소리를 내며 자랑할 수 있는 실용적 껌에 불과한 것은 아니다. 지식은 너딘 걸음을 빨리 재촉시켜 주며, 먼 곳에 편리하고 빠르게 데려다 주는 자동차처럼 편리한 물건에 불과한 것은 아니다. 지식은 주머니 속에 넣고 다니다 배고플 때 적당히 주물러서 요기를 채울 수 있는 즉석요리에 불과한 것도 아니다. 인간에 대하여 지식은 치명적이다. 지식은 자신을 구원해 주는 수술의 칼일 수도 있으며, 남의 목숨과 자신의 생명을 해치는 악마의 칼일 수도 있는 것이다. 인간은 지식이라는 절벽에 매달려 있다. 이 절벽을 기어 올라가면 살 수 있으나 놓치고 떨어지면 죽는 것이다. 인간을 구출하는 것도 절벽이며 인간을 죽이는 것도 절벽이다. 지식은 인간을 구출할 수도 있으며 인간을 파멸시킬 수도 있다.

지식이나 진리에다 실용성이라는 초콜릿 포장지를 씌우려는 경험론자들 가운데는 인간의 이성적 활동 또는 '지성'이 인간을 곤경으로부터 구출해주는 사다리와 같은 '도구'라고 주장하는 사람들도 있다. 배고픈 사람이 높은 나무가지에 달린 사과를 따먹는데 장대를 도구로 사용하듯, 길 잃은 등산객이 바위길을 다치지 않고 올라가며 내려오는데 밧줄을 사용하듯, 어려운 '문제상황'(problem-situation)으로부터 빠져나오는데 사람의 지성은 도구로서의 기능을 다하여 준다는 얘기다. 지식이나 지성의 도구적 역할이 부정될 수는 없다. 그러나 지성의 역할을 도구적인 것이라고 언명함으로써 지성의 모든 역할을 다 설명한 것은 못된다.

도구주의자들은 지성의 인위적(人爲的, 人僞的) 성격을 고려하지 못하였다. 도구주의자들은 문제상황의 인위적 인위성을 고려하지 못하였다. 사람이 빠져있는 함정들 가운데는 자연적인 함정도 있겠으나 그보다 깊고 또 교묘하게 파여진 함정은 인위적인 것이다. 사람이 처하여 있는 문제상황들 가운데는 자연적인 곤경도 있겠으나 그보다도 인위적(人爲的, 人僞的) 문제상황이 훨씬 풀기 어렵고 대규모적이며 심각한 것이다.

사람은 단순히 문제상황 '속에' 처하여 있을 뿐만 아니라 문제상황을 '밖에서' 만들어 놓는다. 문제상황(ㅎ)을 만드는 사람도 곤경에 처하여 있기 때문에, 즉 그 나름대로 문제상황(ㅁ) 속에 들어 있기 때문에 부득불 또 하나의 문제상황(ㅎ)을 만들어 남에게 뒤집어 씌우든 해결책을 강구하였다고 해석할 수도 있는 것이다. 여기에서 순환논증의 입씨름을 벌일 필요는 없다.

인간의 문제는 인간에게 주어진 문제이며, 그것도 인간에 의하여 주어진 문제라는 점을 환기하는데 주저할 필요가 없다. 자기의 문제상황(ㅁ)을 해결하기 위하여 남에게 문제상황(ㅎ)을 씌워버리는 행위는 고통의 보따리, 자기의 십자가를 남의 등어리에다 포개놓는 악마의 소행이다. 문제상황에는 그러한 인위성(人僞性)이 개입되어 있는 것이다.

지성은 사과를 따먹는데 사용되는 장대 노릇도 하여주지만, 반대로 사과에다 독약을 발라놓는데도 악용되며, 또 일부러 잔뜩 굶기고나서 사과나무 아래에 데려다 놓는 식으로 문제상황을 조작하는데도 악용되는 것이다. 지성은 절벽을 기어오르는데 사용되는 밧줄이기도 하지만, 이 밧줄을 위에 숨어서 끊어버리려는 악마의 칼날로써도 악용된다. 어려운 환경에 처하거나 궁지에 몰리게 되어 빠져나올 궁리를 하느라 여념이 없는 사람이 있는 반면에, 숨어서 사람을 궁지에 몰아넣으려고 '궁지조작' '난관조성' '함정파기'에 여념없는 악마들의 지성이 있다.

사람의 지성은 문제상황 속에 있으면서도 또 문제상황 밖에 있다.

사람의 지성은 굶은 침팬지가 어쩔 도리없이 감방에 갇혀 있는 식으로 문제상황 속에 들어 있지는 않다. 일부러 침팬지를 굶기며 바나나를 천장에 달아놓으며 상자와 막대기와 끈을 준비하는 사람이 범하는 과오는 침팬지만 구경하면서 바로 자기 자신을 돌아다보지 않았다는데 있다. 그런 실험에 종사하는 사람들은 털이 시커먼 침팬지보다도 허여멀건 침팬지인 자기 자신을 구경했어야 마땅할 것이다. 전신에 시커먼 털이 난 침팬지는 제가 단식투쟁하느라 며칠 굶어서 또는 일부러 감옥에 갇혀서 제 꾀를 자랑함으로써 이발하고 면도한 옷입은 침팬지를 위하여 박사학위 논문 시나리오를 미리 연출해 보이느라고 장대와 장대를 잇고, 또 상자 위에 올라서서 재주를 부리지는 않는다. 어쩔 수 없어서 또 목구멍이 원수라서 다른 도리없이 그런 가련한 재주를 부리는 것이다.

　사람은 침팬지보다 심보가 독한 것 같다. 그 점이 침팬지보다 탁월한 징표일까? 사람은 어쩔 수 없어서가 아니라 '일부러' 남에게, 다른 사람에게, 마치 침팬지에게 고통을 강요하듯, 다른 민족에게 풀기 어려운 문제를 던져준다. 인간은 문제상황이라는 시험장에 어쩔 수 없이 끌려들어온 '수험생' 만은 아니다. 시험장엔 엄연히 감독자와 출제자가 있지 않은가! 인간은 출제자, 그것도 공연한 난관의 조작자로서의 못된 출제자이기도 하다. 이 출제의 측면을 건설적으로 선용한다면 인류에겐 평화의 햇살이 비칠 것이다. 이를 악용하는 악마들이 있기 때문에 인류의 머리 위엔 오랜 동안 먹구름이 가려져 있었다.

　사람은 생각하는 사람일 뿐만 아니라, 남으로 하여금 생각하게 하는 동물이다. 남에게 좋은 생각을 권유하며 가르치는 사람도 있지만, 남으로 하여금 잘못 생각하게끔 만드는 소행을 저지르며, 심지어 남으로 하여금 아예 생각할 줄 모르는 사람을 만들려고 하는 악마가 있다. 사람으로 하여금 자기 자신의 문제를 풀도록 한다면 좋겠으나, 억울하게 '남의 문제'

를 '대신' 풀도록 유혹하며 강제한다는 것은 누가 보더라도 악행이라 아니할 수 없다. 배고픈 침팬지는 자신의 지능지수를 자랑하기 위해서 남이 출제한 문제를 푸는 것은 아니다.

　침팬지를 구경하며, 침팬지보다 점잖다고, 침팬지보다 고상한 윤리를 소유했노라고, 침팬지보다 깨끗한 침실에서 잔다고 뽐내는 인간들이 실로 침팬지보다 얼마나 어리석은가를 침팬지에게 물어보라! 침팬지에게 동물심리학적 과제를 제공하기 때문에 인간이 침팬지보다 탁월한 것이 아니라, 침팬지는 '심리학자를 위하여' 생각하지 않고 바로 '침팬지 자신을 위하여' 생각한다는 점에서 침팬지는 사람보다 탁월하다.

　사람들 가운데는 남의 문제를 푸느라 고귀한 민족적 시간과 민족적 노력을 기울이는 사람들이 있지 않는가! 침팬지는 심리학자의 눈치를 살펴가며, 적당히 심리학자의 비위를 맞추면서 문제를 풀지는 않는다. 그뿐만 아니라 침팬지는 심리학자의 암시를 기대하지도 않으며, 자신의 문제를 풀기 위하여 심리학자의 보고문으로부터 컨닝하지도 않는다. 다른 민족들의 문제를 대신 풀어주며, 다른 민족들이 작성한 틀린 답안을 틀린 줄도 모르고 컨닝하는 사람들이 있다면 그들은 동물원에 계신 침팬지 철학박사에게 찾아가 그 지혜를 배워야 할 것이다.

　문제란 '물음'이다. "아는 길도 물어 가라"는 속담이 있다. 정확을 기하기 위하여 일일이 확인해 가는 것은 물론 안전한 길이다. 이 속담에 비추어 보았을 때 "모르는 길은 마땅히 물어서 찾아가라"는 말이 그 밑에 깔려 있을 것이다. 여기서 '묻는다'는 말은 필경 '남에게' 묻는다는 뜻일 게다. 그런데 "남에게 묻는다"는 것은 단순히 확인으로 끝나는 것이 아니라 인격에 관련된 것이며, 한 걸음 더 나아가 남에게 물어본다는 것은 오히려 해답을 어렵게 만들 수도 있다. 조금만 생각하면 누구나 다 알 수 있는 길인데도 남에게 묻거나, 또는 뻔히 알면서도 남에게 묻는다는 것은 자신의 문제해결 능력을 발전시키는데 지장을 초래하기에 앞서서 인격의 비굴성을 축적하기 쉽다.

한 걸음 더 나아가 길을 가리켜 주는 사람이 실수로 잘못 가리켜 주거나 '일부러' 그릇된 길로 안내한다면 문제는 매우 심각해진다. 사람들이 혼자서 모든 문제를 해결할 수 없기에 남에게 배우며 남에게 쉬운 길을 물어보는 것은 필요하다.

그러나 단순히 집을 찾아가는 것이 아니라, 사람이 살아 나가는 길을 찾는데 있어서, 그것도 한 민족의 앞길을 개척해 나가는 경우에 있어서 일일이 남에게 다른 민족에게 물어보아서는 참 살길을 가기 어렵다. 남이 나의 처지를 잘 몰라서 나의 처지에 맞는 답을 가르쳐 줄 수 없기 때문이 아니라, 남이 내가 잘 되는데 대하여 별로 반가워하지 않으며, 내가 바른 길로 가는 것을 원하지 않으며, 심지어 내가 나쁜 길로 빠져 망하게 되기를 원하며 '일부러' 틀린 길을 가리켜 줄 것이기 때문이다.

그런데 우리들의 경우는 어떠한가? 가정이나 학교나 사회적으로 건전한 '질문'이 봉쇄되기 쉬우며, 또 비판적 질문이 미덕으로 통하지 않는 분위기에서 살면서 민족이 스스로 해결해야 될 큰 문제가 제기될 때는 대개 다른 민족의 답을 은근히 때로는 노골적으로 기다리는 것이나 아닌지? 옛날에 중국에 파견한 한민족의 '질문사절'(質正官 : 사물 및 글의 음운이나 기타 사항에 관한 의문점들을 중국에 가서 질문하여 알아오는 조선 때의 임시공무원. 대개 중국에 사신이 갈 때 함께 갔었다고 전해짐)의 직제는 이미 사라진지 오래다. 그러나 아직도 한민족의 문제를, 우수한 자질의 소유자를 수천만씩이나 가족으로 거느린 민족 스스로 해결하려고 하지 않고 남의 민족에 가서 해답을 구걸해 오려는 질정관(質正官)의 태도를 완전히 버렸다고 장담할 수 있을까?

모든 질문에 대한 해결을 혼자의 힘으로 다 해낼 수 없는 경우가 많다. 그러나 자세히 생각해 보면 질문의 제기와 해답은 자기 혼자에 달려 있다. 비록 남이 풀어준 답이라 하더라도 그 답에다 ○표를 치는 것은 바로 자기 혼자다. 그 답의 진위 또는 정오를 판가름하는 것이 '최후의 답'이다. 그러므로 모든 문제해결은 오로지 자기 자신에 달린 것이다.

더구나 문제를 제기하는 것은 남이 아니라 자기뿐이다. 질문은 내가 제출하고 해답은 남이 제공할 때, 틀린 대답을 받을 위험과 문제해결 능력을 상실한 반병신이 될 위험이 있다. 그러나 질문도 남이 하며 해답도 남이 준다면, 거기엔 '내'가 없고 아예 문제가 없는 사람 즉 노예가 있을 뿐이다. 노예는 묻지도 않으며 해답하지도 않는다. 노예는 단지 '여쭈어' 보거나 호령에 '대꾸' 할 뿐이다.

물어본다는 것은 따져서 캐본다는 것이지 여쭈어 보는 것은 아니다. 해답한다는 것은 결정하는 것이지 대답하는 것은 아니다. 철판이라도 뚫을 정도로 힘차게 '물음표'의 칼을 들이댈 때 문제는 제기된 것이며, 바위라도 부술 정도의 결단력을 가지고 결정적 '종지부'의 망치를 내려쳤을 때 문제는 해결된 것이다. 그러므로 주인만이 질문하며 주인만이 해답한다고 말해야 된다. 질문하고 답한다는 것은 생각한다는 것이다. 노예에겐 '문제'가 없다. 아니, 노예는 문제를 빼앗긴 사람이다. 세상에 문제가 없는 사람, 문제가 없는 민족은 없다. 문제를 빼앗긴 사람, 문제를 빼앗긴 민족이 있다. 세상엔 남의 문제를 빼앗는 악마, 남의 민족의 문제를 빼앗는 악마, 남의 민족이 스스로의 문제를 망각하게끔 하는 악마들이 있다.

## 02 _ 인식의 싸움

인식은 인위적(人爲的)이며 인위적(人僞的)이다. 사람의 마음은 거울처럼 외계의 자극을 비추어 주는 것만은 아니다. 비록 거울이라 하더라도 그것을 깨트리거나, 그 표면을 고르지 못하게 만들며, 또 뒷면을 긁어서 거울을 망쳐 놓는 것이 인식의 인위성에 포함되어 있다. 사람의 마음이 거울과 같은 것이 아니라 밖에서 들어온 재료를 주조하는 능동적 기계 구조를 가지고 있다고 해도 그것을 인위적(人爲的, 人僞的)으로 뒤바꾸거나 망쳐놓을 수 있는 것이다.

인식은 단순한 모사 또는 단순한 구성과 같이 '저절로' 이루어지는 것이 아니다. 주형을 들어올리는 기계의 톱니를 일부러 무디게 하여 공전하게 만들 수도 있으며, 이를 적당히 빼어서 빨리 돌아가게 할 수도 있으며, 정반대 방향에로 움직이도록 구조를 변경시킬 수 있는 것이다.

낡은 거울 앞에 대상의 차이가 마멸되듯, 낡은 톱니를 무디게 만들어 버린다. 그뿐만 아니라 의식의 톱니가 너무 빨리 부딪쳐 돌거나 너무 늦게 도는 경우를 인위적으로 만들 수 있다. '신경질적' 의식상태가 바로 그렇다. 여기서는 조그만 반응이 필요한데도 과격한 반응으로써 대응하며, 과격한 반응이 필요한데도 미온적 반응으로써 대응한다. 한 걸음 더 나아가 의식의 톱니가 거꾸로 돌도록 '미친' 상태를 인위적으로 조성할 수 있는 것이다.

이와같은 무관심, 신경질적, 미친 정신상태는 자극에 의하여 정신적 적응능력이 마멸되며 파괴된 데서 기인된 것이다. 이처럼 비정상적 적응을 유발시킨 것은 정신 '바깥에' 있다. 정신 바깥에서 정신을 향하여 악마가 돌을 던지며 총알을 쏘아대기 때문에 정신의 적응기재가 마멸되며 파괴되는 것이다. 정신은 바로 여기에 대적하여 싸워야 한다. 정신은 '경험'에 자신을 맡겨버릴 것이 아니라 경험과 싸워야 한다. 정신은 '이성'을 믿을 것이 아니라 이성과 싸워야 한다.

인식은 인식론적 개념으로서 취급될 것이 아니라 생존적 개념으로서 취급되어야 한다. 인간에 있어서 인식은 '생물학적' 의미를 지니고 있다. 그것도 퇴화된 장식품이나 흔적기관의 기능을 담당하는 것이 아니라 생명유지에 치명적 영향을 주는 것으로서의 인식이다.

사람과 인식의 관계는 수탉에 대하여 벼슬이 가지는 관계가 아니다. 인식이 사람에 대하여 갖는 관계는 수탉에 대하여 주둥이나 발들이 갖는 관계처럼 중대한 것이다. 과거의 인식이론은 주로 한가하게 모이를 주워먹는 사람들에 의하여 성립되었기 때문에 인식 그 자체가 장식품처럼 독립된 생의 영역으로서 취급되었다.

생명의 현장으로부터 도망한 기피자들은 비현실적인 '목가적 인식론'을 설립하고자 하였다. 그들은 인식론적 범주들을 문법으로부터 또는 논리적 형식들로부터 연역하려고 하였으며, 때로는 선험적으로 연역하려고 하였다. 그러나 이제 세월은 바뀌었으며 정신을 차릴 때가 온 것이다. 인식론적 범주들의 정체가 드러나기 시작한 것이다. 이제 인식론적 범주들은 '생물학적으로' 연역되며 귀납되어야 할 것이다.

범주의 생물학적 연역 또는 생물학적 귀납은 생명의 기본적 형태로부터 복잡한 유기체에 이르기까지 나타난 모든 생명현상을 탐구함으로써 달성될 것이다. 여태까지 인식을 미화시키며 신비화시키며 독립시키려는 철학자들은 겉으로는 인식을 칭찬한 것같지만 실제에 있어서는 인식의 생명을 거세한 죄과를 범하였다고 볼 수밖에 없다.

인식은 한갓된 '도구'에 불과한 것이 아니다. 인식은 살아있는 '무기'다. 도구는 살아있지는 않다. 그뿐만 아니라 도구는 전술적 용도에 쓰일 뿐이다. 그러나 인식은 죽어있는 물체나 존재가 아니라 바로 행위(行爲, 行僞)로서 살아움직일 뿐만 아니라 전략적인 무기로서 사용된다. 도구란 제한된 문제상황에서 임기응변적으로 사용되는 것, 상황 속에서 사용되는 것인데 반하여 전략적 무기란 문제상황을 밖에서 제작하며 구성하기까지 한다. 인식이라는 무기는 생명을 보호하는 가장 강력한 방패다. 외부로부터의 자연적·인위적 공격이 아무리 집요하게 가해오더라도 인식의 방패가 제대로 막고 있으면 능히 공격을 물리칠 수 있다. 외부로부터 압제의 칼 또는 약탈과 착취의 갈쿠리가 뚫고 들어오려고 해도 인식의 방패가 튼튼한 동안에는 안전할 수 있다.

그뿐만 아니라 인식이라는 무기는 방어태세를 갖춘 공격내상에 내하여서도 능히 그 방벽과 방패를 뚫을 수 있는 창이다. 인식의 창(矛)이 뚫고 들어오는데는 감당하기 어렵다. 사람을 거세하며 사람의 물건을 빼앗으며 정신을 홀리는데 인식의 창(槍)처럼 강력한 무기인 것도 없다.

이처럼 인식이라는 무기는 한편 모든 공격으로부터 안전한 최후의 '후방'인 동시에 다른 한편 모든 방어를 뚫을 수 있는 '최전선'이기도 하다. 그러나 이러한 표현은 인식을 말 그대로 '모순'으로 만들어 버린 것에 지나지 않는다. 현실적으로 모든 방패를 뚫을 수 있는 창과 모든 창을 막아낼 수 있는 방패가 동시에 존재할 수 없는 것처럼, 현실적 인간의 인식은 붕괴될 수 있으며 또 공격에 실패할 수 있는 것이다. 어떻게 틈을 주지 않고 단단히 '인식의 참호'를 지키는가, 또는 '악마의 창'을 분질러 버리는가 하는 것은 각자에 달린 것이다. 너무 무거운 방패가 오히려 주인을 가로막는 장애물이 될 우려도 있다. 인식의 활동이 민첩하지 못하면 스스로 보안적 감방에 갇히고 말기 쉽다.

인류는 '인식의 나무'에 올라감으로써 생물계에서 생존의 고지를 점령하였을 뿐만 아니라 파멸로 떨어질 위험이 있는 '죽음의 가지'를 붙잡지 않으면 안되었다. 인식의 나무에서 따먹는 지식의 사과는 인간에게 생명의 피를 보강하는 쇠를 제공하는 것이다. 그렇다. "지식은 힘이다." 철기문명처럼 지식은 강력하다. 그러나 지식은 자연에 대한 인간의 힘일 뿐만 아니라 인간에 대한 인간의 힘이기도 하다. 그것은 사람이 사람을 잡아 먹는데 필요한 힘이기도 하다. 백설공주를 독살하기 위해서 사과에다 독을 칠하는 데도 악마의 지식이 필요한 것이다. '황금사과'를 독점하기 위해서 여신들이 불화에 말려들어 갔다기보다는, 황금을 약탈하기 위하여 사람들을 대량적으로 살해하는데 인간들은 지식을 동원하는 것이다. 애국자를 모함하는 데도, 장군들을 이간질시키는 데도, 또 '목마의 속임수'를 쓰는 데도 인식과 인식의 사과열매는 필요한 것이다.

물론 식욕에 대해서는 걱정할 필요도 없는 한 천재의 눈에 나무에서 '떨어지는 사과'가 보였을 때, 그는 우주를 엮어매고 있는 위대한 '힘'의 법칙을 발견할 수도 있었지만, 인간은 이 힘을 자연과의 접촉을 위해 이용하는 동시에 바로 사람을 잡는 힘으로써 악용하는 잔인한 짐승이다. 사람이 인식의 나무에 올라가 지식의 열매를 따먹고 얻은 힘을 어디다 발휘하였는가를 생각해 보라. 바로 자기 자신의 몸에 흐르는 피와 똑같은 피가 흐르는 동생의 몸에 악마의 돌덩어리를 던지는데 이 힘을 사용하지 않았는가!

사람이 인식의 힘으로써 힘자랑을 한다는 것이 고작 자기자신에게 죽음의 돌을 던지는데 그친다면 얼마나 가련한 짐승이 인간이란 말인가! 인류가 건설한 힘의 과시는 도시문명이었으며 철기문명이 아니었는가? 도시문명, 철기문명은 바로 사람이 자기 자신과 똑같은 형제를 '노예'로써 부려먹는 '죽음의 광장'에 건설된 문명이 아니겠는가? 한 사람의 카인과 한 사람의 아벨이 아니라, 인류 전체가 분열되어 악마들의 꼬임에 빠져 숱한 사람들이 서로 돌로 쳐죽이고 쇠로 찔러 죽인 것이다. 형이 동생을 노예로 삼으며, 머슴으로 삼으며, 동생의 살코기를 뜯어 먹는데 사용되는 힘이라면 과연 인식 또는 지식은 인간의 자랑거리이겠는가?

인식이라는 창이 무서운 것은 그것이 뇌쇄적 기능을 가지고 있기 때문이다. 인식이 물리적 무기를 제작하여 그것을 가지고 인간을 살해하는 것보다, 인식 자체로서 즉 살아있는 무기로서 인간을 죽이는 것이 훨씬 두려운 것이다. 물리적 무기는 육체적 죽음을 가져오는 것이지만 인식이라는 생물학적 무기는 정신을 죽음에로 몰고 간다. 제도화된 살인, 대량살인, 과학적 살인이 횡행하는 전선의 죽음보다도 훨씬 치명적인 죽음이 후방에서 집단적으로 감행된다. 그런데 이 죽음은 전선에서 낭비하는 물자와 노력보다 훨씬 절약적인 경비로서 최대의 성과를 올릴 수 있다.

전쟁은 결국 상대방의 '무장해제' 또는 '항복'을 목표로 한다. 상대방으로 하여금 완전한 무저항자를 만들어 버리면 전쟁은 승리로 끝난 것이나 다름없다. 상대방은 드디어 정복자의 명령과 정복자의 지시(정의)에 따르는 노예가 된 것이므로.

그런데 물리적 전쟁에는 많은 돈과 많은 피(혈)와 부도덕을 필요로 한다. 이보다 훨씬 적은 돈과 '무통무혈의 방법으로써' 또 '신사적으로' 이겨낼 수 있는 전쟁이 있다면 얼마나 좋겠는가! 사실 그런 전쟁이 있다. '심리전'이라고 부르는 전쟁이 바로 그렇다. 여기서 말하는 심리전이란 전문적 심리전 군사교육을 받은 심리전 요원에 의하여 주도되는 전술적 심리전과는 구별되는 근원적인 심리전을 뜻한다. 여기서 말하는 심리전은 바로 인식의 싸움 또는 전투적 인식으로서 진리의 싸움을 뜻한다.

이 싸움은 단순히 적대국 사이에서 감행되는 싸움이 아니라 진리행위(行爲)와 악용행위(行僞) 사이에서 전개되는 성전이다. 재래의 모든 전쟁은 언제나 심리적 전쟁에서 패배한 패잔병들의 자기희생이었다. 마치 강제로 눈알을 뽑힌 장님들이 몰려와 서로 치고 박고 한 것처럼 악마의 전쟁터에서 형제의 얼굴을 몰라보며 서로 죽인 싸움들이었다. 과거의 모든 전쟁들은 '속은 싸움'이 아니었는가?

모든 인간은 태어나서 죽을 때까지 심리전 요원들로서의 복무기간을 마치고 제대한다. 여태까지 대부분의 사람들은 필생의 심리전에서 패배하고 말았다. 갓태어난 어린이 앞에 벌써 패배의 위험성이 도사리고 있는 것이다. 세상에 태어나면서 인간은 요람 속에서 유아세례를 받으며 세례명으로서 예비군의 군번을 받는 것이다. 자라나면서 어린이는 특정 음료회사의 고객으로, 특정 약품의 판매원으로, 특정 선수의 지지자로서 양육되는 것이다. 철저한 정규훈련, 정규교육을 거쳐 모범적 패잔병의 자격증을 받게 된다. 어디 그 뿐인가. 가장 깊숙한 심리전 공격 전초기지로서의 안방 텔리비전 앞에서 정신차릴 겨를도 없이 공격을 받아야 한다. 상품이란 현대인이 짊어져야 할 군수물자, 보급품이나 다름없다.

지구상에 등장한 온갖 종교선전들, 온갖 주의들, 주장들, 철학들, 유행들, 음악들, 영화들 할 것없이 인간의 눈과 귀와 코와 입을 뚫고 들어와 숨돌릴 겨를도 없이 압도하는 것뿐이다. 어려서부터 황금숭배교의 신자임을 선서해야 하며, 어려서부터 스탈린교의 견진성사를 받아야 하며, 어려서부터 폭력교도의 검은 띠를 질끈 동여야 하며, 어려서부터 향락교의 추종자로서 엉덩이를 흔들어야 하며, 어려서부터 출세주의의 국가인정 각인을 이마에 붙여야 하는 인간이 지상에 태어나야 하는 세상이 되고 말았다. 이렇게 얘기해 보면 도대체 보편적 심리전의 성격이 무모해진다. 도대체 누가 누구에 대한 공격으로서의 심리전이며, 누가 누구에 대한 방어로서의 심리전인가? 도대체 적 또는 적의 우두머리는 어디에 숨어 있는가? 단순히 선전포고된 적대국들 사이에서 진행되는 심리전이 아니라면 누구와 누구의 싸움이란 말인가?

이미 지적한 것처럼 이 싸움은 진리의 싸움이다. 적이란 진리의 적인 악마다. 보이지 않는 심리전의 원흉들은 악마들이다. 이들은 사람들의 마음 속에다 정신 속에다 심리적 세균을 주사함으로써 공포와 흥분과 우울과 쾌감과 같은 정서적 반응을 유발시킨다. 그 결과 사람들은 용기와 저항의지가 무참히 거세되어 대량의 정신적 내시가 된다. 이것이 현대의 대량살육이며 대량뇌살이다. 심리전의 보조무기는 완벽하게 갖추어져 있다. 대륙간 원격조정을 가능케 하는 광속도적 전파기술의 발달, 개인의 성벽이었던 가정의 담과 창문이 전파의 공격을 막아낼 수 없는 무력한 종이방패가 되어버렸으며, 지붕 위로 솟아난 안테나는 개인의 창조적 정신과 생생한 사고를 뇌살시키는 악마의 '벼락'을 받아내리는 피뢰침이 되어 있으며, 아무런 방탄조끼도 걸치시 않은 벌거숭이의 정신이 텔리비전 앞에 포로로 되어 있는 세상이 되고 말았다.

이제 노예를 길들이기 위해 일일이 회초리를 드는 수고가 필요없으며, 노예에게 잔소리를 하느라 목이 쉴 필요도 없게 되었다. 모든 것은 기계적으로 또 생리적으로 처리되는데 구태여 회초나 잔소리가 필요하겠는가? 인간을 완전히 무장해제시키려는 고전적 전쟁목적은 현대의 대심리전장에서 달성된 것 같은 느낌을 준다. 가장 경제적이며 또 가장 영구적이며 가장 강력한 승리의 전과는 가장 뒤에 있던 후방인 바 인간의 심리참호를 공격함으로써 달성될 수 있는 것처럼 보인다. 가장 고귀한 전리품인 산 사람을 대량적으로 노획할 수 있는 전쟁이 심리전이 아닌가?

현대의 심리전은 단순한 후방교란으로써 끝나지 않는다. 보편적인 문화전이 이제 모든 지구인들에 의하여 수행되어야 할 싸움이 되고 말았다. 어떻게 보면 무력전은 이 큰 싸움의 도도한 물결이 바위와 절벽에 부딪쳐 부숴지는 파도와도 같은 것이다. 거대한 강물에 비하면 파도나 물거품은 얼마나 작은 것이냐! 이제 민족들은 자신의 생명과 후손들의 생명을 보존하기 위하여 '총력적 심리전'의 용사가 되어 있다. 민족은 영원하고자 하더라도 반드시 영원한 것은 아니다. 지구상에 존재하였던 많은 민족들의 이름이 기억에서 사라지며, 또 실체가 소멸해 버린 적이 많다. 민족은 영원히 존속할 수 있다는 신의 보장을 받지 않았다. 민족의 자기보존을 위한 담보들은 민족 자체 속에 특히 민족의 심리 속에 들어있는 것이다.

> 사상싸움의 패배는 모든 싸움의 패배를 가져오며, 또 사상의 지배는 모든 것에 대한 지배를 의미한다. 무력에 정복될 때에는 적에 대한 적개심과 반항심이 솟아나지만 사상에 정복될 때에는 적을 도리어 벗으로 알고 환영함이 보통이다. 뿐만 아니라 조국과 제 겨레를 잊어버리고, 적과 또 적국을 따라간다. 이것은 다른 나라에서도 그러하려니와 특히 우리나라에서 더 잘 볼 수 있는 사실이다.
>
> (안호상,『민주적 민족론』, 단기 4294년, 어문각, p. 4)

현대의 지구 전체는 대전장이다. 심리전쟁이 지구 전표면 위에서 전개되고 있다. 현대의 인류는 전쟁 속에서 살고 있다. 싸움터에서 살고있는 사람들, 싸움에 참가하고 있는 사람들의 정신상태는 어떠한가? 전쟁상황 속에서 태어나 전쟁터에서 자라며 전쟁터에서 살다가 전쟁터에서 죽는 사람의 심리상태, 정신상태란 어떠한가? 현대 인류의 '전쟁적 의식'과 '전장의 심리'는 어떠한가? 무력 전투요원의 전쟁의식과 전장의 심리는 현대 인류가 대심리전쟁터에서 보여주는 의식과 심리와 너무나 비슷하다.

인간이 전쟁터에서 노출시켜주는 의식과 심리는 과연 어떠한가? 잔인성, 전우애, 무기력, 절망, 분노, 흥분 등 여러가지 갈래로 찢어진 의식상태와 심리상태의 주인공들이 삶과 죽음의 갈림길에서 울부짖으며 숨을 죽이며 움츠렸다, 달아났다, 숨어있다, 엎드렸다 하는 곳이 전쟁터일 것이다. 그러나 이와같이 갈피를 잡을 수 없는 심리상태를 전쟁의식, 전장의 심리의 전체적 윤곽이라고는 말할 수 없다. 전쟁터에는 일종의 체계적 관찰자에 의하여 정리될 수 있는 유형적 의식과 전형적 심리상태가 뒤덮여 있다. 싸움터에서 병사들이 보여주는 전형적 심리는 무관심과 신경질과 광기다.

현대의 인류는 무력전장의 병정들처럼 '무관심'하며 '신경질적'이며 '미쳐 있다.' 사람들이 사람을 죽이는 현장을 처음 목격한 신병일지라도 얼마 지나면 전우가 피를 쏟으며 쓰러지며 아군이 적병을 무참히 살해하는데 대하여 '무관심' 하게 된다. 여기서 무관심이란 전연 관심을 안둔다기보다는 일일이 신경을 곤두세우며 감격하거나 슬퍼하지 않는다는 뜻이다. 고아의 무표정한 얼굴, 어떻게 보면 잔인하게 보이는 교형리의 얼굴, 장의업자의 표정, 목사의 얼굴, 의사의 얼굴에서도 생과 사에 대한 무차별적 견해를 발견할 수 있다. 병사나 그밖의 극단적 체험을 일상적으로 계속하는 사람들 뿐만 아니라 오늘의 모든 사람들, 특히 도시인의 얼굴에서 무관심의 표정을 읽을 수 있는 것이다. 잡다한 자극에 지쳐 있는 사람은 잡다성으로부터 자신을 보존하기 위한 선천적 해결방법으로써 무관심이라는 방패를 사용하는 것이리라. 무관심은 시끄러운 소리, 눈부신 색깔과 같은 달갑지 않은 자극들에 대한 일종의 '판단중지' 이며, 생명체의 자기보호를 위한 자율적 '자위책' 인 것이다.

그러나 무관심은 심각한 위기를 조성한다. 무관심이 축적되어 의식의 벽이 점점 두꺼워짐으로써 완고한 보수주의적 감옥에 갇힌 폐쇄적 자기의식을 형성하는데에 무관심의 위기가 있다. 달팽이 껍질에 틀어박힌 자기의식의 '밖에서' 마음대로 제멋대로 날뛰는 악마들의 소행, 시끄러운 꽹과리 소리의 장본인, 온갖 쇼의 주역들의 손과 발을 아무도 묶어두지 못하게 된다. 소음에 무관심하다는 것은 지쳐서 자기 '속에로' 도망감이지, 자기 '바깥에' 있는 꽹과리를 없애버린 것은 아니다. 그러므로 무관심이라는 병이 유행하면 악마는 더욱 신이 나서 춤을 추게 된다.

현대 인류는 대 심리전의 싸움터에서 자기 자신도 모르게 퇴락해가는 의식의 포로가 되기 쉽다. 현대인은 무관심이라는 지친 표정의 얼굴을 점점 화석화시켜갈 위험에 봉착하고 있다. 석고보다도 창백하며 석고보다도 두꺼운 무관심의 가면 뒤에서는 아예 생각하기를 거부하는 '반사고인' 의 새로운 얼굴이 형성되고 있다. 우리는 이러한 현상을 다음과 같이 표현할 수 있다.

대심리전장에서 피로에 지친 사람들은 사고(思考) 거부반응을 나타내고 있다.

생각하는 동물이 생각하기를 거부하다니 이 얼마나 비참한 일인가. 생각의 인위성은 생각 자체를 거부하는 생각마저 만들어 내는 것이다. 생각하기를 거부하는 현대인의 전장의 심리를 조작한 악마들은 어디에 있는가? 현대 인류 스스로가 자기최면을 걸어서 반사고인으로 화석화되었다고는 볼 수 없다. 그렇게 되도록 몰래 흉계를 꾸민 원흉들이 있는 것이다. 그것은 바로 세뇌 전문가들이며 국제적 악마들이다.

인식의 인위적(人爲的, 人僞的) 성격은 세뇌에서 잘 나타나 있다. 인식은 생물학적 행위로서 이해되어야 하며, 따라서 심리전과 세뇌가 생물학적 인식론의 개념으로서 마땅히 취급되어야 한다. 현대인의 전쟁의식과 전장심리는 바로 '급진적 심리전'인 바 세뇌에 의하여 조작된 의식이며 날조된 심리다. 무관심적 범람, 또는 반사고인의 출현은 바로 보편적 세뇌의 결과다. 대량세뇌의 가공할 만한 결과가 여기에 그치는 것은 아니다. 무관심은 그 초보적 단계 또는 예비적 단계에 지나지 않는다.

싸움터의 전형은 병사로 하여금 계속 무관심한 상태에만 머물러 있도록 내버려두지는 않는다. 견디기 어려운 '긴장'을 끊임없이 요구하는 것이 전쟁상황이다. 피로하며 지칠대로 지친 병사들에게 과중한 긴장을 요구하는 분위기에서 병사들의 의식과 심리는 '신경질적'으로 되지 않을 수 없다. 긴장은 싸움터에서 예측하기 어려운 미래의 상태에 대한 불확실성 또는 불안감과 결합하여 더욱 가중된다.

한 걸음 앞으로 몸을 숙이다가는 포탄에 맞아 죽을지도 모르는 긴박감이 짓누르는 상황에서 병사는 신경질적 심리, 신경질적 의식의 소유자가 되고 만다. 건빵 한 조각을 훔친 동료를 때려죽일듯 나무라는 신경질, 바늘로 찔렸을 정도의 피해에 대하여서도 노발대발하는 신경질. 그러나 여기에도 얼마나 위험한 함정이 있는가? 그러한 신경질 '바깥에' 있는 것에 대해서는 신경질을 부리지 않기 때문이다. 건빵 조각보다 훨씬 큰 지휘관의 그릇된 부대통솔, 작전의 과오같은 문제에 대해서는 별로 신경질을 부리지 않는 것이 신경질이다. 잘못 겨냥되어 아군의 포진지로부터 날아온 포탄의 실책은 바늘만큼 따가운 것보다 얼마나 큰 것이냐.

현대 인류의 전장심리는 신경질적으로 '큰 것' 과 '작은 것' 을 뒤바꿔서 받아들이는 괴상한 경지에까지 발전하여 있다. '무관심' 은 큰 것과 작은 것에 대한 동일한 반응이며 중대한 것과 사소한 것의 구별을 무시하는 심리상태라면, 신경질은 큰 것과 작은 것을 혼동하는 반응이며, 중대한 것을 사소한 것과 뒤바꿔서 보며, 사소한 것을 중대한 것으로 잘못 알고 있는 의식상태라고 말할 수 있다.

현대 인류가 대심리전의 싸움터에서 당하고 있는 광범위하며 보편적인 고통은 무관심과 신경질이다. 현대 인류가 한편 지칠대로 지쳐 있으면서 다른 한편 전열을 찾아보기 어려웠던 위험, 함정과 같은 것들 앞에서 벌벌 떨고 있다. 현대 인류는 위기의 줄 위를 걷고 있으며, 현대인이 가는 길에는 어느 곳에나 '위험' 이라는 빨간 글자가 표시되어 있다. 어떻게 보면 과거보다 많은 영화를 누리는 사람들이 늘어난 것 같지만, 그런 사람들이나 가난한 사람들이 나를 막론하고 그의 머리 위에서 핵탄두 끝에 달린 '다모클레스의 칼' 이 항상 매달려 있으며, 정수리를 향해 언제이고 내려칠 태세를 갖추고 있다. 과도한 긴장감과 싸우면서 현대 인류는 자신도 모르는 사이에 무관심, 그리고 신경질의 소유자가 되고 말았다.

그러나 가느다란 말총에 매달린 칼이 아무리 위태로운 것같이 보이더라도 그것은 금방 떨어지지 않는다. 머리를 살짝 숙이고 칼을 떼어 내면 위험은 사라진다. 그보다 더 무서운 것은 미친 사람이 쥐고 있는 칼이다. 미친 사람들 가운데서도 미친 형제들이 쥐고 있는 칼이 더 무섭고 위태롭다.

현대인이 앓고 있는 무관심과 신경질의 질병보다도 훨씬 더 처절한 것이 '미친 사람'의 병이다. 전쟁의식, 전쟁심리는 가장 악화되었을 때 '미친 생각'으로 나타난다. 싸움터에서 병사들이 미쳐 날뛰듯 현대 인류의 의식은 '미친 생각'에까지 타락할 위험에 봉착하여 있으며, 실제로 어떤 '미친 민족들'을 지구 위에서 찾아볼 수 있는 경지에까지 도달하였다. 정상적 의식의 반응능력에 부여된 신축성에도 한계가 있는 것이다. 무관심으로써 틀어막으려 해도 틀어막을 수 없는 과격한 심리적 공격, 신경질로써 받아넘기려 해도 받아넘길 수 없을 정도로 엄청난 자극들이 쳐들어오게 되면 반응의 탄력성이 끊어지며 반응의 용수철이 부러지고 만다.

달리던 기차가 지나친 자극에 패배하여 궤도를 벗어나 뒤집혀 바퀴가 하늘로 향하고 지붕이 땅에 닿아 있는 것처럼 부러진 의식은 완전히 도치되어 미친다. 미친 생각이란 과거의 반응양식과는 질적으로 전연 뒤바뀐 반응을 현재에 보여준다. 여태까지 꼬리치며 따르던 주인에 달려드는 미친개처럼 미친 근위병이 황제에 반기를 들며 미친 병사가 아군을 공격하는 것처럼 현대인은 벗과 원수를 혼동하여 벗을 원수로서, 원수를 벗으로서 대접하는 미친 사람이 되려고 하는 위기에 봉착하여 있다.

현대처럼 '배신'과 '배반'이 개인들 사이에, 민족들 사이에, 그리고 국가들 사이에, 진영들 사이에 유행병처럼 만연되어 있는 시대는 없었다. 아들이 아버지에 달려들어 물어뜯어 죽이며, 선생을 칼로 찌르는 제자들이 있으며, 형제가 형제를 고발하며, 동포가 동포를 원수로 알면서 원수를 벗으로 착각하는 미친 생각의 소유자들이 되어가고 있는 것이 현대 인류가 아니냐!

　심리전의 싸움터에서 형성된 미친 생각도 자발적으로 형성되었다기보다는 인위적(人爲的, 人僞的)으로 조성된 것이다. 미친 생각이나 스스로 생각이 미친 것이라기보다는 세뇌 전문가들에 의하여 미치게 된 것, 악마가 '미치게 만든 것'이다. 심리전이라는 생물학 전쟁의 심리적 광대병 바이러스는 인류의 심리를 질적으로 변혁시키는 악독한 독소를 지니고 있는 것이다. 현대의 국제적 악마들은 대규모적인 심리전을 대단원에로 이끌고 가기 위하여 먼저 인류에 대한 '인간관계 파괴' 작전에 착수한다. 이 파괴는 적과 벗의 관계, 은인에 대한 고정관념, 벗에 대한 고정관념을 파괴하는 작업이다.

　민족 내부에서 일단 이러한 고정관념 특히 '동족관념'이 파괴되면 민족을 통째로 노예로 삼을 수도 있다. 악마의 주문 "분할하라, 그리고 지배하라!"가 세뇌를 위한 마약처방에도 씌어 있는 것이다. 강한 민족을 정복하기 위하여 먼저 그 민족을 내부적으로 미치게 만드는 독약을 투입하게 되면 같은 형제간에 우의가 아니라 적대감을 불어넣을 수 있다. 형제들 사이에서 악마와 내통하는 탈선자, 쐐기가 탄생하여 악마와의 연합전선을 펴게 됨으로써 민족은 약자로 전락한다. 그러면 곧이어 악마의 연합군이 민족을 예속시키는 포고령 제1호를, 다음과 같은 양심적 호소문 '위'에다 포개서 붙여 놓는다.

　　　異種을 招하여 동종을 멸함은 冠賊을 引하여 형제를 살함과 無異한 자니 此義가 甚明하여 비록 삼척동자라고 가히 知得할 바어늘 惜乎라 我國 역사가여, 此義를 知하는 자 甚小하도다.(『신채호전집』상, 1972, 을유문화사, p.500)

생각의 인위성을 악용하는 악마의 세뇌전술은 수직적 '폭력'의 행사다. 세뇌는 정신적 폭력이다. 악마의 폭력 가운데서도 가장 저주스러운 것이 이 세뇌다. 세뇌는 폭력적 의미에서의 약자가 폭력적 의미에서의 강자로부터 받는 폭력이다. 세뇌는 물리적 의미에서의 강자가 물리적 의미에서의 약자에 대하여 가하는 폭력이다. 그러므로 동물적으로 약한 자가 동물적으로 강한 자를 세뇌시키는 법은 없다. 쥐는 세뇌의 방울을 고양이 목에다 걸 수 없다.

세뇌는 말하자면 폭력의 '소나기'다. 그것은 악마의 먹구름으로부터 내려오는 것이지, 아래로부터 위로 올라가는 '무지개'는 아니다. 악마는 폭력의 소나기를 내려쏟아 사람들 머리 속에서 진리의 가치와 선의 가치를 씻어내고, 그 대신 악의 가치와 거짓의 가치를 대치시켜 버리려 한다. 무엇보다도 사람들로 하여금 정신적 공수병에 걸려 폭력의 소나기 앞에 무서워 벌벌 떨게 만드는 것이 악마가 즐기는 최대의 즐거움이다. 폭력의 벼락을 내려치며, 폭력의 방망이로 먹구름을 두들겨 패며, 암흑의 어둠을 타고 폭력의 번개를 번쩍거리는 악마들은 세뇌 전문가들이다.

강한 '공포'의 비를 맞는 사람들은 이를 가리기 위하여 주위에 있는 것을 아무거나 들어서 위로 쳐들게 마련이다. 흔히 가장 가까운데 있는 물건이나 가까운 사람이 공포의 비를 가리우는 '우산'으로 사용된다. 공포의 비를 맞는 순간에는 비록 평소에 자기가 가장 아끼는 벗이라 할지라도 하나의 수단이 될 수 있다. 바로 여기에 '배신'의 논리가 있다. 아무런 친분관계도 없는 사람이 배신하지는 않는다. 배신이란 신뢰의 붕괴이지 무관심의 붕괴는 아니다. 무관심한 사람끼리 서로 배신한다기보다 많은 관심을 기울이며 서로 가까이 지내는 사람끼리 배신한다.

가까이 사귀는 사람끼리는 은연중에 동화되게 마련이며, 결국 '일체감'에도 달하게 된다. 장님에게 있어서 지팽이가 자신의 손과 동화되며 그것과 일치감을 갖게 되는 것처럼, 친구는 자기의 수족과 같이 되어버려 누가 나를 때리려 할 때 나의 팔을 들어 그것을 막으려 하듯 친구를 번쩍 쳐들어서 막으려 하게 된다. '너무' 가깝기 때문에 배신하게 된다. 악마는 배신의 논리를 잘 알고 있으므로 형제들을 가두어 놓고 공포의 폭포를 쏟아내리면 형이 아우를 타고 올라와 살아나려고 하며, 아우가 형을 감고 올라와 목숨을 건지려 한다.

형제들에게 쏟아지는 '공포의 비'는 형제들끼리 서로 배신하도록 하는 분열의 물방울이다. 강한 공포 앞에서 형제들의 우정은 쉽게 녹아버리고 만다. 약자의 우정, 약자들 사이의 사랑은 약한 것이다. 노예에게 진정한 우정이 성립되기 매우 어렵다. 왜냐하면 노예들끼리의 우정과 사랑의 약한 풀칠보다도 주인이 뿌리는 공포의 빗줄기가 세기 때문이다. 주인에 대한 공포는 노예끼리의 사랑을 지워버린다. '자유' 없이 우정없다. 노예들의 우정이 오래 지속되지 못하는 것은 노예들에게 인정이 메말라서가 아니라 그들에게 자유가 없기 때문이다.

약한 자는 조그만 이익에 눈이 어두워 우정을 언제나 배신할 수 있다. 조금만 현기증을 해결해 주며 배고픔을 해결해 주는 빵쪼가리나 물 한 모금이면 노예들의 우정을 쉽게 깨트릴 수 있다. 흙 한 삽을 덜 뜨는 일자리가 노예들의 우정을 유린하고도 남는다. 노예들은 우정을 유지할 힘이 없는 자들이다. 저 스팔타쿠스를 보라! 그에겐 주인에 항거할 자유가 없었기 때문에 가장 친한 죽마고우의 가슴에 칼을 꽂아야만 했던 것이 아닌가! 노예들에겐 친구를 살해하라는 주인의 명령이 두려운 것이지, 친구와의 우정이 두려운 것은 아니다. 우정의 눈물을 간직한 노예라 할지라도 죽은 벗의 시체를 묻어줄 수 있는 자유마저 허락되지 않는 것임을 스팔타쿠스는 뼈저리게 깨달을 수 있지 않았던가. 노예는 우정과는 정반대되는 살인마저 감수해야 되는 부자유스런 신세다. 친구와 벗을 죽여야 하는 노예에게 도대체 우정이 있을 수 있겠는가?

> 인간은 자기가 두려워하는 자보다 사랑을 받고있는 자를 해치는데 결코 주저하지 않는다. (마키아벨리, 『군주론』, 제17장)

그러나 폭포처럼 쏟아지는 폭력, 세뇌의 소나기는 '일시적'이다. 여름의 소나기가 덧없이 지나가듯 세뇌의 소나기는 영원히 지속되지 못한다. 잠시 동안 쏟아진 폭우가 약한 지표를 부분적으로 할퀴어 놓는 것처럼, 세뇌의 폭포는 인간성의 표면을 마멸시킬 수 있다. 그러나 소나기가 아무리 사나워도 울창한 숲을 떠내려 버릴 수 없는 것처럼 세뇌의 폭력은 인간의 숲을 송두리째 떠내려 버릴 수 없다. 악마의 먹구름에 대지가 가리워서 오랫동안 어둠이 계속될 것 같으며, 횡포의 소나기가 멈추지 않을 것 같지만 '한울'의 태양은 사라지지 않는 법이다. 악마의 먹구름이 사라지고 나면 어둠도 소나기도 함께 없어진다.

세뇌의 비가 일시적인 효과밖에 낼 수 없는 이유는 공중에 빛과 열정의 태양이 있을 뿐만 아니라 땅이 튼튼하며 깊기 때문이다. 인간성의 밑바닥은 땅보다도 더 튼튼하며 깊은 것이다. 그러므로 거짓과 참의 싸움, 악마와 진리행위의 싸움은 진리의 승리로 끝나고 마는 것이다. 심리전은 결국 '한울님'의 승리에 귀착한다. 승리는 세뇌전문가 편에 있는 것이 아니라 미치광이를 고치신 심령의 세례자, 죽은 자를 살리신 생명의 세례자편에 있다. 모든 사람들이 이 세례를 받은 제자들이 될 때 영원한 승리, 영원한 평화가 올 것이다.

> 당신들이 나를 혼자 버려두고 제각기 자기 갈 곳으로 흩어져 갈 때가 올 것인데 실상 그때는 이미 왔습니다. 그러나 아버지께서 나와 함께 계시

기 때문에 나는 혼자 있는 것이 아닙니다. 내가 이런 말을 한 것은 당신들이 내 안에서 평화를 얻게 하기 위한 것입니다. 당신들은 세상에서 고난을 당하겠지만 용기를 내십시오. 내가 세상을 이겼습니다. (요한 16:32~33)

## 03 _ 인식의 확장

사람이 고통을 겪게 되면 인식의 범위가 좁아진다. 전쟁이라는 극한적 고통의 상황에서 무관심과 신경질과 광기와 같은 병적 인식이 유행하는 것은 고통과 인식의 관계를 웅변적으로 설명해 준다. 무관심이란 고통의 원인으로부터 자아를 차단함이며, 신경질이란 고통의 원인을 극소화시키려는 것이며, 미친 것이란 고통의 원인에 대한 투항이라고도 말할 수 있다. 그런데 무관심, 신경질과 미치는 것은 모두 '인식의 협소화' 과정으로 해석될 수 있다. 무관심·사고거부라는 방패를 내세워서 공격해 들어오는 고통의 창으로부터 자아를 보호함은 자아를 최소한으로 협소화시킴이다. 신경질이란 작은 것, 작은 고통에 대한 과민한 반응이다. 신경질은 세계를 잘게 쪼개서 협소화시킴이며, 고통의 원인을 말단적인 것에로 협소화시킴이다.

주관적 협소화, 객관적 협소화의 양적 협소화 과정이 극단화되면, 자아와 객관이 뒤집혀 도착된다. 즉 미친다. 고통의 원인이 자아의 위치로 들어오고, 자아가 고통의 원인에로 나아가 그 자리를 차지한다. 미친 정신은 자아를 배신한 정신이다. 원수에게로 향하던 방패를 집어던지고 원수가 쥐고 있던 창을 받아 자신을 찌르는 셈이다. 미친 정신은 자아 및 자아에 가장 가깝던 것에 대한 공격이다. 자아가 쫓겨나고 적이 속에 들어와 앉았을 때 자아는 미친다. 밖에 있던 것이 속에로 들어오고 속에 있던 것이 밖에로 나감, 즉 주객전도다. 인식의 양적 협소화 과정이란 고통을 견디기 어려울 정도로 너무 좁혀졌을 때 뛰쳐나가며, 너무너무 고통스러울 때 자아를 적에게 양도해 버림, 이것이 미치는 것이다.

인류의 불행은 중대한 것과 사소한 것을 무관심적으로 거부하는 것, 중대한 것과 사소한 것을 신경질적으로 혼동하는 것, 자아와 적대자를 뒤바꿔 놓는 것과 관련되어 있다. 인류의 고통은 인식의 무관심, 인식의 신경질, 인식의 광기로 말미암아 증대된다. 인류의 불행은 인식의 협소화와 관련되어 있다.

> 작은 인식은 큰 인식에 도달하기 어렵다.
> 작은 인식은 큰 진리에 어둡다.
> 작은 인식은 큰 거짓말에 둔감하다.
> 작은 인식은 큰 가치들에 어둡다.
> 작은 인식은 큰 고통에 둔감하다.
> 작은 인식은 큰 은인을 알아볼 줄 모른다.
> 작은 인식은 큰 도적을 알아볼 줄 모른다.
> 작은 인식은 큰 피해를 알아차리지 못한다.

작은 인식은 자기의 손가락과 발가락을 전부 합치면 20개가 된다는 것을 잘 알면서도 모든 사람들의 손과 발이 보이지 않는 쇠사슬로 묶여있는 부자유에 대해서는 매우 둔감하다.

작은 인식은 자기 손에 쥐고 있는 사과를 보고 누가 검은색이라고 하면 금방 거짓말인 줄 알지만, 그 사과 하나로써 자기의 인격과 자유를 빼앗으려는 사악한 의도가 숨어 있음을 알기 어렵다.

작은 인식은 자기 발을 밟은 사람에 대해서는 분노하면서도, 모든 사람들의 발에 매인 족쇄를 풀어 주기 위하여 고귀한 생명을 바친 사람들의 얼굴을 기억할 줄 모르며, 심지어 유다나 김경천(한때 동학당에 투신하였던 자로서 녹두장군 전봉준을 밀고한 역천의 한국인이었다)처럼 몇 푼 안되는 현상금이나 대수롭지 않은 감투에 눈이 어두워 '인류의 외아들' '한울님의 아들'을 팔아먹는다.

작은 인식은 자기 신발 한짝 훔쳐간 사람에 대해서는 적개심의 이를 갈면서도 자기 부모와 자기 조상과 자기 민족의 발에다 노예의 사슬을 얽어매 팔아먹는 자에 대해서는 별로 기억하지 못하며, 심지어 그 큰 도적을 주인으로 모시기까지 한다.

고통스럽기 때문에 인식은 무관심적, 신경질적, 도착적일 뿐만 아니라, 무관심적, 신경질적, 도착적이기 때문에 고통스럽다. 바꾸어 말하자면 고통이 인식을 협소하게 만들며, 인식이 협소화됨으로써 고통이 증대된다. 따라서 고통을 해소하면 인식은 건전해지며, 인식이 건전해지면 고통은 해소된다. 악마가 퇴치되면 인식은 확장되며, 인식이 확장되면 악마가 퇴치된다. 여기서 순환논증의 마술에 걸릴 필요는 없다.

그와 같은 골디우스의 매듭을 풀기 위해서는 '용단'이 필요하다. 고통과 인식의 관계에 얽힌 순환논증의 고리를 잘라서 인식의 협소화 문제를 규명하며, 인식의 확장이라는 끝을 잡아당김으로써 '제정신'을 차리고 고통의 해결이라는 다른 끝에 도달할 수 있다.

고통은 인식을 촉진시킬 뿐만 아니라 인식을 위축시킨다. 고통 자체가 인위적인 성격을 지니고 있으며, 인식도 인위적인 성격을 지니고 있기 때문이다. 본래 인식은 고통의 함정을 벗어나려는 생물적 노력이다. 그러나 문제상황은 인식을 촉진시키는 것인 동시에 인식을 위축시킨다. 일부러 인식을 방해하며 왜곡시키려는 문제상황이 구성되기 때문이다.

일반적으로 본다면 고통이 증대함에 따라 인식의 위축현상이 두드러지게 나타난다. 그러나 고통의 증대가 아무리 오래 계속되더라도 '인식의 저항력'은 소멸되지 않는다. 그 때문에 인식의 협소화를 극복하는 인식 자체의 노력이 계속될 수 있다. 고통을 해결하는 길은 작은 인식으로부터 큰 인식에로 비약하는 데 있다.

작은 인식은 공간적으로 국부적인 대상에 집착하며, 시간적으로는 순간적으로 뒤바뀌는 인식이며, 대상에 조급하게 도달하려는 인식이다. 큰 인식은 공간적으로 포괄적인 대상에 관한 인식이며, 시간적으로는 영구적 인식이며, 지향성에 있어서 여유있는 인식이다. 말하자면 인식을 협소하게 만드는 고통에도 불구하고 인식은 커질 수 있다. 인식이 커져야만 사람은 살아남을 수 있다. 고통은 인식을 편협하게 하려고 하지만 인식은 고통에도 '불구하고' 인식의 범위를 확장하여야 한다. 고통이 인식을 패배시킬 것이 아니라 인식이 고통을 패배시켜야 한다. 고통에도 불구하고 인식이 커질 때 인식은 승리할 수 있다. 고통의 물결에 떠내려가기만 하면 인식은 점점 더 협소해지며 쇠약해진다.

인식이 고통의 물결 위에 올라 떠서 '거슬러' 비스듬히 가는 방법이 사는 길이다. 세뇌의 홍수에 떠내려가지 않으려면 세뇌의 조류 위에 떠서 비스듬히 역방향으로 인식의 헤엄을 강행시켜야 한다. 이 비스듬한 헤엄은 물결 위에서만 떠도는데 목적이 있는 것이 아니라 강기슭에 다가가서 해방의 땅에 올라가는데 목적이 있다. 세뇌의 강물에 드리운 낚시의 미끼에 정신이 팔렸다가는 떠내려가다 잡혀 죽고 만다. 조그만 자선에 현혹되었다가는 커다란 불편의 적쇠 위에 올라 끄을려 죽고 만다. 조그만 미끼보다도 더 흉악한 낚시바늘을 보아야 하며, 그보다도 죽음과 멸망이라는 커다란 무덤을 보아야 한다.

물고기가 사는 길은 당장 눈 앞에 있는 미끼를 삼키는데 있지 않고 그것을 참는데 있으며, 참된 먹이를 찾는데 있다. 그러나 사람은 물고기는 아니다. 물고기보다 훌륭한 것이 사람이며, 더구나 물고기보다 훌륭한

'인내력' 이 사람에게 갖추어져 있다. 초월적 인내력과 통찰력을 갖추었기 때문에 인간의 인식은 모든 고통과 유혹에도 불구하고 승리하며 확장한다.

사람이 실재에 너무 가까이 가면 사람은 관념에서 멀어지며, 관념에 너무 가까이 가면 실재에서 멀어진다. 하나의 산을 너무 가까이서 보면 흙과 낙엽과 돌과 같은 것들이 보일 뿐이나. 반대로 너무 멀리서 산을 바라보면 구름에 가린 그림과 같은 형체만 보일 뿐이다. 실재에 너무 가까이 간 인식도 위험하며, 관념에 너무 가까이 간 인식도 위험하다. 너무 실재 가까이 가는 것도 '실재' 에 속는 결과를 초래하며, 너무 관념 가까이 가는 것도 '관념'에 속는 결과를 초래한다.

실재에 너무 접근한 인식은 '감각적' 확실성을 추구하려고 하지만 반드시 감각이 확실성을 보장하는 것은 아니다. 감각은 좋은 증인인 동시에 나쁜 유혹자다. 이와 마찬가지로 관념은 좋은 안내자인 동시에 나쁜 오도자다. 감각과 관념은 모두 좋은 점과 나쁜 점을 지니고 있으므로 두 가지가 좋은 방향으로 합치면 매우 좋은 인식을 성립시킬 것이다. 그러나 둘 다 나쁜 방향에 있어서 합치면 매우 나쁜 인식을 성립시킬 것이다. 과대망상과 일면적 증거가 영합되는 실증주의적 폭군의 경우처럼!

감각적 확실성이 제구실을 다하려면 인식은 '감각 바깥에로' 나와야 한다. 관념적 윤곽이 제구실을 다하려면 인식은 '관념 바깥에로' 나와야 한다. 인식의 확장은 '속에서 밖으로!' 의 탈출이며 해방이다. 인류의 거처 동굴은 인간의 심리 속에다 동굴을 파놓았으며, 인간은 이 굴 속에 들어앉아 쉬려고 한다. 그리하여 될 수 있는 대로 사람은 '속에서' 다 해결하려고 한다. 그러나 동굴 밖에 얼마나 많은 풀과 돌과 짐승이 있는가? '밖에' 나가지 않고서는 살 수도 없으며, 또 사실대로 알 수도 없다. 살기 위해서는 '밖으로!' 나가야 하며, 알기 위해서도 '밖으로' 나가야 한다.

살기 위해서 관념 속에만 틀어박혀 있어서는 안된다. 관념 '밖으로' 나와서 실천하라. 제대로 알기 위해서는 감각 속에만 틀어박혀 있어도 안된다. 감각 '밖으로' 나와서 알아보아라. 관념론자는 관념론 '밖으로!' 나와야 한다. 실재론자는 실제론 '밖으로!' 나와야 한다.

동굴 밖에 있는 것은 동굴 속에 있는 것보다 엄청 많다. 인식의 확장은 '밖으로' 나가는 운동이다. 속담에 "말 속에 말 있고, 글 속에 글 있다"는 얘기가 있다. 이 속담은 '언중유골'의 뜻인 것 같다. 이 속담은 "말 밖에 말 있고, 글 밖에 글 있다"라고 바꾸어 놓아도 좋겠다. 그렇다. 언표된 말 '바깥'에 얼마나 많은 말이 있으며, 표현된 문장 '바깥'에 얼마나 많은 문장들이 있는지 아무도 헤아릴 수 없다. "말 바깥에 말 있다"는 얘기는 "인식 바깥에 인식이 있다"는 것과 비슷한 얘기다. '밖에' 있는 것을 '여백'이라고 한다면, 언어의 여백, 인식의 여백에로 나가는 것이 언어의 확장이며 인식의 확장, '인식의 해방'이다. 언어의 장막 뒤에는 실로 광대무변의 언어들이 가리워져 있다. 언표된 말, 귀담아 들은 말 바깥에 많은 말들이 있다.

인식의 인위적(人爲的, 人僞的) 성격은 침묵의 경우에 잘 나타나 있다. 침묵 가운데는 진실에 대한 침묵도 있으며 거짓을 은폐하는 침묵도 있다. 사람은 말하는 동물일 뿐만 아니라 '침묵'할 줄 아는 동물이다. 사람은 비밀이라는 창고를 소유하고 있다. 침묵과 비밀의 창고 속에는 재산 목록에 표현된 것보다 더 값진 것 또는 더 많은 것을 간직하고 있을 수 있다. 침묵 속에 악의와 흉계를 감추고 있는 악마들이 얼마나 많은가. 언어가 금지되는 것처럼 인식도 금지된다.

스스로에 의한 것이건 남에 의한 것이건간에 '금지된 인식'이 인식의 여백을 채우는 중요 성분이다. 대부분의 비밀은 금지된 인식이다. 악마가 간직한 비밀은 대개 접근금지 딱지가 붙은 인식이다. 진시황은 얼마나 많은 언어와 인식을 영원한 여백의 창고에다 쓸어 넣었는가? 불태워진 기록보다 훨씬 많은 생생한 인식들은 전혀 기록마저 금지되어 인류의 영원한 침묵 속에 가라앉은 것이 되고 만다. 인류가 간직한 인식의 재산목록도 왜곡된 인식의 기록, 검열된 인식의 기록으로서 가위자국 투성이라고 하겠다.

여백은 '무'가 아니다. 무와 여백을 혼동해서는 안된다. 여백은 존재다. 여백은 인간에 대해서만 성립하는 '일시적' 공백이지 실재 그 자체에 대하여 성립하는 영원한 공간은 아니다. 개별적 인식은 개별적 여백의 담을 타넘어 광범한 인식에로 확장되어 간다. 인식 스스로 커간다. 인식의 인위성이 인식의 확장과 성장을 위협하더라도.

언어의 여백은 언어뿐만은 아니다. 개별적 언어 '밖에' 다른 개별적 언어들과 침묵이 있을 뿐만 아니라 실재하는 사물들이 있다. 말 밖에 말 있을 뿐만 아니라, 말 밖에 실재가 있다. 인식 '밖에' 인식 있을 뿐만 아니라, 인식 '밖에' 실재가 있다.

인식에 대한 가장 큰 여백은 '실재'다. 언어가 없다고 해서 실재가 없는 것은 아니다. 엄연히 실재가 있음에도 불구하고 언어가 없는 경우를 흔히 볼 수 있지 않은가. 인식과 언어의 인위성은 인식과 언어의 인간적 한계를 내포하고 있다. 이 한계란 단순히 통제된 인식과 언어의 한계만을 뜻하는 것은 아니다. 신문이 나오지 않는 휴일이라고 해서 사건도 휴식한다는 얘기는 성립하지 않는다. 신문사가 문을 닫았다고 해서, 방송이 중단되었다고 해서 사건이 문을 닫았거나 사건이 중단된 것은 아니다. 역사가들이 없거나 역사가들이 마음대로 기록할 수 없다고 역사적 사건이 없어지는 것은 아니다. 도서관을 불태운다고 해서 사실이 잿더미로 되돌아가는 것은 아니다.

그런데 위에서 '인간적 한계'라고 말한 것은 이와 같은 문제들보다 더 근본적인 한계를 말한 것이다. 이 한계는 비록 신문이나 방송이 정간되지 않고 검열되지 않고 제대로 발행되며 방송되더라도 활자와 전파가 모든 사건들을 다 표현·수록하지 못한다는 한계보다도 더 근본적인 한계다. 비록 사물, 사건에 관한 '남김 없는' 보도와 기록을 들려주며 보여준다 하더라도 실재는 언어 '바깥에' 있다. 사건은 신문지 '밖에' 있다. 텔리비전면 '밖에' 사건이 있는 것이다.

　이것이 인식과 언어를 둘러싸고 있으며, 인식과 언어 바깥에 있는 광대무변한 '여백'이다. 인식의 '바깥에' 광대무변한 '여백'이 있다. 인식의 여백으로 나갈 때 인식은 '관념론 바깥에로!' 확장된다.

　인식의 영역을 벗어나 인식 '밖에로' 나와야 하는 것처럼, 감각의 영역을 벗어나 감각 '밖에로' 나와야 한다. '실재의 여백'은 실재 '밖에' 있다. 개별적 실재의 바깥에 다른 개별적 실재들이 있다. 여기서도 인식의 확장은 실재의 밖에로 나옴으로써 성취된다. 개별적 실재에 집착할 때 인식은 작은 인식이 되고 만다. 실재의 여백은 실재 밖에 있는 큰 실재들로써 충만되어 있다. 부분에 집착하기 쉬운 감각적 인식은 그 부분 '밖으로!' 뛰어나와야 한다. 실재에 너무 접근하는 감각적 인식은 실재로부터 거리를 취함으로써 인식확장의 대로에로 나온다.

　감각의 확실성은 감각을 불확실성에로 유혹하는 미끼일 수 있다. 부분적 확실성은 전체적 불확실성일 수 있다. 부분적 감각의 영역을 탈출하여 다른 부분적 감각의 여백에로 나옴으로써 전체적 확실성에 접근할 수 있다. 그런데 부분적 실재 '바깥에' 부분적 실재들만 있는 것은 아니다. 실재에 대한 가장 큰 여백은 언어와 인식이다. 인식은 실재 바깥에로 나와서 언어에로 옮겨올 필요가 있다. 실재의 여백으로서 언어는 허공에 뜬 관념적 연기가 아니다. 언어에로 확장한다는 것은 언어에로 도피하는 것이 아니라, 부분적 실재에 포로가 된 인식이 구출되기 위해서 실재에 닿을 내리고 있는 언어의 밧줄사다리를 붙잡는다는 것이다. 작은 인식은 언어 사다리에 의하여 구출되며 확장될 수 있다.

실재 밖에 실재 있다. 그 뿐만 아니라 실재 밖에 언어와 인식이 살아있다.

언어의 인위성은 허구적 언어 또는 거짓말의 기능성과 현실성을 배제하지 않는다. 그러므로 인식의 확장방법에서 문제되는 언어는 '참말'에 국한된다. 거짓말은 인식의 확장이 아니라 인식의 '날조'를 조장하는 수단이다. 거짓말은 실재에 닻을 내린 밧줄이 아니라 공상적 상공에 뜬 것 같은 썩은 줄이다. 거짓말은 실재를 전달하여 주지 않는다. 거짓말은 실재를 끌어당겨 주지 못한다. 거짓말은 실재를 없는 것이라고 표현하며, 반대로 없는 것을 실재라고 표현한다. 이리하여 인식의 확장, '인식의 해방'이 지켜야 할 최대의 준칙은 다음과 같이 정립된다.

있는 것을 없다고 생각하거나 말해서는 안된다.
없는 것을 있다고 생각하거나 말해서는 안된다.
있는 것을 있다고, 없는 것을 없다고 생각하며 말하라.

인식의 여백, 언어의 여백, 실재의 여백과 관련하여 '사상적 여백'에 관해 논의할 필요가 있다. 인식의 여백의 문제 가운데 사상적 여백이 포함되어야 할 것이다. 사상적 여백은 과거 철학의 학설들이 호출되어 나와 심문받을 법정이다. 어떤 철학을 그 '속에서' 비판할 수도 있으나 그보다 그 '밖에로!' 끌고 나와서 비판하는 편리한 방법이 있다. 어떤 철학이건, 어떤 사상이건 모두 동굴 속에 처박혀 있다. '밖에로!'라는 구호에 따라 '철학의 여백', 사상적 여백의 광대한 법정에로 철학들을 등장시켜 보라! 과연 "그대의 철학이 취급하지 않은 문제가 무엇인가?" "그대의 사상 속에 없는 것, 즉 그대의 사상 밖에 있는 것은 무엇인가?" 이러한 물음들이 사상적 여백의 법정에서 제기되는 모든 질문들의 앞장에 선다.

과거의 철학들 가운데는 실재에 토대를 두지 않는 공상적 관념체계만으로써 구성된 것들도 있었다. 그러한 철학은 일체의 실재와 모든 정상적 언어체계를 사상적 여백으로서 자기 '바깥에' 남겨 두었다고 볼 수 있다. 그런가 하면 어떤 철학들은 실재의 세계 가운데서 특정한 대상들을 문제삼고 나머지에 관해서는 전혀 언급하지 않은 것들이 있다. 취급된 부분적 문제들이라 할지라도 그 가운데는 중요한 것과 중요치 않은 것이 섞여 있었다.

사상적 여백의 심판 과정에서 가장 호된 비판을 받아야 할 철학이나 사상은 실재를 전연 도외시한 공상적 언어세계에서 관념적으로 희롱하기를 일삼는 철학과, 실재의 여백을 '괄호'라는 정신적 횡령의 주머니 속에 집어넣는 철학임은 두말할 필요도 없다. 그에 못지 않게 심한 꾸지람을 받아야 될 철학들은 실재에 관한 탐구를 한다면서 민중에게 별로 중요하지 않은 문제들만 가지고 자기 자신의 일생을 허송했을 뿐만 아니라 많은 청년들과 양심있는 인간들의 두뇌를 어지럽혀 왔던 자들이다.

사상이나 철학은 자신의 동굴에 들어앉아 있을 때 위엄과 권위가 당당한 경향이 있다. 그것을 비판하기 위해서는 동굴 속에 무엇이 들어있는지 먼저 알아야 될 것이다. 그러나 어떤 철학자의 사상을 빨리 손쉽게 알아보려면 그를 동굴의 안락의자로부터 끌어내서 시장과 극장에 데려가 보면 될 것이다. 편협한 철학자들의 동굴, 작은 사상의 달팽이 속에 함께 끼어 들어가기란 매우 비좁으며, 또 일단 끌려 들어가면 동화되거나 설득당하여 패소당하기 쉬우며 매수될 위험이 있으므로 어떻게 해서든지 '밖으로' 데리고 나와야 한다.

그것을 밖으로 끄집어낸다고 해서 조금도 생명을 해친 것은 아니다.

달팽이껍질 속에 무슨 내용이 들어있는가를 알기 위해서 겉껍질을 아무리 만져보아도 소용이 없다. 내용은 껍질 속에 있다. 그 내용을 밖에로 끄집어낸다는 것은 그 내용과 구별되는 모든 것들과 그 내용을 대조한다는 것이나 마찬가지다. 철학이나 사상을 '여백'에로 끌어내지 않고서는 그 철학, 그 사상을 정확히 이해할 수도 없을 뿐더러 비판할 수도 없다.

## 04 _ 인식의 해방

'지혜에 대한 사랑'은 어두운 동굴 속에서의 명상이 아니다. 지혜(智慧)란 '어둠을 뚫고 밝은 데로 나옴'이다. 지혜는 단순한 지식의 시력이 뚫을 수 없는 언어적 장벽, 인식론적 암흑의 장막을 뚫는 투시력을 갖고 있다. 일상적 시력이 맥을 못추는 어둠 속에서도 사물을 꿰뚫어 보는 혜안을 가지고 지혜는 고난과 어둠 속에서도 광명을 투시해 보는 초월적 인식능력을 지니고 있다. 고통의 먹구름을 뚫고 그 '바깥에' 있는 태양의 찬란한 빛을 볼 수 있는 정신은 대낮이건 밤이건간에 주어져 있는 시계를 타 넘어서 그 '바깥'을 향하여 초월하며 탈출한다. 지혜란 해방이며 탈출이며 구원이다. 지혜에 대한 사랑으로서의 '밝음의 배움'(哲學)은 '암흑으로부터의 해방' 또는 '광명에의 용기' 또는 '인식의 해방'이다.

철학은 초월이며 해방으로서만 제구실을 다한다. 철학을 '지혜의 여신에 따라 다니는 올빼미'로서 비유하는 것은 올빼미에 대한 일상적 선입견에서 비롯된 것 같다. 오랜 동안 많은 사람들은 올빼미가 어둠 속에서도 볼 수 있는 눈을 가졌다고 짐작하여 왔다. 어둠으로 가득찬 현실 ─ 그것이 낮이건 밤이건간에 ─ 을 투시하며, 그 현실적 흑막과 현실적 가상과 현실적 속임수 뒤에 숨어있는 진실과 진상과 정체를 바라보며, 제우스의 골통을 뚫고 나오듯 두개골 속의 어두운 관념으로부터 탈출하여 실천의 세계에로 나오는 해방과 자유의 행위를 철학이라고 불러야 한다. 어둠 속에서 어둠의 횡포에 좌우되는 단편적 지식과는 달리 철학은 어둠을 뚫고 '밝음'을 볼 줄 아는 용감한 지혜인 것이다.

인식은 탈출이다. '밝은 밝다!' '밝은 땅'(倍達)에 나오라! '밖으로!' '밖으로 나오라!' '밖으로 내보내라!' 이것들이 지혜로운 진리행위의 구호들이다. 밖은 밝다. 속은 어둡다. 어두움 속에서 나와라. 어두움 '속'으로부터 나와라! 속에 갇혀 있지 말고 박차고 밖으로 나와서 밝은 땅 위에 서라! 이것이 인식해방의 구호다. 그런데 '밖에로!'의 행위는 인위적이다. 자동적으로 바깥에 나가거나 들어가는 법은 없다. 힘들여서 바깥에 뚫고 나와야 하며, 또 힘들여서 바깥에로 나오도록 끌어 내거나 두들겨 부숴야 한다. 저절로 나가는 법은 없다. 밝은 땅(배달, 양달)의 사람이라고 해서 저절로 밝은 땅에로 나와 살고 있는 것은 아니다.

밝은 것을 사랑하는 민족(壇民, 배달민족)이라 해서 밝은 것이 눈 앞에 저절로 와 있는 것은 아니다. '밖에로!'의 인위적(人爲的, 人僞的) 성격을 깨닫지 못하는 사람이나 민족은 '밝은 곳'에로 나갈 수 없다. '밖에로!' 또는 밝음의 인위성 즉 '밝힘'을 모르고 그것이 자동적으로 또는 저절로 되는 것이라고 생각하는 사람이나 민족은 '속에' 갇혀서 어둠의 형벌을 받을 것이다. 한민족의 기원과 나라 이름과 땅 이름 같은 것을 아무리 상세하게 규명한다 치더라도 한민족이 인간임을 망각했을 때, 민족적 인위성 (人爲性, 人僞性)을 고려하지 않았을 때, 어원적 설명의 과로는 헛수고에 지나지 않을 것이다.

'밖에로!' 나오며 '밖에로!' 내보내며 끌어내기 위하여 부지런해야 할뿐만 아니라 '용감' 해야 한다. 진리의 빛을 쏘이려면 용감하게 거짓의 어둠 속을 뚫고 나와야 한다. 진리행위의 빛은 용기를 심지로 해서 타는 불에서 발산한다. 작은 인식으로부터 큰 인식에로의 확장에는 용기가 필요하다. 인식의 여백에로 나오기 위하여 용기가 필요하다. 인식의 바깥에로 나오기 위하여 용기가 필요하다. 의식의 바깥에로 나오기 위하여 용기가 필요하다. 거짓과 속임의 장막을 찢기 위하여 용기가 필요하다. 세뇌의 마약병을 깨트리기 위하여 용기가 필요하다. 거세의 칼날을 물리치는데 용기가 필요하다. 심리전의 연막을 헤치고 나오기 위하여 용기가 필요하다.

용기는 '고통에도 불구하고'의 마음씨다. 용기는 저항이며 용기는 거절이다. 용기는 거짓 무(無)에 대한 거부다. 속임수를 거부하지 않고서 진리의 불빛을 쏘일 수 없다. 무를 거절하지 않고서 진리행위가 성립할 수 없다. 어둠에 저항하지 않고서 심리전의 싸움터에서 살아남을 수 없다. 고통에도 불구하고 '논리적 용기'와 '정신적 파괴력'은 고통의 감옥 벽을 부수고 나온다. 용기는 무지에서 나올 수 없다. 용기는 사실에 관한 참된 지식에서 솟아난다. 용기의 심지는 사실에 관한 지식이라는 기름에 담겨져 있다. 기름이 말랐을 때 심지가 무슨 소용이 있겠는가. 사실에 관한 지식이 없는 경우에는 자기파멸만을 초래하는 만용의 그을음에서 불똥이 될 뿐이다. 사실에 관한 확실한 지식은 이미 용기의 심지를 적셔놓고도 남음이 있다. 불순한 기름이 그을음을 내듯 불확실한 지식이나 애매한 지식에 담긴 용기는 결단력의 힘을 빼앗기고 만다.

용기와는 반대로 비겁은 무지 또는 그릇된 지식에 바탕하고 있다. 지식있는 용기가 지혜이며 용감한 지식이 지혜다. 이와 반대로 무식한 비겁이 무명(無明)이며 비겁한 무식이 무명이다. 용기없이 지혜없고 지식없이 용기없다. 비겁한 자는 무식하게 되며 무식한 자는 비겁하게 된다.

속과 바깥 사이에는 극히 얇은 틈이 있을 뿐이다. 매우 얇은 이 틈을 뛰어넘는데 용기가 필요하다. 용기란 대단한 것이 아니다. 속에서 밖으로 뛰어 나온다는 것은 속과 바깥 사이의 틈을 뛰어넘는다는 말과 같다. 탈출은 초월이다. 그러나 위로 올라가는 초월이 아니라 틈을 건너뛰는 초월이다. 이 틈은 매우 좁으며 얇은 것임에도 불구하고 인간의 심리와 정신에 대한 끊임없는 장애물이 되어 왔다. 이 틈은 보수주의적 동굴의 벽으로서, 언어의 장막으로서, 개인적 자아의 방에 설치된 '창호지'와 같은 것으로서 정신의 외출을 방해하여 왔다. 실제로는 매우 얇고 투명한 막인데도 그것은 정신에 대하여 철판처럼 두껍고 불투명한 철의 장막으로 드리워져 있는 것이다.

중앙난방시설이나 냉방장치가 되어 있는 고급주택, 또는 곁문이 달려 있는 방에서 사는 사람들이 보기에는 단지 한 장의 종이를 가지고 바깥 세상을 가리켜 자신의 거처를 가린다는 것은 매우 초라할 것이다. 그러나 많은 사람들은 한 장의 창호지로써 벽을 대신하며 그 속에서 살아왔으며 아직도 그렇게 살고 있다. 그러나 어떻게 보면 이를데 없이 얇으며 어느 정도 투명하므로 바깥과의 접촉을 차단하는데는 있으나마나한 것처럼 생각될 것 같지만 '정신적 창호지'는 실로 매우 두꺼운 성벽이 되어 실재의 세계에로 나가는 정신의 발걸음을 멈추게 하며, 바깥에로 나가는 인식의 오금을 펴지 못하게 한다.

본래 인간은 이 장막을 파괴하는 생생한 정신력을 소유하고 있으나 자라나면서 이 투명한 막이 점점 두꺼운 장벽인 것처럼 뚫기 어려운 철판인 것처럼 정신을 가두어 둔다. 마치 어린아이가 겁없이 창호지를 뚫거나 찢어버리는 것처럼 인간의 정신은 실재에의 순진한 접근행위에 있어서 본래는 용감하며 거리낌없는 것이다. 그러나 어린아이가 어른들의 위협과 속박의 회초리와 호령에 굴복하여 얇은 창호지 하나 제 맘대로 찢지 못하는 비겁한 어른이 되어버리는 것처럼, 인간의 정신은 자신을 감금하는 투명하고도 얇으며 매우 약한 '망각의 장벽' '거짓말의 창호지'를 찢지 못하는 겁쟁이 골방샌님 신세가 되기 쉽다.

　인식의 해방은 창조다. '밖으로' 나오는 생각은 '창조적 생각' 이다. 초월적 생각은 창조적 생각이다. 창조적 생각은 인식의 해방이다. 생각을 구출함, 인식을 자유롭게 함, 이것이 창조적 생각이다. 생각의 과제는 단순히 생각하는데 있는 것이 아니라 '달리' 생각하는데 있다. '그대로' 생각한다는 것은 '생각의 보수성' 을 더욱 확고부동하게 만든다.

　그대로 생각하지 않고 달리 생각하려면 용기가 필요하다. 여전히 생각하지 않고 새롭게 생각하려면 정신적 용기가 필요하다. 그런데 정신은 바로 이 잉여의 힘 또는 창조적 힘을 지니고 있다. 물질 속에는 이 잉여의 힘이 경작될 밭이 마련되어 있다. 그런데 정신이 '나들이' (외출)를 포기하고 그대로 틀어박혀 있다는 것은 정신의 묘혈을 파는 행위다. 정신에 대립하는 것은 물질이 아니라 바로 게으른 정신이다. 정신의 적은 물질이 아니라 비겁한 정신이다.

　'정신주의' 와 '물질주의' 는 대립관계에 있지 않다. 물질은 결코 정신과 적대적 관계에 있는 것이 아니다. 도대체 물질을 '적대적' 관계에다 얽어맨다는 것은 의인론적 사고방식에서 비롯된 유치한 발상법이다. 물질은 원수도 아니며 그렇다고 은인도 아니다. 물질은 물질이다. 정신과 정신끼리 싸우는 것이지 정신과 물질이 싸우는 법은 없다. 정신의 세계 내부에서만 '투쟁' 또는 '대립' 이 있다. 정신에 대한 최대의 적은 '화석화된 정신' 이다. 창조적 생각에 대한 철천지 원수는 화석처럼 굳어진 정신이다. 이것은 죽은 정신이라고도 말할 수 있다. 움직이지 않는 정신, 외출하지 않는 정신, 꼼짝하지 않고 돌부처처럼 우상이 되어 가만히 앉아 있는 정신, 이러한 정신이야말로 정신의 적대자다.

　정신의 적은 정신이다. 정신의 원수는 정신이다. 화석이 된 정신은 일종의 톨레미적 사고방식에 젖어 세계와 우주가 정신 주위에 빙 둘러서

서 정신에다 먹을 것과 입을 것을 다 갖다 준다는 귀족적 안락의자에 깊숙이 파묻혀 있는 정물적 정신과도 같다. 우상은 신의 원수다. 고체로서의 가짜신이 바로 우상이 아니냐? 신은 고체도 액체도 기체도 아니다. 신은 창조적 행위다. 창조적 행위가 신이다. 창조적 행위 즉 신적 행위는 바로 창조적 생각에 의하여 주도된다.

뻣뻣해지기 쉬운 뒤통수, 정신적 동맥경화증에 걸리기 쉬운 정신, 정신적 영양실조에 걸리기 쉬운 정신은 생각의 인위성, 인식의 해방이 부르는 집합명령과 구령에 따라 창조적 생각을 원만히 수행하는데 필요한 '정신적 제식훈련'에 참여하여야 한다. 그 구령은 다음과 같다.

밖으로 나와라!
집합!
서로 손을 잡아라!
앞으로 가!
뒤로 돌아가!
좌향앞으로 가!
우향앞으로 가!
방향바꿔 가!
뛰어 가!
열중 쉬어!
차려!

이와같은 구령에 따라 모여서 부정하며 초월하며 탈출하며 박차며 달리며 민첩하게 움직이는 생각이 되었을 때 그것은 창조적 생각이 된다.

인식의 해방은 '인식의 형제적 제휴'다. 생각은 사유물이 아니다. 생각은 나와 남과의 협동이며 한 걸음 더 나아가 만인의 것이다. '생각의 사회적 성격'은 생각이 어떻게 대화적인가를 밝혀준다. 생각이 독백이 아니라는 것, 도대체 독백이란 없다는 것. 왜냐하면 독백은 실제에 있어서 내적 대화이기 때문이다. 생각한다는 것은 '밖으로!' 나간다는 것이며, 사이와 틈을 건너간다는 것이다. 나의 세계 바깥에서 나의 형제들과 만나는 것, 이것이 생각하는 행위다. 나와 형제들 사이, 나와 친구들 사이의 틈을 건너서 서로 정신적 팔을 마주잡는 것이 생각하는 행위다.

어찌 생각을 나 혼자의 것이라고 말할 수 있으며, 나 개인의 고독을 장식하는 것이라고 말할 수 있겠는가. 생각은 독창이 아니다. 생각은 보이지 않는 합창이다. 인식한다는 것은 정신적 합창을 뜻한다. 생각한다는 것 그 자체가 서로 손잡음을 뜻한다. 사람은 생각의 공동체이며 인식의 공동체다. 사람들은 '함께' 생각하며 '함께' 인식한다. 사람들이 함께 생각하기 때문에 내가 생각한다. 그 반대는 아니다. 내가 생각하기 때문에 사람들과 함께 생각하는 것이 아니다.

사유(思惟)는 사유(私有)가 아니다. 그와 마찬가지로 사상은 사유재산이 아니다. 지식은 공동소유물이다. 혼자만 몰래 사용하는 지식의 창고, 또는 사상의 도서관은 벌써 지식의 창고도 아니며 사상의 도서관도 아니다. 원칙적으로 지식의 창고문은 누구에게나 열려 있으며, 사상의 도서관 문엔 잠을쇠가 없어야 한다. 지식이나 사상의 사유성을 고집하는 사람은 대화를 거부하는 사람이다. 가장 병든 사상은 자신의 고유성을 고집하는 사상이다. 나의 사상과 너의 사상 사이에 넘을 수 없는 담을 쌓는 것은 벌써 사상의 자격을 상실하였다는 증거다. 대화를 진행하는 경우에, 토론을 전개하는 경우에 가끔 볼 수 있는 것과 같은 '말다툼'은 생각의 사교성, 지식의 공유성과 사상의 형제애가 '잠깐 동안' 망각되어 있을 때 발생하는 현상이다.

대화의 목적, 토론의 목적은 개인적 사견(Mein-en)을 남에게도 강요하며 남으로부터 확인 받으려는데 있지 않다. 대화나 토론은 거기에 참가하는 사람들의 생각들이 '우정'에 있어서 하나가 된다는 것을 확임함으로써 종결될 수 있다. 사상들은 대립함으로써 사상 구실을 다하는 것이 아니라 협동하며 제휴함으로써 그 본래의 '사상적 우정'을 회복할 수 있다. 지식이나 생각들은 서로 반목함으로써 스스로 뽐낼 것이 아니라 본래의 '생각의 형제애'로써 함께 정신적 합창을 부르는데서 제 구실을 다하는 것이다.

    생각은 인위적(人爲的)이며 인위적(人僞的)이다. 생각의 협친성도 인위적(人爲的)이며 인위적(人僞的)이다. 생각의 협친성은 저절로 이루어지는 것이 아니라 과감하게 수행되며, 또 그 수행과정에서 악마의 도전을 받고 있다. 생각의 형제애를 분쇄하려는 마희가 생각의 틈과 사이에 끼어 들어온다. 사람 사이를 갈라놓으려는 악마는 사람의 생각들 틈을 갈라 놓는다. 생각의 불화가 발생하는 근본원인은 생각의 결함이라기보다도 생각의 인위적(人爲的, 人僞的) 성격에 기인한다. 악마는 인위적으로 생각의 사유성을 부채질하며, 사상의 개인성을 옹호하며, 지식의 이기주의를 조장하려고 한다. 따라서 생각의 인위적 협친성은 이를 파괴하려는 악마의 음모를 격파함으로써만 달성된다고 말할 수 있다.

    생각들을 '일부러' 이간질시키려는 악마의 흉계를 노출시킴로써 생각들은 우정의 손길로써 마주잡을 수 있다. 지식의 합창, 정신적 합창, 사상적 형제애에다 잡음을 투입하며 팔매질을 하며 헤살을 놓는 악마의 짓궂은 만행을 분쇄함이 없이 정신들의 우정은 안전하게 유지될 수 없다. 그리하여 우리들은 이렇게 말할 수 있다.

    서로 사랑하지 않고 사람들은 생각할 수 없으며,
    서로 생각하지 않고 사람들은 사랑할 수 없다.

서로 사랑하는 것이 생각함이며,
서로 생각함이 사랑함이다.
생각은 사랑이며,
사랑은 생각이다.

서로 사랑하며 사랑하라.
서로 사랑하며 생각하라.
서로 생각하며 사랑하라.

제7장

# 생 존

## 01 _ 인위적(人爲的) 존재

존재 자체에 관한 기우는 인간에게 아무런 도움을 주지 못한다. 인간은 존재에 대하여 조금도 걱정할 필요가 없다. 인간이 관심을 가져야 할 존재는 추상적 존재가 아니라 인위적(人爲的, 人僞的) 존재다. 인위성(人爲性)을 초월한 존재는 인위성(人爲性) 또는 (人僞性)의 재료로 될 뿐이다. 인위적 존재론의 기초라고도 볼 수 있는 자연적 존재론은 과학들에 의하여 분야별로 탐구되고 있다. 과학은 말하자면 기초적 존재론이다. 도대체 '존재 자체'라는 것은 말에 지나지 않는 것이다. 그것을 다루는 이론은 문법학 또는 언어학의 차원에서만 고려될 수 있는 추상적 존재론이다. 자연적 존재는 자연과학적으로 충분히 탐구될 수 있는 것이다.

문법적 존재론은 단지 언어적 형식으로써만 파악되는 추상적 존재만을 탐구할 수 있을 뿐이다. 이에 반하여 자연적 존재론은 언어적으로가 아니라 실재적으로 존재 국면에 접촉하고 있다. 이런 뜻에서 과학을 기초적 존재론이라고 부른 것이다.

과학적 진리는 존재의 가리워진 부분에 대한 탐색과 '노출'이다. 존재의 가리워진 부분은 존재 그 자체에 대하여 가리워진 것이 아니라 인간에 대하여 가리워진 부분이다. 이 부분은 인간에 대하여 은폐된 부분이므로 인간의 입장에서 본다면 '거짓'의 부분이다. 과학적 무지는 전연 텅빈 무지가 아니라 실제에 있어시는 그릇된 지식이다.

지구의 형태에 관한 인류의 지식은 언제나 있었다. 결코 지구의 형태에 관한 인류의 '무지'란 없었다. 지구가 편편한 형태를 가졌다는 생각은 적극적인 측면에서 볼 때 무지가 아니라 거짓된 지식이다. 과학적 지식은 이와같은 거짓지식의 자리에 대치된 참된 지식이다. 무지라는 말은 전혀 지식이나 아는 바가 없다는 뜻이 아니라 '잘못 알고 있음' 또는 '속고 있음'을 뜻한다. 따라서 과학적 지식의 성격도 진리행위의 본질로써 분명히 해명된다. 거짓, 속임에 대한 부정이 과학적 진리행위다.

진리를 발견하는 것이 아니라 발견하는 것(dis-covering)이 진리다.

인위적 존재는 자연적 존재를 바탕으로 하여서 '만들어진' 것이다. 인위적 존재는 자연적 존재와는 달리 '저절로' 있는 것이 아니다. 그것은 '있는 것'도 아니며, 초인간적 신비적 힘에 의하여 '주어진 것'(Es gibt)도 아니다. 그것은 '사람이 준 것'(Man gibt)이다. 인위적 존재란 자연적 존재, 범신론적 존재, 신학적 피조물과 구별된다. 인위적 존재는 '자동사적으로' 성립된 것이 아니다. '저절로' 생긴 것이 인위적 존재는 아니다. 그것은 사람이 만든 것이다. 인위적 존재는 단순히 생성된 것이 아니라 '생산된' 존재다.

인간은 생산자라는 뜻에서 창조자다. 자연적 존재에다 인위적 생산인자 또는 창조인자 ㅊ을 투입시킴으로써 인위적 존재가 생산되며 창조된다. 인간은 확실히 자연보다 우월하다. 자연적 존재는 물자체(Ding an sich)가 아니라 위인물(爲人物, Ding für Menschen)이다. 자연 속에는 인간을 위하여 남아있는 잉여요인이 있다. 이 부분이 인간의 차지다. 이 요인은 미결정 요인이라고도 말할 수 있다. 말하자면 자연은 인간에 대하여 처녀적이라고 말할 수 있다. 자연은 인간의 개척을 기다리는 미개발의 가슴을 지니고 있다. 자연은 인간의 어머니가 아니다. 자연이 인간을 낳는 것이 아니라 인간의 정신과 '결혼' 하여 자연은 인위적 존재를 낳는다. 자연 속에 포함된 자연적 잉여요인은 인간을 위한 여백이다. 자연적 석탄 속에 들어있는 여백이 얼마나 광범한가를 보라. 석탄이 지니고 있는 외형적 색채의 배후에 얼마나 아름다운 색깔들, 다양한 색깔들이 있는가? 석탄의 무딘 형태로부터 얼마나 보드라운 올실들이 뽑혀 나오는가?

무생물만 그런 것이 아니다. 식물과 동물이 자연적 형태와는 다른 풍요성과 신속한 성장을 통하여 인간을 풍요하게 만들어 준다. 동물과 식물의 자연적 성질 속에도 인간의 간섭을 기다리는 인위적 또는 위인적(爲人的) 여백이 마련되어 있는 것이다. 인위성은 인간의 행위가 기록될 '백지어음' 의 여백을 지니고 있는 자연적 존재를 밭(Grund)으로 하여서만 성립한다.

존재의 가변부분은 존재의 ㅊ요인 또는 미결정 요인 또는 처녀요인이다. 이 부분의 증감은 가능하며 이로 말미암아 존재의 잉여가치 또는 초월적 가치가 창조된다. 존재와 자연이 인간을 위하여 간직하고 있는 미개발 또는 탄력성의 부분이야말로 인간에게는 최대의 은혜다.

이 은혜는 그냥 베풀어지는 것이 아니라 인간의 노력과 마주쳐서만 베풀어진다. 우리는 가만히 앉아서 존재가 우리에게 사랑을 베풀기만을 바랄 수 없다. 우리는 존재의 은혜를 존재로부터 빼앗아내야 한다. 그러기 위해서는 자연의 사랑이나 자비만을 기대하지 말고 몸소 사람이 자연에로 걸어가서 자연으로부터 자연의 재산을 끌어내야 한다. 자연은 그저 공짜로 인간을 돕지 않는다. 드러누워 낮잠만 자고 있는 자에게 자연은 먹을 것을 가져다 주지 않는다.

인간이 밭(바깥)으로 나가지 않고서는 자연에 마주칠 수 없다. 자연은 경작되며 재배되어야 할 인간의 밭이다. 자연의 밭에 있는 탄력성은 인간에 의하여 신장되며 축소된다. 존재의 창조요인, 존재의 ㅊ요인은 존재가 인간화될 수 있는 요인이다. 인간은 존재와 자연을 '인간화' 시킬 수 있다. 존재를 인간화시키는 데는 존재의 불변적 요인과 인간의 창조적 요인 ㅊ이 존재의 가변적 요인 ㅊ 속에서 마주치는 것이 필요하다. 존재의 ㅊ 부분은 존재의 부분인 동시에 인간의 부분이다. 여기서 존재와 인간은 상봉하여 자연과 인간은 입맞추며, 의식과 존재, 정신과 물질은 마주친다.

인간은 생산자다. 생산이란 개미나 벌과 같이 채집하는 행위보다도 훨씬 '창조적'이다. 그러나 사람의 생산행위는 누에가 고치집을 짓는 것과 같은 본능적 제조에 지나지 않는 것은 아니다. 설계에 따라서 만들며 설치 할 뿐만 아니라 설계 그 자체를 변경시키며, 개조·개축하며, 변형하는 행위가 인간의 창조적 생산이다. 생산은 인위적(人爲的, 人僞的)이다. 생산은 '저절로' 되는 것이 아니다. 인위적 존재는 저절로 있는 것이 아니다. 사람은 그것이 존재하게끔 힘을 들여야 할 뿐만 아니라 그것을 만들지 못하게 하는 저항세력도 물리쳐야 한다. 사람은 인위적 존재를 생산할 뿐만 아니라 인위적 존재를 생산하지 못하게 한다. 그뿐만 아니다. 사람은 다른 사람으로 하여금 인위적 존재를 생산하게끔 시킬 뿐만 아니라 인위적(人僞的) 존재를 날조한다. 인간의 창조, 제작은 인위적(人爲的)이며 인위적(人僞的)이다. 진정한 창조는 강제적 제조와 '위조'와 '날조'의 위험에 봉착하여 있다.

인위적 존재는 공유적 존재다. 사람은 인위적 존재를 생산할 뿐만 아니라 그것을 사람에게 '준다'. 그대로 있는 자연적 존재, 주어진 범신론적 존재와 구별되는 인위적 존재는 사람에 의하여 '주어진' 존재다. 인위적 존재는 사람이 주는 존재다. 사람이 공중에다 또는 우상 앞에다 갖다 놓는 것을 준다고 하지 않는다. 줌(giving)은 사람에게 줌이다. 인위적 존재는 따라서 '공유성'을 띠고 있다. 인위적 존재는 사람에 의하여 주어져 '있다'. 이 있음은 없음에 대립하는 개념이 아니다.

인위적 존재의 존재는 '무'에 대립되는 개념이 아니라 '부재'에 대립된다. 인위적 존재는 출석(present)하여 있다고 표현되는 것이 보다 적절할 것이다. 그것은 결석(absent)에 대립한다. 결석은 없는 것이 아니라 다른 곳에 있는 것을 뜻한다. 결석한 사람은 다른 곳에 있다. 회의장에 와 있지 않은 사람은 극장, 술집 또는 병원, 바닷가에 있는 것이다.

인위적 존재는 사람에 의하여 주어져 '있는' (present) 것, 즉 사람이 사람에게 '선물로 준' (presented) 것이다. 인위적 존재는 말하자면 이동시켜 놓은 것이다. 서로 주고받을 수 있는 것이 인위적 존재다. 그것은 사람과 사람 사이에 있는 것이다. 사람과 사람의 틈에 끼어 있는 것이 인위적 존재다. 그것은 '나의 것'으로 고정불변 재산목록에 기입되어 있는 재산이 아니다. 그것은 나와 너 사이에 출석하여 있으며, 나와 네가 '함께' 사용할 수 있는 존재다.

인위적 존재는 '지금' (present) 있는 존재다. 그것은 과거에(past) 있던 존재도 또 장차 있을지도 모르는 존재가 아니다. 인위적 존재를 규정하는 시간과 공간은 추상적 시간·공간이 아니라 바로 구체적 시간과 구체적 공간이다. 인위적 존재는 '여기에' (hic) 그리고 '지금' (nunc) 있는 존재다. 그런데 인위적 존재는 지금 그리고 여기에 '저절로' 있는 것은 아니다. 그것은 사람이 가져다 논 것이며, 사람이 붙잡고 있는 것이며, 사람에 의하여 '배치된' 것이다. 인위적 존재는 인위적(人爲的, 人僞的)으로 존재한다.

그것은 배치된 것일 뿐만 아니라 '대치된' 것이기도 하다. 단순히 대치된 것일 뿐만 아니라 아예 '있지 못하게끔' 가져가 버릴 수도 있는 것이다. 말하자면 인위적 존재는 사람들 사이에 출석하여 있다가도 인위적(人爲的, 人僞的)으로 퇴거낭하며 철서당하기도 한다.

사람은 인위적 존재를 남에게 줄 뿐만 아니라 남으로부터 빼앗는다. 사람은 인위적 존재를 '선물'로 줄 뿐만 아니라 작은 '뇌물'로 유인하여 큰 것을 뺏으며, 남의 물건을 '장물'로 훔치며, '전리품'으로 약탈하는 동물이다. 여기에서 우리는 존재의 인위성이 어떠한 위험성을 내포하는지 분명히 알 수 있게 되었다.

> 인위적 존재는 인위적(人爲的)으로 생산된 것이며 인위적으로 주어져 있는 것일 뿐만 아니라, 인위적(人僞的)으로 날조될 수도 있으며 인위적으로 약탈당할 수도 있는 것이다.

인위적 존재론은 존재 자체에 대하여 걱정하지 않는다. 그것은 구체적 존재가 어느 곳(where)에 어느 때(when)에 있는가를 관심거리로 삼는다. 그것은 인위적 존재가 어느 사람(who)에 의하여 창조되며, 어느 사람들 '사이에' 있는가에 대하여 주목한다. 인위적 존재론은 존재의 '소유론'이며 존재의 소재론이다. 인위적 존재론은 '존재의 합법성'을 문제삼는다. 인위적 존재는 실정법적으로 그 소재가 규정된 존재다. 모든 인위적 존재는 법적으로 규정되어 있으며, 그것은 합법적이거나 그렇지 않으면 비합법적이거나 둘중 어느 하나이다. 종래의 추상적 존재론은 존재 자체를 신비화하고자 하였으며, 존재를 만유신령설적으로 숭배하고자 하면서도 실은 가장 인간적이며 인간에게 소중한 인위적 존재에 대한 관심을 회피, 은폐 또는 차단하여 왔다. 추상적 존재론을 구성한 사람들은 인위적 존재를 '독점'하는 사람들의 궁정에 출석하여 있었기 때문이다.

이제 우리는 인위적 존재가 명사로서보다는 동사로서 파악되어야 한다는 말을 시작할 때가 되었다. 인위적 존재는 인위적(人爲的, 人僞的)으로 주어져 '있다'라고 말하기보다는 '주어지고 있다'(be presenting)고 표현되어야 할 것이다. 주어지고 있는 존재로서의 인위적 존재는 '사실' 또는 사건이다. 일(事)로서 '일어나고' 있는 존재를 인위적 존재라고 규정한다면 여기에서도 인위적(人爲的, 人僞的) 성격이 강조되어야 한다.

사실은 저절로 일어나는 것이 아니다. 사건은 저절로 생기는 것이 아니다. 사람이 일어나게끔 하여서 일어나며 또 일어나지 못하게끔 하여서 일어나지 않으며, 또 일어나지 않는 데도 일어나는 것처럼 보이게 할 수 있으며, 또 일어나지 않았는 데도 있었던 것처럼 기록할 수 있는 것이 사건이며 사실이다.

'역사'(Geschichte)는 사건(Geschehen)에 관한 기록이다. 그러므로 역사는 인위적(人爲的) 사건이며 인위적(人僞的) 사건에 관한 인위적(人爲的, 人僞的) 기록이라고 정의될 수 있다. 역사적 사건은 악마의 인위적 마희로부터 항상 도전받고 있다. 역사에 관한 정확한 이해는 역사의 인위적(人爲的, 人僞的) 성격에 관한 이해로부터 출발하여야 한다.

역사는 명사로서보다는 동사로서 파악되어야 한다. 동사로서의 역사적 사건(geschehen)은 자동사적인 것으로서보다는 사역동사적인 것으로서 파악되어야 한다. 즉 저절로 발생한 사건이 아니라 사람에 의하여 인위적(人爲的, 人僞的)으로 발생하게끔(geschehen lassen) 되어서 제작된 사건이 역사의 참뜻이다. "인위적 존재는 저절로 있는 것(sein)이 아니라 사람에 의하여 있게끔 만든 것(sein lassen)이다"라는 인위적 존재의 근본적 성격을 역사가 대표한다.

## 02 _ 인위적(人爲的) 생존

인위적 존재의 주인공은 사람이다. 사람의 존재도 역시 인위적(人爲的)이며 인위적(人僞的)이다. 사람의 존재는 단순한 존재(Sein)가 아니라 '생존' 이다. 사람의 존재는 실존이라기보다 생존이라고 해야 한다. 사람의 존재는 현존이라기보다는 생존으로서 파악되어야 한다.

사람은 존재하는 것이 아니다.
사람은 있는 것이 아니다.
사람은 살아 '계시는' 것이다.

사람의 존재로서의 생존은 '저절로' 되는 것이 아니라 인위적(人爲的, 人僞的)으로 되고 있다. 생존은 인위적으로 보호되기도 하며 반대로 인위적(人僞的)으로 위협받고 있으며 파괴되고 있다. 생존권이 천부의 권리임에는 틀림없으나 현실적으로 이 권리가 위협받고 있음을 아무도 부인하지 못할 것이다. 생존은 인위적인 것으로 키워진 것(養育)이며 보호된 것이며 허락된 것이다. 사람은 늑대 품에서 자랄 수 없다. 늑대 품에서 자란 아이(Wolff-kind)는 사람이 아니다.

사람은 '고아'로서 결코 생존할 수 없다. 이른바 고아원은 양호기관이지 사람을 내다버리는 곳, 쓰레기통이 아니다. 사람은 일정한 영토 위에서의 거주권을 가지고 생존한다. 자기가 살고 싶은 곳이면 아무 집이나 아무 곳이나 어느 나라에나 가서 살 수 있지는 않다. 이러한 것이 생존의 현실성이다. 생존의 인위적(人爲的, 人僞的) 성격은 생존 자체에 대한 위협이 사람에 의하여 야기된다는 엄연한 사실로써 설명된다.

사람은 '의타적'이다. 남으로부터 혜택을 받는다는 뜻에서뿐만 아니라 남으로부터 피해를 입는다는 뜻에서 의타적이다. 사람이 생존한다는 것은 죽음으로부터 계속 구원받고 있다는 것이나 마찬가지다. 비록 심봉사가 개천에 빠졌다가 스님에 의하여 구출되는 것처럼 위기에서 구원되는 경우뿐만 아니라, 평지에서 편안히 살고 있는 생활도 따지고 보면 다른 사람들이 끊임없이 구원해 주며, 위기로부터 구출해 주고 있는 순간들의 연속이다.

    사람은 저절로 살고 있는 것이 아니라 '피살'의 위험성에 봉착하여 살고 있다. 사람은 살아가고 있을 뿐만 아니라 다른 사람 또는 악마에 의하여 '살해되지 않고' 살아가고 있다. 사람이 살고 있는 것은 사람들이 살려두고 있기 때문에 살고 있다고도 말할 수 있다. 사람이 죽어가고 있다는 것은 피살되어 가고 있다는 것이나 마찬가지다. 남이 던진 돌팔매에 맞아죽는 경우뿐만 아니라 자기집 안방에서 가족들에게 둘러싸여 천천히 목숨을 잃어가는 사람의 경우도 따지고 보면 다른 사람들에 의한 타살과정의 결과다. 사람은 사람을 살려주는 동물일 뿐만 아니라 사람을 살려두지 않는 짐승이기도 하다. 사람이 사람을 낳고 사람이 사람을 죽인다. 사람은 사람이 생존하지 못하게끔 없애버리기도 한다.

    사람은 사람의 부모이며
    사람이 사람의 사형집행자다.

    생존은 잘못하면 소멸한다. 생존의 인위성(人爲性)은 생존의 인위성(人僞性)과 대결하고 있는 것이다. 단순한 존재, 단순한 실재, 단순한 현존을 위해서 경계하며 두려워하며 용기를 가질 필요는 없다. 용기와 조심성은 오로지 생존에 필요한 덕목이다. '존재에의 용기'(Courage to Be)라는 말은 성립할 수 없는 말이다. 생존에의 용기만이 필요하다. 생존에 필요한 용기는 살인자에 대항하는 용기나 마찬가지다.

사람의 생명은 공유다. 생존은 공존이다. 생존의 인위적(人爲的, 人僞的) 성격은 생존의 공유성에서 비롯된 것이다. 사람은 혼자 살 수 없고 '함께' 살기 때문에 생존은 인위적(人爲的)이며 또 인위적(人僞的)이다. 사람은 사람과 함께 살고 있을 뿐만 아니라 악마와 함께 살고 있기 때문에 그의 생존이 보호도 되며 위협도 받는다. 본래 사람은 한 사람이 아니었다. 사람은 한 사람이 아니라 여러 사람이다. 그것도 모래알처럼 흩어져 있는 사람들이 아니라 서로 손잡고 사는 모인 사람들(社會)이다. 생존은 함께 산다는 뜻에서 생존일 뿐만 아니라 함께 살 수밖에 없다는 뜻에서 공유다.

본래 사람의 생존은 사유(私有)될 수 없다. 이 말은 나의 생명이 나의 것이 아니라는 뜻에서 한 것이 아니다. 그와는 정반대로 나의 생명을 남이 소유할 수 없으며, 남이 소유해서도 안된다는 뜻으로 한 말이다. 나의 생존은 나에게만 고유한 것이 아니라 남에게도 속한 것이므로 나의 생존은 남에게 점유될 수 없는 것이다. 나의 생존은 오로지 나의 것에만 국한된 것이 아니다. 나의 생존은 나의 부모, 나의 자식들, 나의 형제들, 나의 이웃들, 나의 벗들, 나의 민족, 나의 인류 전체에까지 확대되어 있다.

생존은 나에게 고유한 것이라는 사유관념에서 '남의 것'으로서의 남의 생존을 약탈할 수 있다는 살인개념이 등장하였다. 물론 나의 생명은 틀림없이 나의 생명이다. 그러나 그것은 나의 생명만은 아니다. 나의 생명은 나의 생명일 뿐만 아니라 남의 생명이다. 나의 생명 가운데는 고유한 나의 생명의 중심점이 들어 있고, 그 점 둘레에 남의 생명 즉 '우리'의 생명 부분이 들어 있다.

원둘레없이 원의 중심없는 것처럼 '우리' 없이 나도 너도 없다. 나의 생존은 나보다 크다. 거기엔 나 이외에 우리가 포함되어 있다. 남의 생존도 남보다 크다. 거기엔 남 이외에 우리가 포함되어 있다. 우리는 남이 아니다. 그렇다고 우리는 내가 아니다. 우리는 큰 나이며 큰 남이다. 나는 이 큰 나의 일부분이다. 나의 생존은 이 큰 나의 것이므로, 남의 생존은 이 큰 남의 것이므로 생존은 결코 사유될 수 없으며 독점될 수도 없다. 생존은 '한울'로서의 우리 속에 있다. 생존의 울타리는 우리다. 생존은 '한울님'의 것, 큰 울 속에 꽉 들어차 있는 것이므로 좁은 나 혼자서 그것을 독차지할 수 없다. 나도 한울님이며 너도 한울님이다.

그런데 악마는 생존의 둥근 울타리를 사람들이 서로 넘지 못하는 가시철망, 언어적 철의 장막, 거짓말의 장막으로써 칸을 막아 고정시키려 한다. 악마가 생존의 공동 울타리에 금줄을 쳐놓음으로써 생존의 공존성과 생존의 공유성이 파괴되고 만다. 생존의 인위성(人僞性)이 생존의 인위성(人爲性) 자리를 빼앗은 셈이다. 생존을 사유하려는 악마들이 날뛰기 시작한 것이다. 생존의 인위적 현실의 입장에서 본다면 사람은 사람을 소유하는 짐승이다. 인류의 역사는 사람이 어떻게 사람을 소유하여 왔는가, 사람이 어떻게 사람을 사유물로 취급하여 왔는가를 증언한다.

"사람을 결코 수단으로 대접하지 말라!"는 명령을 강의실에서 내리는 노총각 스스로가 집에서는 하인에게 하인으로서 처신할 것을 명령하는 것과 비슷한 역설적 장면을 세계역사의 많은 페이지에서 우리는 읽을 수 있다. 이성적 동물로서 자처한 민족이 어떻게 노예들을 사유물로서 취급하였는가를 읽을 수 있지 않는가? 소크라테스의 인격도 이러한 비인간성 앞에서는 꼼짝할 수 없었다. 그에게는 비록 성자다운 데가 있었지만 현대의 킹목사보다도 못한 인물로서 결정적 결함을 소유한 비열함이었다. 그도 많은 노예들을 사람이라고 쳐주지 않았기 때문이다. 플라톤은 한번 그의 철학적 대화에 노예를 등장시킨 적이 있다. 그것도 사람이 짐승보다 나은 지능지수를 소유하였다는 최저한도의 '잔인한 증거품'으로

서 이름을 갖지 못한 노예를 등장시켰을 뿐이다.(Platon, *Menon* 82 ae)

그러나 희랍 사람들만이 사람을 목적으로서가 아니라 수단으로서 대접하였다는 비난을 받아야 하는 것은 아니다. 전 지구상에는 과거에서 현재에 이르기까지 사람을 소유한 사람들이 살아왔다. 하나의 국가 전체를 사유물로 착각하는 망나니들이 도처에 숨쉬고 있었으며, 민족 전체를 자기 소유물처럼 생각하며 마음대로 싸움터로 몰아내며 남에게 팔아먹는 악마들이 세계역사에 숱하게 등장하지 않았는가! 그에 못지않게 흉칙한 사람들이 어른들 가운데 섞여 있었다. 때로는 효도라는 이름 아래 마음대로 자기 자식을 갖다 버리려는 손순(孫順 : 『삼국유사』 5권, 흥덕왕)의 행동과 같은 것도 사람을 소유 또는 사유할 수 있다는 착각에서 비롯되었다.

아직까지도 많은 어른들은 자식의 소질이나 능력, 희망은 별로 고려하지 않은 채 어른들의 욕심과 허영심을 채우기 위하여 아들 딸들의 팔다리를 잡아당기며 목을 잡아 늘구는 경우가 있다. 자식을 사유물로 착각함으로써 남의 자식은 자신의 사유물의 성장과 관련없는 물건 또는 방해가 되는 물건으로 취급받게 된다.

사람의 생존이 인위적으로 사유화됨으로써 사람은 사람으로서가 아니라 욕심을 채우는 도구와 수단으로서 취급되고 만다. 생존의 인위성은 생존의 존재화에서 최후 절정에 달한다. 생존이 생존으로서가 아니라 단순한 존재로서 대접받게 될 때 이미 생존은 살아계시는 것이 아니라 죽어 있는 것이나 마찬가지다. 살아계시는 것(생존)은 있는 것(存在)이 아니다.

생존의 사유화는 생존을 사물화시킨 것이다. 생존의 '물화'는 생존을 '죽임'이다. 사람을 하나의 물건으로 취급하는 것은 벌써 사람을 죽여 논 것이나 다름없다. 살아계시는 사람은 객차를 타고 가는 것이지 화물차에 실려가지 않는다. 살아계시는 군인은 군수과 창고에 들어 있지 않다. 생존은 물건이 아니다. 물건으로서 취급되는 사람은 벌써 살아계시는(생존) 사람이 아니라 시체다.

    생존의 인위성(人爲性)은 생존의 존재화 즉 살인의 인위성(人僞性)과 대결하고 있다. 생존이 저절로 되는 것이 아님은 생존이 피살의 위험에 봉착하고 있음을 이해하는 것으로부터 명백하여진다.

사람을 사유물로 생각하며 취급하는 자는 살인자이며 악마다.
사람을 물건처럼 취급하는 것은 벌써 사람을 죽여논 것이나 다름없다.

자녀를 사유물처럼 생각함은 자녀를 시체취급함이다.
어린이를 소유물처럼 생각함은 어린이를 염습하는 것이다.
군인을 사유물처럼 생각함은 군인을 소모품처럼 취급함이다.
국민을 소유물처럼 생각함은 국민을 관속에 넣으려는 생각이다.
민족을 생존으로서 대접하지 않음은 민족을 매장한 것이나 아무 차이없다.

생존을 사유화하려 함은 살인이다.
물건으로 취급하는 생존은 벌써 피살된 시체다.

## 03 _ 죽임의 인위성(人僞性)

생존의 반대는 죽음이 아니라 죽임이다.
생존의 반대는 죽음이 아니라 피살이다.
죽음은 하나의 자연적 부패현상이지만 죽임은 인위적(人爲的, 人僞的) 행위(行僞)다.
생존은 죽음과 대결하는 것이 아니라 죽임과 대결하고 있다.

생존의 반대는 구속이다.
생존은 부자유와 대결하는 것이지 죽음과 대결하는 것은 아니다.

소극적인 측면에서 보면 인류의 역사는 살인의 역사였다. 직접적으로 대량살인을 범하며, 살인기술을 발전시키며, 살인기술자를 양성하며, 살인전문가 집단을 구성하며, 살인제도를 구성하는 동물은 인간뿐이다. 더구나 '간접적으로' 사람을 죽이는 기술과 학문과 제도를 발전시키는 짐승은 인간밖에 없다. 사람의 죽음은 자연적인 것으로서보다는 인위적(人爲的, 人僞的)인 것으로서 이해되어야 한다. 사람의 생존이 자연적인 것으로서보다는 인위적(人爲的, 人僞的)인 것으로서 이해되어야 하는 것과 꼭 마찬가지로, 죽음은 저절로 되는 것이라기보다는 인위적(人爲的, 人僞的)으로 된다. 사람의 죽음은 자신이 잘못하여서 죽거나 또는 다른 사람에 의하여서 죽임을 당하거나 둘중의 하나다. 그러나 엄밀히 추구해 가면 인위적(人爲的) 죽음의 원인으로서 인위적(人僞的) 죽임의 요인들이 있음을 캐낼 수 있을 것이므로 결국 생존의 죽음은 타살이거나 타살에 가까운 것이라고 볼 수 있다. 자살은 대개 타살의 최종결과다. 남들이 쏜 죽임의 화살들을 수없이 맞은 사람이 맨 나중에 가서 자신의 목에다 밧줄을 매는 수고를 보탤 뿐이다.

사람들은 '죽음'에 관하여 많은 얘기를 해왔다. 죽음에 관한 명상, 죽음에 관한 수필, 죽음에 관한 명언들이 수를 헤아릴 수 없이 많으나, 어느 한가지도 죽음의 참뜻을 깨우쳐 주지 못하였다. 사람의 죽음은 사실에 있어서는 죽임(killing)이라는 것을 거의 깨닫지 못했던 것 같다. 그러면 죽임이라는 뜻에서 본 죽음은 무엇인가?

"삶에 관해서도 잘 모르는데 어찌 죽음에 대해서 알 수 있으리오?" 이처럼 죽음에 대한 무지를 고백한 중국의 어떤 '고급공무원'이 있었다.

그의 고백은 어떻게 보면 솔직하며 또 어떻게 보면 진실에 가까이 가 있었다고도 볼 수 있다. 그의 말이 '솔직하다'는 이유는 진짜 죽음 즉 죽임을 당하는 사람들의 심정을 모르는 인간들 축에 그가 끼어 있었으므로 죽음의 뜻을 모를 수밖에 없었기 때문이다. 그의 말이 "진실에 가까왔다"는 것은 죽음에 대하여서는 모른다는 그의 말을 뒤집어 놓으면 죽음의 참뜻을 얻을 수 있는 것이기 때문이다.

"죽음에 대하여서 모른다"고 하기보다 "모르는 것이 죽음이다"라고 말해야 한다.

죽임은 '모르게 함'이다. 죽음은 모르는 상태다. 죽임 또는 '살인'은 전체적 살인 또는 급살(急殺)과 부분적 살인 또는 서살(徐殺)로 대별된다. 한꺼번에 단번에 모르게 함이 급살이며, 천천히 모르게 함이 서살이다. 모르게 함은 단순한 무지 조장을 뜻하는 것은 아니다. 물론 인식론적 의미에서의 무지를 인위적으로 조작함으로써 사람을 죽이는 것도 죽임의 여러 경우들 가운데 분명히 포함되어 있다.

죽음은 모르는 상태다.
이 사람을 보라!
밖으로 나올 줄 모르는 사람,
틈과 사이를 건너뛸 줄 모르는 사람,
악마를 가려볼 줄 모르는 사람,
친구를 알아볼 줄 모르는 사람,
형제를 알아볼 줄 모르는 사람,
은인을 알아볼 줄 모르는 사람,
자기를 죽이려는데 대하여 저항할 줄 모르는 사람,

감히 말할 줄 모르는 사람,
제대로 생각할 줄 모르는 사람,
서로 손잡을 줄 모르는 사람,
자기 것을 지킬 줄 모르는 사람,
스스로 통일할 줄 모르는 사람,
이 사람은 죽은 사람이다.
이 사람은 살해된 사람이다.

묘지에 가서 어제 매장한 무덤을 파헤치고 시체에게 큰 소리로 물어보라.

그대는 관 밖으로 나올 줄 아는가?
그대는 관 속과 바깥 사이를 건너뛸 줄 아는가?
그대는 자기를 꺼내 톱으로 썰고 맷돌로 갈아버리려는 악마를 가려낼 줄 아는가?
그대는 평생 가까웠던 친구를 알아볼 줄 아는가?
그대는 한 핏줄로 태어난 형제를 알아볼 줄 아는가?
그대는 은인을 알아볼 줄 아는가?
그대는 자기를 찢어버리려는 자에 대해 저항할 줄 아는가?
그대는 하고 싶은 말을 할 줄 아는가?
그대는 조금이라도 생각할 줄 아는가?
그대는 여러 사람들과 손잡을 줄 아는가?
그대는 자기 것을 빼앗기지 않고 지킬 줄 아는가?
그대는 통일할 줄 아는가?

이 사람은 사람이 아니므로 질문을 알아듣지도 못할 것이며, 자신이 아는지 모르는지조차도 모르는, 철저히 모르는 것 즉 사람이 아닌 '시체'다. 시체의 모르는 상태는 저절로 된 것이 아니라 인위적(人爲的, 人僞的)으로 초래된 것이다.

모르는 것은 모르게 한 결과다. 살인은 사람으로 하여금 '모르게함'이다. 사람으로 하여금 모르게 만들려고 일부러 일을 꾸미는 악마들이 바로 살인자들이다. 그런데 살인자란 언제나 시퍼런 칼이나 번쩍이는 기관총을 지니고 있는 것은 아니다. 그런 물건을 지니고 다니는 살인자보다 몇 배로 큰 살인범들이 얼마든지 있는 것이다. 이 지능범들은 철저히 자신의 알리바이를 성립시키려 한다. 그들이 남기는 지문을 찾아보기 힘들며, 그들이 흘린 핏방울도 찾아보기 힘들다. 아예 그들은 살인현장에 나타나지 않고 하수인들만이 억울한 지문과 핏방울을 남기고 도망치려다 발각되는 것이다. 그러나 악마로서의 살인범은 아예 피 한 방울 흘릴 필요없는 살인, 말하자면 완전범죄를 성립시킨다. 그 방법은 매우 간단하다. 살인비결은 한마디로 표현될 수 있다.

사람의 손발을 묶어놓고 그의 혈들을 틀어막아라!

여기서 사람의 혈(穴)이란 생존의 본질적 '요새들' 또는 본질적 출입구를 뜻한다. 그것은 사람으로서 사람이라고 인정받을 수 있는데 갖추어야 될 생명의 동굴들이라고 말할 수 있다. 그 혈들은 운동, 영양, 감각, 인식, 언어, 생산, 용기, 해방, 협동, 통일 등의 생존적 기능들이 드나드는 혈들이다. 그것은 눈, 귀, 코, 입, 항문, 고환이다.

손발을 묶어 십자가에 매달아 놓거나,
두 눈구멍을 틀어막거나,
두 귀구멍을 틀어막거나,

두 코구멍을 틀어막거나,
입을 틀어막거나,
항문을 틀어막거나,
정관을 틀어막거나,

하여간 뮤이거나 어느 한가지 구멍이라도 틀어막히면 사람은 벌써 살아계시는(생존) 사람이 아니라 죽임을 당한 사람이다.

이 사람을 보라!
걸어다닐 줄 아는 사람
손잡을 줄 모르는 사람
눈뜨고 볼 줄 모르는 사람
알아들을 줄 모르는 사람
숨쉴 줄 모르는 사람
말할 줄 모르는 사람
먹을 줄 모르는 사람
서로 정을 통할 줄 모르는 사람
생산할 줄 모르는 사람
협동할 줄 모르는 사람
통일할 줄 모르는 사람
이 사람이 살아계시는 사람인가?
이 사람이 죽어있는 사람이다.
이 사람은 죽임을 당한 사람이다.

걸어다닐 줄 모르게끔 갇힌 사람
손을 놀릴 줄 모르게끔 묶인 사람
볼 줄 모르게끔 눈알이 틀어막힌 사람

들을 줄 모르게끔 귀가 틀어막힌 사람

말할 줄 모르게끔 입이 틀어막힌 사람

먹을 줄 모르게끔 목구멍이 틀어막힌 사람

낳을 줄 모르게끔 정관구멍이 틀어막힌 사람

협동할 줄 모르게끔 묶인 사람

통일할 줄 모르게끔 갇힌 사람

이 사람은 스스로 죽은 것이 아니다.

누가 그를 가두었으며 묶었으며 틀어막은 것이다.

사람들이 멀쩡히 살아계시는 것처럼 보이면서도 실은 천천히 죽임을 당하는 광경을 어느 곳에서나 찾아 볼 수 있다. 사람을 감금하는 자가 누구인가? 사람의 두 발을 감금할 뿐만 아니라 사람의 인식을, 사람의 의식을 감금하는 자들은 누구인가? 사람의 생산적 작업을 인위적으로 거부하며 실직시키는 것도 역시 사람이다. 사람과 사람 사이의 틈과 사이를 높은 담과 두꺼운 벽으로 쌓놓는 것도 역시 사람이 아닌가. 정확한 사실로부터 눈을 가리우게끔 거짓의 장막을 쳐놓는 것도 역시 사람이다. 서로 주고받는 말을 금지시키며 정확한 지식의 원천에 귀를 기울이지 못하게끔 귀와 입을 봉쇄하는 자도 역시 살인자이며 악마다. 사람들 서로가 손잡고 협동하며 초인으로서 낙원에서 생존하게끔 그냥 두지 않고 분열시키며, 사람과 민족을 분단시키며, 서로 배신하게끔 만들며, 서로 증오의 화살을 쏘게끔 불장난을 지르는 자도 역시 악인들의 무리다.

어디 그뿐이랴. 악마들은 동물로서의 기초적 희로애락의 정과 수치심, 겸손심, 측은심, 양보심과 같은 정서, 용기의 힘을 거세하는 자들이 아니냐? 사람들이 모르게끔 무지를 조장하며, 할줄 모르게끔 무관심을 조장하며, 정상적으로 화합할 줄 모르게끔 괴롭히며 고문하며, 서로 알아볼 줄 모르게끔 뒤집어 놓고, 미쳐서 서로 잡아먹고 죽이게끔 하는 자들이 바로 사람들 틈에 끼어있는 살인자로서의 악마들이 아니냐?

　대규모적이며 대량적인 서살(徐殺)의 싸움터 주변에서는 급살(急殺)의 혈하(血河)가 물결쳐 흐르고 있다. 병들어 죽는 사람보다 총에 맞아죽으며, 포탄에 맞아 죽으며, 네이팜탄에 타죽으며, 독개스에 질식당해 죽으며, 악마의 세균에 의하여 감염되어 죽으며, 깔려 죽으며, 터져 죽으며, 빠져 죽으며, 떨어져 죽으며, 던져져 죽으며, 부딪쳐 죽는 사람들이 얼마나 많은가? 많은 신생아들은 이 세상에 태어날 때 벌써 부모의 살인적 의도로부터 다행스럽게 면제되어서, 즉 '생존선고'를 허락받아서 태어난다. 생존의 씨앗을 잉태하기를 거부한 자궁의 끝없는 방탕과 향락 속에는 인류 전체의 살해를 초래할지도 모르는 거대한 싸움터처럼 살기등등한 또아리(loop) 가시철망이 가설되어 있는 것이 아닌가. 도대체 언제까지 악마들은 이 땅 위에서 피와 눈물의 강을 고갈시키지 않으려 할까?

　자유 아니면 곧 죽음이다. '부자유'는 죽음이다. 정확히 말해서 부자유는 죽임이다. "자유 아니면 죽음을 다오"라는 말은 정확하지 않다. 자유없는 상태란 바로 죽어 있는 상태이기 때문이다. 부자유는 죽임이다. 생존은 바로 자유, 해방이다. 생존은 '뻗어남'이다. 뻗음을 가로막는 장애물에 벋댐(반항)으로써 생존은 자유롭다. 생존은 단순한 유출은 아니다. 생존은 막힘없이 앞뒤로, 좌우로, 사방으로 퍼짐이다. 생존의 숨통을 틀어막음, 이것이 부자유다. 자유는 인위적이다. 자유가 바로 생존이다. 감금, 구속이 죽임이다.

　사람의 죽음은 최후의 부패로써 완결되는 것이 아니라, 그 이전에 이미 죽임당함으로써 생존은 종결된 것이다. 생존의 죽음은 바로 부자유로운 상태다. 숨이 넘어가고 얼마 안있어 썩은 냄새를 풍기는 것은 생존의 죽음이 아니라 물체의 부패현상이다. 생존의 죽음은 '갇힘'이다 갇혀 있는 사람은 묘지에 묻힌 시체나 마찬가지다. 생존은 초월이며 해방이다.

종래의 명상자들은 죽임에 대해서가 아니라 부패에 대한 두려움만을 생각하여 왔다.

죽음은 생명의 상실이 아니라 생명의 약탈당함이다. 생명을 빼앗긴 사람이 죽은 사람이다. 바로 '노예'다. 사람은 생명을 연장시키려고 애쓸 것이 아니라, 생명을 빼앗기지 않도록 애써야 될 것이다. 생명을 빼앗긴 사람이 노예다. 그러므로 사람들은 생명을 길게 늘구려고 노력할 것이 아니라 노예신세가 되지 않도록 애써야 될 것이다. 주인이란 노예를 소유한 자이며 노예의 생명을 빼앗아 가진 자다. 인간의 소유자와 소유된 인간, 생명의 소유자와 소유된 인간, 이것이 주인과 노예다. 주인의 노예소유는 노예적 인간의 생산, 노예적 인간의 확보에 대한 철저한 대책으로써 유지된다.

노예란 목숨은 붙어 있지만 죽은 것이나 마찬가지다. 주인이 소유한 노예들은 살아있는 송장들이다. 노예들이 생각하지 않고 주인이 생각한다. 노예들이 계획하지 않고 주인이 계획한다. 노예들이 향락하지 않고 주인이 향락한다. 노예들이 살아 있는 것이 아니라 주인이 살아 계신다. 노예들이 명령하지 않고 주인이 명령한다. 노예들이 잠들지 않고 주인이 잠든다. 주인은 살아계시나 노예는 죽어서 산다.

노예는 죽은 사람이다. 노예는 죽어서 산다. 땅속에 묻힌 것은 이미 사람이 아니다. 그것은 썩은 고기덩이리 또는 흙속에 묻힌 뼈와 머리칼이다. '죽은 사람'은 노예뿐이 없다. 노예는 사람인 동시에 살아계시는 사람은 아니다. 살아계시다는 것은 사람답게 살고 있다는 말이다. 양심대로 생각하며 결정하는 사람, 저주스러운 것에 대하여 고함을 지르며 항거하는 사람, 숨김없이 마음대로 말할 수 있는 사람, 알고 싶은 것에 대하여 알 수 있는 사람, 마음대로 활동하는 사람, 이러한 사람은 과연 살아계시는(생존) 사람이다. 그렇지 않은 사람은 죽어있는(존재) 사람이다. 노예가 바로 그 사람이다.

　노예처럼 생명을 박탈당하여 남에게 자신의 생명을 예속시키는 것이 죽임일 뿐만 아니라, 공유적 생존의 유대를 차단당함도 죽임이다. 갇힌 사람은 살아있는 사람이 아니다. 악마집단이 마의 통로로 공포의 행군을 함으로써 사람들은 방에 틀어박혀 창문을 닫는다. 닫힌 창문 뒤에 갇혀 있는 단자들은 신의 예정조화와는 아예 관계없는 마의 술책에 따라 부자유의 고통을 견디어내야 한다. 창문을 닫은 것은 악마의 '보이지 않는 손'이다. 사람들이 직접 자신의 감옥 창문을 닫는다 할지라도 실제로는 악마의 원격조종에 의하여 닫힌 것이다. 사람들은 악마에 의하여 언어감옥, 정신감옥, 또는 형무소에 갇힘으로써 살해되고 있다. 사람들은 점점더 깊숙이 자신의 단자론적 내실에 갇히어 공유적 생존의 손이 밖으로 뻗어나갈 수 없게 된다. 내폐성(Autismus)은 육체의 부패에 못지 않은 두려운 죽음이다. 개인적 내폐성은 부자유의 징조이며 죽임을 당하고 있다는 표시다.

　죽은 다음에는 어떻게 될까? 죽임을 당한 다음에는 어디로 갈까? 죽음은 생존이라는 선분의 한 끝이 아니다. 죽음은 직선의 중단이 아니다. 생존의 선분이 더 이상 연장되지 않는 곳에 죽음의 식민지가 전개되는 것은 아니다. 생존은 결코 '직선'이 아니다. 생존은 '길이'로써 표현될 수 없다. 생존은 '넓이'로써 표현되어야 한다. 물론 사람의 '수명'이라는 것이 있다. 평균수명을 50세로 친다 하더라도 이것은 생존의 길이가 아니다. 인류역사의 수명을 몇 백만년으로 친다 하더라도 마찬가지다. 시간의 길이는 '생존의 넓이'를 받쳐주는 '높이'에 불과하다. 생존의 뻗음을 위하여 50년이라는 높이가 사람에게 허락되어 있는 셈이다. 수명을 연장하려는 진시황의 욕심은 머루넝쿨을 계속 위로만 자라게 하려는 욕심에 불과하다. 생존의 넓이를 확대하기 위하여 튼튼한 지주를 필요로함은 두말할 필요도 없다. 그러나 이 지주는 키가 크기 때문에가 아니라, 알맞게 커서 굵고 튼튼하기 때문에 생존의 뻗어남을 지탱하여 준다.

죽음은 생존의 중단이다. 죽음은 뻗어남의 중단이다. 죽음은 '절단자'에 의한 생존넝쿨의 인위적 단절이다. 이 절단을 극복하는 생존이라면 거기엔 죽음이 없다. 뻗어남이 중단되지 않는 한, 생존은 '무궁히' 퍼지며 결국 '영원히' 살아 있다. 사람의 일생을 수학적 선분으로 오해한 '직선적 인생관'은 이 선분의 끝에다 '영원의 직선'을 연장시키려 하였다. 그러나 사람은 일생이라는 '선분의 궤도' 위를 달리다 죽음의 역에서 영원이라는 역을 향하여 노저어 가는 죽음의 나룻배로 갈아타는 여행자가 아니다. 영원에로 가는 뱃길도 없을 뿐만 아니라, 영원의 나룻배는 아무 곳에도 도착하지 않는다. 직선적 생명관은 영원이라는 가공적 유배지를 만들어 놓았다. 그곳에다 '천국' 또는 '지옥'의 동명을 붙여논다 하더라도, 그곳은 생존의 지도 위에는 '없는 곳'(u-topia)이다.

천국도 유토피아며, 지옥도 유토피아다. 이곳은 단지 가공적 유배지일 뿐이다. 유배지란 추방당한 자들의 거처다. 이곳은 사후에 심판을 받아서 배정된 일등석 또는 삼등석은 아니다. 영원이라는 유배지는 살아있는 사람들을 추방하여 유배시킨 곳이다. 영원의 땅은 살아계시는 자가 추방당한 가공적 유배지다. 이 유배지는 아무런 면적도 차지하지 않는 곳, 따라서 없는 방 또는 '영의 지점'과도 같은 곳이다. 영원의 땅은 아무 곳에도 없다. 즉 영원의 실재성은 무다. 단지 그 관념만이 있을 뿐이다. 영원이라는 관념은 '언어적 감옥', '언어의 유배지'다.

흔히 영원에로 도피한다고 말한다. 그러나 엄밀히 말하자면 도피가 아니라 '추방'이다. 현실이라는 토지와 실재의 땅을 빼앗긴 자들이 들어가 살 수 있는 땅은 현실 속에 없다. 이들은 현실적으로 없는 땅(u-topia)에서 살고 있다. 그뿐만 아니라 이들이 추방당한 땅도 없는 땅이다. 관념론자라는 '복덕방'은 이들 실향민들에게 영원이라는 없는 땅을 비싼 소개비를 받고서 속여 판다. 현실의 세계에서 쫓겨난 날품팔이 철거민들에게 연보돈이라는 비싼 땅값을 받고 종교 부동산업자들이 영원이라는 없는 땅을 팔고 있다.

면죄부가 아닌 등기문서 사기범들이 가공적 땅을 날조해 낸 것, 이것이 영원의 땅이다. 이 땅에는 여태까지 지번이 없다. 번지도 없는 땅에다 영생이라는 시계답을 꽂아놓고 사람들을 유혹한 자들이란 바로 악마들이다. 생존의 뻗어남을 거부하는 자들, 이들의 발길에 차여 쫓기는 자들에게 악마들은 '영원촌'을 마련하여 준다. 물도 없고 공기도 없는 곳, 아무 것도 없는 곳에다. 그러므로 철거민들은 영원에로 도피하였다고 말할 수 없다. 그들은 추방당한 것이다. 타고 갈 배도 없는 곳, 건널 물도 없는 곳에로 추방당한 것이다. 악마의 발길질에 차여 쫓겨가는 곳, 이곳이 영원이라는 고장이다. 그러나 이곳은 한치의 땅도 없는 O번지다.

죽음은 뻗어남의 중지다. 죽음은 시간의 단절이 아니다. 시간의 단절 이후에 시간의 연장선을 꿈꾸는 사고방식은 죽음의 참뜻 즉 죽임을 모르는 데서 비롯되었다. 죽음 즉 죽임당함은 옆으로 퍼짐의 중단이지, 자기 수명의 중단은 아니다.

영원의 땅은 도피의 휴양공간이 아니라 가공적 유배지다.
영생은 도피의 시간이 아니라 추방의 시간이다.

## 04 _ 생존의 확장

사람들이 들어가기를 제일 꺼려한 좁은 문은 넓게 사는 길로 통하여 있었다. 사람들이 들어가기를 즐겨한 넓은 문은 가느다란 죽음의 길로 통하여 있었다.

'오래' 살려고 하지 말고 '넓게' 살려고 노력하라!

넓게 사는 길이 오래 사는 길이다.

생존은 인—간—적으로 확장된다. 사람의 생명을 직선적 지속으로서 파악함으로써 많은 사람들은 '영혼'이라는 관념을 안출하여 냈으며, 그 존재를 믿어왔다. 생존의 시간적 지속성은 개인의 장수욕망으로써 표현된다고 하겠다. 온갖 선약, 심지어 사람의 고기나 사람의 오줌을 먹고 마시기까지 하면서 오래 살려고 하는 사람들이 있는 것은, 생명을 시간적으로 연장하기 위하여 서두르는 현상이다. 그러나 아무리 애써도 사람의 개인적 생명은 끝난다. 생존은 개인적으로 지속한다기보다 '공존적으로' 또는 '공유적으로' 지속한다. 생존이 사유적이 아니라는 사실이 생존의 지속성을 보장해 준다. 생존의 공존적·공유적 지속은 역사적 지속이다.

생존의 역사적 연장은 전적으로 인위적(人爲的, 人僞的)이다. 생존의 역사적 지속은 저절로 이루어지는 것이 아니라 자칫 잘못하면 중단되고 마는 위험성에 당면하여 있다. 그런데 생존의 역사적 지속은 사회적 지속이다. 개인적으로 지속될 수 없는 생존을 다른 개인들에게 나중에, 죽을 무렵에 생명의 계주 바톤을 넘겨줌으로써 지속되는 것이 아니라, '지금 당장' 남에게 '뻗음'으로써 역사적·사회적으로 지속·확장된다.

사람은 '오래' 산다기보다 '넓게' 산다. 생존은 개인적 수명의 끈을 연결하고 또 연결함으로써 유지될 뿐만 아니라 옆으로 확장됨으로써 유지된다. 자기의 생명을 자손의 생명과 연결함은 생물학적 존재의 끈을 끊기지 않기 위함이다. 자신의 생존을 반드시 자기의 자손에게만 상속하려던 과거의 폐습은 생존의 공존적·공유적 지속에 많은 방해가 되어 왔다. 사람은 오래 살고자 하기보다 넓게 살고자 해야 된다. 넓게 사는 길이 오래 사는 길이다. 혼자서 오래 살고자 욕심을 부리다가는 '좁은' 생명의 길이 가늘어져 끊기고 만다. 생존을 넓힘으로써 그것은 지속한다. 생명의 샘물을 가늘게 파다가는 생명의 물이 끊기고 만다.

　생명을 잡아 늘구지 말고 '옆사람'에게 생명을 펴라!

　생명의 길은 앞으로 이어져감으로써가 아니라 옆으로 퍼져감으로써 지속·확장된다. 생존에 관한 한 그것은 '진보'가 아니라 뻗어남을 통하여 자라난다. 진보함으로써 확장하는 것이 아니라 확장함으로써 진보한다. 결코 이 순서는 바뀔 수 없다. 생존의 공유적 역사는 진보에 대한 자각과 진보를 구현하는데 있어서의 발전이 아니라, 확장에 대한 자각과 확장을 실천하는데 있어서의 성장이다. 확장은 어떤 소수 '이리떼'와 같은 권력 엘리뜨들의 악마적 확장과는 적대적인 관계에 있다. 악마의 호령을 더욱 많은 사람들 위에 퍼뜨리려는 지배욕이나, 악마의 길쭉한 두 다리를 더욱 길게 펴려는 영토적 야심은 생존의 공유적 확장에 대한 도전이다.
　그러한 야심과 악질적 요구는 '생존의 확장'이 아니라, 존재의 확장 즉 생존의 협소화다. 그러한 악마의 팽창욕은 생존의 연장이 아니라 생존의 단축이다. 인류의 생존에 대한 근본적 도전은 여태까지 악마들이 저지른 영토적 확장욕에 의하여 감행되어 왔다. 도대체 지구상에서 영토를 확장한다는 말 자체가 성립할 수 없다. 지구의 면적은 그대로 있다. 감옥 속에서 또는 기차간에서 자리다툼하는 것이나 지구 위에서 영토확장하려는 것이나 조금도 다를 바 없다. 생존의 '공—간—적' 확장은 불가능하다. 생존은 '인—간—적'으로만 확장될 수 있다.

　생명을 길게 늘어뜨리려 하다가는 끊어진다.

생명을 넓게 뻗어나게 하라!
존재를 넓히려 하지 말고
생존을 넓히려 하라!

생존은 '영원' 하다기보다 광활하다. 생존이 광활하기 때문에 그것은 영원한 것이다. 생존의 인위적(人爲的, 人僞的) 성격은 생존의 광활성이 저절로 되는 것이 아님을 가르쳐 준다. 생존은 인위적으로 편협하여지며, 이루 말할 수 없이 옹색하여질 수도 있다. 악마에 의하여 분할되며 분열됨으로써 생존은 축소되는 것이다. 생존의 인위적 분단은 생존의 사유화이며 생존을 살해함이다. 분할된 생존은 벌써 영원한 것이 아니다. 이처럼 인간생명의 영원성은 인위적(人爲的, 人僞的)이다.

생존에 대한 평가는 그 길이로써가 아니라 넓이로써 기준을 삼아야 할 것이다. 생존의 심오성이라는 것도 사실에 있어서는 생존의 광활성을 뜻한다. 한 사람이 심오하게 산다는 것은 단순히 사람들과 헤어져 깊은 산골짜기에 홀로 외롭고 심각하게 산다는 것과는 다르다. 심오하게 사는 사람은 바로 '사람과 함께' 또는 '넓게' 사는 사람이다. 생존의 '넓이' 는 사람들 사이에서 성립되는 것이다. 사람과 사람 사이에 있는 이 광활한 넓이야말로 '인—간' 의 깊이이며 '인—간' 의 길이라고 해야 될 것이다.

인—간의 수명은 짧으나 그것은 막힘없이 넓다.
인생은 넓음으로써 예술보다도 훨씬 길다.

이 생존은 무극대도(無極大道) 속에서만 파악될 수 있다. 생존의 넓이는 끝이 없이 넓다. 생존은 끝없이 넓음 속에 가득차 있다. 생존을 표현하는 말씀은 나와 너 사이에, 끝없는 '우리' 속에 가득 퍼져 나간다. 생존의 이치는 이 '커다란 울' 속에 '한—울' 속에 가득차 있다. 생존은 무궁하다. 생존은 한울 속에 가득 핀 무궁화다. "물은 네 바다 한울에 흐르고, 꽃은 만 사람의 마음에 피었어라."(水流四海天 花開萬人心 : 최시형, 「降詩」)

    그말 저말 다하자니
    말도 많고 글도 많아
    약간약간 기록하니
    여차여차(如此如此) 우여차(又如此)라
    이 글 보고 저 글 보고
    무궁한 그 이치를
    不然其然 살펴내어
    賦也 興也 此해 보면
    글도 역시 무궁이요
    말도 역시 무궁이라
    무궁히 살펴내어
    무궁히 알았으면
    무궁한 이 울 속에
    무궁한 내 아닌가
            (『용담유사』, 「흥비가」)

  생존은 '막힘없이'(無窮) 피어나는 우주의 꽃이다. 생존은 무궁한 한울 속에 가득차 있다. 생존은 무궁한 한울에 손잡고 퍼진다. 인생은 온 누리에 가득 피어나는 무궁화다. 그렇다. '우리는' 생존과 한울을 '영원의 상(相) 아래서' 가 아니라, '무궁의 상 아래서' 살펴가며 그 무궁한 말씀을 귀담아 듣고 있다.

> 푸른 한울 흰날같은 바른 기운 마음이요, 네 바다의 벗과 벗이 도무지 한 몸이라.(靑天白日正氣心 四解朋友都一身 : 최시형, 「강시」)

생존의 고귀성은 그 고색창연한 연륜으로써 증명되는 것은 아니다. 생존의 가치는 장구한 역사의 연표로써 미화될 수 없다. 살아계시는 것(생존)은 죽어있는 골동품이 아니기 때문이다. 생존은 어떤 상자 속에 지니고 다닐 수 있는 귀중품이 아니다. 생존은 소유될 수 없는 것이다. 공유적이며 공존적, 더 자세히 말해서 사이에 있는 것, 넓음 속에 있기 때문에 그것은 단순한 있는 것(존재)은 아니다. 생존을 '가지고 있는 것' 이 아니다.

생존의 확장은 한울님의 퍼짐이기도 하다. 생존의 나무를 키움은 '한울님을 키움(養天主)이다. 끝없이 넓은 생존의 나무는 나 혼자서 나의 밭에서만 자라는 것이 아니라 사람들 사이에 막힘없이 뻗어 나간다. 생존의 나무는 '한울의 나무' 다. 이것은 하늘 높이 솟아오르는 나무가 아니라 사람들 사이에 옆으로 퍼지는 나무다. 한울님의 나무는 길다란 영원의 그림자를 늘어뜨리는 것이 아니라, 넓고 둥근 무궁의 그늘을 드리우며 막힘없는 태극의 누리를 만든다. 생존의 포도나무는 혼자서 오래 살아 나이테를 보태기 위해서가 아니라, 무궁한 생명의 가지를 옆으로 퍼뜨림으로써 많은 열매를 맺어 많은 사람들이 그것을 따먹고 그 무궁한 그늘 아래 깃들어 살 수 있는 큰 울, 한울을 이룩한다.

최해월은 관군의 창과 칼을 피하여 다니며, 고발자와 배신자들의 눈을 피하여 깊은 산속으로 숨어다니며 빈집에 머물면서도 철따라 채소를 가꾸며 과일나무를 심었다. 이것은 물론 자기가 그 결실을 거둬들인다는 욕심에서 한 것이 아니다. 그가 '무궁의 상 아래서' 심은 한울의 나무, 생존의 나무, 그가 퍼뜨리는 무궁화의 참뜻을 제자들마저 헤아릴 줄 몰랐다.

이제 몇날이 지나지 않아서 또 딴데로 가야할 텐데 먹지도 못할 것을 그건 심거서 무엇하십니까?" 제자들로부터 이런 질문을 받았을 때는 "그건 모르는 말씀, 비록 우리가 먹지 못하더라도 다른 사람이 먹어도 좋지 않겠소?" 이렇게 타일렀습니다. (백세명, 『하나로 가는 길』, 일신사, 1968, pp.43~44)

생존은 실체로서가 아니라 '주는 행위'로서 파악되어야 한다. 태양이 온누리에 따뜻함과 밝음을 주는 것처럼 생존은 줌(giving)의 가지를 한 울 속에 뻗어나간다. 생존은 줌으로써 확장된다. '줌'은 저절로 되는 것이 아니라 인위적(人爲的, 人僞的)으로 된다. 줌은 빼앗김 또는 빼앗음이라는 인위성의 위기에 봉착하여 있다. 줌으로서의 생존은 원조를 가장한 약탈과 구별된다. 악마는 주는 척 하면서 빼앗는다. 악마는 미끼를 원조하면서 생명을 빼앗는다. 그런데 전체적 총계에서 본다면 약탈한 것은 악마의 수중에 들어가는 것이라기보다는 감소된 것이다. 훔친 장물이 훨씬 감소되는 것처럼, 약탈은 전체적 축소, 즉 죽음을 초래한다. 악마는 빼앗음으로써 마의 창고를 채울 수 있다고 착각하지만, 악마의 창고는 결국 텅 비게 된다. 사람의 손에서 빼앗긴 것은 악마의 창고에 들어가 쌓이는 것이 아니라, 악마의 창고에 들어가 썩어 없어지고 마는 것이다.

'빼앗음'은 '없앰'이다.

생존은 확장이며 줌이며 초월이며 '사랑'이다. 확장으로서의 생존은 축소와는 딴판인 사랑이다. 줌으로서의 생존은 약탈, 탈취와는 딴판인 사랑이다. 초월로서의 생존은 감금, 구속과는 딴판인 사랑이다. 생존은 행위며, 행위로서의 생존은 주는 행위로서의 사랑이다. 사랑은 음양 속에 들어있는 액체 덩어리도 아니며, 사랑은 입술 사이로 날름거리는 혓바닥도 아니다. 사랑은 물체가 아니라 행위다. 사랑은 명사로서가 아니라 동사로서, 그것도 자동사로서 아니라 인위적 타동사로서 이해되어야 한다. 사랑은 저절로 되는 것이 아니라 인위적(人爲的, 人僞的)으로 된다. 사랑의 인위성은 빼앗음과 살인의 독소인 '미움'의 인위성에 항상 직면하여 있다. 서로 미워하며 서로 빼앗고 서로 할퀴고 서로 때리며 서로 욕하며 서로 죽이게끔 이간시키는 악마의 행위가 항상 사랑의 행위를 위태롭게 하려고 도사리고 있다.

사랑은 사람의 '하나됨' 또는 '하나님스러움' 또는 '우리됨'을 짜(織)주는 한울의 끈이다. 사랑은 사람 사이의 틈을 가득 채움으로써 생존을 확장시키며 인간의 생명을 확장시켜 준다. 사랑의 밧줄은 사람들 사이를 연결해 준다. 사랑의 밧줄은 사람들의 탯줄이다. 여러 가닥으로 꼬여진 사랑의 밧줄은 하늘에 매달려 있는 것이 아니라 사람과 사람 사이에 옆으로 이어져 있다. 공중에 매달린 밧줄은 흔히 악마의 올가미 또는 악무한적 세계도피의 거미줄과도 같은 환상에 지나지 않는다. 사랑은 한 사람의 행위가 아니라 여러 사람들의 협동적 행위다. 사랑이란 바로 서로 잡아 당겨주는 행위이며 서로 생각해 주는 행위다. '사랑'(愛)이란 본래 '생각'(思)이 아니었던가!

 서로 일으켜 주며
 서로 붙잡아 주며
 서로 구원해 주며
 서로 도와 주며
 서로 가르쳐 주며
 서로 생각해 주며
 사람들은 함께 살아있다.

삶은 저절로 되는 것이 아니라 인위적으로 키움이다. 생존의 자라남은 수직적으로 위로만 커 올라감이 아니라 옆으로 퍼짐이다. 옆으로의 퍼짐을 위해서는 높이가 필요하다. 그러나 이 높이는 위로 올라가기 위한 높이가 아니라 확장을 위한 높이이다. 이 높이를 위로만 자꾸 쌓으려는 것은 머루넝쿨이 꼿꼿이 위로 자라나려는 것이나 마찬가지다.

확장을 위하여 생존은 위로 올라가야 한다. 생존은 이 높이를 유지하기 위하여 향일성에 복종한다. 높은 곳을 향하여 생존을 키우지 않으면 생존의 확장은 좌절되고 만다. 생존의 머루넝쿨이 땅바닥에 기게 되면 온갖 악충들이 다 잘라버리고 말 것이다. 생존의 높이는 사람의 키만큼 높으면 충분하다. 그러나 20여년간 성장하고 나서 사람은 크기를 멈추지 않는다. 이제 옆으로 크는 것이다. 제휴의 가지들과 협동의 손들이 옆으로 뻗어가고 있다.

생존의 향일성(向日性)은 향인성(向人性)이다. 생존의 포도나무에 달린 잎들, 무궁한 머루넝쿨에 달린 생명의 잎들을 보라. 그 모습은 그대로 '심장'이 아닌가! 사람들은 관념론적으로 '거꾸로' 서서 살 수도 없다. 철학자들 가운데는 '거꾸로' 걸어다니려 한 사람들이 있었다. 그렇다고 사람은 '두발로' 서서만 살 수도 없다. 왜냐하면 넘어지기 때문이다. 사람들은 서서 서로 '손을 벌리고' '손을 잡고' 어깨동무를 하고 걸어야 한다.

지구는 커다란 포도밭이다.
생존의 머루넝쿨로써 청산은 뒤덮인다.

나는 포도나무이며 당신들은 가지입니다. 누구든지 나를 떠나지 않으면 내게 붙어있기 때문에 많은 열매를 맺을 것입니다. 그러나 나를 떠나서는 당신들이 아무 것도 할 수 없습니다. 나를 떠난 사람은 잘려진 가지처럼 밖에 버려져서 마르고 맙니다. 그러면 사람들이 이런 가지를 주워 모아서 불에 던져 태워 버립니다. (요한 15:5~6)

사람은 발로써 걸어가지만 자세히 보면 앞발 즉 손의 도움을 받아서 걸어간다고 할 수 있다. 손이 만들어 낸 문명은 바로 인류의 도구이며 인류의 '지팽이' 다. 사람들은 스핑크스의 수수께끼와는 달리 어려서부터 늙어 쓰러질 때까지 지팽이에 의지해서만 생존할 수 있다. 문명이라는 손은 사람에게 발의 역할을 수행한다. 그러나 사람이라는 손의 역할이 문명이라는 손에 못지 않게 중요하다.

사람은 혼자서는 서 있을 수 없고 다른 사람들과 함께서만 설 수 있다. 사람이 살아있다는 것은 바로 함께 서는 것이다. 나 혼자서가 아니라 다른 사람들의 손을 잡고서 '함께 서서'(立) 걷는 것이 사람의 섬(立)이며 살아있음(생존)이다. 손은 서로 붙잡아 주는 살아 있는 지팽이다. 서로 손을 마주잡는다든가 악수를 하는 것, 팔짱을 끼는 것, 어깨동무를 하는 것, 스크럼을 짜는 것 할 것 없이 모두 인간적 직립보행에 손이 인간적인 앞발의 기능을 다하고 있음을 말해준다. 사람이 만든 사회제도란 바로 악수이며 팔짱이며 어깨동무의 체계적 직물이다. 살아계시는 사람은 손으로써 하늘을 날지도 못하며, 죽어있는 노예나 짐승들처럼 땅에다 손을 대고 기어다니지도 않는다.

그러나 사람의 사회적 공동보행으로부터 문명적 지팽이를 떼어버릴 수 없는 것처럼, 사회적 팔짱을 떼어버릴 수도 없다. 사람도 두 발로써 서는 것이 아니라 네 발로써 선다. 사람의 의존성은 사람 이외의 것에 대한 것뿐만 아니라 바로 사람에 대한 사람의 의존성이다. 다른 사람의 손이 나의 손을 붙잡아 주지 않고서는 설 수 없는 것이 나다. 사람에 대하여 사람은 지팽이다. 악마에 의하여 이 지팽이는 몽둥이로 둔갑하는 것이기도

하지만, 압제의 땅바닥으로부터 일어서기 위해서 사람은 다른 사람의 손을 붙잡아야 한다. 짐승처럼 네 발로 기어다니는 노예적 복종으로부터 일어나서 사람답게 걸어다니기 위해서, 사람은 다른 사람의 부축을 필요로 한다. 인간의 우정이란 바로 손(手)으로써 이어진 사회적 유대다. 손이 사람들 사이에서 제 구실을 다하게 될 때 사람은 일어설 수 있으며 또 걸을 수 있다.

손을 펴라!
서로 마주 잡아라!
무릎을 펴라!
일어서라!
손을 펴고 서로 마주 잡아라!
함께 걸어가라!
어깨동무하고 걸어가라!

## 제8장
# 초월과 한울님

## 01 _ 초월과 단군

　직립인들은 서로 손을 잡고 확고한 생존의 출발을 하였다. 등을 펴고 똑바로 서서 걸으면서, 그리고 함께 손잡고 걸으면서 인류는 벌써 초인의 길을 걷고 있었다. 초인은 이미 높이 솟아난 인간이다. 그런데 많은 사람들은 헛되이 위로 높이 올라가려고 애썼으나 '수직적 초월'의 허구성은 여지없이 폭로되고 말았다. 인간이 자기 머리 위로 올라가려는 꿈은 날개를 얻으려는 환상으로써, 하늘을 뚫는 탑을 쌓으려는 허영으로써 표현되어 왔으나 이미 이카러스의 우화와 바벨탑의 전설이 그 허구성을 증명해 준 것이다. 인간의 초월은 날개로써가 아니라 두 발로써 달성되며, 고층사다리로써가 아니라 두 팔로써 달성된다.
　위로 높이 뛰는 데도 한계가 있다. 그러나 앞으로 멀리 뛰는 데는 한계가 없다. 앞으로 달리기만 하면 된다. 초월은 '위로'가 아니라 '앞으로!' 향하여 뛰는 것이다. 초월은 신선의 날개를 달고 날아가는 것이 아니라 나의 손과 네 손 사이의 틈을 건너서 마주잡음으로써, 그리고 두 발로 뛰는 것이다. 초인의 행위는 장대높이뛰기라기보다는 달음박질하며 넓이 뛰며 장애물을 걷어차며 뛰어넘는 것과 비슷하다.

그러나 초인이 되기 위하여 굉장히 넓은 무(無)의 골짜기를 건너뛰는 것은 아니다. 매우 좁으며 얇은 틈과 사이를 건너가면 되며, 또 가리고 있는 얇은 막을 걷어치우기만 하면 된다. 이미 초인에로 가는 길은 빌 잎에 놓여 있다. 넓이뛰기 선수 또는 카이제르 수염을 단 귀족만이 초인에로 가는 길을 독점하는 것이 아니라 인류 전체가 초인의 대로에로 확보할 수 있다. 여기서 초인이란 '초월하는 사람'이라는 뜻이지 결코 군계일학식으로 많은 사람들을 발 밑에 깔아뭉개고 그 위로 뛰어난 사람이라는 뜻은 아니다.

초월의 피안은 '바깥' 일 따름이지 결코 위가 아니며, 내재의 피안은 속일 따름이지 결코 '아래' 는 아니다. 초월(Transzendenz)과 내재(Immanenz)는 흔히 상위적인 것과 하위적인 것의 대립으로서 이해되기 쉽다. 이 세상에 앞서서, 그리고 이 세상을 넘어서서 있는 초월적 세계가 이 세상보다 높은 곳에 자리잡고 있는 것처럼 오해되기 쉽다. 그러나 초월의 피안은 멀리 떨어진 곳 또는 매우 높은 곳에 있지 않고 바로 곁에 앞에 있다. 초월의 피안은 가장 가까운 곳에 있다. 초월은 벼룩이나 말(馬)이나 독수리의 행동이 아니라 인간의 행위다. 인간은 초인으로서 가장 손쉬운 초월행위의 주인공이다. 그의 초월은 가장 가까운 곳에로 나가는 외출이며, 가장 가까운 바깥에로 나가는 해방이다.

초인의 초월행위는 좁은 언어적 틈과 인간적 사이를 뛰어넘는 것뿐이다. 이처럼 가까운 피안을 여태까지 가장 먼 피안 또는 가장 높은 피안으로 착각하여온 것은 주로 악마들의 연막전술 또는 악마들의 정신적 최루탄 때문이었다. 사실 인간에게 있어서 피안이란 차안의 별명이다. 피안이란 속을 뒤집어논 밖일 따름이다. 인간이 건너 뛰어야 할 피안과의 거리는 창호지 한 장보다도 더 얇은 언어적 막, 정신적 장벽이며 숨결이 금방 닿는 인-간의 틈에 지나지 않는다. 초월이란 이 얇은 사이와 좁은 틈을 건너뜀, 외출이며 해방이다. 내재란 이 얇은 사이와 좁은 틈을 건너뛰지 못하고 안에 갇혀 있음이다.

　　　　초월은 해방 이외의 아무 것도 아니며, 내재는 감금 이외의 아무 것도 아니다. 초월과 내재는 정물적 관계에 있지 않고, 행위적(行爲的, 行爲的) 관계에 있다.
　　　　초월과 내재는 존재적 관계에 있지 않고, 생존적 관계에 있다.
　　　　초월의 반대는 감금, 구속, 분단, 분열이다.
　　　　내재의 반대는 해방, 탈출, 통일, 협동이다.
　　　　사람에 대하여 피안은 언어와 사물과 사람이다. 사람의 초월은 사람끼리 손을 잡고 언어의 돌다리에서 돌다리에로, 그리고 그 사이에 흐르는 사물에서 사물에로, 그리고 개울 건너에 있는 나의 벗과 벗 사이에로 건너뛰는 행위다.
　　　　사람에 대하여 가장 먼 피안은 바로 사람이다
　　　　초인은 바로 자기 자신을 뛰어넘기만 하면 된다. 자기 자신을 뛰어넘는다는 것은 자신의 정신적 감옥을 탈출하는 것, 다른 사람들과 자신을 가로막는 담을 뛰어넘는 것에 지나지 않는다.
　　　　초인의 발 아래 다른 사람들이 있지 않다. 사람들을 짓밟는 악마와는 원수지간이다. 초인의 피안은 '이웃사람' 이다. 이웃사람과 이웃사람끼리의 정신적 거리는 여태까지 얼마나 멀었는가! 그러나 물리적 거리로 따지면 그의 집과 나의 집 사이에는 한치의 틈도 벌어져 있지 않고 꽉 붙어 있지 않는가!

　　　　초인은 결코 인간들 위에 군림하며 호령하는 소수의 엘리뜨가 아니다. 이러한 극소수란 사실 양떼를 잡아먹는 '이리떼'에 지나지 않는다. 초인은 드높은 곳에 홀로 기거하는 분도 아니다. 높은 곳을 날아다니며 아래에서 꿈틀거리는 작은 짐승들을 낚아채가는 독수리와 같은 것이 초인은 아니다. 초인은 이리와 같은 인간, 독수리와 같은 인간을 적으로 삼는다. 그렇다고 초인은 특별한 인간의 모범생도 아니다. 초인은 우등생도 아니다. 초인은 바로 '건전한'(wholesome) 사람이다. 초인은 '모든'(whole) 사람 즉 성스러운(holy) 사람이다.

초인은 명사로서보다 동사로서 이해되어야 한다. 넘어서는 사람, 탈출하는 사람, 외출하는 사람이 초인이다. 초인은 초월한다. 초인은 넘어선다. 초인은 탈출한다. 초인은 외출한다. 초인은 해방한다. 초인은 손잡는다. 초인은 사람을 넘어서 사람과 손잡는다. 초인은 손잡고 일하며 손잡고 해방하며 손잡고 초월하는 인간이다. 사람은 '개인'으로부터 탄생하지 않았다. 사람은 초인으로부터 탄생하였다. 초인은 적수가 아니라 복수다. 초인에 대립한 인간은 민중이 아니다. 초인에 대립한 인간은 악마다. 초인에 대립한 인간은 대중이 아니다. 초인에 대립한 인간은 개인이다.

    초인의 적은 악마다.
    초인과 구별되는 인간은 고독한 인간 또는 개인이다.

초인으로 되돌아가는 것, 이것이 사람의 목표다. 인생의 목적은 초인이다. 우리들에게 조상숭배가 하나의 미덕으로 통용된다면, 우리는 참뜻에 있어서 조상을 존경해야 될 것이다. 우리들의 조상은 '단군' 즉 '홍익인간'으로서의 초인이다. 단군은 개인이 아니다. 단군은 초인이다. 단군은 노예도 아니며, 하물며 주인도 아니다. 단군은 초인이다. 단군은 고유명사로서 표상되어서는 안된다. 단군은 보편적 인간의 행위를 대표하는 상징이다. 단군은 바로 홍익인간으로서의 초인이다.

사람의 조상이 초인이라면 초인은 어디서 탄생하였을까? 하늘로부터? 또는 곰(Ursa)처녀로부터? 또는 신(곰)으로부터? 하느님 첩의 아들이 수간하여 만들어낸 트기가 초인인가? 초인은 사자의 젖을 먹고 자란 분일까? 아니다. 그런 것이 초인은 아니다. 초인을 낳은 것은 바로 사람들이다. 사람들이 초인을 낳고, 또 초인은 사람을 낳고, 계란이 닭을, 닭이 계란을. 단군을 하나의 보통명사로 해석한다면, 즉 하나의 초인으로 해석한다면 그는 인류의 조상이다. 그의 사명이 초인의 사명이기 때문에 그를 인류의 조상이라고 말하는 것이지, 그가 초동물적 사생아이기 때문에 그를 인류의 조상이라고 말하는 것은 아니다.

더구나 그가 백두산 바위굴 또는 금수강산 어느 골짜기에서 태어났기 때문에, 조상자랑하기 좋아하는 민족의 강토에서 태어났기 때문에 단군을 인류의 조상이라고 말하는 것은 아니다. 인류는 어느 지역에서나 단군들을 조상으로 하여서 탄생하였다. 단군은 개인이 아니다. 단군은 각 민족들의 조상이다. 다른 모든 민족들의 조상들은 단군이라는 명칭으로 불리지는 않았다. 그러나 고유명사란 아무 것도 아니다.

'워리!' 하면 배고픈 마을 개들은 어린애 똥이라도 얻어먹을 수 있을까 해서 꼬리를 치며 달려오는 것이다. "단군! 과연 군은 무엇하러 세상에 나왔는가? 곰 엄마 몸에서 나는 독한 마늘냄새를 맡으려고 세상에 태어났나?" 민족이 단군의 이름을 부르는 것은 그에게 드라큐라도 그 냄새 앞에 겁을 먹는다는 마늘을, 엄마가 먹다남은 마늘을 먹이기 위해서가 아니다. '단군!' 이 부름은 그에게 민족의 희망과 민족의 명령을 전달하기 위한 호칭에 불과했다.

한민족은 단군에게 홍익인간의 희망을 걸었으며 '홍익인간!'의 명령을 내리었다.

단군은 하나의 명사로서보다 동사로서 즉 홍익 또는 '홍익인간!'으로서 이해되어야 한다. 그런데 사람들을 이롭게 하려는 임무를 띠지 않는 소상이 어느 민족에게 있겠는가? 어떤 민족에게이건간에 조상은 홍익인간의 조상이며 홍익인간의 단군이다. 이러한 의미에서 단군은 초인이며 인류의 조상이라고 부를 수 있는 것이다. 인류는 한 사람으로부터가 아니라 초인으로부터 즉 여러 단군들로부터 탄생하였다. 그 뿐만 아니라 초인들은 바로 사람들로부터, 민족의 희망 속에서, 홍익인간의 자궁 속에서 탄생한 것이다.

그러나 이 말은 마음대로 사람들이 마네킹처럼 또는 진품인형(Golem)처럼 초인을 날조해 낸다는 것을 뜻하는 것이 아니다. 인류의 조상으로서의 보편적 인간, 인류의 조상으로서의 협동적 인간, 인류의 조상으로서의 자유로운 인간, 인류의 조상으로서의 초인이 바로 인간에 의하여 사유되며 기억되며, 또 인류가 다시 그리로 되돌아가는 이상으로서 존경받는 초인이라는 뜻에서 우리는 초인과 단군과 인류의 조상을 같은 이름으로 부르는 것이다. 비록 우리의 기억이 초인의 거처가 박달나무 아래였는지, 또는 지혜의 나무 아래였는지, 또는 양계장 주변이었는지, 또는 갈대밭 기슭이었는지를 간직하고 있지 않을지라도 그들에게 성스러운 지구인의 이름을 붙일 수 있는 것이다.

초인은 인간의 조상이며
인간은 초인의 조상이다.

초인의 아들 딸로서 우리는 초인이다. 그러나 초인은 저절로 또는 자동적으로 초인 행세를 할 수 있는 것은 아니라는 점을 우리들은 항상 기억하고 있어야 한다. 초인의 초인적 행위는 인위적(人爲的, 人僞的)이다. 홍익인간은 저절로 되는 것이 아니라 인위적(人爲的)이며 또 인위적(人僞的)이다. 홍익인간은 홍익악마와 대결하는 것이다. 악마의 인위성을 경계하며 악마의 소행을 격파하는 인간의 초인적 행위는 인위적이다. 곰이나 뱀이 악마의 인위성을 타도하는 것도 아니며, 천사가 혜성을 타고 와서 인위성을 퇴치하는 것도 아니다. 사람만이 악마의 인위성을 물리칠 수 있다.

그러면 초인의 행위란 무엇인가? 초인은 그저 "홍익인간이요!"라고 고함지르거나 홍익 간판을 들고 선전하는 사람 또는 홍익을 팔아먹는 일종의 홍익회사와 같은 법인도 아니다. 초인은 초인적 행위로써 초인 대접받으며 홍익인간하는 사람으로서 단군 대접받는 것이다. 도대체 초인적 행위, 홍익인간의 내용은 무엇인가?

초월적 행위가 초인적 행위다. 홍익인간이란 초월적 행위다. 홍익인간이란 배고픈 사람에게 밥찌꺼기를 던져주거나 헐벗은 사람에게 넝마를 뒤집어 씌우는 따위의 자선에 불과한 것은 아니다. 그런 것은 영리를 목적으로 하는 홍익주식회사에서 즐겨 찾는 일거리일 따름이다. 홍익인간은 아예 그러한 회사나 자선같은 행위가 필요없게끔 사람들끼리 제휴하여 살아가는 길을 트는 행위다. 뒤집어 말하자면 악마를 이롭게 하는 행위(홍익악마)를 부정하는 행위가 초인적 행위이며 홍익인간이다.

악마가 하는 일을 생각한다면 초인의 행위, 단군의 행위가 무엇인지를 쉽사리 알 수 있다. 악마는 분단시키는 자이며 악마는 감금시키는 자다. 따라서 초인적 행위는 통일시키는 행위이며 해방시키는 행위이다. 오늘의 단군은 통일하는 자이며 해방하는 자다. 홍익인간은 다름아닌 통일행위이며 해방행위다. 악마의 통로인 분단의 틈과 사이를 타넘어 서로 손을 잡는 행위가 악마에 대하여 승리하는 행위다. 악마에 대한 승리는 통일과 해방이다.

'통일'은 인위적(人爲的, 人僞的) 행위다. 통일은 저절로 또는 자발적으로 되는 것이 아니라 인위적으로 달성되며 또 인위적으로 거부되기도 한다. 통일을 반대하는 인위성을 봉쇄하는 행위가 인위적 통일행위다. 통일은 통일하지 못하게끔 하는 마희에 대한 승리다. 통일의 인위성(人僞性)은 통일을 반대하는 악마의 인위성(人僞性)에 대한 승리다.

통일의 인위성(人爲性)에 못지 않게 통일반대의 인위성(人僞性)도 매우 끈질기다. 분열된 정신, 분단된 의식 내부의 정신적 단편들, 심리적 파편들이 정신통일의 적이 아니며 의식통일의 적이 아니다. 분열된 인간들이 인간통일의 적이 아니다. 분단된 인간들 사이의 대립이 인간통일의 적이 아니다. 분열된 민족이 민족통일의 적이 아니다. 분단된 민족 사이의 대결이 민족통일의 적이 아니다.

정신통일의 적은 분단된 정신 밖에 있다. 정신적 단편들 사이에 틈에 정신적 통일의 원수가 있다. 인간통일의 적은 분단된 인간들 밖에 있다. 분열된 인간들 사이에 틈에 인간통일의 원수가 있다. 민족통일의 적은 분단된 민족, 대립하는 동족들 바깥에 있다. 분단된 민족 사이에 틈에 민족통일의 원수 '국제적 악마'가 있는 것이다. 통일은 바로 바깥에 있는 통일의 적에 대한 승리를 뜻한다. 분열된 틈과 사이에 있는 통일의 원수를 물리치는 것이 바로 통일이다.

제주도 해녀와 아오지 광부가 한 쌍이 되어 「관동별곡」을 읊으며 금강산 신혼여행하는 것이 민족통일은 아니다. 천지와 백록담의 물을 퍼서 철의 삼각지 중심에 옮겨다 아름다운 통일호를 만드는 것이 민족의 숙원 국토통일이 아니다. 그 자리에 있는 채로 그 자리에 않은 채로 그 자리에 선 채로 민족은 통일한다. 단 가리우개, 담장, 철조망, 감옥문을 찢어버리며 박차버리며 끊어버리며 열어버림으로써 분단의 틈과 사이를 메꾸기만 하면 된다. 칸과 틈과 사이와 장막과 철창을 메꾸며 찢으며 부수고 나오면 된다. 인식과 인식의 여백 사이의 틈을, 실재와 실재의 여백 사이의 사이를 메꾸며 장막을 찢어버리며, 사람과 사람 사이의 틈을 메꾸며, 그 사이에 드리워진 악마의 장막을 걷어치우는 것이 통일이며 해방이다.

초월은 통일이다. 통일은 초월이다. 통일은 해방이다. 해방은 통일이다. 악마가 갈라놓은 틈과 사이를 없애버리는 것이 다름아닌 초월이며 다름아닌 통일이다. 악마가 분열시켜 놓고 그 사이에다 쳐놓은 얇은 장막, 담장을 찢고 헐어버리는 것이 다름아닌 초월이며 다름아닌 해방이다. 해방은 바로 통일이다. 통일만이 해방이다. 분열된 정신을 통일시킴으로써 정신은 해방된다. 자유로운 정신은 통일된 정신이다.

분열된 인간들을 통일시킴으로써 인간들은 해방된다. 자유로운 인간들은 통일된 인간들이다. 분열된 민족을 통일시킴으로써 민족은 해방된다. 정신통일은 정신해방이며, 인간통일은 인간해방이며, 민족통일은 민족해방이다. 감금된 정신을 해방시킴으로써 정신은 통일된다. 감금된 인간들을 해방시킴으로써 인간들은 통일된다. 감금된 민족을 해방시킴으로써 민족은 통일된다. 정신해방은 정신통일이며, 인간해방은 인간통일이며, 민족해방은 민족통일이다.

    초월은 해방이며 해방은 통일이다.
    해방은 초월이며 초월은 통일이다.
    통일은 해방이며 해방은 초월이다.
    초월은 통일이며 통일은 해방이다.
    해방은 통일이며 통일은 초월이다.
    통일은 초월이며 초월은 해방이다.

분단은 감금이며 감금은 분단이다.
감금은 분단이며 분단은 감금이다.
초인은 해방자이며 통일자다.
단군은 해방자이며 통일자다.
홍익인간이란 해방이며 통일이다.

악마는 감금자이며 분단자다.
초인의 원수는 감금자이며 분단자다.
단군의 원수는 감금자이며 분단자다.
홍익인간의 원수는 감금자이며 분단자다.

통일하며 해방하는 자가 초인이다.
통일하며 해방하는 자가 단군이다.
통일하며 해방하는 것이 홍익인간이다.
분단시키며 감금시키는 자가 초인의 원수다.
분단시키며 감금시키는 자가 단군의 원수다.
분단시키며 감금시키는 자가 홍익인간의 원수다.

초인적 정신은 해방하는 정신이며 통일하는 정신이다.
단군의 정신은 해방하는 정신이며 통일하는 정신이다.
홍익인간의 정신은 해방하는 정신이며 통일하는 정신이다.

초인적 정신의 원수는 감금시키는 정신이며 분단시키는 정신이다.
단군정신의 원수는 감금시키는 정신이며 분단시키는 정신이다.
홍익인간 정신의 원수는 감금시키는 정신이며 분단시키는 정신이다

통일하며 해방하는 정신이 초인적 정신이다.

통일하며 해방하는 정신이 단군의 정신이다.
통일하며 해방하는 정신이 홍익인간의 정신이다

분단시키며 감금하는 정신이 악마의 정신이다.
분단시키며 감금하는 정신이 단군정신의 원수다.
분단시키며 감금하는 정신이 홍익인간 정신의 원수다.

초인적 민족은 해방하는 민족이며 통일하는 민족이다.
단군의 민족은 해방하는 민족이며 통일하는 민족이다.
홍익인간의 민족은 해방하는 민족이며 통일하는 민족이다.

국제적 악마는 민족을 감금시키며 민족을 분단시킨다.
단군민족의 원수는 단군민족을 감금시키며 단군민족을 분단시킨다.
홍익인간 민족의 원수는 홍익인간 민족을 감금시키며 홍익인간 민족을 분단시킨다.

통일하며 해방하는 민족이 초인적 민족이다.
통일하며 해방하는 민족이 단군의 민족이다.
통일하며 해방하는 민족이 홍익인간의 민족이다.

분단시키며 감금하는 자가 초인적 민족의 원수다.
분단시키며 감금하는 자가 단군민족의 원수다,
분단시키며 감금하는 자가 홍익인간 민족의 원수다.

초월은 해방이며 해방은 통일이다.
분단은 감금이며 감금은 분단이다.
해방은 초월이며 초월은 통일이다.

감금은 분단이며 분단은 감금이다.
통일은 해방이며 해방은 초월이다.
분단은 감금이며 감금은 분단이다.

초월은 통일이며 통일은 해방이다.
감금은 분단이며 분단은 감금이다.
해방은 통일이며 통일은 초월이다.
분단은 감금이며 감금은 분단이다.
통일은 초월이며 초월은 해방이다.
감금은 분단이며 분단은 감금이다.

## 02 _ 하느님

　신의 존재를 증명하려는 노력이 이른바 지적 천재들에 의하여 오랜 동안 시도되어 왔다.
　이에 맞서서 신의 존재를 거부하는 무신론자들이 있었다. 아무리 미사여구를 동원하고 수학적 증명방식 또는 신학적 설명방식을 동원하며 사람에게 겁을 줌으로써, 또는 사람의 기분을 달래 줌으로써 신의 존재를 증명하려고 했으나 실패하고 말았다. 신의 존재는 아예 증명될 수 없는 것이기 때문에 그 실패는 당연한 귀결이었다고 보아야겠다. 존재하는 신 또는 '있는 것'으로서의 신은 없다. 아무리 공을 들이고 연금술적 논리를 동원하더라도 존재가 아닌 신을 존재한다고 증명하려는 것은 번번히 실패하지 않을 도리가 없었다.
　그러면 무신론자들의 주장대로 신은 '없는 것'인가? 그렇지 않다. 신은 없는 것도 아니다. 신은 존재하는 것도 아니며 없는 것도 아니다. 그러면 신은 허깨비나 유령이란 말인가? 그것도 아니다. 신은 신이다. 분명히 신은 신이다.

신은 있는 것(존재)이 아니라 살아계시는 것(생존)이다. 신은 존재하는 것으로서가 아니라 생존하는 것 즉 행위하는 것으로서 파악되어야 한다. 신은 있는 것이 아니라 행위한다. 행위하는 것이 신이다. 신의 존재증명이라는 문제 자체가 성립할 수 없다. 오로지 '신의 행위증명'이 문제로서 성립하며, 또 그 증명도 확실하며, 명백하게 성립하며, 납득된다. '있는 신'은 행위하는 신이 아니라 죽은 신이다. 신을 존재로서 파악하려던 온갖 시도들은 신의 존재를 증명한다기보다는 살아계신 신을 죽이려는 시도들이었다. 펜 끝으로는 죽은 신의 존재를 증명할 수 있을는지 모르나 신의 행위를 증명할 수는 없다. 신의 행위는 오로지 사람의 행위로써만 증명될 수 있다. 신의 존재에 관한 증명은 종이나 책 속에서 잉크의 흔적으로써 계속될 수 있으나 신의 행위에 관한 증명은 오로지 사람의 행위로써만 증명될 수 있다.

신은 살아계신 분이다.
신은 행위다.
신은 '하느님'이다.

유신론자는 유물주의적 요소론적 사고방식의 꾀임에 빠져 신을 정물적 존재로 고정시키려 하였다. 무신론자도 유물주의적 요소론적 사고방식에 감화되어 정물적 존재 이외에는 아무 것도 없는 것이라고, 따라서 신도 없는 것이라고 생각하였다. 유신론자와 무신론자는 각각 존재와 생존을 혼동하였으며, 무와 생존을 분간하지 못하였다. 그들은 모두 존재의 개념에다 무를 대립시킬 줄만 알았으며, 무의 개념에다 존재를 대립시킬 줄만 알았다. 그들 공동의 과오는 존재와 무의 피안에 생존과 초월적 행위, 신적 행위와 같은 살아있는 범주가 있음을 자각하지 못한데 있다.

유신론자와 무신론자는 모두 우상숭배에 빠져 있었다. 그들은 모두 매물주의자들이었으며 요소론적·시각적 세계관의 포로들이었다. 그들은 모두 존재하는 신, 즉 죽어있는 신의 우상 앞에서 인질로 붙잡혀 꿇어앉아 있었거나 유물주의석 물신 뒤에 숨어서 사람들로부터 금을 빼앗아 치부하려고 하였다.

그들은 모두 우상의 '존재' 또는 우상 이외의 것의 '무'를 주장하는 점에서 같은 입장이었다. 그들 사이에 차이가 있었다면 유신론자는 우상과 '표정'에 감복하였으며, 무신론자는 우상의 '재료'에 심취하였다는 점이다. 유신론자가 물신을 존재로 파악한다고 해도 신적 행위는 없는 것이며, 무신론자가 신은 없다고 해도 물신은 존재하는 것이다. 신이 존재한다고 주장하는 사람이나 신이 없다고 주장하는 사람이나 결국은 '죽은 신'에 관하여 말하고 있는 것이다.

죽은 신이란 존재이며 또 무다. 그러므로 유신론자나 무신론자는 결국 같은 사람 또는 한 형제다. 그들은 모두 유물주의, 배금주의, 우상숭배의 제물이 되었다. 유신론자의 적은 무신론자가 아니다. 무신론자의 적은 유신론자가 아니다. 유신론자와 무신론자는 적대관계에 있지 않다. 그들은 공동으로 타도해야 할 공동의 적을 눈 앞에 준 형제들이다. 그들 공동의 적은 악마 즉 유물주의자, 매물주의자 또는 배금주의자다. 신의 상표를 팔아서 사람들로부터 피와 눈물을 짜내는 유물주의자들이 유신론자의 적이다. 신의 부재를 빙자해서 사람들을 짐짝처럼 마음대로 다루려는 유물주의자들이 무신론자의 적이다.

우상숭배적 악마는 유신론과 무신론의 대결을 일부러 꾸며놓은 이간자다. 악마는 그 둘 사이에서 그 둘 틈에서 그들을 서로 싸우게 만든 불한당이다. 그들은 여태까지 악마에 의하여 속아온 의전(擬戰)에서 깨어나, 서로 겨누던 창끝을 그들 공동의 적 악마에로 향하게 하는 성전에 참가하여 악마를 섬멸해야 한다. 그들이 공동의 적을 퇴치하는 무기는 그들의 대립적 존재가 아니라 그들의 행위다. 이 행위는 신적 행위다. 이 행위가 신의 행위를 증명하는 행위다. 유신론자와 무신론자가 힘을 합쳐서 유물주의적 악마를 퇴치하는 행위가 바로 신의 행위를 증명하는 행위다.

하느님의 행위는 사람의 행위로써 증명된다.
하느님의 행위는 악마의 존재를 타도함으로써 증명된다.

'하느님'의 행위는 행위(行僞)를 타도한다. 악마는 위조한다. 악마의 행위는 날조다. 온갖 날조, 온갖 행위(行僞)의 근원이 악마다. 행위는 생존적 행위(行爲)를 방해하며 행위를 파괴한다. 언어적 행위, 인식론적 행위, 폭력적 행위, 분열적 행위, 압제적 행위 등 악마의 모든 행위는 날조와 위조다. 악마는 이간자일 뿐만 아니라 날조자다. 악마는 사실과 언어를 이간시키며, 사람과 사람을 이간시킨다. 악마는 사실을 날조하며, 분단된 인간 즉 '개인'을 날조한다. 아무런 실재도 없는데 마치 그런 것이 있는 것처럼 언어로써 각본을 날조한다. 신적 행위 즉 창조와는 달리 악마는 역사를 날조하며, 사실을 날조하며, 인물을 날조하며, 기록을 날조한다.

악마는 허구적 사실과 허구적 인물을 날조하는 동시에 엄연한 사실과 엄연한 인간을 허무화시킨다. 악마는 증거를 은폐·인멸시키며, 증인을 감금·살해하여 없애버린다. 없는 것을 있다고 하며, 있는 것을 없다고 하는 것이 '악마의 논리'다. 거짓말은 바로 이 논리에 충실한 것이다. 악마가 현실을 날조하는 것은 바로 현실을 언어적으로 무화시키려는 것이다. 악마가 날조된 연극을 공연하는 동안에 거기에 속고 있는 관중은 무대 바깥에 있는 현실을 잊어버리기 쉽다. 악마는 관중의 관심이 극장 바깥에로 쏠리는 것을 제일 두려워한다. 악마는 마희의 극장과 무의 무대 위에서만 춤출 수 있다. 악마는 관중의 눈과 귀를 무의 무대 앞에 붙잡아 둔채 극장 바깥의 실재를 약탈하기 위하여 온갖 애교와 아양과 협박과 공갈의 음익에 맞추어 너러운 춤을 춘다.

> 행위는 날조다.
> 날조는 없는 것을 있다고 말함이며
> 있는 것을 없다고 말함이다.
> 가장 큰 날조는 분단이다.
> 가장 많은 날조는 약탈이다.
> 가장 저주스런 날조는 살인이다.
> 가장 견디기 어려운 날조는 감금이다.

하느님은 행위이지만 '순수한 활동'(actus pursus)은 아니다. 신은 그저 그 자리에서 맴돌기만 하는 것이 아니다. 신은 도대체 저 혼자 돌아가면서 주위에 소용돌이 바람을 피우는 초대형의 팽이는 아니다.

하느님은 순수활동이 아니라 해방적 행위다.

신은 옛날부터 해방자로서 이해되어 왔다. 오랜 동안 인류는 자신을 구원하여 주는 존재로서 신을 숭배하여 왔다. 그렇다. 신은 인류의 해방자다. 그러나 아직까지 인류가 고대하여온 '신의 얼굴'(브니엘)은 보이지 않았다. 아무도 신의 얼굴을 본적이 없다. 사람이 본 '얼굴'은 사람뿐이다. 짐승들의 '낯짝' 또는 바위산에 조각된 '돌대가리들'은 얼굴이 아니다. 사람에게 신이 자기의 얼굴을 보이지 않았다면 신은 인간을 해방하지 않는단 말인가? 도대체 신의 인간해방은 어떤 성질의 것일까?

　신은 인간을 먼저 체포하여 가두었다가 나중에 풀어주는 간사한 사면자는 아니다. 신은 먼저 사람에게 병을 주었다가 신음소리를 듣고 달려와 약을 팔아먹는 장사꾼도 아니다. 도대체 신은 인간을 감금하며 괴롭히는 존재가 아니다. 신의 직업은 무엇인가? 신은 '인간해방업자' 다. 인간해방자란 누구냐? 신이다. 인간해방자가 신이다. "신은 인간해방자다"라는 말이나 "인간해방자는 신이다"라는 말은 마찬가지다. 하느님께서 인간을 해방해 줍소서 하는 인류의 간절한 외침소리 '제발 지금 구원해 주시오!'(Hosanna)에 응답하여 암당나귀를 타고 나타난 인간해방자는 누구였을까? 그것은 '사람의 아들' 이었다. 이것이 모든 비밀을 푸는 열쇠다.

　사람에 대하여 해방의 태양은 '사람의 아들' 이다. 사람의 아들이 사람에 대하여 태양이다. 그것도 한 아들이 태양인 것이 아니라 모든 사람들의 아들들이 인류의 태양이다. 사람을 해방하는 따뜻함도 사람들의 자식들에게 있으며, 사람을 해방시키는 광명도 사람들의 자식들에게 있다. 사람의 자식들이 열이며 사람의 자식들이 밝음이다. 사람을 해방하는 하느님은 사람의 아들이다. 우리 인류의 아들, 우리가 낳아 키우는 자식들이 우리 인류를 해방한다.

　도대체 '해방' 이란 무엇인가? 그것은 감금의 부정이다. 구속으로부터의 해방이며 예속으로부터의 자유다. 사람을 감금시키며, 사람을 구속하며, 사람을 예속시키는 것은 신도 아니며 마귀도 아니다. 그것은 사람의 탈을 쓴 악마다. 사람을 감금한 자도 사람이며 사람을 해방시키는 자도 사람이다. 사람이 감옥문의 열쇠를 쥐고 있으며 사람이 감옥문을 지키고 있다. 감옥 속에 있는 것도 사람이며, 감옥 밖에서 눈을 부릅뜨고 있는 것도 사람이다. 사람이 사람에 대하여 감옥이며, '새' 사람이 바로 해방의 열쇠다. 해방은 추상적 존재로서의 신이 베푸는 자선이 아니다. 해방은 인위적(人爲的)이며 또 인위적(人僞的)이다. 사람이 묶어논 것을 원숭이가 찾아와 풀어줄 리가 없다. 신선들이 동아줄을 타고 내려와 포승줄을 풀어줄 리도 없다. 더구나 악마들이 초음속 첩보제트기를 타고 날아와서 자기들이 씌워논 고문조끼의 단추를 풀어주는 것도 아니다. 해방은 저절로 되는 것이 아니라 인위적으로 감행될 뿐이다.

비유적으로 말해서 신이 제일 두려워하는 것은 신을 가두어 두는 것이다. 신이 제일 겁내는 것은 우상이다. 신이 우상을 두려워함은 자기 모습이 일그러질까보아 겁내거나, 또는 자기보다 예쁜 새나 물고기를 사람들이 좋아하는데 대하여 '질투' 하여서는 아니다. 신은 팥쥐처럼 얼굴이 곰보투성이인 것은 아니다. 신의 질투란 우상에 대한 신의 공포이며, 인간예속의 영원한 감옥에 대한 신의 충고다. 신이 인간에게 일러준 첫째 계명은 인간이 지닌 가장 소중한 '부적' 이다. 이 부적을 지니고 다니면 사람은 모든 부자유로부터 해방될 수 있다. 사람에게 신이 해방의 만능열쇠(master key)인 이 부적을 주었다는데 인간해방에 대한 무한한 신적 자비의 표시를 알 수 있다. 이 부적이야말로 온갖 우상을 뚫을 수 있는 창이며 악마의 축문에 대한 무적의 방패다. 이 부적을 깨닫고 지니고 있는 한 사람은 악마의 구속으로부터 반드시 해방될 수 있다.

종교기업인들 또는 신학업자들은 신을 우상이라는 감옥에 가두어 두고 겉에다 회칠을 하여왔을 뿐만 아니라, 바로 사람을 가두어 두고 감옥열쇠를 내놓지 않는 악마들의 하수인 노릇을 다해 왔다. 살해되는 사람들에게 위로를 선사함으로써 신은 결코 고통받는 노예에게 위로를 주는 성화는 아니다. 참다운 종교는 '위안의 종교' 가 아니다. 신은 인간을 위문하기를 원하지 않고 인간을 해방하고자 한다. 인간을 해방 '하는 님' 이 바로 신이기 때문이다. 추상적 존재로서의 신이란 죄수에게 위안만 주며, 그를 감옥 밖에로 해방시켜주지 못하는 종교업자들의 상표거나, 힘없는 신 말하자면 실업자로서의 신 또는 직무를 포기한 신에 지나지 않는 것이다. 여태까지 신은 있으나(존재) 마나(무)한 것으로서 일종의 '실직상태'에서 잠만 자고 있었다. 우리는 우상 속에 갇혀 죽은듯 깊이 잠든 신을 깨워야 한다. 그리고 신의 존재 또는 신의 부재를 증명하려는 지적 도로에 빠지지 말고 신에게 일거리를 맡겨야 할 때가 되었다.

우상으로부터 신을 해방함은 인간의 신적 행위다.
신적 행위는 인간을 우상으로부터 해방 '하는 님' 이다.
신을 해방함과 인간을 해방함은 같은 것이다.
신은 인간을 해방하며, 인간은 신을 해방한다.
'하는님' 의 행위를 증명함은 신을 우상으로부터 해방하는 인간의 신적 행위로써, 인간을 우상으로부터 해방 '하는 님' 의 신적 행위로써 증명된다.

한울님 하신 말씀
개벽후 5만년에
네가 또한 첨이로다
나도 또한 개벽 이후
勞而無功하다가서
너를 만나 성공하니
나도 성공 너도 得意
너의 집안 운수로다.
　　　(「용담가」)

이리하여 신의 존재가 아니라, 하느님 즉 행위로서의 신, 신적 행위가 명백히 증명되었다. 이제 하느님은 기지개를 펴고 움직이기 시작하였다. 그러면 살아있는 신으로서의 하느님은 누구이며, 하느님의 행위가 이루어지고 있는 장소는 어디인가?

## 03 _ 한울님

하느님은 '한울님'이다. 인간을 해방하는 것은 하나의 추상적 신이 아니라 바로 '우리들' 구체적 인간이다. 인간을 해방하는 님은 바로 한울님으로서의 당신이며, 한울님으로서의 우리다. 하느님의 생존은 한울 속에서의 살아있음이며, 하느님의 행위는 한울 속에서의 행위다. 한울 속에서 살아있는 자들, 한울 속에서 행위하는 자들이란 오래전부터 사람이라고 불리어 왔다. 한울 속에 사람이 있으며 한울 속에 있는 것은 오직 사람 뿐이다. 한울은 사람이며 사람은 한울이다. 사람은 사람들 즉 한울 속에 생존한다. 물고기는 물속에 살고 있으며, 사람은 사람들 속에 살고 있다. 물고기는 물고기들 속에 살고 있지 않지만 사람은 사람들 속에 살고 있다. 사람의 거처는 사람이다. 사람이 사람의 집이다. 사람도 하나의 동물로서 취급되는 한 그의 축사인 초가, 기와집, 스라브 뚜껑 아래서 존재한다. 그러나 그것은 사람이 생존하는 거처는 아니다. 사람 생명의 거처는 '인간' 밖에 없다. 이러한 의미에서 사람들이 사람의 한울이다.

> 사람이 바로 한울덩어리오
> 한울이 바로 만물의 정기니라.
> 사람이 바로 한울이오
> 한울이 바로 사람이니
> 사람 밖에 한울 없고
> 한울 밖에 사람 없다.
>
> (『道宗法經』三,「天·人·鬼神·陰陽」,
> 人是天塊 天是萬物之精也 人是天 天是人 人外無天 天外無人)

사람이 곧 한울이니

사람섬기기를 한울같이 하라
(『道宗法經』六,「事人如天」, 人是天 事人如天)


한울은 '큰울' 이며 큰울은 '우리' 다. 우리가 한울이다. 우리는 '통일체' (whole)다. 여기서 통일체란 정물적 전체와 구별된 생존적 전체를 뜻한다. 통일체는 아무런 숨소리나 기침소리도 엄금되어 있는 전체주의적 공동묘지의 전체성과는 엄격히 구별된다. 통일체(whole)는 본래 살아 있는 것, 건강함(health)이며, 또 성스러움(holy)을 뜻하지 않는가? 살아있는 통일체만이 건강하며 살아있는 통일체만이 성스럽다. 분단된 것, 파괴당한 전체는 병든 것, 죽어있는 것이다. 분단이 인위적으로 악마에 의하여 날조된 것이매 통일은 인위적으로 우리들 즉 한민족에 의하여 확보된다. 통일성은 저절로 되는 성스러움이 아니다.

성스러움은 인위적(人爲的, 人僞的)으로 보장되며 또 유린된다. 성스러움의 가치는 인위적으로 증대될 뿐만 아니라 인위적으로 감소될 수도 있다. 성스러움 또는 통일은 악마의 인위적 분단의 결손을 초월한다. 손실의 틈을 타넘고 악마의 통로를 메꾸어 버리는 형제들의 통일적 초월은 우리의 명령이며 하느님의 명령이다. 벌어진 틈을 타넘어감, 악마가 그어 논 '분단선' 을 타넘어감, 악마의 속임수 감옥 '바깥에로!' 나아감 등 모든 성스러운 '탈출' (Exodos)은 한울님의 명령이다. 한울님은 '명' 한다. 혁명하라고. 혁명은 한울님의 명령이다. 혁명은 우리의 부르짖음이다. 혁-명은 피살의 분단을 부활의 통일로 바꾸라는(革) 한울님의 성스러운 명이다.

통일은 혁명이며 혁명은 통일이다. 혁명은 악마에 대한 배신이다. 혁명은 하느님에 대한 충성이며 우리에 대한 신뢰다. 혁명은 인간에 대한 신뢰다. 한울님은 인간이 인간에 대하여 서로 '믿음' ($\pi\iota\sigma\tau\iota$s, Vertauen,

Glaube)을 가질 것을 명령한다. 사람에 대하여 사람이 믿음의 대상이다. 사람의 종교는 한울님에 대한 신앙 즉 우리에 대한 믿음에 뿌리박고 있다. '신앙은 인간 상호간의 신뢰다.' 혁명은 한울님에 대한 예배이다. 혁명은 신뢰의 회복이다. 혁명은 인간이 악마에 대하여 배신하라는 한울님의 명령이다. 혁명은 사람이 악마에 대하여 배신하라는 우리늘의 명령이다. 혁명은 우리가 악마에 대하여 배신하라는 우리의 명령이다. 혁명은 분단에 대한 항거이며 통일 또는 한울에 돌아감이다.

혁명은 '거짓말'에 대한 배신이다. 혁명은 참말에 대한 신뢰의 명령이다. 혁명은 참말에 되돌아감이다. 악마는 참말에 대한 배신자다. 혁명은 악마의 검은 외투를 뒤집음이다. 혁명은 거짓말을 뒤집음이다. 거짓말은 필연적으로 뒤집힌다. 실재의 창이 거짓말이라는 보자기 방패를 뚫기 때문이다. 외투로써 창끝을 끝끝내 감출 수는 없다. 거짓말이 이 세상에 있는 동안 혁명은 계속된다. 참말이 있는 곳에는 혁명이 있을 필요없다. 참말이 있는 곳에는 창조가 있을 뿐이다. 혁명은 날조를 창조에로 바꿈이다. 날조가 사라지면 혁명도 사라진다. 날조가 자행되는 한 혁명은 필연적이다.

어떤 경우에이건 거짓말이나 날조는 단역으로 성공할 수 없고, 반드시 다른 조역들 즉 제2의 거짓말과 제2의 날조에 의하여 지탱되는 것이다. 날조와 거짓말은 축적하게 마련이다. 날조와 거짓말의 새끼들은 또 새끼를 치고하여 결국 축적된 날조와 축적된 거짓말의 풍선은 더 이상 지탱하지 못하고 펑 터져 버리고 만다. 통용되어온 언어들의 총화가 이처럼 현실적 실재 앞에 파산선고를 내리게 될 수밖에 없는 경우를 흔히 혁명이라 부르는 것이다. 혁명은 거짓말의 항복이며 참말의 승리다. 혁명은 '진리행위'다.

혁명적 진리행위는 언어적 가상의 비밀을 폭로시킬 수 있는 사회적 인식능력의 확장 정도, 거짓과 은폐를 묵과하지 않으려는 사회적 정신의 저항력과 사기, 그리고 거짓말이 유행하는 정도에 따라서 달리 전개된다. 거짓말이 일시적으로가 아니라 '항상' 감행되며, 거짓말이 몇몇 사람에게만 아니라 '모든' 사람에게 있어서 감행되며, 거짓말이 일부 지역에만 아니라 전지역에 있어서 확대되어 감행될 때 언어는 드디어 최후의 파산 선고를 내리지 않을 수 없다. 언어적 가상이 모든 사람의 정신을 사실로부터 가리워 놓고 전 지역을 언어적 장막으로 덮어 놓았을 때 실재의 세계는 드디어 자기 모습을 드러낸다.

모든 사람의 정신 속에 거짓말이 꽉 들어차며, 전국 방방곡곡마다 거짓말의 아우성이 시끄럽게 소용돌이칠 때 사실의 세계는 고무풍선보다도 얇은 언어적 가상의 '얇은' 막을 걷어치운다. 마치 안개에 덮인 대지가 태양의 빛을 받으면서 안개는 사라지고 찬란한 그 모습을 드러내 보이듯 실재의 세계는 인간의 의식을 감금하여온 '두꺼운' 언어의 장막을 걷어치우는 것이다. 인간에게는 두꺼운 것이지만, 그러나 실재의 세계에 있어서는 매우 얇은 막이므로 그것은 맥못추고 사라져 없어지고 만다.

언어적 가상의 종말은 새로운 언어질서의 탄생을 알리는 신호다. 언어적 장막의 걷힘은 실재세계의 정상적 노출이다. 이때 실재는 새로운 이름을 부여받고 참신한 모습으로 인간에 마주 대한다. 이것이 혁명이 아니겠는가? 이것이 통일이 아니겠는가? 혁명이란 실재의 '거짓이름' 또는 누명을 '참이름'으로 바꾸어 주는 것이 아니겠는가? 과연 혁명은 실천적 혁명(革名)이다. 인간이 지구 위에서 지니고 다니는 증명서에 기록된 모든 이름들 가운데서 가장 큰 이름은 나라 이름이다. 그런데 우리는 남이 하사한 국호를 오랫동안 지녀온 적도 있다. 그러다가 우리는 '하나의' 이름마저 악마들에게 빼앗겼다. 그들이 우리의 이름을 약탈해간 것이다. 우리가 빼앗긴 하나의 이름을 되찾는 길이 통일하는 지름길이다.

지금까지 한민족은 악마의 농간에 속아서 두개의 이름을 지니고 있다. 가장 저주스러운 이름은 '분단된 이름들'이다. 분단된 이름들은 악마(diabolos)의 이름이다. 이것들은 거짓이름들, 우리들의 가명이다. 한민족이 하나의 이름으로 불리우며 '한 나라'에다 한민족의 본명을 부여하는 것과 배달민족이 통일되는 것은 한가지다. 저주스런 이름들을 성스러운 이름으로 바꾸는 것이 한울님으로서의 우리들의 통일이다. 하나의 성스러운 민족, 하나의 성스러운 땅에다 하나의 '성스러운 이름'을 붙이라고 한울님은 명한다.

그런데 국호보다 훨씬 더 큰 이름, 이 세상에서 가장 큰 이름이 있다. '한울님'과 '사람'이라는 이름이 그것이다. 한울님은 여태까지 억울한 누명들을 뒤집어쓰고 있었다. 신화적 다신(多神)들의 '이름경쟁(title match)에서 유령선수가 쟁취한 '유신'(唯神)이라는 이름이 한울님의 대표적인 누명이다. 본명을 빼앗긴 채 짐승보다 못한 온갖 천대와 멸시를 받으며 더럽고 추잡스러운 이름들의 가치관을 뒤집어 쓴 채 사람들은 고통의 언덕과 부자유의 계곡으로 끌려다녔다.

땅 위에서의 완전한 혁명은 한울님의 누명들, 사람의 누명들을 거룩한 본명으로 바꿈(革名)으로써 완수된다. 그런데 한울님의 본명과 사람의 본명은 같은 것이다. 한울님은 다름 아닌 사람이기 때문이다. 그러므로 한울님의 이름을 바꾸라는 한울님의 명령(혁명)은 사람의 이름을 바꾸라는 사람의 명령(혁명)이다. 유일신과 같은 누명을 벗고 '한울님' 또는 '우리'라고 불리울 때, '노예' '원시인' '미개인' '유색인' '괴수' '역적' '도배'와 같은 더러운 이름들 대신에 '한울님' 또는 '우리'라고 불리울 때 혁명은 완수된다.

## 04 _ 한울나라

　하느님의 행위가 이루어지는 장소는 '한울나라' 다. 한울나라는 어디에 있을까? 번지도 땅도 집도 나무도 물도 없는 곳일까? 아니다. 한울나라는 한울 즉 우리가 살고 있는 나라다. 한울님 즉 우리가 앉아 있는 하늘이 한울님의 의자이며, 한울님 즉 우리가 디디고 있는 땅이 한울님의 발판이다. 그러면 하늘은 어디에 있는가? 강한 추진력을 가진 로케트를 타고 수주일간 솟아 올라가야 하늘에 도달하는가? 그렇지 않다. 우리는 하늘에 앉아 있으며, 우리는 하늘에서 걸어 다니며, 우리는 하늘에서 얘기하고 있다.

　하늘이 마치 거대한 실내체육관의 천장처럼 또는 천막처럼 머리 위에 높이 떠 있는 것으로 오해되던 때도 있었다. 그러나 천장 또는 천막도 공중에 떠 있는 것이 아니라 땅에 붙어 있는 것이다. 하늘은 높이 떠 있는 '우주의 뚜껑' 이 아니다. 그런 뚜껑은 없다. 하늘은 바로 사람의 손과 발과 머리와 가슴에 닿아 있다. 우리는 지금 하늘 위에 앉아 있다. 우리의 방석과 우리의 등받침과 우리의 팔거리가 바로 하늘이다. 우리는 지금 하늘에서 걸어 다닌다. 구름을 타고 다니어야 하늘에서 걸어 다닌다고 말할 수 있는 것은 아니다. 그것은 물방울들의 덩어리 속에 있는 것이지 하늘 속에 있는 것은 아니다. 하늘은 땅과 입맞추고 있다.

　하늘은 어떤 꼭대기가 아니라 대지에 맞닿아 있는 것이다. 우리는 하늘 속에서 사는 천국인(우주인)이다. 사람이 우주에 산소통을 짊어지고 가기 위하여 일부러 맹훈련을 쌓을 필요없다. 사람은 하늘에 살고 있다. 달에 추방당하였던 사람들이 하늘나라(지구)에 다시 올라오지 못할까봐 인류가 걱정한 경험이 있다. 우리가 살고 있는 데가 하늘이다. 땅 위에 있는 것은 모두 한울에 살며 하늘에 산다. 사람은 하늘과 땅 사이에 있지 않다. 사람은 땅 위에 그리고 하늘 위에 살아있다. 땅 위에(지상)와 하늘 위에(천상)는 같은 것이다. 하늘 아래(천하)라는 말은 인류가 오랜 동안 하늘을 세계의 뚜껑으로 착각한 데서 비롯된 것이다. 하늘 아래(천하)란 바로 땅 아래(지하)와 마찬가지다. '지평선'은 바로 '천평선'이며 '천평선'은 바로 '수평선'이다. 지평선에서 땅은 시작하며 지평선에서 하늘이 시작된다. 천평선에서 하늘은 시작하며 천평선에서 땅이 시작한다.

천하는 곧 지하며
지상은 곧 천상이다.
지구는 곧 천구(天球)다.

한울님 즉 우리가 선 '땅'이 한울나라의 발판이다. 이 땅이 한울나라의 발판이다. 한울이 성스러운 것인 것처럼 땅도 성스러운 것이다. 땅은 사람들에게 성스럽다. 살아있기 위하여 땅은 성스럽다. 사람이 땅을 벗어나면 전설적 거인 안타이오스처럼 죽고 만다. 땅을 떠난 안타이오스의 운명은 바로 땅을 빼앗긴 민족의 운명이다. 구체적 생존은 구체적 토지와 구체적 영토를 지반으로 한다. 땅은 생존의 영양분을 제공하며 또 그 영양분이 되돌아 가는 고향이기도 하다. 땅을 지키고 있는 동안 민족은 생명을 지킬 수 있으며, 땅을 잃은 백성은 생존의 잔치에서 추방되고 말 것이다.

땅이 성스러운 것은 그것에 한울이 발붙이고 있기 때문이다. 사람이 그 위에서 살아있기 때문에 땅은 성스러운 것이다. 그 위에 사람이 살아있기 때문에 땅은 '성지'인 것이다. 사람이 사는 곳은 성지다. 그런데도 사람들 가운데는 자기가 태어난 성지를 버리고 가난한 거지처럼 부자들이 사는 타향에서 눈치의 거리를 방황하면서 문화적 쓰레기통을 뒤지다가 객사할 뿐만 아니라, 인질의 땅에서 태어난 자녀들 손에다 국제적 고등거지의 깡통을 영원히 쥐어주려는 '신라방' 주민들이 있음은 매우 가련한 일이다. 이들은 고향을 더러운 곳, 지저분한 곳, 시끄러운 곳이라 하여 침을 뱉고, 깨끗한 곳, 아름다운 곳, 조용한 곳에로 짐을 싸서 도망간 사람들이다.

그러나 이 세상에 어느 땅 치고 깨끗하지 않으며 아름답지 않으며 조용하지 않은 땅이 있는가? 모든 땅은 깨끗하며 아름답고 조용하다. 깨끗한 중국인들이 아무리 '더럽다'고 하는 동쪽 구이(九夷)의 땅이라 할지라도 그곳에 군자가 가서 산다면 누추한 곳이 아니라고 공자라는 군자 한 분이 가르친 적이 있다.(『논어』「子罕」참조. 九夷는 조선민족, 만주민족, 일본민족 등을 고래 중국인들이 얕잡아 부르던 이름. 玄鬼, 낙랑, 고려, 滿飾, 구유, 東屠, 素家, 왜인, 天鄙)

그러나 이 사람의 군자다운 생각과는 달리 땅 위에 군자가 이민 와서 살아야 그 땅이 더럽다는 누명을 벗게 되는 것은 아니다. 땅 위에 한울이 있고 땅 위에 우리가 살아있기 때문에 모든 땅은 깨끗하며 아름답고 조용한 것이다.

사람들은 거룩한 땅의 성스러움을 잊고 있었다. 사람들이 신어온 문화적 신발은 사람의 발바닥을 땅으로부터 '분리' 시켜왔다. 두꺼운 가죽 속에 갇힌 도시문명의 발은 성스러운 땅에 바로 맞닿을 수 없게 되었다. 불사의 한울님이 땅으로부터 발을 멀리 떼어놓을 때 한울님의 '무궁한 생존'을 중단시키려는 악마의 화살이 뒷꿈치를 겨냥할 것이다. 성스러운 땅에서 가장 멀리 떠난 발, 즉 악마들의 발은 땅과 한울을 더럽히며 지저분하게 하며 시끄럽게 만들어 왔다. 이 신발을 벗어야 한다. 사람들은 성스러운 땅에서 걸어다니면서도 그 땅이 성지임을 모르고 있는 것이다.

얼마나 많은 사람들이 성지를 찾아 순례하느라 많은 재산과 많은 시간을 바쳤던가? 성지를 탈환한다는 구실 아래 얼마나 많은 목숨들이 희생되었으며 얼마나 많은 정조대들이 조여졌던가? 성지는 바로 모든 사람의 발바닥 아래에 있는 줄도 모르고.

발바닥과 성지 '사이에'는 매우 두꺼운 가죽판이 가로막고 있었으므로 사람들은 가장 가까운 성지로부터 가장 멀리 떠나 있었다. 그러나 발바닥과 성지 사이의 가죽 또는 고무 또는 짚 또는 나무쪽 또는 나일론 헝겊은 얼마나 얇은가! 여태까지 신어온 헌 신(神)을 벗어라! 그리고 참 하느님, 참 한울님의 땅에 발바닥을 대어라! 여태까지 신어온 헌 신발짝을 벗어라! 네가 서 있는 곳이 성스럽다. 신발을 벗어라!

  네가 선 곳은 거룩한 땅이니
  네 발에서 신을 벗어라.
     (탈출〔Exodos〕3:5)

인류는 여태까지 가장 가까운 하늘과 가장 가까운 성지를 머나먼 공중에서, 머나먼 객지에서 찾으려 하였다. 가장 멀리 있다고 생각한 하늘은 사람에게 가장 가까운 '이웃'이다. 가장 멀리 있다고 생각한 거룩한 땅은 사람에게 가장 가까운 이웃이다. 사람에게 이웃하여 있는 하늘과 땅이 머나먼 공중이나 만리타향에 있다고 오해하게 된 것은 사람들이 '갇혀' 있었기 때문이다. 언어 속에, 눈(目) 속에, 거짓말 속에, 거세된 정신 속에, 말가죽 신발 속에, 분단 속에, 감옥 속에 갇혀 있었기 때문이다.

그러나 이제 사람에게 가장 가까운 이웃 — 하늘과 땅에로 나가는 것이 얼마나 쉬운 일인지는 모든 사람들에게 자명하게 되었다. 인류는 여태까지 가장 멀었던 하늘, 가장 낯설었던 땅 한울나라에로 탈출(Exodos)하며, 가장 가까운 이웃인 한울나라에로 탈출하게 될 것이다. 이 탈출은 신으로부터 발을 탈출시키는 것보다 쉬운 것이다.

'한울나라'는 우리에게 가장 가까이 있다. 한울나라(천국)는 우리에게 '이웃'하여 있다. 이웃이 한울나라다. 천국은 바로 이웃이다. 이웃이 천국이다. 사람은 한울나라에 태어난다. 사람은 사람들의 바다속에 태어난다. 사람은 사람들 사이에 던져지며 사람들 가운데 던져진다. 사람은 사람들의 동굴 속에 태어난다. '사람의 아들'은 사람들의 '큰 울타리' 속에 태어난다. 사람은 사람들의 에덴동산에 태어난다. 물고기는 물 속에 태어난다. 그러나 물고기는 물고기들 속에 태어나지 않는다. 사람은 사람들 속에 태어난다.

사람이 사람에 대하여 바다다. 사람이 사람에 대하여 하늘이다. 사람은 가장 가까이 이웃한 사람들 사이에서 태어나며 가장 가까운 이웃한 사람들 속에서 살아 있다. 가장 가까운 이웃(Nachbarschat) 즉 천국에 살면서도 사람들은 이웃사람에게서 가장 멀리 떨어져 있었으며, 이웃사람에 대하여 가장 낯설게 대하여 왔다. 마치 하늘이 가장 먼 곳에 높이 떠 있는 것으로 착각하였던 것처럼 하늘과 이웃은 마찬가지다. 하늘은 이웃이며 이웃은 하늘이다. 한울님은 이웃사람이며 이웃사람은 한울님이다. 우리가 만일 이웃사람을 눈으로 볼 수 있다면 우리는 한울님을 눈으로 볼 수 있다. 기어이 '한울님의 얼굴'(브니엘, Peniel)을 보아야겠다면 가장 가까운 이웃 우리 형제의 얼굴을 보라! 이제 한울님은 말한다. 이제 우리는 복된 말씀을 전한다.

만일 네가 네 형제를 보았다면 너는 네 한울님을 본 것이다.
(알렉산드리아의 클레멘스)

너의 한울님은 너의 형제다.
너의 형제가 너의 한울님이다.

너의 형제를 한울님으로 섬겨라!

너의 한울님은 너의 이웃사람이다.
너의 이웃사람이 너의 한울님이다.
너의 이웃사람을 한울님으로 모셔라!

  너의 심정을 다하고 너의 영혼을 다하고 너의 생각을 다하여 너의 주 한울님을 사랑하라. 이것이 가장 크고 첫째가는 계명이다.
  둘째 계명도 그것과 똑같은 것이다. 너 자신처럼 너의 이웃을 사랑하라.(마태 22:37~40)

  사람들은 이웃사람에 대하여 가장 낯설었다. 바로 담너머 살고 있는 이웃사람이면서도 정신적으로는 머나먼 공중에 떠있는 별보다 멀었으며, 가장 낯설은 고장의 주민보다도 더 서먹서먹하였다. 우리들이 한울님, 이웃사람과 벗하여 가까이 한울나라에 살아 있으면서도 그곳에서 멀리 떨어져 있었던 것은 우리들이 '악마의 감옥'(지옥)에 갇혀 있었기 때문이다. 아니, 우리들의 가장 가까운 이웃사람, 천국을 악마에게 빼앗겼기 때문이다.
  가장 가까운 이웃은 '형제'다. 한 울타리 속에 살고 있는 형제가 가장 가까운 이웃이다. 우리들에 있어서 지금 이웃은 어떤가? 우리들의 가장 가까운 이웃은 어떤가? 우리들의 형제는 어떤가? 우리들은 지금 철원과 평강 사이만큼 가까이 한울 속에 살아 있으면서도 정신적으로는 케이프케네디와 달 사이의 거리보다 더 멀리 떨어져 있다. 우리들은 남이 보기에 똑같은 말, 똑같은 표정의 동향인이면서도 콩고인과 포르투갈 사람 사이의 관계보다도 훨씬 더 서먹서먹하다. 왜냐하면 '우리'는 형제끼리 서로 '얼굴'조차 볼 수 없기 때문이다. 북쪽 형제가 금강산 골짜기에서 떠마시는 똑같은 물을 남쪽 형제들이 서울 수도꼭지에서 받아 마시면서도 서로 얼굴을 처다볼 수 없게 된 것은 형제들의 얼굴 사이에 '악마의 장막'이 가리어져 있기 때문이다.

'낙원'은 바로 사람들 바깥에 있다. 정확히 말하자면 사람들은 천국 속에 낙원 속에 살고 있다. 그 속에 살면서도 천국인 줄 모르고 있을 뿐이다. 낙원 바로 그 속에서 바로 그 곁에서 살면서도 그곳이 낙원일 줄 모르는 것은 낙원 속에 '지옥'이 들어있기 때문이다. 천국과 지옥 사이의 거리가 수천만 마일 되는 것이 아니다. 천국과 지옥은 바로 곁에 맞붙어 있다. 사람들은 천국 속에 살면서도 지옥에 갇혀 있다. 지옥은 바로 '감옥'이다. 감옥 바깥에 나가면 낙원이며 그곳이 천국이다. 사람의 정신과 마음을 가둔 언어적 감옥, 사람의 팔과 다리를 가둔 감옥, 사람과 사람을 분단시킨 경계선의 감옥, 민족방목장의 철조망 감옥 할것없이 모두 '악의 장막'으로 둘러싸인 감옥들이다.

그런데 이 감옥들은 얼마나 얇은 벽과 허술한 문으로 설비된 것이냐! 그런데도 우리는 그 속에서 벌벌 떨며 꼼짝하지 못하는 포로 신세가 되어 있다니! 더구나 아무런 복잡한 열쇠도 사용할 필요가 없이 '밖에

로!' 밀기만 하면 열 수 있는 데도 온갖 형이상학적 황금열쇠와 형이하학적 구리열쇠들을 번갈아 끼며 열어보려고 하다니! 감옥문은 잠기어 있지 않다. 단지 종이문에 열쇠구멍만 뚫려있을 뿐인데도 모두들 잠긴 문일 줄로 착각하고 있었다. 아무런 힘 안들이고 밀고 나올 수 있는 벽인 데도 사람이 서로 벽이 되어 서로 밀고 당기느라 나오지 못하다니!

　그저 앞으로 밀기만 하면 장막은 걷히며 문은 열린다. 밖으로 나오기만 하면 그곳이 낙원이며 천국이다. 달팽이 뚜껑을 열면 낙원의 바다가 아니냐? 조개입만 벌리면 천국의 바다가 아니냐? 조개보다도 달팽이보다도 '현명한' 사람들이여 '겁을 먹지 말고' 통일의 문(Exodos, gate)를 밀어라! 장막을 걷어차라! 그리고 밖으로 나와 서로 손을 잡아라, 그러면 바로 우리들은 단군이 되며 초인이 되며 한울님이 된다.

　　보아라. 한울님의 나라는 너희들 사이에 있다. (루가 17:21)

　낙원의 경치는 어떠한가? 낙원은 정물로서가 아니라 행위로서 이해되어야 한다. 아름다운 꽃, 향기로운 과일들, 맑은 물이 천국이나 낙원의 뜰에 흐르고 있을 것 같다. 그러나 꽃과 사과와 물이 천국은 아니다. 그런 것들은 사람뿐만 아니라 별과 나비와 여우와 사슴에게도 필요한 것이다. 사람에게 필요한 낙원의 설비는 골동품 석탑이나 산에서 함부로 캐낸 돌덩어리들이 아니라 바로 '사람' 이다.

　사람의 낙원에는 사람의 꽃이 피어야 하며, 사람의 과일이 열려야 하며, 사람의 샘물이 흘러야 한다. 사람의 꽃은 사람의 피가 흐르는 인정의 꽃이 아니냐? 사람의 과일은 사람의 땀이 얽힌 우정의 열매가 아니냐? 사람의 샘터는 사람의 정액이 솟아오르는 사랑의 샘터가 아니냐? 낙원은 인간에 대하여 하나의 풍경화나 정물화가 아니다. 낙원은 물감 칠한 그림이 아니다. 낙원은 '저절로' 꾸며지는 정원도 아니다. 사람들 '사이에'(entos) 있는 한울나라는 바로 하느님(행위)이다. 낙원은 행위다.

따라서 낙원은 인위적(人爲的, 人僞的)이다. 낙원의 진리행위에다 독초의 꽃가루를 날려보내는 악마들이 있다. 낙원의 해방행위에다 몰래 독약을 바르는 악마들이 있다. 낙원의 통일행위에다 썩은 물을 흘려 보내는 악마들이 있다. 그러므로 한울님의 행위로서의 천국은 악마의 행위를 낙원으로부터 추방하는 진리, 해방, 통일에 의하여 살아계신(생존) 낙원은 사람들로 장식된 정원, 살아있는 정원이다.

우리들 바로 가까이 살아있는 낙원에서 형제들이 만나지 못하는 것은 여비가 많이 들거나, 시간이 많이 걸리거나, 염불이 많이 필요해서가 아니다. 우리들 사이 즉 우리들의 천국이 악마에 의하여 약탈당하였기 때문이다. 빼앗긴 하늘 빼앗긴 성지를 되찾기 위하여 이 사이, 사람들 사이의 지옥을 부수고 한울 즉 우리 속에로 탈출(Exodos)하면 된다.

악마의 망막을 걷어치우고 가장 가까운 한울나라, 가장 가까운 이웃사람, 가장 가까운 형제끼리 손잡고 행진함(Exodos, marching out )으로써 한울님의 백성들은 통일된다. 우리가 통일되는 것이 우리들의 낙원이며, 우리가 통일되는 것이 우리의 한울나라다.

## 덧붙인 글
# 東學의 세계사상적 의미

## 01 _ 人乃天 혁명

위대한 정신적 혁명들은 아세아 대륙의 산물들이었다. 기원전 6세기 경의 아세아 대륙 서쪽 끝에서 로고스적 혁명이 이루어졌다. 신화적 세계관으로부터 합리적·과학적 세계관에로의 혁명적 변화는 서구적·희랍적 신화가 동양적·아세아적 로고스 앞에서 패배당한 것을 뜻하기도 한다. 오늘날까지의 과학·기술·문명의 정신적 기초는 바로 로고스적 혁명에서 비롯되었다고 해도 지나친 말이 아닐 것이다. 16세기의 유럽에서 선을 보인 코페르니쿠스적 세계관도 로고스적 혁명에서 비롯된 근세적 귀결이라고 하겠다.

1세기 초에 역시 아세아 대륙 서쪽 끝에서 인류의 나아갈 길을 안내하는 예수의 위대한 파토스적 혁명이 이루어졌다. 그는 인류의 심장 속에 돌혀있던 同態復讐의 증오심의 가시를 송두리째 뽑아 자신의 머리에 희생적으로 뒤집어씀으로써 인류의 심장을 따뜻한 '사랑'의 불씨로 가득 채워 주었다.

19세기 후반기에 들어서서 아세아 대륙의 동쪽 끝에서도 위대한 사상적 혁명의 서광이 비춰기 시작했다. "사람이 바로 한울님이다"라는 경주의 人乃天 혁명은 밀레토스의 로고스적 혁명이나 예루살렘의 파토스적 혁명이 가져온 결과보다 더 놀라운 변화를 인류의 앞날에다 가져다 줄 것이다. 인내천 혁명이 장차 얼마나 놀라운 결과를 가져올지 지금으로서는 아무도 예측할 수 없다. 아직도 인내천 혁명은 그 시작에 지나지 않기 때문이다.

인내천 사상은 극동 아세아에 엄습한 당시의 세계사적 긴장의 상황에서 탄생한 것이기도 하다. 아세아 대륙 동쪽 끝 한반도에서 인내천 사상의 혁명적 서광이 비춰기 시작할 때 두 이웃 나라에서도 매우 주목할 만한 세계사적 사건들이 발생하였다. 水雲이 '先天'의 칼에 참수당한 바로 그해(1864)에 중국 대륙에서는 洪秀全이 다 펴지 못한 太平天國의 꿈을 안고서 자살하였으며, 3년 뒤 일본에서는 明治가 등장하였다.

중국과 일본, 그리고 아세아 전체뿐만 아니라 세계적으로도 이 사건들은 의미깊은 것들이다. 홍수전의 꿈은 바로 오늘날까지 중국인들이 실현하려는 근대화 의지의 원천이며, 일본인들에 의하여 가장 존경받는 인물 명치의 등장은 일본어를 사용하지 않는 아세아인들에게 견디기 어려운 고통과 굴욕과 죽음을 강요한 현대 일본의 아세아 침략사의 서곡이었다.

서양 사람들이 보기에 팬티도 입지 않는 지저분한 중국인들이 아세아 서쪽에서 탄생한 예수의 박애정신적 혁명사상에 접촉하자마자 중국 대륙에 순식간에 타오른 거센 태평천국의 불길에 겁을 먹은 서양의 從軍 선교사들과 내통한 서양 군대는 이 불에 찬물을 끼얹었다. 아세아 서쪽에서 탄생한 로고스적 사고 방식의 혁명 결과인 바 과학·기술·문명에 재빨리 감화된 키작은 일본인들은 같은 아세아인들을 로고스적 문명의 대

포로써 위협하기 시작하였다.

　　예수의 복음을 전해 듣고 철저하게 예수를 따른 예수의 동생(홍수전은 자신을 이렇게 부르기도 했다)에게 오히려 뭇매를 가한 서양의 가짜 박애주의자들을 목격할 수 있던 시대에, "천주의 뜻을 위하여 부귀는 취하지 않는다고 하면서 온 천하를 정복"하는 서양 종교 선전업자들의 겉과 속이 다른 소행을 체험할 수 있는 시대에 "싸우면 이기고, 치면 빼앗는" 놀라운 서양 살인기계의 힘에 사람들이 겁을 먹고 있던 시대에, 미친 개같은 왜적놈(수운이 당시의 일본 침략자들에게 붙인 명칭)에게 물릴가봐 두려워하던 시대에, 濟愚는 고질적인 민족적 수난의 소용돌이로부터 어리석은(愚) 인민을 구제(濟)하겠다는 각오를 가지고 사색하였으며, 이 사색의 결과로 인내천의 진리를 깨닫게 된 것이다.

　　인내천 혁명이 세계사상적 의미를 갖는 것은 그 사상 탄생 배경의 세계성뿐만 아니라 그 사상 내용의 혁명성에 기인한다. 人乃天은 '人乃賤'에 대한 혁명(革名, 革命)이다. 인내천 사상이 혁명적인 것은 인간이 인간을 천대하던 과거 역사에 종지부를 찍었기 때문이다. 완전한 의미의 인간 존엄성을 고취하는 인내천 사상은 지난날의 온갖 僞善的 人本主義, 從軍的 博愛主義, 偏愛的 人間中心主義의 한계를 타 넘었다. "사람이 바로 한울이다"라는 한마디의 웅변이 가짜 인본주의의 온갖 교언들을 침묵시키는 것이다.

　　한반도의 모든 골짜기와 모든 강과 모든 산과 하늘에 사무친 아세아적 인간 천대의 신음 소리를 수운은 들었다. 서양 군함에 실려온 로고스적 과학기술의 唯物主義의 인간 천대의 대포 소리를 수운은 들었다. 신과 인간의 절대적 불평등에 바탕한 위선적 서양 종교업자들이 지껄이는 인간 천대의 간사한 목소리를 수운은 들었다. 동양과 서양의 역사를 지배하여 온 인간 천대의 모든 소리를 듣고 수운은 人乃天으로써 人乃賤 역사를 종식시키고자 한 것이다.

    인내천 사상은 전통적 동양사상의 최첨단에서 탄생한 것인 동시에, 로고스적 殺人機를 능가한 活人機로서 등장한 것이며, 예수의 가면을 쓰고 들어온 위선적 사랑을 능가하는 보편적 공경의 도리로서 등장하였다. 인내천 혁명의 내용은 소극적인 측면에서 볼 때 人乃賤의 철저한 거부이지만, 적극적인 측면에서 볼 때 인간의 사회적 聖化다. 인내천 사상은 인간의 행위를 신적 행위에로 고양시켜 놓고자 한다. 한울님을 모시는 인간의 신적 행위(侍天), 한울님을 산채로 기르는 인간의 신적 행위(養天), 한울님을 구체적으로 본받아 혁명적으로 실천하는 인간의 신적 행위(體天)가 지니고 있는 뜻이야말로 인내천의 적극적 혁명성을 제시하고 있다.

## 02 _ 侍 天

    인내천 사상의 대종은 "사람이 한울님을 모신다"(侍天)로부터 시작한다. 「性靈出世說」에서 義菴은 수운이 풀이한 '侍'의 세 가지 뜻, 즉 첫째 안에 신기로운 영이 있다(內有神靈), 둘째 밖에 기운화함이 있으며(外有氣化), 셋째 온 세상 사람이 각각 옮기지 못하는 것임을 깨닫는다(一世之人 各知不移者)는 뜻이야말로 인내천의 定義라고 하였다. 인내천 사상의 심오한 뜻은 이 侍자 속에 전부 포함되어 있다고 하여도 과언이 아니다. 의암이 설파한 것처럼 그것은 인간 생명의 주체인 靈의 유기적 표현이다. 인간과 우주의 자연적 통일, 인간과 인간의 사회적 통일, 인간과 사회의 혁명적 통일이 '侍' 한 글자 속에 통일되어 있다.

    사람이 한울님을 모시고 있다는 말의 뜻은 海月이 지적한 것처럼 산모가 태아를 모시고 있는 데서 분명히 이해될 수 있다. 해월은 '胞胎'라는 말을 여러번 사용하였으며 또 그것을 매우 강조하였다. 심지어「내측」과「내수도문」에서는 그것이 천지조화의 비밀이라고까지 암시하였다.

얼핏보면 별로 신통하지 않은 얘기처럼 들릴지 모르는 胞胎說은 실로 엄청난 혁명적 사상을 내포하고 있다. 흔히 태아는 어머니 뱃속에 들어 있다고 한다. 그러나 여기에서 '안에 있다' (內有)는 말은 일상적 의미로서 파악되어서는 안된다. 그것은 속에 '있다' 기보다 '계신다' 고 하는 것이 정확할 것이다. 속에 있는 것은 창자, 밥통, 기생충, 대소변과 같은 것들이다. 그러한 것들과 함께 태아도 어머니 아랫배 속에 들어 있는 것 같다.

그러나 이때의 태아는 단순히 속에 있는 것이 아니다. 어머니 뱃속에 들어 있는 것들은 태아를 위하여 있는 것이다. 어머니의 밥주머니, 어머니의 창자, 어머니의 콩팥, 어머니의 간, 어머니의 심장은 태아를 위하여 있는 것이다. 적어도 태아가 살아 있는 동안은 어머니 뱃속에 들어 있는 것들이 태아를 모시고 있는 것이다. 어머니 뱃속에 들어 있는 것들은 태아를 섬기고 있는 것이다. 어머니 뱃속에 들어 있는 대소변처럼 태아가 '속에 있음' 은 아니다. 대소변이 속에 '있다' 면 태아는 그런 것들 밖에 '계신다.' 만일 산모 속에 들어 있는 대소변과 태아를 같은 것으로 취급한다면 이야말로 엄청난 오해이며 과오이며 범죄인 것이다.

어머니 뱃속에 들어 있는 것들은 말하자면 태아의 궁전(子宮)에 시중들고 있다. 사람이 한울을 속에 모신다는 것은 어머니가 태아를 속에 모신다는 것과 마찬가지다. 이 말은 인간이 한울을 태아처럼 모신다는 뜻과 인간이 태아를 한울처럼 모신다는 뜻을 함께 지니고 있다. 태아는 어머니 뱃속에 들어있는 것같지만 참뜻에 있어서는 어머니가 태아 속에 들어 있는 것이다. 어머니는 마음대로 대소변을 안(內)에서 밖(外)으로 분비할 수 있으나, 태아를 마음대로 안(內)으로부터 밖(外)으로 뽑아낼 수 없으며 또 그래서는 안된다. 마치 관장을 하듯 태아를 후벼 낸다면(소파수술), 이것은 태아가 아니라 똥 오줌이나 조금도 다름없는 것이다.

　태아란 무엇인가? 어머니 목구멍으로 넘어간 쌀과 밀가루와 물이 썩어서 악취를 풍기는 체내의 쓰레기가 태아란 말인가? 아니다. 태아는 사람 속에 핀 우주의 꽃이며 우주로부터 비롯된 열매다. 태아는 어머니 속에서 썩고 있는 것이 아니라, 어머니 '밖에서' 비롯된 생명이다.

　사람이 한울님을 속에 모시고 있다는 것은 실은 사람이 한울님 속에 살아 있다는 것이다. 비유를 사용해서 말하자면 모기는 사람의 피를 빨아먹고서도 모기 신세를 면하지 못하나, 사람은 한울님을 먹음(食天)으로써 한울님이 되는 것이다. 모기 뱃속에 사람의 빨간 피가 들어 있다고 해서 그 피가 모기를 사람으로 둔갑시키는 것은 아니다. 모기는 고귀한 사람의 피를 모기의 汚物로 만들어버리는 것이다. 그러나 사람은 한울님을 속에 모심으로써 한울님이 되는 것이다. 이러한 뜻에서 한울님은 사람 속에 계시는(內有) 것 같으면서도 사람 바깥에(外有) 계시는 것이다.

　마치 모기가 사람 피 빨아먹고 사람이 되었다고 뽑내는 것처럼, 자기의 욕심 많은 뱃속에 한울님이 들어 있는 것으로 착각하면서 함부로 으시대는 것은 어리석은 짓이다. 인내천 사상이 악마들의 자만심과 이기심에 영합되기 쉬운 것은 '안에' 또는 '속에' 라는 副詞를 잘못 생각하는 데서 비롯된 것이다. 이 '속에' 라는 것을 단순히 장소적인 것으로, 시각적인 것으로, 물리적인 것으로 오해하게 되면 깡패도 한울님으로 행세하며 매국노도 한울님으로 행세하게 된다.

　한울님을 속에 모셨다는 것은 자신이 한울님 속에 빠져 있음으로써 가능한 일이다. 사람이 한울님을 속에 모셨다는 것은 한울님을 창자 속에서 부패시켜 타락시키며 강등시킨다는 것이 아니라, 인간이 한울님 속에 들어가 한울님에로 상승한다는 것이다. (여기서 상승은 승천 또는 등산과 같은 상향적 운동이 아니라 사방으로 퍼져감이다)

한울님을 속에 모셨다는 것은 자기(小)보다 큰 것(大)을 모신 것이지, 자기보다 작은 것을 속에 모신 것은 아니다. 한울님(天)은 큰 하나(大一)이지 작은 것은 아니다. 그러므로 사람이 한울님을 모신다는 말의 참뜻은 한울님이 사람을 모심이나 마찬가지다. 즉 엄밀한 의미에서 사람 속에 한울이 계시는 것이 아니라, 한울 속에 사람이 계신다. '나'는 '우리' 속에 살아 있는 것이지 '우리'가 '나' 속에 갇혀 있는 것은 아니다.

"한울이 사람에 의지한다"(해월 天地父母)는 말은 바로 "사람은 한울을 떠나지 아니하고 한울은 사람을 떠나지 아니한다"는 말의 다른 표현이다. 한울이 사람에 의지한다는 것은 한울이 사람을 모신다는 것과 마찬가지며, 한울이 사람을 모신다는 것은 한울이 사람을 거느린다(率)는 말이나 마찬가지다. 이러한 뜻에서 의암은 "사람이 한울을 모심이 아니라, 한울이 사람을 거느린다"(降詩, 降書, 偶吟)고 하였다.

일상적인 뜻으로 '侍天'을 오해하게 되면 사람이 함부로 한울님을 참칭하며 한울님을 횡령하기 쉽다. 자기 혼자의 욕심과 우리 모두의 관심을 혼동하는 과오는 이기적 자아의 관심을 사회적 이익이라고 강변하는 경우에 흔히 볼 수 있는 현상이다. 이러한 과오야말로 侍天이 아니라 '侍賤'이며, 이러한 과오를 극복하지 못한 채 남에게 "한울로 가는 길을 가르침"(天道敎)은 바로 "더럽고 천한 데로 가는 길을 가르침"(賤道敎)이나 마찬가지다.

侍天을 이기적으로 곡해하게 되면 자기 욕심을 무한대로 확장하고 天을 무한소로 축소시킴으로써, 친구나 친척뿐만 아니라 민족 전체를 팔아먹는 '侍賤敎'로 타락하기 안성맞춤이다. 侍天을 주관적으로 오해하게 되면 방종에 흘러 무자비한 사기와 모략으로써 사회적 질서를 파괴하며 동족을 스스로 살해하는 '白白敎'로 전락하기 안성맞춤이다. 侍天의 넓고 깊은 뜻을 뒤로 물리친 채 '侍賤의 무리들'이 人乃天을 모독하여 人乃

賤의 教徒들로 전락하는 위험성을 무엇보다 경계해야 될 것이다.

이러한 위험성은 人乃天이라는 말을 남보다 자주, 남보다 많이 사용하는 사람들에게조차 배제되는 것은 아니다. 요컨대 侍天은 우주에서 가장 탁월한 것을 모심이지, 가장 더러운 것을 섬김은 아니다. 우주에서 가장 탁월한 것, 그것은 한울로서의 생명이다.

## 03 _ 養 天

태아를 모심은 태아를 '가두어둠' 이 아니라 '키움' 이다. 자궁은 감옥이 아니라 생명의 養育所다. 한울님을 모심(侍天主)은 한울님을 감금함이 아니라 '한울님을 키움'(養天主)이다. 侍란 생존적 섬김 즉 養이다. '모심' 은 단순한 소유 또는 보관과 구별된다. 모심은 살아 계시는 것을 섬김이다. 살아 계시는 것을 섬기는 것은 고정적 보존이나 현상유지가 아니라 키움(養)이다. 살아있는 것을 모시려면 가두어 두거나 묶어 두어서는 안된다. 감금이나 구속은 모심이 아니라 살해, 살인, 살생, 분단, 분할이다.

인내천 사상의 모심은 살아있는 것을 '산채로' 모심이며 생생하게 모심이다. 산채로 모심은 키움이다. 키움은 살아있게 함, 생존시킴, 자유(解放)롭게 함이다. 그것은 살생, 살인, 不自由와 반대다. 태아가 자궁속에 감금 보관된 것이 아니라 일정 기간 동안 키워지며 마침내 땅 위로 해방됨과 마찬가지로, 이 세상에 '갓태어난 어린이' (落地初赤子)는 단지 사회적 품 속에 보관되는 것이 아니라 키워진다. 키우려면 살려야(生存) 하며, 살리려면 죽여서는 안된다. 죽이지 않으려면 때리지 말며, 옮기지 말며(不移), 밥(食)을 먹여야 한다.

어린이를 키우려면 그를 가두어 두거나 묶어 두지 말아야 할뿐만 아니라 '때리지 말아야'(勿輕打兒) 한다. 인내천 사상에서는 한울님을 때리는 것과 어린이를 때리는 것이 동일하다. 방방곡곡의 골목과 교실과 운동장에서 어린이들의 울음소리가 들린다면, 그것은 분명히 한울님의 울음소리다.

대량적으로 어린이를 타락시키며 거국적으로 어린이들에게 정신적 매질을 가하는가 안하는가? 어른들은 집단적으로 어린이들을 멸시하며 어린이들에게 맹목적인 증오심을 불어넣어 주며 대량적 욕설을 가르치는가 아닌가? 대량적 의사전달 기구는 조직적이며 대규모적 방법으로 어린이들을 타락시키는가 안하는가? 칠판 앞에 새벽부터 저녁 늦게까지 앉혀 놓고 어린이들에게 공부라는 이름의 고문을 가하는가 안하는가? 이런 질문들에 대하여 '그렇다'고 대답한다면 분명히 한울님이 매를 맞고 있는 셈이다.

인류 역사에서 가장 천대받고 억압받던 계급은 노예 또는 무산자가 아니다. 노예보다 더 노예다운 대접을 받은 것이 어린이다. 무산자보다 더 무산자다운 대접을 받은 것이 어린이다. 백정도 부인도 억압받아 왔으나, 그들은 어린이들처럼 역사의 무대에서 '실종' 되어오지 않았으며 '무시' 되지는 않았다. 어린이는 아예 '없는 사람' 처럼 취급받아 왔다.

한 걸음 더 나가서 말한다면 인류에 의하여 가장 천대받던 인간은 태아다. 과거의 역사는 매(杖)의 역사, 학대의 역사, 고통의 역사였다. 임금은 신하를 때리고 신하는 평민을 때리고 평민은 賤人을 때리고 천인은 부인을 때리고 婦人은 자녀를 때리었다. 온갖 욕설을 먹고 자라며 온갖 매질을 당하며 자라던 어린이는 인내천 사상에서 한울님으로서 모셔지게 되었다. 가장 천대받던 사람, 어린이를 한울님으로 모시라는 가르침은 태아를 한울님처럼 공경하라는 데서 더욱 철저하게 그 '혁명성'을 암시하고 있다.

한울님을 키우려면 가두어 두지도 말아야 하며 때리지도 말아야 할 뿐만 아니라 함부로 '옮기지 말아야'(不移) 한다. 옮김(移)은 有機的·共和의 생명을 '빼앗음'이기 때문이다. 사람은 태 속에서 키워질 때나 땅 위에서 키워질 때나 한울 속에 살아 있다. 어머니 태 속에 살아 있음은 어머니와 함께(合) 살아 있으며, 세상에 나와 큰 울 속에 살아 있음은 다른 사람들과 함께 살아 있음이다. 태 속에건 땅 위에건 간에 사람은 우주와 함께 살아있다.

'함께'는 인간적 생존 방식이다. 사람에게서 이 '함께'를 빼아 버리면 벌써 사람은 키워질 수 없다. '함께'를 떠나서 살아 움직일 수 없으며 '함께'를 떠나서 생각할 수 없다. 사람의 마음은 '함께' 생각한다. '함께'로부터 따로 떨어져 나가면 숌이 되며 個가 된다. '함께'로부터 떼어내려고 하면 '떠남'(移)이 되며 '옮김'(移)이 된다. '함께'로부터 떠나(移) 버리게 되면 살아 있는 것이 아니며, 바르게 생각하는 것도 아니다. '함께'로부터 옮겨(移) 버리게 되면 한울님은 키워질 수도 없으며 바르게 생각할 수도 없다. 도대체 '함께'로부터 옮길 수도 없으며 떠나버릴 수도 없으며 떼어 낼 수도 없는 것이 사람의 생존이다.

태 속에서 나와 이 세상에 들어오게 되면서 사람은 점점 '나'(自我)를 확인해 간다. '나'의 첫 번째 자각이란 '남'(他者)에 대한 인식에 바탕한 것이다. 다시 말해서 사람이 '나'라는 자각을 갖게 되는 것은 '남'이 나에 대하여 저항이 되며 방해가 되는 것을 깨닫게 되면서부터라고 하겠다. '나'를 깨닫게 되는 것은 내가 남이 아니라는 것을 알기 때문이다. '나'의 자각은 이같은 초보적 단계로부터 남에 대한 대립감 또는 적대감 위에서 점점 뚜렷해진다. 남(他)으로부터 나의 마음과 나의 신체를 가두어 두는 여러 가지 선입관과 거짓말이 침입하게 되면 나와 남 사이에는 '함께'라는 투명한 막 대신에 '차별'이라는 두꺼운 장벽이 쌓이게 된다.

'나'의 진정한 자각은 이 차별적 장벽을 허물어뜨림으로써 시작된다. 이것이 나의 두 번째 자각이다. 나의 첫 번째 자각은 나와 남의 구별에서 성립하는 편벽된 자각이지만, 두 번째 자각은 나와 남의 동일성에서 성립하는 보편적 자각이다. 이 두 번째 자각은 흔히 해탈 또는 覺이라고 불리우며 "천지와 더불어 그 큰 덕에 합한다"고도 표현된다.

　수운은 깨달음(覺)을 知라고 하였다. 태아로서의 삶과 落地 이후의 삶이 구별되는 것은 覺의 있고 없음 때문이다. 태아로서 사람은 자신의 존엄성과 한울님다움을 깨닫고 있지 않다. 이 세상에 태어나서도 사람은 상당히 오랜 동안 인간성의 참 모습을 깨닫지 못한 상태에 머물기 쉽다. 그런 사람은 삶의 길(道)의 '넓음'을 제대로 깨닫지 못한 점에서 태아나 마찬가지다.

　태아는 자신의 진정한 자아를 깨닫지 못하더라도 어머니의 섬김을 받고 안전하게 길러진다. 그처럼 사람들은 자신의 자아를 깨닫지 못한 상태에 있을지라도 당연히 인간으로서 대접받으며 사회적으로 키워(養)진다. 이 키움 가운데서 가장 중요한 것은 교육이다. 출생 후의 사람들 가운데서 태아와는 달리 두 번째 자각을 통하여 도리를 깨닫게 되는 사람들이 다시 탄생하는 데에는 교육의 큰 역할이 작용한다. 두 번째 자각은 스스로 깨우침인 동시에 남으로부터 도리를 깨우쳐 받음인 것이다. 이리하여 수운은 '知'자를 풀어 '知其道而受其知也'라고 설명한 것이다.

　두 번째 자각을 통하여 '함께' 살며 '함께' 생각하는 인간적 생존의 넓은 도리를 깨닫게 된 상태에서는 구태여 '나의' 것도 '나의' 생각도 뜻이 바뀌게 된다. 여기에서도 인내천의 혁명성이 암시되어 있다. 내가 노끈을 꼬고 내가 짚신을 삼으며 내가 멍석을 만들어 낸다고 해서 그 노끈, 그 짚신, 그 멍석이 나의 것으로 고정되는 것은 아니다. 더구나 정원에다 사과나무나 무궁화를 심는다고 해서 그 나무들이 나의 것으로 고정되지는 않는다. 내가 밭에 무씨나 배추씨를 뿌려 가꾼다고 해서 그 무나 그 배추가 나의 목구멍으로만 넘어가야 하는 것은 아니다. 내가 가구를 만든다고 해서 그것을 나 혼자만 사용해야 되는 것은 아니다.

내가 만들어 내는 것은 나의 손에서 떠난 것이면서 동시에 이 세상에 있는 것이다. 그러므로 그것은 이 세상에 살고 있는 사람들 앞에 놓여 있는 것이다. 그런 것들은 모든 사람들(한울님)의 것이며 이 땅에 속한 것이다. 물론 나도 그 물건이나 열매를 사용할 수 있으며 따먹을 수 있지만, 다른 사람들도 그것을 사용할 수 있으며 따먹을 수 있는 것이다. 누구나 이렇게 생각한다면 '이사' 다닐 때 구태여 정원수를 뿌리째 뽑아 갈 필요도 없으며, 심지어 나의 모든 사유물을 싸 짊어지고 갈 필요도 없을 것이다. 군인이 소속을 옮길 때처럼 그대로 물건을 남겨 둔 채 자신만 움직여 자리를 바꾸면 될 것이다.

'함께' 살며 함께 키워진다는 것을 깨닫게 되면 '나의 것'이라는 개념이 소멸되고 만다. 나의 것을 따로 떼어내서 옮길(移) 필요가 없게 된다. 그 뿐만 아니라 '나의 것'이 없게 되면 '나' 자신도 옮겨 다니는 존재가 아님을 깨닫게 된다. 이삿짐을 운반하지 않고 몸만 옮겨 떠나(移) 버린다고 해서, 몸이 딴 세상에 와 있는 것도 아니다. 어디 먼곳으로 떨어져 나간 것 같지만 실로 세상은 같은 곳으로 꽉 차 있다. 초록색 옷을 입은 군인이 소속을 옮길지라도, 바뀐 부대에서 역시 초록색 군복 사이에서 똑같은 군율, 똑같은 내무생활을 하듯, 세상의 이르는 곳마다(到處) 초록색으로 뒤덮인다면 아무 곳에 가도 푸른산(靑山)일 것이며, 아무리 떠돌아 다닌다 해도 결국 같은 곳에 있는 것이나 마찬가지다.

떼어 내서 옮겨버릴 수 없는 것은 단지 가구나 채소나 짚신만은 아니다. 사람의 생각도 한울님으로부터 떼어내서 혼자만의 사색 주머니에 넣고 다닐 수 있는 것이 아니다. 옮길(移) 수 있다는 것은 나 개인의 것

(私)이라는 전제 아래에서만 성립한다. 이에 반하여 인내천 사상은 우리들에게 마음의 공유성을 가르쳐 준다. 우리의 몸이 하늘과 땅에 닿아 있는 것처럼 우리의 마음도 한울님 속에 있다. 한울님 속에만 있는 마음이며 한울님 속에만 있을 수밖에 없는 마음이므로 마음도 한울님을 떠날 수 없는 것(不移者)이다. 옮길 수 없이 '함께' 생각하는 마음을 의암은 共和心이라고 불렀다.

말 한마디 없이 勞而無功하던 옛하늘(先天)은 수운에게 입을 열어 "나의 마음이 곧 네 마음이다"고 하였다. 이 한마디에는 한울님의 마음이 사람의 마음이며, 사람의 마음은 한울님의 마음이라는 사상이 표현되어 있으며, 이로부터 사람들의 마음은 하나로 통일되어 있다(한울님)는 사상이 도출된다.

적절하게도 의암은 사람의 性靈이 큰 우주의 靈性을 그대로 타고 났다고 하면서, 인류 전체의 영성이 이 우주의 영성으로부터 비롯된 한울의 체계(惟一系統)이며 이것이 바로 세계의 '사회적 정신'이라고 「性靈出世說」에서 설파하였다. 한울님의 擬人的 主語인 나(吾)의 마음은 바로 인간의 마음이다. 그 뿐만 아니라 일상적인 1인칭 단수로서의 '나'의 마음은 일상적인 2인칭 단수인 '너'의 마음이다. 나의 마음과 너의 마음의 통일은 共和心이며 나와 너의 통일 즉 '우리' 또는 '한울'의 진면목이다.

'侍' 자에 담겨 있는 심오한 養天의 뜻은 이처럼 인간의 사회적 자아와 사회적 마음 또는 共和心의 超個人性을 강조하는 것이기에 "온 세상 사람은 떠날 수 (떠나 살 수) 없는 사람임을 각각 깨닫는다" (一世之人各知不移者也)고 풀이되어 있는 것이다.

崔보따리(海月)처럼 이사를 자주 다닌 사람도 드물다. 그의 생애는 바로 이사의 역사였다고 할 정도로 그는 옮겨 다니며 쫓겨 다닌 분이다. 그러나 그는 아무 곳에도 옮겨가지 않은 사람이다. 그는 이 한반도 밖으로 한

걸음도 옮기지 않은 분(不移者)이었다. 그는 고통스러운 이 강토를 한번도 떠나지 않은 분(不移者)이었다. 어느 곳에 가도 배신자와 감시자와 고발자와 토벌대와, 그리고 제자들과 순박한 동포들이 살아 있는 곳임에는 변함 없었다. 해월은 몸소 不移者로서 不移를 가르쳐 준 養天의 스승이다.

한울님을 산 채로 모시며(侍) 한울님을 키우려면(養) 한울님을 가두지 말고, 때리지 말고, 옮기지 말아야 할 뿐만 아니라, 굶기지 말아야 한다. 한울님을 아무 것도 먹이지 않고 키울 수 없다. '밥'(食)을 먹임으로써 한울님을 키울 수 있다.

자주 옮겨(移) 다닌 듯 하면서도 결코 떠나지 않았던(不移) 최보따리 해월이 옮겨 논(移) 것 단 한가지가 있다. 그것은 '밥그릇' 이다. 그것은 祭床 위에 올려 놓던 밥그릇이다. 옛날 제사의 예절에 따르면 한밤중에 죽은 귀신이 찾아와 절받고 앉아서 받아 먹는 밥그릇의 위치는 절하는 사람 '건너편' 에 놓여 있었다. 해월은 유령에게 빼앗겼던 밥그릇을 되찾아 대낮(正午)의 산 사람 앞으로 옮겨(移) 놓았다(向我設位).

그러나 이것도 따지고 보면 옮겨 놓았다고 할 수 없다. 왜냐하면 본래 밥그릇의 자리는 산 사람 앞이며, 산 사람의 왕성한 식사 시간은 한밤중이 아니라 대낮이기 때문이다. 해월은 그릇된 시간과 그릇된 자리로부터 제 시간, 제 자리에 밥그릇을 가져 온 데 불과하다. 도대체 밥은 대낮의 한울님인 산 사람의 밥이지 죽은 귀신의 밤참은 아니다.

오래된 死者崇拜의 오류를 과감히 개혁한 이 向我設位의 정신은 매일 매일의 일상적 식사를 성스러운 제사로 변혁한 것이며, 이곳에서 지금(hic etnunc) 만나는 산 사람을 한울님처럼 공경(제사)하는(事人如天) 분으로 바꾸어 논 것이나 마찬가지다.

밥그릇 하나 들어서 몇 뼘 안되는 밥상 맞은편에 옮겨 놓은 것과, 밤중의 제사시간으로부터 대낮의 식사시간에로 옮겨 놓은 것은 보잘것없는 수고인 것 같으나, 실로 사람들에게 그것처럼 어렵고도 과감하며 벅찬 일도 드물었다. 그것은 동양적 종교(祭祀)의 개혁인 동시에 루터의 개혁보다 더 철저한 모든 기성 종교의 인내천적 개혁을 상징한다. 그것은 밤의 저승과 죽음의 피안으로부터 인간을 해방시켜, 대낮의 이승과 삶의 피안에로 인내천의 발걸음을 옮겨 놓은 혁명적 거보다.

'건너편'(彼岸, jenseits)에 있던 밥그릇을 '이쪽'(此岸, diesseits)으로 옮겨 논 것은 '자기의' 주린 배를 빨리 잔뜩 채우려는 唯我論의 욕심에서 충동받은 소행이 아니다. '事人如天'의 바탕에서 向我設位를 이해하지 않으면 안된다. 向我設位는 동양적 내세관과 기성종교들에 도사리고 있던 彼岸과 此岸의 대립을 극복하는 혁명일 뿐만 아니라, 지금까지 인간 상호간의 반목과 투쟁의 화근이었던 남(他)과 나(自我)의 대립을 극복하는 한울님의 혁명을 뜻한다.

밥그릇 위치의 혁명은 나의 건너쪽(jenseits)에 남(他人, 조상, 부모 등)이 있는 것이 아니라, 바로 이쪽(diessits)에, 즉 나와 함께 남이 '살아 계신다'는 것을 뜻한다. 나 혼자만 이 세상에 살고, 모든 타인들은 저 세상에 살거나 한 듯, 나는 남을 멀리두고 보며 적대시하기 쉽다. 그러나 向我設位의 근본 정신은 바로 나 속에 남이 계신다는 것, 나는 바로 '우리'라는 것을 가르쳐 준다. '속에 모신다'는 말의 뜻에서 밝혀진 것처럼 '나 속에 남이 계신다'는 것은 '남 속에 내가 산다' 또는 '우리 속에 내가 살아있다'는 뜻으로 이해되어야 한다.

수운이 가르쳐 준 주문 가운데는 '萬事知'라는 구절이 있다. 養天의 스승 해월은 "萬事知는 밥 한 그릇(食一碗)이니라"고 하였다. 해월처럼 밥 한 그릇 제대로 편안히 앉아서 먹지 못한 수난의 인류 은인들을 기억하는 사람들만이 해월의 말뜻을 대번에 알아들을 수 있다. 바꾸어 말해서 해월처럼 굶어 본 사람, 또는 밥그릇을 빼앗겨 본 사람이라야 해월의 말뜻을 깨달을 수 있다. 어디 그 뿐이랴. 자신들 또는 민족 전체, 인류 전체의 밥투정을 화해시키며 밥 먹여 키우기(養天) 위하여 자신은 허리띠를 졸라 매며 가시밭길을 헤치며 돌부리에 채이며 먼길을 걸어 온 사람의 입에서 "萬事知는 밥 한그릇이니라"는 말이 튀어나온 것이다. 전문적으로 남의 밥을 뺏아먹는 사람들 또는 쉰 밥찌꺼기를 내다 버리는 사람들은 해월의 말뜻을 깨닫지 못할 것이다.

사람에게 밥 한 그릇처럼 가깝고도 먼 것은 없다. 한민족에게, 아니 전 인류에게 밥 한 그릇처럼 숱한 희비가 얽힌 것도 없으며, 밥 한 그릇의 그늘처럼 숱한 거짓말을 감추고 있는 것도 없다. 놀부에게 밥 한 그릇은 너무 흔해빠졌다는 뜻에서 가깝다. 그와같은 뜻에서 배고픈 흥부에겐 밥 한 그릇이 너무 멀다. 그러나 밥 한 그릇의 고마움을 안다는 뜻에서 본다면 놀부는 밥 한 그릇에 대하여 멀며, 흥부는 가깝다. 놀부는 밥 속에 들어 박혀 살면서도 밥의 뜻을 모르지만, 흥부는 밥과 멀리 떨어져 살면서도 밥의 뜻을 안다.

사람이 바로 한울님이며 사람이 바로 한울님의 구체적 형상(有形天)일지라도 사람의 목숨은 밥 한 그릇에 달려 있다. 놀부가 제아무리 많은 돈을 금고에 가득 간직하고 있더라도 돈(金)을 먹고 살 수는 없다. 밥 한 그릇 먹지 않고서는 그 많은 돈을 세어 볼 힘도 없으며, 밥 한 그릇 먹지 않고서는 종놈에게 호령할 힘도 없으며, 밥 한 그릇 먹지 않고서는 밥 얻으러 온 동생을 두들겨 팰 힘도 없으며, 밥 한 그릇 먹지 않고서는 제비다리 하나 부러뜨릴 힘도 없는 법이다.

모든 각성, 모든 인식의 비밀을 간직하고 있는 밥은 도대체 어디서 생긴 것인가? 밥은 사람이 만들어 낸 것은 아니다. 밥은 우주의 젖이다. "젖은 사람몸의 곡식이요, 곡식은 천지의 젖이다"(天地父母). 사람은 우주의 논과 밭에서 자라난 밥을 얻어먹는 것이지, 요술쟁이처럼 곡식을 날조해 내서 먹고 살지 않는다. 인류는 우주의 큰 胎 속에서, 한 胎 속에서 함께 키워지며 함께 자라나는 '同胞'다. 그런데 밥 한그릇 속에는 우주의 비밀뿐만 아니라, 사회의 신비를 푸는 모든 암호가 가득 담겨 있다. 사람은 사회라는 큰 솥에서 지어진 밥을 먹고 산다. 놀부의 목구멍으로 넘어가는 밥알은 흥부의 땀으로 젖어 있다. 사람은 같은 솥 밥을 먹고 사는 '한 食口'다. 본래 흥부와 놀부는 한 식구다.

의암은 "한 사람의 밥은 모든 사나이들이 이룬 것"(一人之食百夫所成)이라고 읊었다. 밥 한 그릇은 하늘과 땅 사이에서 맺힌 열매이며 농부들이 땀으로 빚은 젖이다. 밥 한 그릇을 마주 대하면 하늘과 땅의 놀라운 자연적 창조에 감사함과 아울러 농부들의 정성어린 노고에 보답하라고 해월은 힘주어 말하였다. 이것이 '밥그릇에 대한 고백'(食告)이다. 본래 食告는 말로써만 될 성질의 것이 아니다. 참다운 식고는 감사의 묵념으로써 끝날 것도 아니다. 진정한 식고는 한울님과 농부에게 또다시 먹을 것을 되돌려 주며 은혜를 갚은 것이기에 말이다.

"食告는 도로 먹이는 이치요, 은혜를 갚는 도리이다"(食告는 反哺之理也요 報恩之道也니). 천지를 다시 먹여주지 않고 천지의 젖을 짜려는 것은 소에게 풀을 먹이지 않고 우유만 짜내려는 욕심쟁이 목장주인의 소행이며, 농부에게 감사하기는커녕 농부를 때리며 더욱 고달프게 만드는 것은 소에게 여물을 먹여서 힘을 길러 주지는 않고 발동기를 돌려서 억지로 물을 먹여 근수를 늘리려는 소장수나 마찬가지로 뻔뻔스러운 소행이다.

한울님을 키우는 소중한 밥 한 그릇도 제대로 보관하지 못하거나 헛되이 쓰게 되면 썩고 말되, 썩은 밥을 잘못 먹었다가는 한울님은 죽고 만다. 「내수도문」에서 해월은 먹던 밥에다 새 밥을 섞지 말라고 당부하였다. 이것은 단순히 절약과 위생 관리에 철저할 것을 가르친 데 그치는 것이라기보다는, 무궁히 솟아나는 생명을 키우며 지극한 한울님을 키움(養

天主)에 낡은 것들을 물리치라는 뜻이 여기에 암시되어 있는 것이다. 이 말은 개벽 또는 혁명이 지켜야 할 순결성을 가르쳐 주는 것이다.

우주의 질서를 생각하며, 역사와 전통(조상)을 생각하며, 사회적 동포애를 생각하며, 협동적 제휴를 생각하며, 혁명적 개벽의 예절을 생각하면서 '밥 한 그릇'을 바로 자기 앞에 대하는 向我設位야말로 일상적인 식사인 동시에 엄숙한 제사로서 한울님을 키움(養天主)의 비결이며 萬事知의 비결이다.

## 04 _ 體 天

侍天主의 뜻과 養天主의 뜻을 합하면 '인내천'은 "사람이 곧 한울이다"라는 서술문으로서 그치고 마는 것이 아니라, "사람으로 하여금 한울님이 되도록 하라!"는 명령문으로서도 이해된다. 사람이 한울님을 모시고 한울님을 키우는 인내천의 주체로서 스스로를 드높여 한울님이 되기 위해서는 한울님다운 행위 즉 '體天'에로 나가지 않을 수 없다.

앉아서 '侍天主造化定永世不忘萬事知' 주문만 암기하거나 마음속으로 자신에게 고백(心告)만 한다고 인내천의 진리가 실현되는 것은 아니다. 인내천의 도리는 단순한 '믿음' 또는 '숭배'의 도리가 아니라 '산채로 모심' 또는 '키움'의 도리 즉 실천의 도리다. 인내천은 믿음(信仰)의 차원에서 성립하지 않고 실천의 차원에서만 성립한다. 동학은 믿음의 종교가 아니라 실천(行爲)이 가르침이다.

의암은 「三戰論」에서 "본래 하늘은 편벽됨이 없으나 性을 따르는 자에게 하늘은 親하다"고 하면서 "한울님을 모시며 한울님 행위를 함으로써 이제 한울님을 體現하는 것이오"(侍天行天故로 是曰體天이오)라고 體

天의 요지를 밝히었다.

　인내천 사상의 현대적 행동강령의 장「三戰論」에서 이 체천사상이 선언된 것은 우연한 일도 아니며 삽화적인 것도 아니다. 인내천은 侍天, 養天의 단계를 거쳐 필연적인 귀결로서 體天의 단계로 귀착하지 않을 수 없었다. 수운이 인내천의 대종을 侍天으로써 크게 드높여 세웠으며, 해월은 인내천의 생명을 養天으로써 널리 퍼뜨렸으며, 의암은 인내천의 실현을 體天으로써 힘차게 구체화하였다고 볼 수 있다.

　그러나 수운과 해월의 교훈에 체천이 빠져있는 것은 아니며, 해월과 의암의 가르침 속에 侍天이 빠져있는 것도 아니며, 수운과 의암의 가르침 속에 養天이 빠져있는 것도 아니다. 養天의 사상과 體天의 사상이 제외되었을 때 養天의 사상은 무기력한 '흥부 한울님'을 키움이며, 侍天의 사상과 養天의 사상이 제외되었을 때 體天의 사상은 심술궂은 '놀부 한울님'을 체현함이다.

　의암이 體天을「三戰論」의 서론 부분에서 언급한 것은 매우 주목할 만한 일이다. 한울님을 모시며 한울님을 키우는 한울님다운 행위(行天)는 세 가지 전투 즉 도덕적 전투, 언어·심리적 전투, 경제적 전투 등을 수단으로 사용하는 體天이다.

　해월은 도덕을 活人機라 하였다. 도덕의 싸움(道戰)은 사람을 죽이는 싸움이 아니라, 사람을 살리는 싸움이다. 도덕이란 同心 同德으로 人和를 도모함으로써 나도 살고 너도 사는 길 즉 함께 사는 큰(德) 길(道)이다. 무기를 사용하는 싸움이 살인적 전투인데 반하여 도덕의 싸움은 사람 살리는 싸움 즉 해방의 싸움, 자유의 싸움이다. 언어심리전(言戰)도 살해에 가담하는 '거짓말 전쟁' 또는 흑색선전전쟁이 아니라 인류의 보편적 생존을 보장하며 확장하는 정신적 싸움이다. 경제적 안정을 유지하는 싸움(財戰)의 중요성은 새삼 강조할 필요조차 없다. 그것은 저 깊고도 넓은 뜻을 지닌 '밥 한그릇'(食一碗)에 관한 투쟁이다. 그런데 여기서 財戰이란 물욕에 현혹되어 무자비하게 빼앗고 짜내며 어리석게 돈을 숭상하는 유물주의적 자본주의적 전쟁과 혼동되어서는 안될 것이다.「道德歌」에서 가르친 바와 같이 "物慾交蔽되게 되면 이는 역시 鄙陋者"이기 때문이다.

한울님을 체현하는 행위란 적극적인 측면에서 보면 한울님을 모시며 한울님을 기우는 일이라고 하겠다. 그러나 體天을 소극적인 측면에서 본다면 그것은 온갖 '人乃賤 행위'를 거부하는 도덕적 전투행위, 언어·심리적 전투행위, 경제적 전투행위라고 하겠다. 人乃賤 행위란「十毋天」에 매우 짜임새있게 나열되어 있는 바와 같다. 人乃天의 공리에 卽하여 볼 때 天은 바로 人이나 마찬가지이므로 이 열가지 금지 명령은 다음과 같이 바꾸어 놓아도 뜻은 한가지다.

(1) 毋 欺天하라 ⟶ 毋 欺人하라.
(2) 毋 慢天하라 ⟶ 毋 慢人하라.
(3) 毋 傷天하라 ⟶ 毋 傷人하라.
(4) 毋 亂天하라 ⟶ 毋 亂人하라.
(5) 毋 夭天하라 ⟶ 毋 夭人하라.
(6) 毋 汚天하라 ⟶ 毋 汚人하라.
(7) 毋 餒天하라 ⟶ 毋 餒人하라.
(8) 毋 壞天하라 ⟶ 毋 壞人하라.
(9) 毋 厭天하라 ⟶ 毋 厭人하라.
(10) 毋 屈天하라 ⟶ 毋 屈人하라.

한울님을 모시며 한울님을 키우면서 한울님을 체현하려면 먼저「十毋天」을 준수해야 한다. "사람을 한울처럼 모시라!"는 무상명령의 내용도 바로 「十毋天」에 소극적으로 전개되어 있다. 사람을 거짓말로써 속이지 않고, 사람에게 건방지지 않고, 사람에게 정신적·육체적으로 상처를 입히지 않고, 사람의 정신을 교란시키지 않고, 사람을 일찍 죽이지(殺人) 않고, 사람의 몸과 마음을 더럽히지 않고, 사람을 굶주리게 하지 않고, 사람을 파괴시키지 않고, 사람을 싫어하지 않고, 사람을 굴복·예속시키지 않는다면 侍天과 養天의 도리는 이미 실현된 것이며, 사람은 이미 한울님처럼 모셔진 셈이다.

한울을 속이고서 한울을 모실 수 없으며 한울을 키울 수 없는 것처럼, 사람을 속이고서 사람을 한울처럼 섬길 수 없다.

한울을 얕잡아보면서 한울을 모실 수 없으며 한울을 키울 수 없는 것처럼, 사람을 건방지게 대하면서 사람을 한울처럼 섬길 수 없다.

한울을 교란시키면서 한울을 모실 수 없으며 한울을 키울 수 없는 것처럼, 사람을 교란시키면서 사람을 한울처럼 섬길 수 없다.

한울을 죽이면서 한울을 섬길 수 없으며 한울을 키울 수 없는 것처럼, 사람을 죽이면서 사람을 한울처럼 섬길 수 없다.

한울을 더럽히면서 한울을 모실 수 없으며 한울을 키울 수 없는 것처럼, 사람을 더럽히면서 사람을 한울처럼 섬길 수 없다.

한울을 굶기면서 한울을 모실 수 없으며 한울을 키울 수 없는 것처럼, 사람을 굶기면서 사람을 한울처럼 섬길 수 없다.

한울을 파괴하면서 한울을 모실 수 없으며 한울을 키울 수 없는 것처럼, 사람을 짓부수면서 사람을 한울처럼 섬길 수 없다.

한울을 싫어하면서 한울을 모실 수 없으며 한울을 키울 수 없는 것처럼, 사람을 싫어하면서 사람을 한울처럼 섬길 수 없다.

한울을 굴복시키면서 한울을 모실 수 없으며 한울을 키울 수 없는 것처럼, 사람을 노예취급하면서 사람을 한울처럼 섬길 수 없다.

정치적 기만술과 비인간적 교만과 사회적 무질서와 도덕적 혼란과 조직적·대규모적 살인과 세계적 공해와 경제적 빈곤과 국제적 파괴와 반인간주의적 拜金·拜物主義的 횡포와 봉건적 압제가 남아 있는 현실이라면 그것은 侍天, 養天, 體天의 이상으로부터 너무 멀리 떨어져 있다. 사람을 한울처럼 대접하려면, 한울을 모시려면, 한울을 키우려면, 한울을 체현하려면 무엇보다 먼저 그러한 大詐術, 교만, 무질서, 무도덕, 살인, 공해, 빈곤, 파괴, 唯物主義, 노예제도와 같은 事人如賤, 侍賤, 養賤, 體賤 등의 賤道를 철폐하지 않을 수 없다. 완전한 侍天, 養天, 體天은 賤道를 개혁하며 十毋天을 실현하는 혁명으로써 달성된다.

수운, 해월, 의암은 侍天, 養天, 體天의 구체적 행동을 몸소 실천한 인내천의 모범들이었다. 그 분들의 행위는 바로 살아있는 인내천 사상의 영원한 표징이 되어 있다. 그 분들의 侍天, 養天, 體天은 정성된 수도와 공경으로 가득찬 대인관계와, 인간 상호신뢰에 확고히 뿌리박은 혁명적 활동으로서 후세에 기리 빛나고 있다. 무엇보다도 그 분들의 인내천적 모범은 그 분들이 개죽음을 당한 것이 아니라, 오로지 만인의 생존을 위하여 의로운 일을 한 죄 때문에 의롭게 목숨을 희생시킨 데서 더욱 찬란하다.

그 분들에 관한 당시의 '공식명칭'은 결코 大神師도 神師도 聖師도 아니었다. 당시의 공무원들이 그 분들에게 딱지 붙인 이름은 누명들이었다. 죄짓고 흉악한 일을 저지른 사람들에게 붙여주는 온갖 더러운 이름들이 당시 그분들의 공식명칭이었다. 처음부터 인내천의 제자들은 의로운 일을 한 죄로 '피살된' 스승의 억울한 누명을 벗기 위한 '혁명적' 투쟁에 과감히 同歸一體하였다.

教祖伸寃運動은 바로 의로운 사람의 얼굴에 疤紀(범인의 얼굴에 표시를 하기 위하여 불에 달군 쇠로 살을 지지는 잔인한 방법. 수운은 1863년 12월 9일 당시의 경찰관들에 의하여 체포되어 疤紀되었다)된 人乃賤

의 누명을 지우고 人乃天의 本命을 되찾는 혁명운동이었다. '惡漢'으로 불린 인내천 사상 창시자의 성스러운 본명을 찾으려는 혁명운동의 전통은 공동적 行天, 사회적 體天으로 발전하여 동학혁명으로 이어지게 되었다. 동학혁명의 꿈은 19세기 말 경에 이 땅에 떼지어 몰려온 '개같은 왜적놈'들로 말미암아 그 당시에는 채 실현되지 못하였으나, 그것은 결코 한민족의 심장과 인류의 기억으로부터 소멸한 것은 아니다. 그 꿈은 '동학적' 또는 '人乃天的' 이상으로서 한반도 위에서, 그리고 전지구상에서 끊임없이 추구되어 간다.

동학사상은 동학사상가와 동학교도들의 행위를 함께 고려함으로써만 제대로 이해된다. 다시 말해서 동학사상의 내용은 동학 경전과 동학 해설서에 그치는 것이 아니라, 구체적인 동학적 행위 곧 體天으로써 충만되어 있다. 동학사상은 경전적 연구와 동학혁명(全琫準)에 관한 연구가 동시에 갖추어졌을 때에만 제대로 이해된다. 수운, 해월, 의암이 남긴 경전도 물론 단순한 서정시들은 아니다. 참으로 그 기록은 그분들의 생생한 피로써 쓰여진 혈서들이나 마찬가지다.

그런데 이 피의 원천은 민중의 심장이며, 경전의 혈통은 한울님의 심장에서 비롯되었다. 민중의 편에서 본다면 경전이 선행하는 것이 아니라, 한울님의 심장에서 샘솟는 한울님의 심정이 선행한다. 마치 「독립선언서」의 형이상학적 내용을 모르고서도 3·1운동이 전개되는 것처럼, 동학경전의 체계적 형이상학을 모르고서도 경전의 原血統인 바 민중의 심장, 한울님의 심장은 힘차게 뛰었다. 「선언서」에 가냘프게 흐르는 六堂의 모기소리보다 민중의 만세 소리가 훨씬 더 근원적이며 우렁찬 것처럼, 동학경전의 추상적 문구들보다도 민중의 體天, 한울님의 구체적 행위가 훨씬 더 근원적이며 생동적이다.

인내천 사상은 동학의 大宗的 요지이지만 동학의 고안품이거나 동학의 전유물은 아니다. 공자나 석가나 예수가 인간본성의 창조자가 아닌 것처럼. 동학 탄생 이전에도 사람은 한울님이었다. 공자가 태어나기 훨씬 이전부터 동양인들은 인자하며 의롭고 예절바르며 지혜로웠던 것처럼. 코페르니쿠스 없이도 지구는 자전하며 공전하는 것처럼, 수운, 해월, 의암없이도 "사람은 곧 한울님이다".

인내천 혁명은 수운의 소유물 또는 사유물이 아니다. 동학이 출현한 1860년대에 와서야 비로소 사람이 한울님으로 승격한 것은 아니다. 그 이전에도 훨씬 이전에도 이 땅에서, 이 하늘 '위에' 사람이 함께 살기 시작하면서부터 사람은 곧 한울님이었다. 누구보다 더 수운이 이 점을 깨달았기에 「敎訓歌」에서 그는 "나는 도시 믿지 말고 한울님만 믿어서라"고 가르쳤다.

동학에서 천명한 인내천 혁명은 이 '原 人乃天思想'을 大覺한 결과다. 이 근원적 인내천 사상은 종이 위에 기록되지는 않았을지라도, 인류의 심장 속에 살아 있는 경전으로서 사람들의 가슴깊이 간직되어 왔으며, 인류의 집단적 피로써 생생하게 기록되어 왔다. 동학혁명의 血史 또는 전봉준을 빠뜨리고 인내천 사상의 살 또는 侍天, 養天, 體天의 골격은 제대로 서서 움직일 수 없다. 도대체 뼈와 살은 피없이는 아무 쓸데없는 송장이 아닌가!

모든 살과 모든 뼈에 생명을 실어 나르는 물은 피다. 곡식이 우주의 물로써 빚어진 생명의 젖인 것처럼, 피는 인류 역사를 뚫고 흘러온 '불타는 물'이다. "강과 하수와 시내와 못은 천지만물의 골수와 진액이요, 사람의 몸에 혈액은 이 천지의 강과 하수와 시내와 못이니라."(해월 「天地之理氣」) 피는 우주에서 가장 성스러운 물이다. 그것은 물이면서 동시에 불(火)이다. 물과 불의 상극은 불타는 물로서의 피에서 완전히 해소·조화되어 있다. 피는 단지 가열되어 끓는 물이 아니다. 예수의 피, 홍수전의 피, 수운의 피, 전봉준의 피처럼 성스러운 인간들의 피는 불타는 물로서 인류 역사의 쓰레기들을 태워 왔으며, 인류 역사의 묵은 때(垢)를 씻어 왔다. 물의 세례와 불의 세례는 피의 세례로써 완성된다.

## 05 _ 人乃賤과 人乃天

한민족은 여태까지 남에게 땅과 생명과 두뇌와 재산과 주권을 빼앗겨 왔다. 그러나 한민족이 결코 빼앗길 수 없는 가장 소중한 보배가 있다. 그것은 인내천 사상이다. 인내천 사상이 해외로 반출될 수도 없으며 침략자에게 약탈당할 수도 없는 것은 본질적으로 그것이 '옮길 수 없는 것'(不移者)이기 때문이다. 다시 말해서 인내천 사상은 한반도의 사유물이 아니기 때문에 그것은 결코 빼앗길 까닭없는 것이다. 한민족 이외의 다른 민족들이 인내천의 진리를 더욱 정확히 깨달으면 깨달을수록, 한민족은 천대받지 않고 오히려 사람 대접을 받으며 통일되어 살 수 있게 될 것이다.

세계적 사상의 혁명이 이 땅에서 일어났음에도 불구하고 우리는 그 혁명의 위대성을 모르고 살아왔다. 이 완고한 무지는 무엇 때문일까? 세계에서 가장 아름다운 금강산 골짜기에서 태어나 일평생 그 골짜기에서 사는 사람에게는 금강산이 별로 신기하게 보이지 않는다. 그런데 금강산의 아름다움을 모르고 사는 사람은 금강산 골짜기에 사는 사람뿐만 아니다. 일생 동안 한번도 금강산 속에 가보지 못한 사람, 금강산을 지나가보지 못한 사람도 금강산의 아름다움을 모르고 산다.

가령 금강산 골짜기에서 솟아 나오는 물을 '人乃川'이라고 부르자. 이때 그 골짜기에서 '人乃川' 물만 일생 동안 마셔보고 그 밖의 물은 맛보지 못한 사람이 있다면, 그도 역시 '人乃川'의 그 시원한 물맛을 모르고 지낼 것이다. 인내천 혁명의 위대성을 자각하지 못하는 것은 우리들이 너무 가까이 인내천 사상 속에 살면서도 또 너무 머리 인내천 사상과는 동떨어진 현실 속에서 호흡하기 때문이다.

우리의 귀에는 '빵' 이나 '포도주' 라는 말은 그럴듯하게 들리지만 '밥' 이나 '물' 이라는 말은 시시한 것으로 들리기 쉽다. 똑같은 내용의 말을 하더라도 "빵은 나의 살이요, 포도주는 나의 피다"라는 식의 말이 진리에 가까운 것이지, "밥 한 그릇은 우주의 살이요, 숭늉은 우주의 피다"라고 누가 말한다면 아예 시시한 얘기로 듣고 지나쳐 버리기 쉽다. 먼 곳에서 배타고 온 것, 또는 비행기 타고 온 것이어야 위대한 것으로 보이며 참된 것으로 보이기 쉽다. 위대한 한울님은 매우 먼(遠)곳에 계시다는 그릇된 생각과, 위대한 진리는 매우 먼(遠)나라에 있을 것이라는 그릇된 생각이 지배하기 쉽다.

수운은 이에 대한 경고로서 "네 몸에 모셨으니 捨近取遠하란 말가"라 하였다. 인간에 대하여 한울님은 너무나 가까운 것, 바로 한울님 속에 인간이 살아 있는 것이기에 인간은 그것을 모르고 오히려 먼 곳에서 그것을 찾으려 하였다. 그와 비슷하게 한민족은 인내천 사상의 聖地 골짜기에 살아 왔기 때문에 오히려 인내천의 참뜻에서 멀리 떨어져 있었던 것이라고도 해석된다.

그러나 인내천 사상의 위대한 혁명성을 깨닫지 못하는 것은 "사람이 한울이다"라는 명제의 진리가 실현된 상태와는 거리가 먼 人乃蚕 또는 人乃賤 사회에서 우리가 살고 있기 때문이기도 하다. "사람이 한울이다"라는 명제는 "사람이 지렁이(蚕)다" 또는 "사람이 賤하다"는 현실적 명제에 대하여 혁명적 명제다. 사람을 한울님처럼 모시기는(事人之天)커녕, 아예 인간을 지렁이처럼 취급하는(事人如蚕) 현실에 태어나 人乃蚕의 현실 속에서 일생 동안 천대만 받고 살며, 人乃賤의 현실 속에서 사람을 천대하는 교육만 받느라 평생을 보낸 사람은 人乃天의 진리를 깨닫지 못할 것이다.

인간이 얼마나 존귀한 한울님인가를 깨달을 수 있는 상태와는 정반대의 현실에서, 즉 서로 할퀴며 서로 노려보며 서로 수상하게 대하며 서로 헐뜯으며 서로 고발하며 서로 배신하며 서로 매장하며 서로 치며 서로 받으며 서로 차며 서로 찌르며 서로 밟으며 서로 쏘는 人乃蚤의 현실에서 형성된 人乃賤的 의식의 귀(耳)에다 人乃天의 복음을 아무리 들려주어 보았자 "소귀에 『東經大全』읽기"다.

人乃蚤의 현실에서 형성된 정신은 예전에도 지금도 人乃天의 현장을 목격하지 못하였기 때문에, 예전에도 지금도 人乃天의 지상천국에 견줄 만한 것을 가지고 있지 않기 때문에 그 귀에는 人乃天이라는 말이 '거짓말'로 들릴 것이다. 人乃蚤이야 말로 만고에 악명높은 큰 거짓말인데도 불구하고 그 귀는 거짓말만 평생 동안 들어 왔으므로 '참말'을 누가 들려주더라도 그것이 오히려 거짓말로 들리며 심지어 미련한 황소처럼 『동경대전』의 복음을 전하는 사람을 들이받아 버리려 한다.

오늘날 人乃天의 이상과 양립할 수 없는 人乃蚤 또는 人乃賤의 현실은 한마디로 인간분할 또는 민족분단의 비극에서 그 절정에 달하여 있다. 가장 천대받는 사람은 지렁이처럼 분단된 사람이다. 거짓말에 속임을 당한 사람도 분할된 지렁이처럼 천대받은 사람은 아니다. 거만한 자로부터 모욕을 당한 사람도 분단된 지렁이처럼 천대받은 사람은 아니다. 남의 매에 맞아 상처를 입은 사람도 분할된 지렁이처럼 천대받은 사람은 아니다. 심리전에 의하여 교란된 사람도 분단된 지렁이처럼 천대받은 사람은 아니다. 오염된 환경에서의 삶을 강요당하는 사람도 분할된 지렁이처럼 천대받은 사람은 아니다. 굶주림을 당하는 사람도 분단된 지렁이처럼 천대받은 사람은 아니다. 미움을 받는 사람도 분할된 지렁이처럼 천대받은 사람은 아니다. 노예처럼 비굴한 사람도 분단된 지렁이처럼 천대받은 사람은 아니다.

분할된 사람은 일찍 죽임을 당하는 사람이며 분단된 사람은 몸과 마음이 파괴된 사람이기 때문이다. 죽임처럼 처참한 천대가 어디에 있으며, 죽임을 당한 사람처럼 비참한 '賤人'이 어디에 있을 것인가. 十毋天의 명령은 인간분할에 대한 경고다. 欺天, 傷天, 亂天, 汚天, 餒天, 壞天, 厭天, 屈天은 결국 '夭天'에 비하면 덜 비참한 것이다. 산채로 죽이는 살인기술인 바 인간분할을 목표로 악마들은 欺人, 慢人, 傷人, 亂人, 汚人, 餒人, 壞人, 厭人, 屈人과 같은 악행을 범하는 것이다.

오늘날 우리에게 맡겨진 최대의 體天 과업은 지구 위에서 감행되는 최대의 欺天, 최대의 慢天, 최대의 傷天, 최대의 亂天, 최대의 夭天, 최대의 汚天, 최대의 餒天, 최대의 壞天, 최대의 厭天, 최대의 屈天인 바 '민족분단'의 비극을 해결하는 통일의 과업이다.

우리는 한울님의 한(大) 태 속에서 태어나 같은 땅에서 흘러 나오는 한 어머니의 젖을 빨아먹고 자란 한 형제 동포임에도 불구하고, 한 태 속에서 서로 잡아 먹으려드는 가장 비참한 人乃賤的 현실을 체험하고 있다. 인내천 사상은 우주와 인간의 통일성을 바탕으로 하여 인류의 통일을 천명하였다. 사람과 우주의 통일, 사람과 사람의 통일을 강조하는 사상인데 어찌 한 핏줄 한 형제인 한민족의 통일을 보장하지 못하리요.

분단된 한민족의 人乃蚤 현실 또는 人乃賤 현실은 인간의 존엄성을 더할나위없이 짓밟고 있다. 인내천 사상은 인간의 존엄성, 사람의 주체성을 더할나위없이 높이 세워올려 놓았다. 한민족의 통일은 가장 천대받는 인간성을 가장 숭고한 인간성으로 바꾸어 놓는 과업으로써만 달성될 수 있다. 그러므로 민족통일은 인내천 혁명이며, 인내천 혁명은 민족통일이다. 인내천 사상으로 남북이 단결하여 스스로 통일하게 되면 한민족은

'有形天'으로서 '전 인류의 씨앗'(人種之種)으로서 지구에 그 씨를 퍼뜨려 전 세계를 인내천의 신인간으로 채울 것이다.

오늘날 지구상에서 자행되는 모든 범죄는 한마디로 사람이 사람을 지렁이보다 더 천시하는 과오에 귀착한다. 살아계신 한울님을 모시며 한울님을 키우며 한울님으로서 행위하지 않고서는 인류의 완전한 해방은 기대할 수 없다.

아세아에서 탄생한 로고스적 혁명과 파토스적 혁명은 인내천의 혁명을 통해서만 제 구실을 다하게 된다. 로고스나 파토스 그것만으로써는 人乃蚕 무사의 칼이나 人乃蚕 목사의 가면으로서 악용될 수 있다. 인내천의 태양 아래서만 로고스적 사고는 사람을 살리는 기계제작에 앞장설 수 있으며, 인내천의 태양 아래서만 사랑의 파토스는 진정한 박애정신이 될 수 있다. 로고스적 사고만으로써 그것이 사람을 죽이는 人乃蚕 무사의 殺人器 노릇을 자행함은 세계 역사가 웅변한다. 인내천의 전제를 무시한 파토스적 사랑의 설교가 人乃蚕 목사의 위선에 전락함도 세계 역사는 웅변한다.

신을 팔아먹는 자들은 한편 사람이 결코 근접할 수 없다는 신의 허상을 절대적으로 초월적인 상위에 군림시켜 놓는 척 하면서, 다른 한편 은밀히 그 신과 내통하여 신과 특별한 '聖職' 친분관계를 맺고 많은 사람들을 신으로부터 따돌리려 한다. 이들은 신과 뒷거래를 하면서 신의 섭리를 포장하여 商船에 싣고 옮겨(移) 다니며 팔며, 매수된 신의 포성으로 전 세계를 진동시키는 '宣敎的' 요술을 부리기도 한다.

신 '아래서' 또는 신 '앞에서' 만인은 평등할 수 없다. 그 이유는 간단하다. 거기에서는 신과 인간이 불평등하기 때문이다. 진정한 신과 인간의 관계는 상·하의 관계도 아니며 전·후의 관계도 아니다. 신은 인간보다 '높이' 군림하지도 않으며 인간보다 '아래에' 엎드려 있지도 않다. 신은 인간 '앞에' 앉아 있지도 않으며 인간 '뒤에' 숨어 있지도 않다.

신은 인간 '속에' 살아계시며, 그리고 인간은 신 '속에' 살아 계신다. 그러므로 신과 인간의 관계는 주·종의 관계(Herrschaft-Knechtschaft)가 아니라, '완전한 의미에서의 交友關係(Freundschaft)'나. 수·종의 관계는 아무리 미화되거나 아무리 은폐되더라도 결국 敵對의 관계임을 숨길 수 없다. 신은 노예 소유주인이 아니며, 인간은 신의 노예가 아니다. 신은 인간의 가장 친근한 벗이며, 인간은 신의 가장 친근한 벗이다.

인간의 평등은 '신 속에 인간이 살아계시고, 인간 속에 신이 살아계실 때에만' 가능하다. 이 평등 관계가 각성된 상태에서는 성직자도 선교사도 필요없다. 이 평등관계는 평가절하된 신 또는 강등된 신과 거만한 인간의 관계가 아니라, 聖花된 인간과 신의 관계다. 본래 신은 평가절하될 수도 없으며 강등될 수도 없다. 왜냐하면 신은 황금의 신(Mammon)도 아니며 어떤 계급의 정상도 아니며, 키(高)가 몹시 큰 '키다리'가 아니라 무궁하며 '넓기(廣)' 때문이다. 신성한 존엄성을 의심하거나 인간을 先天的 사과 도둑놈 또는 배냇죄수로 몰아 치우는 경우에는 '사랑'도 단지 人乃蚤의 악행을 가리우는 가면일 따름이다.

인간이 근본적으로 지렁이처럼 천대받는 조건 아래서도 사랑이란 샛빨간 거짓말 즉 증오일 뿐이다. 노예는 증오의 전투에서 사로잡힌 포로이며, 주인은 증오의 전투를 지휘하는 사람 사냥꾼이다. 노예에게도 주인에게도 사랑은 위선일 따름이다. 노예와 주인에게 아름다운 사랑의 '망또'(Mantel)를 입히려는 것은 초 미니스커트로써 무릎을 가리려는 것보다 더 철저한 위선이다. 노예는 사랑할 능력이 없으며 주인은 사랑할 자격이 없다.

어둠 속에서 인류는 지렁이처럼 기어다니며 스스로를 멸시하여 왔다.

땅 위에서 사람은 지렁이처럼 악마의 발에 짓밟혀 왔다. 그러나 아세아 대륙의 동쪽 끝에서 위대한 人乃天의 서광이 비춰지면서 人乃蚕 역사에 드리웠던 어두움은 걷히기 시작하였다. 신을 잃고 절망의 갈림길에서 방황하는 현대인, 자신을 잃고 자포자기의 수렁에서 헤매는 현대인을 구원하는 길도 '인간의 사회적 聖化'에로 통하는 길뿐이다. 이제 사람은 똑바로 서서 이 성스러운 한울의 길(天道)로 손잡고 걷는 한울님임을 깨닫게 되었다.

물론 한울로 가는 성스럽고 넓은 진리의 길로 통하는 사잇길들은 여러 갈래다. 그러나 이 길들을 밝혀주는 불빛은 오로지 하나 人乃天의 서광일 뿐이다. 사람은 사람 스스로를 드높이지 않고서는 건설도 창조도 개혁도 혁명도 해방도 구원도 해탈도 영생도 통일도 불가능하다. 사람을 드높이는 人乃天의 찬란한 빛은 결국 모든 주의들, 모든 사상들, 모든 교파들이 비춰주는 진리의 불빛을 더욱 밝혀 준다. 이 주의들, 사상들, 교파들은 어둠속에서 인간을 안내하는 등들로서 그 겉모양들은 저마다 다르며 그 등을 쥐고 있는 손들의 피부 색깔이나 심지의 크기나 기름의 종류도 각각 다르겠지만 결국 등불들에서 나오는 불빛은 모두 태양의 밝은 빛을 따르는 것이다.

인간의 존엄성을 드높이는 불빛을 비추지 않는 등불이라면 벌써 그것은 '도깨비불'이다. 어둠 속에서 밤새도록 켜 들고 다니던 저 등들은 인내천의 태양이 떠오르면서 그 임무를 마치게 된다. 인간의 앞길을 밝혀 주며 어두움을 추방하며 어리석음을 물리치며 고통을 몰아내며 도깨비들을 퇴치하는 가장 따뜻하며 가장 밝은 불빛은 '한울님'의 불빛 즉 '태양'의 불빛이다. 태양과 같은 인내천의 불빛이 온누리에 비춰지면 악마의 감옥속에서 신음하여 온 인류의 체계적 구금상태도 해제되며, 암흑의 장막 뒤에서 공연되던 민족분단의 비극도 종말을 고하며, 사람을 고통의 계곡으로 유인하던 人乃蚕의 시퍼런 도깨비불도 자취를 감출 것이다.

### 펴낸이의 말

　다른 책들의 편제와는 달리, 이 책에는 특별히 이 책을 발간하게 된 사연, 그리고 약간의 편집상의 문제에 대한 이야기를 덧붙여야 할 것같아 '펴낸이의 말' 이라 하여 몇 마디 보탠다.

　그것은 한마디로 이 책의 원저자 윤노빈 교수가 우리 곁에 있지 않기 때문이다.

　편집자가 이 책의 초판 — 원고가 아니라 책이다 — 을 처음 접하게 된 것은 1979년 10월 부·마항쟁이 일어나기 며칠 전쯤이었을 것이다. 당시 출판사 일로 부산에 가게 되었는데, 그곳에서 양서협동조합을 만들어 도서보급운동을 벌이고 있던 한 후배가 나에게 부산지방 출판사에서 발행된 이 책『신생철학』초판본을 건네주며 "재미있는 책이니 한번 읽어보라"는 것이었다.

　그러나 그 책은 겉보기에도 유치한 편집에 허술한 장정, 싸구려 인쇄 내음이 물씬 풍기는 것으로, 비교적 '깔끔한' 출판작업을 하고 있다고 자임하던 나로서는 그리 관심이 가지 않아 그냥 받아들였던 기억이 난다.

　그러나 서울행 고속버스 안에서 심심풀이로 책을 펴들자 나는 나도 모르게 그 책의 이상한 마력에 끌려들어 서울까지 오는 동안 내내 그 책으로부터 눈을 떼지 못하고 완전히 독파하고 난 다음에야 책장을 덮을 수

> 또하나의 반쪽으로 떠난
> 윤노빈 교수께

가 있었다.

그 후 이 책에 대해서는 쭉 잊고 있다가, 1982년 가을이든가, 절판되어 버린 그 책을 다시 재간행해보면 어떨까 생각하게 되었고, 그리하여 당시 서울대학교 철학과에 교환교수로 와 있던 윤교수와 어렵사리 연락이 되었다.

일단 윤교수와는 초판본의 편집상의 문제점들 — 수많은 고딕체 돌출, 각절의 소제목을 붙이지 않고 ㄱ, ㄴ, ㄷ식으로 나눈 것, 인용문의 처리 등 — 을 고치기로 합의하였다. 현재 이 책대로 되어 있는 장이나 절의 제목들은 그때 윤교수의 수정 의견대로 했다.

그러나 책의 출간은 출판사 사정으로 차일피일 미뤄졌고, 편집자는 윤교수와의 출간 약속을 마무리하지 못한 채 윤교수가 메모해 준 수정할 부분과 저자 소개 쪽지만을 가지고 전에 재직하던 출판사를 퇴직, 오늘의 학민사를 창립하게 되었다.

그후 윤교수의 '비극적인 실종'을 알게 된 것은 1983년 겨울이었던 것같다. 출장차 부산에 들렀다가 윤교수의 형제들과, 윤교수가 지도교수로 있었던 부산대학교의 어느 서클 소속 학생들이 윤교수 문제로 엄청난

### 펴낸이의 말

곤욕을 치렀다는 이야기를 부산대학 앞 어느 서점에서 들었던 것이다. 윤교수가 대만에 유학차 갔다가 가족 모두와 함께 '또하나의 반쪽'을 택해 사라졌다는 것이다. 그때나 지금이나 그런 사건들이 제대로 매스컴에 보도되지는 않고 있지만, 1983년쯤이면 전두환 폭압체제가 절정에 있었을 때이니 새삼 매스컴에 보도되지 않았음을 탓해 무엇하랴.

편집자는, 한 점 혈육같이 이 책 하나만을 남겨두고 '또하나의 반쪽'으로 떠나버린 윤교수를 생각하면서 남과 북 모두에 발을 붙이지 못하고 중립국으로 향하는 인도배 타고르호를 타고 가다 한 밤중 갑판 위에서 홀연히 바다 속으로 사라져 버린 「광장」의 주인공 석방 포로 '명준'을 떠올렸다.

윤교수 역시 남쪽에 발을 붙이지 못하고 학문과 사상의 자유를 위하여 '또하나의 반쪽'을 택했다지만, 이 고독한 지식인에게 남북 어디서나 우리를 칭칭 동여매고 있는 이데올로기적 질곡이 그 자유를 누리게 할 수 있을지 사뭇 궁금하다.

윤교수의 행위, 그리고 나름의 철학적 자기성찰의 고백인 이 책의 내용에 대해서는 편집자가 일일이 논할 몫이 아니다. 앞서 말한대로 이 책을 다시 발간하게 된 사연과 편집상의 문제에 대해 설명하다보니 약간

> 손바닥의 못자국을 어루만져 확인하고나서야 예수의 부활을
> 믿었던 제자처럼, 우리 시대의 깨어있는 몇분 지성의
> 윤노빈 교수에 대한 글들이 부활에 대한 나의 의구심을 해소시켜 주었다.

은 구구하게 되었을 따름이다.

1989년 10월

김학민

    학계에서 크게 주목받지 못했다. 그럼으로써 당연히 널리 읽혀지지도 못했다. 나만의 관심이었고, 나만의 감동이었던가? 손바닥의 못자국을 어루만져 확인하고나서야 예수의 부활을 믿었던 제자들처럼, 우리 시대의 깨어있는 몇분 지성의 윤노빈 교수에 대한 글들이 부활에 대한 나의 의구심을 해소시켜 주었다.

    지난 3월 말 평양에서의 통일회의 참석차 방북한 어느 분을 통하여 윤노빈 선생의 재판 서문이라도 받아보려 했으나 이루어지지 못했다.

    김지하, 송두율, 최자웅님이 쓴 세 편의 글과 김지하님의 조언으로 윤교수의 논문 「東學의 세계사상적 의미」를 새로이 덧붙이는 것으로 부활의 의미를 살렸다.

2003년 5월

김 학 민